신천지, 왜 종교 사기인가

저자 정윤석

기독교포털뉴스

신천지, 왜 종교 사기인가?

발행일 | 초판 1쇄 2019년 10월 18일
　　　　초판 2쇄 2019년 11월 29일

저자 | 정윤석
교정 | 명은심(esbright@naver.com)
디자인 | 마루그래픽스(02-2277-7568)
표지 디자인 | 노기훈(nghpro@daum.net)
총판 | 하늘유통(031-947-7777)
펴낸 곳 | 기독교포털뉴스(www.kportalnews.co.kr)
신고번호 제 377-25100-2011000060호(2011년 10월 6일)
주소 | 우 16489 경기도 수원시 팔달구 권광로 197, 6층 663호(인계동)
전화 | 010-4879-8651

가격 | 17,000원
이메일 | unique44@naver.com
홈페이지 | www.kportalnews.co.kr

이 도서의 국립중앙도서관 출판예정도서목록(CIP)은 서지정보유통지원시스템 홈페이지
(http://seoji.nl.go.kr)와 국가자료종합목록 구축시스템(http://kolis-net.nl.go.kr)에서 이용하실 수 있습니다.
(CIP제어번호 : CIP2019037710)

신천지, 왜
종교 사기인가

이단 추수꾼 대책 종합 매뉴얼 AtoZ

정윤석 지음

누구나 쉽게
종교 사기 조직의
실체를 파악할 수 있도록
현직 기자가 쓴
지침서

기독교포털뉴스
www.kportalnews.co.kr

제가 기독교 교계 기자 생활을 처음 시작하던 1997년, 신천지는 이만희 교주(1931년생)라는 노인이 이끄는 영향력이 미미한 사이비 단체였습니다. 그때 사회적으로 가장 큰 이슈가 됐던 단체는 신천지가 아니었습니다. 기독교복음선교회의 정명석, 하나님의교회 세계복음선교협회였습니다. 신천지는 크게 부각되지 않았던 때입니다. 그러다가 2000년 초반이 되면서 눈에 띄게 신천지의 변화가 나타났습니다.

전국 곳곳에 '만나성경공부센터', '기독교청년신학교육관' 등 교단 소속이 불분명한 명칭의 신학원들이 갑작스레 생겼습니다. 전남대학교에선 기독교 동아리들이 무더기 제명됐습니다. 모두 신천지의 전략으로 발생한 일이었습니다. 신천지에는 성도를 미혹하는 다양한 카드가 만들어지고 있었던 겁니다. 무료 성경신학원을 세워 6개월 만에 성경을 통달한다며 성경에 관심 있는 신도들을 미혹했습니다. 그뿐 아니라 대학가의 일반 동아리를 장악하는 방법을 시도했습니다. 그게 성공하자 장악 대상은 동아리를 넘어 교회로 확장됐습니다. 그들은 교회도 통째로 삼키는 전략을 구사합니다. 삼키지 못하면 극도의 분쟁과 혼란의 아수라장으로 만들어 버립니다. 밑져봐야 본전인 셈입니다. 정통교회를 삼키거나, 그렇게 못한다 해도 극도의 불안과 혼란을 남기는 건 어려운 일이 아니니까요. 전범 파울 요제프 괴벨스가 한 유명한 말이 있습니다. "선동은 문장 한 줄로도 가능하지만 그것을 반박하려면 수십 장의 문서와 증거가 필요하다." 선동과 허위사실 유포로 교회를 흔들고 성도들을 혼란에 빠뜨리는 건 그들의 오랜 수법입니다.

 종교라는 껍데기를 갖고 있으면서 이토록 악행을 저지르는 신천지는 도대체 어떤 단체일까요? 신천지는 최소 3개 사이비 교파 출신 이만희를 이 시대의 재림주로 믿게 만드는 종교사기 집단입니다. 1931년에 태어나 27세인 1957년경부터 온갖 사이비 단체를 전전하며 사이비 교주들을 하나님, 영부 등으로 믿고 따르며 가짜의 왕국에서 살았던 이만희 교주를 '만왕의 왕'이라며 믿고 따르는 집단이 신천지입니다.

 문제는 6개월만 신천지식의 교육을 받으면 그가 누구든(학식, 사회적 지위, 신앙경력 아무 소용없음) 이만희를 '만왕의 왕', '이 시대의 구원자', '재림주'로 믿고 육체로 영원히 사는 신적 존재로 경배하게 된다는 점입니다. 이런 신천지의 교리에 세뇌된 신도들은 이 땅에서 14만 4천 명만 채우면 왕 같은 제사장이 돼 세계를 통치하고 자신이 잘 믿으면 가족들도 자동으로 왕 같은 제사장이 돼 육체로 영생한다는 허황된 생각에 빠져 학업, 직장, 가정을 내팽개치고 사이비 집단에 '올인'하는 아바타가 됩니다. 이렇게 사회를 가장 어지럽히는 종교사기 집단 신천지는 한국사회가 힘을 합쳐 막아야 할 국가재난입니다.

 그 신천지 신도 수가 20만 명으로 급증했습니다. 그들이 증가한다는 소식을 들을 때마다 가슴이 아팠습니다. 그래서 신천지의 실체를 제대로 알리는 책이 필요하다고 생각했습니다. 제가 10년 동안 기자 생활을 하며 썼던 신천지 관련 기사 중 가장 중요한 내용들을 추리고 추려서 현시대에 맞게 약간 수정 보완을 했습니다.

이 책은 이렇게 구성했습니다. 책의 얼굴이라고도 할 수 있는 1부는 신천지 회심자들의 간증을 정리했습니다. 그 어떤 교리적 설명보다 신천지의 사기성을 잘 보여줄 수 있다고 생각해서였습니다. 이수민, 이지연, 김민성, 김효은(이상 가명), 김충일 전도사의 간증을 정리했습니다. 신천지에서 중직에 있다가 회심한 신현욱 목사, 강성호 목사, 권남궤 실장을 통해선 신천지 급성장의 미스터리와 신천지 교주의 사후에 벌어질 일, 그리고 사람들이 알지 못하는 신천지 내부의 문제점을 다뤘습니다.

2부는 신천지를 왜 종교 사기라고 하는지 이만희 교주의 종교적 경력, 실상 교리의 주요 문제점, 포교사기, 위장교회 문제 이렇게 네 가지 차원에서 정리했습니다. 특히 위장교회는 이만희 교주 사후 한국교회가 가장 경계심을 갖고 대응해야 할 한국교회의 최대 숙제가 될 것으로 전망됩니다. 이만희 교주 사후 위장교회는 봇물처럼 한국교회로 밀려 들어와 교적을 세탁하고 포교에 올인할 것으로 예상됩니다. 이들이 정통교회 간판을 달고 사이비 교리를 게릴라식으로 전하면 대응하기가 여간 곤란한 게 아닙니다. 이에 대한 대책이 시급합니다.

3부는 교회에 들어온 신천지 추수꾼 대처법을 주제로 다뤘습니다. 그들의 포교법은 2000년대에 거의 집대성됐습니다. 이른바, 추수꾼 포교와 가나안 정복 7단계입니다. 이 포교법은 여전히 신천지 포교의 기초이자 핵심입니다. 이 포교법에 일부 교회가 여전히 곤란을 겪으며 당하는 게 현실입니다.

4부는 이만희 교주 사후 신천지가 어떻게 변모할 것인지 전망한 글입니다. 더불어 이만희 교주 사후에도 활개칠 그들의 전위부대들, 특히 만국회의를 주도하는 HWPL 등에 대해 다뤘습니다.

이 책은 제가 저자이지만 직접 쓰지 않은 글이 몇 개 있습니다. '4부 3장. 위장교회의 급부상과 대처'는 신현욱 목사님의 글을 빌려 온 겁니다. '부록 신천지 포교법 AtoZ'는 김충일 전도사가 쓴 글입니다. 글 게재를 허락해 주신 신현욱 목사님과 김충일 전도사님께 감사드립니다.

신천지 탈퇴자의 간증을 들은 적이 있습니다. 간증 말미에 그녀는 "신천지는 만화요 판타지였고, 나는 환상 속에서 마약 중독자처럼 4년을 보냈다."고 말했습니다. 그렇습니다. 신천지는 허황된 망상의 판타지 속에서 젊고 열정 있는 사람들의 에너지를 마지막 한 방울까지도 모두 빨아 먹어버리는 진공청소기 같은 사이비입니다. 아무쪼록 이 책이 신천지에 미혹되어가는 시민들을 보호하는 일에 사용되길 바랍니다.

기독교포털뉴스의 오늘이 있기까지 원천침례교회(방수현 대표 목사)가 물심양면으로 도와주셨습니다. 더불어 기독교포털뉴스 창간과 더불어 끊이지 않고 도와주신 강북제일교회(황형택 목사), 건전신앙수호연대(하다니엘 목사), 꿈의교회(김학중 목사), 구리 초대교회(신현욱 목사), 늘푸른침례교회(김효현 목사), 대천중앙감리교회(박세영 목사), 만나교회(김병삼 목사), 상당교회(안광복 목사), 상도교회(최승일 목사), 상록교회(진용식 목사), 새로남교회(오정호 목사), 새순교회(유성은 목사), 생수교회(장병우 목사), 성산교회(고광종 목사), 수원중앙침례교회(고명진 목사), 임마누엘교회(김정국 목사), 제자들교회(유진관 목사), 한소망교회(류영모 목사), 현대종교(탁지원 발행인), 그리고 김병길 · 김병숙 · 김성일 · 김은정 · 김현준 · 노선화 · 서승진 · 이동걸 · 이영규 · 이윤칠 · 이정은 · 정금실 · 최운환 · 탁명애 · 황은순 후원자님들께 가슴 깊이 감사드립니다. 이분들의 도움 덕분에 여러 가지 지적 자산을 남길 수 있었습니다.

저의 이단대처 사역은 많은 선배님들에게서 영감을 받았습니다. 한국교회 이단상담의 개척자이자 열정의 복음 사역자 진용식 목사님, 정확한 논리로 수많은 이단을 깊게 연구하고 이단과의 싸움의 최전방에 선 최삼경 목사님, 거의 모든 이단 연구의 매뉴얼을 이미 닦아 놓아 후학으로 하여금 자료를 정리할 때마다 혀를 내두르게 하신 고 탁명환 소장님과 선친을 이어 이단대처 사역의 길을 걷는 부산 장신대 탁지일

교수님, 현대종교 탁지원 소장님, 이단 연구에서 원문 자료 인용의 중요성을 뼛속 깊이 각인시켜주고 가신 고 이영호 목사님, 지금도 청년처럼 꾸준히 이단 연구 보고서를 생산하며 한국교회의 자산을 남겨주시는 정동섭 교수님, 천안에서 탁월한 전략으로 신천지의 숨통을 조인 유영권 목사님, 그 외에 이름을 쓰지 못한 많은 선후배 사역자들이 있습니다. 저 또한 선후배 이단대처 사역자들을 본받아 제게 주어진 길을 꿋꿋이 걸어가겠습니다. 더불어 글을 쓰기까지 도움을 주신 신현욱·강성호 목사님과 권남궤 실장님, 인터뷰이로서 저와 만나 도움을 주신 익명의 신천지의 탈퇴자들 모두에게 감사드립니다.

아내와 아들은 제 삶의 가장 소중한 사람들입니다. 이들이 가정에서 주는 안식과 위로와 지지가 있기에 저는 오늘도 이 길을 외롭지 않게 갑니다. 고맙습니다. 사랑합니다.

2019년 10월 18일 정윤석

4부. 신천지 조직과 이만희 교주 사후의 신천지

강경호 목사 (한국이단상담목회 연구소장, 〈종교중독의 정체와 상담〉 저자)

한국사회에는 이단 사이비의 종교 중독에 빠져 허우적대는 사람들과 그들로 인해 피해와 상처를 입은 수많은 가정이 있다. 이단 사이비에 빠지는 대다수는 기존 교회에서 느낀 허전함을 채우기 위해 자극적인 곳을 찾아다니던 사람들이다. 정윤석 기자는 이 책자를 통해 가정의 소중함, 건강한 교회의 중요함, 신천지 사기 포교의 교활함을 매우 선명하게 드러내고 있다. 아무쪼록 이 책자가 이단에 빠져 고통받는 당사자들과 그 피해가족들을 돕는 일에 큰 도움이 되길 바란다.

권순형 발행인 (호주 크리스찬리뷰)

호주 〈크리스찬리뷰〉는 설립 30주년을 앞두고 있다. 창간호부터 지금까지 단 한차례도 휴간을 한 적이 없었던 건 독자들에 대한 약속과 책임 때문이었다. 알아주고 인정해주는 사람이 적어도 외길을 꿋꿋이 걷는 건 그 사람이 얼마나 성실한지를 보여주는 지표이다. 정윤석 기자는 20년 이상을 〈크리스찬리뷰〉 한국 주재기자로도 활동하며 늘 한결같이 살아온 사람이다. 이단대처와 건강한 신앙을 추구하며 착한 기사로 한국교회를 섬기는 그가 〈신천지, 왜 종교 사기인가〉라는 이단 추수꾼 대책 매뉴얼을 써냈다. 이단 사이비 대책 지침서로써 한국교회는 물론 세계교회를 섬기는 좋은 책이 되리라 믿으며 흔쾌히 추천한다.

박기준 변호사 (법무법인 우암 대표)

이 책은 한국사회 최대 이단임에도 줄지 않는 신천지가 왜 종교 사기인지를 낱낱이 밝히고 있습니다. 제가 가장 궁금했던 것 중 하나는 신천지가 사이비라는 게 알려졌음에도 불구하고 왜 끊임없이 급성장하고 있느냐 하는 점입니다. 이 책은 이 문제를 '포교 마케팅'의 성공이라고 분석하고 있습니다. 포교할 때 그냥 '이게 진리이니 믿어라!'며 던져주는 방식이 아니라 시대의 흐름과 사람의 심리를 치밀하고 철저하게 분석하고 전략적으로 움직인 결과라는 것이었습니다. 아무쪼록 이 책자가 한국사회의 청춘들이 신천지에 빠져 황금같이 아까운 시간을 버리는 안타까운 일들을 막는 일에 사용되기를 간절히 바랍니다.

박문수 교수(기독교대한성결교회 이단사이비대책위원회 전문위원, 전 서울신대 교수)

21세기 한국교회를 이단 사이비로부터 구하는 일은 시대적 과제이다. 특히, 신천지와의 영적 전투에 헌신하신 분들 중에서 기독교포털뉴스의 정윤석 기자의 활약이 눈에 들어온다. 그는 평소에 조용한 성품이지만, 이단에 관련한 기사들에는 투사적인 명철함이 돋보인다. 이번에 그동안 신천지와 싸우면서 수집하고 정리한 자료들을 모아 한 권의 책을 출판하였다. 이미 신천지가 주장하는 이단적인 성경해석의 허점과 부도덕한 포교전략의 실체가 폭로되었음에도 불구하고, 미혹된 신도들이 증가하는 한국교회 현실을 안타까워하는 저자의 마음이 잘 반영되어 있다.

방수현 목사 (원천침례교회 대표목사)

성도들은 누군가 주님 품으로 돌아왔다는 소식을 들을 때 가장 기쁘다. 반대로 교회를 다니던 누군가 이단 사이비에 빠졌다는 소식을 들을 때면 가장 가슴이 아프다. 그것도 열심있는 교인이 이단에 빠졌다는 소식이라면 그것만큼 슬프고 의아하고 안타까운 일도 없다. 한국교회에는 그런 소식이 꾸준히 들려오고 있다. 사람의 인생을 망가뜨리고, 그 사람뿐만 아니라 가정과 사회와 다음 세대에까지 심각한 문제를 안겨주는 사이비를 예방하는 데 이 책이 귀하게 쓰이길 바란다.

백상현 기자 (국민일보, 〈이단 사이비, 신천지를 파헤치다〉 저자)

한국교회 보호를 위해 최전선에서 뛰고 있는 정윤석 기자가 또 하나의 의미 있는 결과물을 내놨다. 신천지예수교증거장막성전의 공격으로부터 한국교회를 보호하기 위해 신천지의 실체와 거짓말 포교 방법, 대응 방법, 교주 사후에 발생할 수 있는 문제점 등을 다룬 〈신천지, 왜 종교 사기인가?〉를 출간한 것이다. 한국교회는 그동안 신천지 때문에 많은 피해를 봤다. 신천지는 많은 사람들이 기성교회에 불신감을 갖게 하는 데 적잖은 악영향을 미쳤다. 신천지의 교주는 언젠가 사망하고 조직은 반드시 분열하게 돼 있다. 한국교회가 이 책을 탐독하고 신천지의 무차별적 공격과 교주 사망 이후의 혼란을 미리 준비해야 할 것이다.

유영권 목사 (한국종교이단문제연구소장)

신천지는 종교 사기 집단이다. 조작된 성경해석, 악의적인 성경적용, 위장과 속임으로 포교하여 한 인생을, 가정을, 교회를, 사회를 파괴하는 집단이다. 이러한 집단을 사실대로 알리는 작업은 매우 중요하다.

금번 현장을 취재하면서 확인한 자료에 근거하여 정윤석 목사가 저술한 〈신천지 왜 종교 사기인가?〉는 모든 교회와 성도들에게, 더 넓게는 모든 국민들에까지 매우 귀하게 쓰임을 받을 것이라 확신한다.

유원선 목사 (이단탈퇴자 모임 아이디어가 섞이는 공간 대표)

신천지로 인한 문제로 곳곳이 소란스러운 때에 〈신천지, 왜 종교 사기인가?〉는 우리에게 절실하게 다가옵니다. 저자는 신천지 안팎의 내밀한 일들을 끄집어내어 자세히 풀어냄으로, 신천지 예방과 대안을 제시합니다. "신천지가 무엇인가?" 라고 묻는 이들에게 이 책을 권합니다.

정동섭 교수(가정관계연구소장, 사이비종교피해대책연합 총재; Ph.D.)

신천지는 박태선의 천부교와 유재열의 장막성전에서 파생된 2세대 이단이다. 다른 이단들과 마찬가지로 추종자들에게 거짓된 구원의 확신을 주고 가정을 무너뜨리는 반사회적인 사이비기독교집단이다. 교주가 무식하여 문법적, 신학적, 역사적으로 성경을 해석하지 않고 비유풀이로 사람들을 미혹한다. 정윤석 목사는 예리한 기자의 필치로 신천지의 사기행각의 실상을 파헤치고 있다. 신천지 피해자와 가족들, 정통 교회의 목회자와 신학생, 평신도 모두에게 일독을 추천한다.

정장면 목사 (서울신학대학교, 「기독교 이단과 타종교」 강사)

오늘날 이 시대의 기독교에 대한 종교적 가치는 실생활에서 합리주의와 과학주의 사상으로 물들어가고 있습니다. 이단들은 이런 틈새를 비집고 자신들이 추구하는 교리를 안착시키려고 대학생들뿐만 아니라 성인, 청소년 할 것 없이 무차별적으로 미혹하고 있습니다. 이런 때에 정윤석 목사님이 실제 취재하고 기사로 쓴 옥고들이 모여 탄생한 〈신천지 왜 종교 사기인가?〉는 이 시대의 가장 필요한 신천지 지침서이며 기독교인이 꼭 알아야 할 귀중한 책입니다. 이 책을 통해 신천지가 낱낱이 파헤쳐지고 세상에 조목조목 알려지는 초석이 되길 간절히 소망합니다.

조덕영 교수 (창조신학연구소 소장, 창조론오픈포럼 공동대표)

'신천지'가 정상적 기독교가 전혀 아니라는 것은 이미 정통 교단, 신학을 바르게 배운 목회자, 관련 신학자들에게는 논의의 여지가 없는 일치된 견해다. 그럼에도 불구하고 그 정체에 대해 명확하게 아는 전문가는 사실 많지 않다. 감사하게도 〈기독교포털뉴스〉의 설립자로 오랫동안 이단과 사이비 문제를 치열하게 다루어온 정윤석 대표가 최근 한국사회 가장 큰 문제적 종교로 부상한 신천지의 실체를 그 계보부터 교리적 오류와 포교방법에 이르기까지 소상하게 파헤친 명쾌한 저서를 상재(上梓)했다. 누구나 쉽게 신천지의 실체를 파악할 수 있다는 점에서 적극 추천한다.

진용식 목사 (한국기독교이단상담소협회 · 세계한인기독교이단대책연합회 대표회장)

신천지 신도 수가 20만 명으로 급증했다. 〈신천지, 왜 종교 사기인가〉는 누구나 쉽게 종교 사기 조직의 실체를 파악하도록 구성했다. 신천지를 왜 종교 사기집단이라고 하는지 탈퇴자들의 증언과 필자의 취재와 교리 분석 등을 통해 생생하게 파헤쳤다. 이뿐 아니라 일반인은 물론 해외로 뻗어가는 신천지에 대해 한국교회와 시민사회가 어떻게 대응해야 할지도 제안했다. 집단 망상 교리로 한국사회를 마약처럼 물들이는 신천지를 막아내야 한국사회가 건강해진다.

채희석 목사 (프랑스침례교단(FEEBF), 파리 소르본느대학 Ph.D)

신천지의 활동은 갈수록 문제가 되고 있습니다. 국경을 넘어 한국뿐 아니라 이단 정보에 취약한 해외에서도 그 피해가 발생하고 있습니다. 교회에서는 물론 사회 차원에서도 그들의 간교한 포교 활동에 대처해야 한다는 공감대가 형성되고 있습니다. 이런 시기에, 〈신천지, 왜 종교사기인가〉는 너무나 시기적절하게 잘 저술되었다고 생각합니다. 종래의 딱딱한 이단비판서와는 달리, 이 책은 실제 경험자들의 풍부한 진술과 기자 특유의 쉽고 생동감 있는 필체로 재밌게 구성했다는 점이 특징입니다. 아무쪼록 한국뿐 아니라 해외 흩어진 교회를 위해 귀하게 쓰임 받길 기대합니다.

탁지원 소장 (국제종교문제연구소, 현대종교 발행인)

모름지기 이단 사역은 말씀의 확신과 올곧은 신앙, 그리고 품성이 중요하다고 믿고 있다. 이 같은 사역자가 부재한 때에 이단으로부터 이 땅의 교회들을 지키기 위해 몸부림치는 정윤석 기자가 한 땀 한 땀 흘려가며 간절한 마음으로 작업한 책이 세상에 나왔으니 어찌 기뻐하지 않을 수 있고, 또 추천하지 않을 수 있겠는가. 출간되고 있는 이단 비판 서적들이 많긴 하나 이 책이 한국교회에 꼭 필요한 강력한 무기가 될 것을 믿어 의심치 않는다. 여호와 닛시!

한창덕 목사 (《한권으로 끝내는 신천지 비판》 저자, 예장 개혁 이단사이비대책위원장))

신천지는 심각한 종교 사기 집단임에도 지속적으로 세력을 확장해 가고 있다. 나는 신천지가 일으키는 문제의 심각성을 인식하고 2013년 〈한권으로 끝내는 신천지 비판〉(새물결플러스)을 통해 그들의 정체를 밝혔다. 그들의 교리가 어떤 형식으로 되어 있으며 어떤 주장을 하고 있는지 살펴보면서 성경을 통해 낱낱이 비판했다. 6년이 지난 현재, 신천지의 미혹과 피해가 줄지 않으며 조금 더 업그레이드된 정보와 자료가 필요한 상황이 됐다. 이러한 때 저자는 〈신천지, 왜 종교 사기인가?〉라는 책을 통해 짧게는 1년 길게는 20년을 몸담고 나온 사람들의 이야기와 현장 취재를 통해 문제적 종교의 실체를 폭로하고 있다. 이 책이 한국교회 이단대처의 징검다리 역할을 충실히 하길 기대한다.

홍연호 대표 (전국신천지피해자연대)

신천지는 종교 사기다. 이 단순한 명제는 이미 한국사회 대다수의 시민들에게 각인됐다. 그럼에도 신천지는 사람들과의 친밀한 관계성과 치밀한 사기 포교전략으로 여전히 한국사회 최대 이단으로 성장을 계속하고 있다. 신천지는 수많은 위장단체, 특히 HWPL, IWPG, IPYG

등을 앞세워 전쟁종식과 세계평화 그리고 봉사활동으로 위장하여 이만희 교주 신격화는 물론 신천지 내부결속 다지기를 시도하며 시민들에게 사이비 이단의 경계심을 낮추며 접근하고 있다. 포교 현장에서 시민들은 이들의 지능적 사기포교로 매우 혼란을 겪고 있다. 이제 신천지를 효과적으로 막고 대응하는 건, 한 개인이나 교회만의 문제가 아니라 국가의 미래가 걸린 중대사다. 〈신천지, 왜 종교 사기인가?〉는 신천지의 사기성을 폭로하고 그 실체를 제대로 알렸다. 이 책을 통해 한국사회에 더 이상 신천지 피해자가 생기지 않았으면 좋겠다.

황건구 목사 (기독교대한감리회 제 32, 33회 총회 이단대책위원장)

대한민국에 복음이 전파되면서 샤머니즘(Shamanism)의 영향으로 기복신앙이 형성되고 이로 인해 기독교 이단(사이비)들이 발생하게 되었다. 작금에 와서 한국교계는 이단(사이비)들의 활동으로 세상의 조롱거리가 되고 있는 현실이다. 한국 교계가 이단(사이비)의 경연장이라 할 만큼 혼란스럽다. 이런 때, 이단(사이비)대책의 최상은 예방이므로 知彼知己百戰不殆를 위해 한국교계와 세계교회를 혼란스럽게 하는 신천지 집단에 대해 정윤석 기자(목사)가 예리한 통찰력으로 신천지의 문제점을 분석하고 실체를 제대로 알리는 〈신천지, 왜 종교 사기인가?〉라는 책을 발간했다. 이 책자가 한국교회를 이단(사이비)들의 공격으로부터 방어하고 물리치므로 한국교회 성도들로 하여금 다시 오실 예수그리스도의 순결한 신부로 단장을 하는 데 귀한 지침서가 되리라 확신한다. 밤이 깊다는 것은 새벽이 가까이 왔다는 증거다.

1부

신천지 회심자들의 증언

Ⅰ. 탈퇴자의 눈으로 본 신천지의 실상

1. "자녀에게 사이비 신앙 대물림하고 싶지 않았다"

[신천지에서 10여 년 동안 출석하다가 탈퇴한 이수민 집사(가명, 35세)의 구술을 필자가 간증으로 정리했습니다. 진리의 성읍, 아름다운 신천지라는 그 동네의 실상을 간접 경험하는 기회가 되실 것입니다.]

10년 동안 신천지에 있다가 탈퇴한 이수민 집사

2006년 겨울이었다. 엄마의 목소리는 추운 그날보다 더 차가웠다. "수민아, 신천지로 와서 말씀 들어야 산다. 지금 학교 공부가 중요한 게 아니다. 계시의 시대가 열렸는데 지금 이 말씀을 듣지 않고 거부하면 지옥밖에 없다!" 수민(가명, 35세)은 순종적인 사람은 아니었다. 그런데도 엄마의 말을 듣고 자기 발로 신학원에 가지 않을 수가 없었다. 지금 이 시대에 신천지 말씀을 듣지 않으면 구원받지 못하고 지옥에 간다니 두려웠다. 엄마는 이미 신천지를 만난 것을 '하나님의 뜻'이라고 강하게 믿고 있었다. 빈틈이 보이지 않았다.

엄마와 달리 수민은 신천지에 빨리 적응하지 못했다. 1년이 지나도, 2년이 지나도 달라지지 않았다. 엄마에 이어 아빠도 빠졌다. 여동생도 마찬가지였다. 온 가족이 신천지에 매료됐지만 수민은 신천지 말씀이 믿어지지 않았다. 그게 괴로워 도피 생활도 했다. 습관은 무서웠다. 모태신앙인이라 어딜 가든 주일 성수는 해야겠다고 생각했고, 그렇다고 기성교회는 다닐 수 없는 상태였다. 이곳저곳 도피생활을 하는 곳에서조차 결국은 신천지 지교회에 출석했다. 기계처럼 재수강을 하다가 한 강사를 만나면서 수민은 크게 깨달음을 얻었다. 머릿속에서만 겉돌던 신천지 교리가 재조합이 되면서 가슴이 뻥 뚫리는 느낌이 들었다. 신천지 교리를 되풀이해서 배운지 3년째에 접어들어서였다.

새 언약의 사자, 약속의 목자를 붙들고 이 시대를 달려 역사를 이뤄야만 한다는 사명감이 3년째가 됐을 때 비로소 움텄다. 이때부터 수민은 미친 듯이 달리기 시작했다. 청년 구역장부터 시작해, 부서 전도팀장, 전도교육 교관, 교회 전도대, 총회 사무실, 센터 전도사까지 20대 수민의 청춘은 신천지에 송두리째 바쳐졌다. 대학생일 때는 아침에 일어난 시간부터 밤에 잠자는 시간까지 스케줄 표를 짜서 구역장에게 제출했다. 1인 4역, 5역의 생활을 했다. 교회에 상주했고 직장이 끝나면 바로 복음방으로 출근하다시피 했다. 제대로 밥을 먹을 시간이 없어

빵으로 간단히 끼니를 때우는 경우가 허다했다.

수민은 스스로 정신무장을 철저히 했다. 하나님의 나라를 잃은 이때, 이 땅에서 사회 곳곳에 들어가 독립투사들이 투쟁을 하듯 자신은 하나님 나라를 이루기 위해 살아가는 투사라고 스스로를 다잡았다. 수민은 강사들이 전하는, "너희도 독립투사들처럼 그렇게 살아라. 밥을 못 먹고, 풀뿌리만 먹더라도 말씀을 전해라. 선생님도 청도로 낙향하셨다가 과천으로 올라오셨을 때 돈이 없었다. 이때 풀뿌리만 캐서 먹더라도 이 말씀은 전해야 한다는 사명감으로 전하셨다."는 말씀을 가슴에 새겼다. 김밥 한 줄로 버티는 것쯤은 우습게 생각했다. 교주는 메시지를 전하며 '피맺힌'이라는 표현을 자주 썼다. 이 땅에 하나님의 나라를 이뤄야 하는데 그것을 빼앗겼기 때문에 하나님께 피맺힌 한이 있다는 것이다. 신천지 신도들은 그 나라를 다시 찾아 하나님의 한을 풀기 위해 목숨을 거는 독립투사라는 정신무장이 되어 있었다.

센터에서 전도사를 할 때는 24시간 비상체제였다. 섭외자가 센터에 들어오면 그를 관리하는 인도자로부터 늘 보고를 받았다. 밤늦은 시각, 인도자로부터 섭외자에게 이상한 낌새가 있다는 말을 들으면 즉각 움직였다. "인터넷에서 떠도는 (신천지를 비난하는)'독'을 다 먹고 나면 돌이킬 수가 없으니 아는 즉시, 이상한 낌새를 채면 즉각 보고하라."는 게 인도자들에게 각인이 되어 있었다. 인도자가 즉각 문제가 생겼다고 담당 전도사에게 보고하면 수민은 밤낮을 가리지 않고 바로 출동했다. 섭외자의 집 앞에 대기하며 얼굴 한 번이라도 보고 얘기하자고, 말씀에서 어긋난 게 있으면 내게도 알려달라고, 한 번만 만나 달라고 애걸

하다시피 했다. 그렇게 해서라도 한 영혼이라도 빠져 나가지 못하도록
지켜야 한다는 사명감에 불탔다.

지파별로 전도 인원을 보고하고 모두 실적을 올리는데 실적이 좋지
않으면 담임강사가 큰 창피를 당하고 벌 받고 총회장에게 꾸지람을 듣
는 시스템이었기에 항상 지파별로 1등을 하기 위해 이달의 목표 전도
할당량을 채워야 했고, 그러기 위해서는 센터에 들어온 인원 또한 놓
치면 안 됐다. 그러다 보니 신천지 안에서 그렇게 사명으로 죽고 못 사
는 사이 같으면서도 실제로는 같은 동지들과 속마음을 털어 놓으며 서
로 교제를 나눌 시간은 없었다. 모두가 어쩔 수 없는 상황인 것을 이
해해줬다. 이것을 이해 못하고 서운해 하면 금세 '섭섭마귀 들어갔다',
'섭섭병 생겼다'는 비난을 감수해야 했다. 잠을 자는 순간에도 포교 대
상자를 미혹하기 위한 모략을 짰다. '전도 안 하면 염소'라는 소리를 듣
기는 죽어도 싫었다.

추수꾼 전도를 한창 진행하던 시절에는 추수할 교회로 들어가서 신
도인 척 생활했다. 경기도 분당의 유명한 교회의 청년부에서 생활한
적도 있다. 2010년 당시, 신천지는 주일 정규집회를 오후 3시에 진행
했다. 오전까지 다른 교회에서 추수활동을 하라는 의미였다. 성도의
대부분이 추수꾼으로 추수밭 교회를 정해 나갔다. 오전에 정통교회에
서 예배를 드리고 오후엔 신천지로 가서 추수꾼 보고서를 작성했다.
목사님의 설교 본문과 설교 내용을 써냈다. 그리고 교리적으로 틀렸다
고 생각되는 부분도 써냈다. 보고서를 작성하기 위해 주일 오전예배를
드릴 때면 목사님의 설교를 꼼꼼히 받아 적었다. 이를 본 정통교회 신

도들은 '정말 말씀에 대한 열정이 뜨겁다'고 수민을 오해했다.

추수밭에서 활동하다가 정통교회로 회심할 확률은 과연 있을까? 수민은 'Zero'라고 생각했다. 추수꾼 활동을 나갔다가 정통교회로 회심한 신도가 있다는 얘기는 신천지에 10년간 있는 동안 단 한 번도 듣지 못했다. 비유풀이를 하지 않으면 말씀 자체가 아니라고 이미 마음에 벽을 쌓은 신도들에게 목사님의 말씀이 제대로 들릴 리가 없었다.

진리의 성읍인가, 아사리판인가?

신천지에서 생활하며 수민은 갈수록 '거짓말 제조기'가 되어간다는 생각에 괴로웠다. 신천지라는 것을 숨기고 효과적으로 포교하기 위해 늘 '모략'을 꾸며야 했다. 아무나 포교하지 않고, 월, 화, 목, 금요일 주 4회를 기본적으로 신천지 센터에서 성경공부를 할 수 있는 사람은 누군지, 신천지의 누구와 나이 · 취미 · 관심사가 맞을지 연결해 줄 생각을 잠자면서까지 했다. 밖으로는 모략을 위해 거짓말을 지어냈고 내부적으로는 '진리의 성읍'이란 말이 무색한 실태도 목도했다.

신천지에 '올인'한 사람은 안다. 집은 거의 잠만 자는 공간이다. 대부분의 시간을 센터나 신천지 교회에서 보낸다. 아무리 스타일이 맞지 않고 원수 같던 강사와도 미운 정, 고운 정이 드는 생활이다. 어차피 강사가 되면 집에 거의 들어가지 못했다. 일반적인 의미의 가정생활과 결혼생활이 불가능했다. '성폭행 사건'이 발생하는 경우도 있었다. 전도특공대로 A지역으로 와 있던 강사가 그 지역의 자매를 몰래 사귀었는데 슬쩍 본인의 욕구만 채우고 헤어지자고 요구해왔다. 이 자매는

'혼인빙자 간음죄'가 아니냐고 문제를 제기했고, 결국 사안은 지파장에게 까지 올라갔다. 평소 자매를 부모님처럼 돌봐주던 지파장이었기에 최소 근신이나 큰 질책이 있으리라 기대했지만 그 강사가 다른 지역으로 발령이 나는 것으로 마무리가 됐고, 그 뒤로도 그 사건은 그 강사의 신천지 활동엔 아무런 영향을 주지 않았고 묻혀버렸다.

　신천지에서 가장 자랑스럽게 생각한다는 요한계시록의 실상을 사실은 이만희 교주 자신이 싫어한다는 것도 알았다. 신천지 실상의 인물인 유재열 씨가 웨스트민스터 신학교에 유학을 가지 않았다는 사건이 수민에겐 가장 충격이었다. 신천지 발전사에도 나와 있는 얘기다. 유 씨가 웨스트민스터 신학교에 가서 찍은 사진이라는 게 신천지 발전사 44페이지에 나왔다. '바로 알자 신천지 카페'에 이 문제가 제기됐다. 웨스트민스터 신학원에 '유 씨라는 이름을 가진 유학생이 없었다.'는 지적이었다. 그렇게 되면 실상이 틀어지게 된다. 수민의 친구들이 본부에서 서로 허심탄회하게 말했다. 실상이 틀릴 리 없다고 생각했던 한 친구가 "야, 우리 중에도 영어를 잘하는 사람이 있는데, 뭐가 걱정이냐. 우리가 직접 알아보자."하고 직접 웨스트민스터 신학원에 알아보자 개인정보를 제3자에게 제공할 수 없다며 학교 측은 쉽게 알려주려 하지 않았다. 그래도 알아야 할 사정이 있다며 설득을 거듭한 결과 듣게 된 학교 측의 대답은 경악을 금치 못할 충격이었다. 해당 연도에는 한국 유학생 자체가 한 명도 없었다는 대답이었다. 실상의 하나하나가 이상하게 어그러지는 순간이었다.

　신천지 내부에 '박 모 씨' 사건도 유명했다. 박 모 씨는 실상을 캐고 다녔다. 이유는 실상의 '허상'을 밝히고 싶어서가 아니었다. 진실로 믿었고 그것을 확인하기 위해 백만봉, 김창도 등 신천지 실상의 원년에 나오는, 이름 있는 사람들을 찾아다녔다. 그런데 그 소문이 이만희 교주에게까지 들어갔다. 박 씨는 교주 앞으로 불려갔다. 이만희 교주의 노한 음성이 들렸다. "네가 실상을 캐고 다닌다며?" 박 씨는 바들바들 떨며 말했다. "선생님께서 보혜사라는 걸 믿고 싶어서입니다. 제 목숨을 걸고 질문 한 가지 드립니다. 선생님께서는 보혜사가 맞으십니까? 선생님께서 맞다고 하시면 무조건 믿겠습니다." 이 교주는 격노하며 말했다. "나 보혜사 아냐! 여기서 나가!" 수민은 우연히 본부 내에서 암암리에 떠도는 얘기를 전해 듣고 속으로 이상하게 생각했다. '어제까지 신천지에서 충성하던 사람들을 하루아침에 왜 내치나? 신현욱 교육장도 하루아침에 신뱀으로 만들고….' 탈퇴한 지금 수민은 모든 게 이해된다. 이만희 교주가 그토록 자신이 보고 듣고 증거 한다는 실상은 사기였던 것이다. 신도들에게 사기 쳐서 속인 게 들통날까봐 두려워 꼬리가 밟힌 듯하면 바로 꼬리자르기를 했던 것이다.

신천지 실상을 드라마로 만든 게 있었다. 계시록 13장의 666사건, 즉 7머리 10뿔이 장막성전에서 안수를 받을 때 이만희 교주 역을 맡은 배우가 "지금 당신들은 배도를 하고 있습니다! 저들은 멸망자들입니다. 여러분!"이라고 소리치는 장면이 나온다. 소위 이긴 자가 이기는 장면이다. 수민은 드라마를 보다가 혼자 '빵'터졌다. 왜냐하면 그 장면이 실제 이만희 교주의 모습과는 상당한 괴리감이 있었기 때문이다. 곁에서 겪어 본 사람은 안다. 이만희 교주는 누군가를 위해 그 어떤 행동이라도 할 만한 용기 있는 사람이 아니라는 것을. 수민은 이만희 교주가 진리를 위해서 목숨 걸고 앞으로 나서서 자신만만하게 외칠 사람이 아니라는 것을 알고 있었다. 그럼에도 '저것을 보고라도 사람들이 하나님께 돌아온다면 감사하다'는 마음으로 그 유치한 드라마에 대해 문제제기를 하지는 않았다. 새 신자들이 이만희 총회장의 실제 성격을 알아봤자 신천지 믿음을 갖는 데는 하나도 도움이 되지 않을 것을 염려하는 마음마저 들었기 때문이다.

수민은 2011년 결혼 후 아이를 임신했다. 신천지 신도들에게서 돌아오는 말은 무언의 '비아냥', '압박'이었다. 그들이 진심어린 축하를 할 수 없다는 것을 수민은 그 누구보다 잘 알고 있었다. 신천지인들은 겉으로는 "수민 전도사, 임신 했네."라며 축하의 말을 던졌지만 그들은 "하나님의 역사가 얼마 안 남았는데, 사명하기도 바쁜데…"라며 에둘러 볼멘소리를 하곤 했다.

아이를 낳았다. 집에서 아이를 키우며 수민의 마음에 점점 균열이 가기 시작했다. 청년 때는 잘 몰랐다, 자신이 자라온 가정이 정상이 아니라는 것을. 결혼을 하고, 가정을 이루고 아이를 낳고 키우면서 인정하지 않을 수 없었다. 신천지에 일찌감치 빠진 부모는 수민의 가정을 정상으로 만들어가지 못했다. 늘 '신천지 떠나면 지옥'이라는 얘기, 신천지 교회에 나가지 않을 때에라야 비로소 수민에게 무슨 문제가 생겼는지 묻는 부모, 학교 공부보다 신천지가 우선이고, 총회 본부에 대한 충성을 하고 이만희 교주의 인정을 받는 게 무슨 성공한 사람이 되는 것인 양 여기는 분위기…. 수민은 자신의 부모조차 자신을 구역장이나 강사가 신천지 교인 통제하듯 관리했을 뿐 진정한 부모로서 사랑한 게 아니었다고 회상한다.

신도들에 대한 통제 시스템이 결국 34년 동안 종교 사기조직을 유지하는 데 필요했다는 건 수민도 인정한다. 그러나 수민은 자기 자식만큼은 통제 시스템에 가두고, 14만 4천 명을 만드는 데 올인 하고 똑같이 사기포교를 위해 거짓말 제조기가 되도록 하는 것을 허락할 수 없었다. 어느 날이었다. 수민은 어린이집 공개 수업이 있어서 참여했다. 어린이들과 놀던 중간중간, 수민의 말 못하는 어린 아들은 신천지 노래를 흥얼거렸다. 수민은 견딜 수가 없었다. '나가야겠다!' 그런데 신천지를 나간다는 건 단순한 게 아니었다. 죽는 날까지 부모님을 다시 볼 수도 없다는 의미다. 남편을 설득하는 것도 큰 문제였다. 남편에게 신천지 탈퇴를 권유하면 선악과를 따먹고 아담에게 권한 하와와 같은 입장이 되는 것이라는 생각도 들었다. 남편에게 도저히 말을 할 수가 없다고 생각했던 어느 날 수민은 용기를 내서 마음을 털어놓았다. '당신이 신천지를 떠나는 순간 이혼하겠다.'는 말이 돌아올 줄 알았다. 의외로 남편은 "내가 당신 대신 신천지 교회 출석 인증 카드를 찍고 올 테니 좀 쉬어."라고 자연스레 말했다. 수민은 너무 고마운 한편 신천지를 나가면 어떻게 살까 하는 공포에 벌벌 떨었다.

몇 년을 고민하던 끝에 어느 겨울날 밤, '살려 달라'고, 이단상담소에 눈물을 흘리며 전화를 걸어 호소했다. 한국기독교이단상담소협회(협회장 진용식 목사) 구리 상담소장 신현욱 목사를 만날 때는 상담소가 아닌, 공개된 장소에서 남편과 함께 만나겠다고 했다. 신 목사를 만나던 바로 그날 수민과 남편은 신천지 탈퇴를 결심했다. 신천지 실상이 사기라는 것도 그렇지만 신 목사가 신천지를 탈퇴한 가장 큰 이유 중

하나인 이만희 교주의 여성 문제를 듣고 수민은 교주에 대한 모든 환상이 깨지는 걸 느꼈다.

　수민은 신천지를 탈퇴하고 한 해 두 해 정통교회에 적응해가고 있다. 가장 은혜가 되는 말씀은 구원론이다. 그것도 중·고등학생을 대상으로 하는 아주 기초적인 은혜의 복음이 전해질 때 그녀는 혼자 눈물짓는 경우가 많았다. 예배에 참여하는 사람들은 '다 아는 얘기'라는 모습을 보인다. 그런데 수민은 그게 아니었다. 예수 그리스도께서 어제나 오늘이나 영원토록 동일하신 우리의 구원자라는 복음은 그녀에게 이토록 많은 눈물이 있었나 할 정도로 눈물짓게 만들었다.

　그러던 그녀는 몇 달 전 경기도 OO지역에서 '사이버과학축제'에 참석했다가 아연실색하게 됐다. 아들의 과학 숙제를 하기 위해 그녀도 이 축제에 참여했다. 가는 길목, 안내하는 스태프 중에 신천지 신도들이 언뜻 눈에 띄었다. '설마'했던 생각은 축제 장소 안에서 경악으로 바뀌었다. 한 부스에서 신천지 교인은 물론 신천지 정보통신부에 속한 고위 관계자가 봉사자들을 진두지휘하고 있었다. 이만희 교주가 예전에 했던 말이 생각났다. 그는 "사회 각계각층, 모든 곳에 가서 빛과 소금이 돼라."고 말했다. 그 말대로 신천지인들은 관공서의 각종 행사, 사회봉사, 특히 언론사 등에 퍼져가기 시작했다. 그들은 각계각층으로 퍼져가며 해야 할 일이 있었다. 신천지가 수세에 몰리거나 공격당할 때 자신이 있는 그 자리에서 음양으로 측면 지원해주는 역할이다.

　추수꾼 포교는 신천지 신도들이 발이 닳도록 하고 있다. 그런데 사회에서 고위직이나 엘리트 층에 있는 사람들은 사회 각계각층으로 나가 신천지 종교색을 드러내지 않고 조용히 퍼져가는 역할에 전념한다. 심지어 각 언론사에 기자로 침투한 신도들은 신천지 총회 등록에서 이름을 빼기까지 한다. 경찰이지만 조폭 조직에 들어가 조폭 두목까지 됐던 영화 '신세계'처럼, 교적까지 지우고 결정적일 때 신천지를 위해 일해 줄 사람들을 사회 각계각층으로 퍼뜨리고, 그들은 신분을 철저히 감추며 활동하고 있다. 신천지 없으면 나라가 돌아가지 않고 사회봉사가 되지 않을 정도로 깊숙이 관여하는 것, 싫어도 어쩔 수 없이 신천지를 함께 끼고 가야 하는 사회 구조를 만드는 게 그들의 목표였다. 수민은 그곳을 나왔지만 초등학교 아들의 숙제를 하기 위해 찾아간 지방자치단체의 축제의 한마당에서 종횡무진 활약하고 다니는 신천지 교인들을 목도하는 시대를 살고 있다.

2. 악몽에서 깨어나게 했던 한마디, "지금이 마지막 기회예요."

정리 : 정윤석

간증 : 이지연 집사(가명, 38세 구리초대교회)

이만희 교주 사진 아래에서 사진을 촬영한 신천지 신도들

짧다면 짧고 길다면 길었다고 할 수 있는 1년 6개월이라는 시간 동안 나는 신천지에 빠져 있었다. 그리고 그곳에서 나는 인간으로서 하지 말아야 할 일들을 했다. 비록 나는 나쁜 일들을 실천하며 살았던 사람이지만 이 간증을 통해 신천지가 왜 이단인지, 왜 절대 그곳에 빠져서는 안 되는지, 이단 예방이 얼마나 중요한 지에 대해 알리고 싶다.

신천지에는 '실상'이라는 교리가 있다. 나는 1년 6개월 동안 보고 느낀 신천지 내부의 실상에 대해 말하려 한다. 나는 세 자녀의 엄마다. 그런 내가 신천지에 미혹되어 아이들만 집에 남겨둔 채 가출을 감행했다. 질풍노도 시기의 청소년도 아닌데 말이다. 나는 신천지의 교리에 중독돼 신천지 신앙을 지키지 않으면 가족들이 모두 구원받지 못할 거라는 두려움을 갖고 있었다. 그래서 4개월 동안 신천지에 숨어버렸다. 보다 못한 남편이 이 사실을 CBS에 제보했고, 그 후로도 다시 4개월을 버티다 이단 상담을 통해 회심을 경험하고 나서야 완전히 돌아올 수 있었다. 이렇게 간증을 할 수 있게 된 것은 하나님의 은혜다.

같은 교회 구역장으로부터 시작된 신천지 사기 포교

나는 초등학교 4학년 때부터 친구의 전도로 교회를 다녔다. 어릴 적부터 부모님의 말씀을 잘 듣는 착한 아이로 곱디곱게 자라 27살에 결혼해 세 자녀를 낳았다. 나는 남편과 시어머니 그리고 큰딸 서연(가명, 11세), 둘째 딸 수연(가명, 7세), 막내 동연(가명, 3세)이와 함께 교회를 다녔다.

나를 신천지로 포섭한 인물은 같은 교회를 다니던 구역장이었다. 교회마다 속장, 셀장, 목자 등 명칭이 다른데 내가 다니던 교회에선 '구역장'이라 불렀다. 그녀는 교회에서 누구보다 열심히 봉사하는 분이었으나, 3년 전쯤 먼저 신천지로 포섭되었고 나를 미혹하기 위해 2~3년 동안 공을 들였다.

나는 유독 입덧을 심하게 했다. 큰딸 서연이를 임신했을 때도 6개월 동안 입덧을 하며 피를 토했고 출산 후 겨우 잠잠해질 때쯤 둘째 수연이를 임신했다. 그리고는 막내까지 10년 동안 아이들을 키우며 육아를

홀로 담당해야만 했다. 남편은 일하느라 육아를 함께 할 여력이 없었고, 나는 점점 고립되고 힘이 들었다. 신천지는 이런 때를 절대 놓치지 않았다.

처음 그녀가 나를 신천지로 포섭하려 한 것은 갑작스럽게 큰딸 서연이가 갑상샘 기능항진증 진단을 받았을 때였다. 구역장이 그 소식을 듣고 손을 뻗쳐 왔다. 막내가 태어난 지 6~7개월이 되던 해였다. 신천지는 '이침'이라는 전도 도구를 사용했다. 손에 침을 놓는 것을 수지침, 귀에 놓는 것을 이침이라고 한다. 구역장은 내게 이침 강좌를 듣자고 했다. 자신의 지인의 어머니도 갑상샘 항진증을 앓았는데, 이침을 맞으면서 나았다고 했다. 그런데 마침 좋은 강사가 주민센터로 와서 이침 강좌를 하니 같이 듣자고 했다. 나는 귀가 솔깃했다. 그래서 막내를 시어머니에게 맡기고 서연이와 이침 강좌를 들으러 갔다. 그런데 강사가 강의 도중 큰아이에게 다가오더니 "너는 호르몬 계통에 문제가 있어 보인다."고 말했다. 내가 놀라자 그는 자기 홍보를 하기 시작했다. 자신이 이침 협회에 소속돼 있고, 귀를 보면 사람의 체질과 병을 알 수 있다며 침을 놔줬다. 그럼에도 불구하고 신천지 포교 1차 시도는 실패로 돌아갔다. 신천지는 어떤 방법으로 포교하든 성경공부로 귀결되는데, 막내가 6개월밖에 되지 않아 내가 공부할 여건이 안 된다는 게 신천지의 판단이었다고 한다.

1차 시도는 시간을 낼 수 없는 내 형편으로 무산됐지만 거기서 포기할 신천지가 아니었다. 연락이 끊겼다가 구역장이 다시 연락을 해왔다. 이제 2차 시도를 시작한 것이다. 이번엔 같이 밥을 먹자고 했다.

나로서는 내가 좋아하는 구역장이었고 그녀의 안부가 궁금하기도 했으니 거절할 이유가 없었다. 그녀는 함께 다니던 교회를 떠나 형님이 개척하는 교회로 옮겼다고 했다. 물론 거짓말이었다. 어찌 하였든 나는 구역장을 만나러 나갔다. 식당에는 이미 전략적으로 세팅된 신천지 신도들이 대기하고 있었다. 갔더니 구역장이 있었고 공간 하나를 두고 옆 테이블에 또 다른 신도 A가 앉아 있었다. 구역장은 A를 향해 "어떻게 수서에 사는 분이 광명까지 오셨냐?"며 반가워하며 인사를 나누고 있었다.

그러자 A가 답했다. "제가 힘들 때 큰 도움을 줬던 선교사님이 계세요. 호주에 계시다가 잠깐 한국에 오셨는데, 광명에 머무신다는 소식을 듣고 그분에게 식사 대접을 하러 왔어요." 내심 A가 만난다는 선교사가 궁금했다. 시간이 좀 지나 선교사라는 사람이 들어왔다. 선교사와 구역장은 서로가 초면인 척 연기를 했다. A와 선교사가 식사를 하고 나는 구역장과 밥을 먹었다. 그러다 서로 교차해서 말을 걸고 대화하는 자연스러운 상황이 됐다. A가 선교사를 띄우기 시작했다. "선교사님은 제 신앙을 세워주신 분이고, 기도를 하면 하나님께서 보여 주는 것들이 많으세요."

만약 내가 신앙이 없는 사람이었다면, 그 선교사에게 관심이 없었을 것이다. 그러나 나는 신앙이 있는 사람이었다. 무엇보다 내가 신뢰하는 구역장님 지인의 신앙이 힘들 때 세워주신 분인데, 선교사님이신데다 기도도 많이 하는 분이라고 하니 나도 모르게 관심이 갔다. 그 선교사가 나를 보며 말했다. "집사님을 보니 하나님이 사랑하는 분이라는 게 느껴져요. 그런데 하나님께서 사랑을 주시려 해도 집사님에게서 단절되고 막혀 있는 느낌이 드네요."

선교사의 말에 나는 내 자신을 되돌아보게 되었다. 기도도 많이 못하고, 성경도 보지 못하는 것이 내 신앙의 현실이었다. 아이 3명을 낳고 자모실과 영아부를 오가며 10년이라는 시간이 흘렀다. 말씀에 집중하지 못 하고 정신없이 보낸 세월, 확실히 나는 신앙생활을 제대로 못하고 있었다.

선교사는 "하나님이 말씀해주시고 싶어 하지만 내가 그냥 전해줄 수는 없어요. 하나님께서 말씀하고 싶은 메시지가 있는지 기도해볼게요. 연락처는 묻지 않겠습니다. 혹시 하나님께서 응답을 주셔도 A를 통해서 메시지를 전하겠습니다. 우선 기도해보지요. 다만 3가지 과제를 드리고 싶어요. 먼저 남편이 힘들게 해도 싸우지 마세요. 다음으로 하루중 어느 시간이든 꼭 시간을 정해서 기도하세요. 마지막으로 가장 중요한데, 오늘 우리가 만난 것을 다른 사람에게 얘기하지 마세요. 미가서 7장 5절에서는 '너희는 이웃을 믿지 말며 친구를 의지하지 말며 네품에 누운 여인에게라도 네 입의 문을 지킬지어다.'라고 말하고 있어요. 입을 조심하세요. 좋은 일이 있기 전에는 반드시 사탄이 틈탈 수있습니다."

이 이야기만 들었을 때, "기도하라, 말씀 보라, 남편과 싸우지 마라!" 전혀 나쁜 내용이 없었다. 특히 입의 문을 지키는 건, 힘든 일도 아니었다. 그래서 나는 그대로 순종했다. 선교사는 구역장에게 내가 이를 잘 지키는지 지켜보라고 했다. 보통 신천지에서는 순종 여부를 파악하고 검사하기 위해 이와 같은 임무를 준다고 한다. 구역장을 통해 내가 이걸 잘 지키는지 파악한 후 잘 지킨다면 나는 아주 적합한 포교대상이 된다. 정말 아무에게도 말하지 않고 과제를 지키자 그 선교사라고 하는 사람에게서 연락이 왔다. 그리고 나는 그를 만나러 나갔다. 선교사가 내게 말했다.

"기도하며 환상을 봤어요. 아름드리나무가 있고 열매가 무성한데 안을 들여다보니 다 썩었더군요. 어항도 봤어요. 어항 안에 물고기 두 마리가 있는데 물이 없어 아사 직전이에요." 선교사는 이것이 구역장과 내 신앙의 상태라고 말했다. 또한 물고기가 물이 없어 아사 직전이라는 것은 말씀이 없어 병들어 있는 상태를 뜻하는 것이라며, 하나님께서는 내게 말씀 알기를 원하신다고 말했다. 나도 모르게 수긍했다. 구역장은 '지연아, 같이 해 보자!'며 성경공부하기를 권했다.

그렇게 복음방을 다니기 시작했다. 복음방 과정에서 처음으로 암송하라고 한 구절이 요한복음 1장 1절~5절까지였다. 이 구절을 인용하며 "말씀은 곧 하나님이시죠? 그럼 하나님을 알려면 뭘 알아야하죠?"라고 선교사(복음방 교사)가 물었다. 즉, 말씀(성경)을 아는 것이 곧 하나님을 아는 것이기 때문에 성경공부를 통해 말씀을 아는 게 곧 하나님을 아는 거라는 생각을 하게 했다. 이 말씀을 통해 나는 성경공부를 꼭 해야겠다고 결심했다. 그리고 호세아 4장 6절 '내 백성이 지식이 없어 망한다.'라는 구절을 강조해서 이 구절을 보면서도 하나님을 아는 지식이 중요하니 성경을 공부해야겠다는 결론을 얻게 되었다.

첫장막의 발자취를 따라다녔던 이지연 집사

　실제로 나는 현란한 그들의 성경강연에 혀를 내둘렀다. 창세기, 출애굽기, 요한복음, 요한계시록을 종횡무진 오가면서도, 어떠한 해석이나 주석도 없이 오로지 성경만으로 강연이 진행되었다. 그것은 내게 무척이나 성경적으로 보였다. 어느덧 2주 복음방 과정을 마친 2016년 1월 18일, 나는 센터 입성을 했다. 보통 2~3개월 정도의 복음방 과정을 마쳐야 센터로 옮긴다고 하는데 나는 매우 이례적인 경우였다. 그만큼 나는 깊고 빠르게 신천지에 빠져 들어갔다. 나는 정말 죽을 만큼 성경 공부를 열심히 했다. 센터에서는 분필을 사용하는 흑판으로 강의하고, 나는 학원 의자에 앉아 강의를 들었다.

　말씀이 너무 재미있어서 "이곳은 어디입니까?"라고 물으면 그들은 '말씀이 사라진 시대에 원로 목사님들이 이를 안타까워하며 말씀을 재능 기부하듯 가르쳐 주시는 곳'이라고 답했다. 여기서 신천지에 잘 미혹되지 않는 사람의 특징이 드러난다. 첫째로 성경이 하나도 궁금하지 않은 사람이라면 신천지에 빠질 염려를 하지 않아도 된다. '나는 잠이 많고 게을러!', '공부하는 게 싫어!' 이런 사람 또한 신천지에 잘 빠지지 않을 것이다. 성경을 읽으면서 헷갈리고 궁금한 게 많아 알고 싶고 배우고 싶은 열정이 가득한 사람, 한번 몰두하면 잠이고 뭐고 다 팽개치고 올인 하는 사람, 그런 사람들이 위험하다.

강사, "계시록의 새 하늘 새 땅을 한자로 하면 뭐죠?"

신천지에서는 부지런하고 열심이 있어야 살아남을 수 있다. 서연이를 학교에 보내고, 둘째 수연이와 막내 동연이를 어린이집에 데려다주고 나면, 나는 버스와 지하철을 타고 오전 10시까지 센터로 뛰어갔다. 매일매일이 전쟁 같았다. 그런데도 그렇게 열심히 하는 게 너무 재미있었다. 그럼에도 신천지는 그 재미있는 성경공부 자료를 주지 않았다. 학습 목표, 제목과 내용을 모두 열심히 필기한 뒤에도 그 자료는 뒷자리에 놓고 다녀야 했다. 나는 그 공부가 너무 좋아서 칠판을 사진으로 찍듯, 스캔하듯 제목과 학습 목표를 외우고, 복음방 교사에게 매일 요약해서 전송할 정도로 열심히 했다. 장난으로 "이렇게 공부하면 하버드대 가겠구나."라고 할 정도였다. 그러나 센터에서는 비유 풀이에 완전히 세뇌되기 전까지 이만희 교주에 대해 오픈하지 않았다.

신천지에서는 열매 하나를 맺기 위해 (만국을 소성케 하는) 잎사귀가 필요하다며 전도대상자를 "열매"라 하고 옆에서 감시하는 신천지 교인을 "잎사귀"라 한다. 잎사귀는 신분을 철저히 숨기고 옆에서 보고자 역할을 한다. 내 잎사귀 역할을 하던 구역장은 어느 정도 기간이 지나자 바쁘다며 다른 신천지 사람을 붙여주었다. 그는 매일 성경 구절 암송하는 것을 체크하고 내가 아침에 온 시간, 나와 점심에 나눈 얘기, 저녁에 나눈 얘기를 전도사와 강사에게 보고했다. 그들은 SNS로 카카오톡보다는 텔레그램이라는 것을 사용했다. 구역장, 선교사, A, 잎사귀, 강사, 전도사 등이 방을 만들어 나에 대해 공유했다. 예를 들어 내가 "여기 이상하지 않아요?"라고 잎사귀에게 말하면 잎사귀는 즉시 텔레그램에 "아무래도 단속이 필요할 것 같음."이라며 정보를 공유하고 대책을 마련한다.

나에게 이상한 낌새가 감지되면 강사(여기서는 '목사'라 칭하지 않고 '강사'라고 부른다)가 나를 살짝 부른다. "집사님, 요즘 마음 상태가 어때요? 약간 의심이 들어간 것 같은데 하나님이 염려하고 계세요." 그러면 나는 뜨끔 한다. 정말 영성이 뛰어난 분인가 보다 생각하게 된다. 이렇게 신천지에 잠식당한다. 대화의 채널도 신천지에 집중된다. 매일 성경을 묵상하고 느낀 점, 회개할 점, 감사할 점을 전도사와 강사에게 전송하라고 해서 그것을 하다 보면 자연스레 신천지 신도들과만 교제하게 된다. 월, 화, 목, 금요일에는 성경공부를 하고, 수요일, 일요일에는 센터에서 예배를 드리고, 토요일은 전도를 나간다. 결국 일주일 내내 신천지에 출석하다 보니 나는 그들과만 교제하고 그들과 생활하는 셈이 됐다.

센터에서 입교하려면 한 명의 열매가 필요하다. 전도해야만 입교가 가능하기 때문이다. 그래서 나도 입교하기 위해 전도를 해야 했다. 그런 내게 한 명이 눈에 띄었다. 그분은 교회에서 열심히 전도를 하다가 시험에 들어 잠깐 쉬고 계셨던 분이었다. '좋다, 이 분을 전도해야겠다'고 생각했던 나는 두어 번 커피숍에서 그분을 만났고, 그분은 너무도 나를 잘 따랐다. 결국 2016년 6월, 나는 그분을 센터에 입성시켰다. 신천지에서는 신천지 2~3개월 초등과정이 끝나면, 특히 비유 풀이에 세뇌가 됐다고 판단된다면, 그때 "이곳이 신천지예수교 증거장막성전입니다!"라고 오픈한다.

그냥 하는 게 아니라 반드시 비유 풀이에 세뇌돼서 신천지라고 공개해도 시험에 들지 않을 사람이라고 판단이 설 때에라야 그렇게 하는 것이다.

"성도들이 들어갈 새 하늘 새 땅을 한자로 하면 뭐죠?"
"'신천신지'인가요?"
"그걸 줄이면요?"
"네?? 여기가 신천지예요?"
"이것 보세요. 신천지가 성경에 있어요, 없어요?"

이렇게 신천지에 가게 되는 것이다. 앞에 개울이 흐른다. 그리고 징검다리가 하나 있다. 다리가 단단한지 단단하지 않은지는 모른다. 그럴 땐 두드려보면 된다. 이단으로 한걸음 나아가봐야 알 수 있다. 그런데 불안하다. 이때 이단들은 성경 구절을 들이민다. "몇 장 몇 절, 나와 안 나와?" "나와요." "그러면 밟아!" 그다음 징검다리가 있다. 그때도 마찬가지다. 이단은 성경 구절을 들이밀고, 나는 하나하나 돌을 밟아 나간다. 그렇게 개울을 건너다 앞을 바라보면 내 앞엔 어느새 이만희 교주가 서 있는 것이다.

그때는 진리인 것 같고 성경적인 것 같지만 회심하고 보니 자기네가 의도한대로 아전인수 격으로 성경을 인용하고 왜곡했다는 게 보인다. 그러나 그때는 아무것도 보이지 않았다. 나는 이런 식으로 신천지에 들어가게 되었다. 그런데 내가 열매로 정해서 입교시킨 그분, 일명 '열매 집사'는 신천지라고 공개한 순간, "어, 'PD수첩'에 나왔던 사람이네!"라고 외쳤다. 비록 그도 신천지에 대해 잘 모르는 사람이었으나, 열매 집사는 'PD수첩'에서 보았던 이만희 영상을 떠올렸고 그토록 신천지의 비유 풀이에 세뇌되어왔음에도 더 이상 신천지에 나가지 않기로 결단했다고 한다. 그리고 또한 나를 불쌍하게 생각했다고 한다. 자신만 중단할 게 아니라 '신천지인지도 모르고 다니는 이지연 집사를 구해줘야지'라는 생각이 들었다고 한다. 그래서 그는 구리 상담소(신현욱 목사)로 전화를 걸었다.

"저는 나왔는데, 나랑 공부를 같이 한 사람이 있어요. 이지연 집사라는 사람인데 아무것도 모르는 거 같아요. 꺼내줘야 하는데, 어떡하죠?"
"집사님, 이지연 집사라는 사람이 신천지인 겁니다."
"아니에요! 그분은 가족 3대가 신앙인이고, 남편과 자녀들과 함께 교회를 다니는데 신천지라니요. 그럴 수가 없어요!"

구리 상담소에서는 열매 집사가 담임목사님께 이지연 집사가 신천지라는 걸 알리도록 권유했다. 많은 사람들을 미혹할 수 있고 그래서 교회가 어려워질 수 있다는 것이 그 이유였다. 그래서 열매 집사는 먼저 부목사님께 갔다고 한다. 부목사님께 "이지연 집사라는 사람이 신천지다."라고 했더니 당황하시더란다. 나는 이 소식을 듣고 그때부터 교회는 물론 가족들에게 "나, 신천지 아니야. 너무 억울해. 나를 어떻게 신천지라고 하느냐?"라고 눈물을 흘리며 신천지의 피드백대로 거짓말을 했다. 속으로는 피가 마를 정도로 힘이 들었다. 남편이 나를 거들어주었다.

"좋다! 나도 화가 난다. 어떻게 당신을 의심하느냐? 내가 담임목사님을 만나서 해명해야겠다." 나는 사실 남편이 목사님을 만나는 걸 원치 않았다. '이미 증거가 다 있으니까 나를 신천지라고 할 텐데. 남편이 담임목사님을 만나면 내가 신천지인 것이 탄로가 날 텐데'라며 고민했다. 담임목사님을 만나고 온 남편은 역시나 내가 신천지라는 것을 확신하게 됐다. 9월 18일 열리는 신천지 만국회의가 얼마 남지 않은 때, 나는 신천지라는 게 탄로가 났다. 새 하늘과 새 땅이 열리면 세상을 호령하는 왕이 돼야 하는데, 친정 부모님이 집을 오가고 시댁에서 매일 찾아오고, 정말 지옥 같은 시간이었다. 가족들과는 이미 대화가 되지 않았다. 한 달 동안 가족들은 "그곳은 이단이다, 가지마라."라며 나를 말렸고, 나는 "아니다, 나는 진리의 길을 가야 한다."며 대치했다. 어른들의 싸움과 갈등을 보며 심상찮은 집안 분위기에 아이들은 매일을 눈물로 지냈다.

그러나 나는 서연이만은 내 얘기를 들어줄 것 같아 말했다. "네가 한 번 들어봐라! 내가 뭐가 잘못됐니? 내가 말하는 게 옳지 않냐!"며 요한

계시록을 가르쳤다. 결국 나는 10월 21일 가출을 감행했다. 이단 상담을 받아야 한다는 가족들의 말을 거절하고 난동을 피웠다. 이미 나는 신천지에서 이단상담소에 가면 개종 교육을 받고 영이 죽는다는 교육을 받은 상태였다. 가족들이 "이단상담소에서 너를 어떻게 하지도 않을 거고, 만일 감금·폭행한다면 우리가 막아주겠다."고 하였으나, 소용없었다.

가족들이 나를 상담소로 데리고 가려하자 나는 "사람 살려!"라고 외쳤다. 엄마, 아빠, 남편이 당황했다. 원피스에 청재킷을 입은 나는 원피스가 뒤집혀 올라가도 창피한 줄도 모르고 영이 죽을까봐 온갖 난동을 피웠다. 주변에 민원이 들어갔는지 경찰이 왔다. "가족들을 고소할 거냐?"고 물었다. 나는 "아니다. 다만 이들과 격리시켜 달라, 쉼터로 가겠다."고 말한 후 신천지로 곧장 달려갔다. 2016년 10월 21일 가출 후 4개월 동안 아이들과도, 남편, 친정 부모와도 연락을 끊었다. 이후 나는 아바타처럼 살았다. "위에 있는 권세들에게 순복하라"(롬 13:1)는 말씀대로 '순종해야 한다.'는 말을 너무도 많이 들었다. 모세의 영도력에 반역해 반란을 일으킴으로써(민 16장; 26:9~11) 땅이 고라를 삼킨 이야기, 신명기 28장 말씀에서 복은 14절까지밖에 나오지 않지만 그 4배에 가까운 15절~68절까지가 저주에 관한 이야기라고 할 때는 너무 무서웠다.

어머니 환갑잔치에 '특수 감금 납치' 고소장 통보

가출해서 신천지로 들어간 뒤, 그들의 지시대로 사는 삶이 시작됐다.

10월 25일은 친정 엄마의 환갑이 되는 날이었다. 그날 나는 엄마에게 평생 잊을 수 없는 충격을 안겨 드렸다. 나는 경찰에 엄마를 '특수 감금 납치'로 고소했다. 신천지에 빠진 딸이 드린 이상한 환갑 선물이었다. 신천지를 나온 지금은 너무도 어머니께 죄송하다. 평생 효도하며 속죄하고 싶은 심정이다.

이처럼 신천지에 빠지면 상상 못할 어마어마한 일을 저지른다. 신천지 측은 나에게 이혼을 종용했다. "집사님 가족들이 너무 강성이다. 왕 같은 제사장이 되기 위해, 신앙을 지키기 위해서 이혼하라."고 했다. 그러나 나는 "생각해보겠다."고 답했다. 부모나 아이는 이혼하더라도 가족들이지만, 남편은 이혼하면 남이 된다. 그러면 남편은 영벌의 길을 가게 되는 것이었다. 그래서 이혼도 섣불리 할 수 없다고 생각했다.

내 명의로 남편이 분양받아 준 아파트가 한 채 있었다. 신천지의 한 관계자는 그걸 알고 아파트를 매매해서 현금을 보유한 후 남편에게 이혼을 통보하라는 지시를 했다. 가출한 상태이기에 분양권이 없어서 매매가 불가능하다고 하니 경찰을 대동해서 집에 들어가서 패물과 집 분양권 등 돈이 될 만한 것들을 챙겨 나오라 했다. 그런데 그럴 수는 없었다. 진리의 길을 간다고 집을 나오긴 했지만, 아직 아이들이 어린데, 경찰을 데리고 집에 들어가서 패물을 다 갖고 나온다는 짓은 도저히 할 수 없었다. 그리고 나는 신천지 신앙을 지키기 위해 집을 나왔지 돈 때문에 나온 건 아니었다. 그러자 신문에 2주간 분양권 분실 공고를 낸 후 재발급을 받고 팔자고 이야기했다. 그래서 나는 실제로 구역장과 함께 분양받은 아파트가 있는 지역에 찾아가 매매가를 알아보고 집을 내놓고 돌아왔다. 또한 매매를 위해 필요한 인감증명서도 가족들이 뗄 수 없도록 하기 위해 집 근처 주민 센터를 찾아가 본인만 인감을 뗄 수 있게 변경신청을 했다. 지금 생각해보면 집으로 돌아갈 생각은 안하고 집주변 주민 센터에 들러 어처구니없는 행동을 했던 것 같다.

나는 신천지로 갈 때 아무것도 가지고 간 게 없었다. 그래서 4개월 동안 신천지에서 후원받는 돈으로 살았다. 강사가 되고 싶은 청년들 중에는 가출한 사람들이 많다. 그래서 숙소도 많았다. 강사가 받는 돈은 20만 원에서 30만 원이었다. 아이들 셋을 두고 가출한 나에게도 지원금이 30만 원이나 나왔다. 난 지원금이 들어오는 것을 보고 '이곳은 이단이 아니구나.'라고 생각했다. '이단은 교인들의 재산을 착취해 가는데 신천지는 이렇게 지원금도 주지 않는가.'라는 생각이었다. 지원금을 받고 밥은 교회 식권으로 해결했다. 신천지 안에서 교육부 팀장을 맡으며 나는 가출하지 않았다면 볼 수 없었던 신천지의 참된 실상을 보게 되었다.

나에게 이혼을 종용하던 다른 부서의 부장이 있었다. "머지않아 하나님 나라가 이루어질 것이며 우리는 계시록 20장 4절의 14만 4천의 영과 육이 합일 되는 영계와 새 하늘 새 땅을 꿈꿔야 한다. 그날이 5분밖에 남지 않았다."고 말하며 나에게는 이혼을 종용하던 그 사람은 정작 자신은 재혼을 준비하고 있었다. 그것도 자기가 포섭한 사람과 재혼을 꿈꿨다. 게다가 시부모에게는 교회 전도사라고 거짓말을 했다고 한다. '이건 아니지 않나?' 싶었다. 신도들은 일정한 돈벌이 없이 아침부터 밤까지 신천지 전도 일만 하다가 신용불량자가 되었다. 당연히 그 가정의 자녀들은 부모의 보호로부터 방치됐다. 신천지에 올인한 부모

들 때문에 탈선하는 비행 청소년들이 너무나 많은 것 또한 봤다. '여기가 진짜 하나님 나라가 맞을까?'

센터 고등과정 중에 이런 적도 있다. 신천지 전도사가 수강생들에게 검정색 표지 성경책을 보여주며 이게 무슨 색이냐고 물었다. 수강생들이 '검정색'이라고 대답하니 "만약 총회장님이 이걸 흰색이라고 하면 어떻게 할 건가?"라고 전도사가 다시 물었다. 수강생 중 반은 "흰색인데…" 반은 "검정색…"이라고 우물쭈물하니 전도사는 "총회장님이 흰색이라 하면 흰색인 거예요!"라고 잘라 말했다. 계시 받은 분이 그렇게 얘기하면 그런 거라는 말에 다들 "네…."라고 했다. 맹목적, 무조건적 순종을 하라는 얘기였다. 살짝 거부감이 들었다.

거짓말도 스스럼없이 했다. 나도 했을 뿐만 아니라 신천지 신도들이 하는 것을 너무 많이 목도했다. 그럴 때마다 정말 이곳이 하나님의 나라인가 하는 회의감이 들었다. 가출한 뒤 큰딸 서연이와 밖에서 만난 적이 있다. 아이는 혼자 나왔지만 나는 신천지인을 대동했다. 그 때문인지 아이가 어색해 했다. 엄마를 만나는데 옆에 신천지인이 있다는 게, 아직 4학년밖에 되지 않은 맏딸 입장에선 이해되지 않았다. 가족들은 엄마와 큰아이가 만나니 이제 집에 들어오겠구나 생각했다고 한다. 그러나 나는 서연이를 만난 후에도 아이만 집으로 올려보내고 다시 신천지로 갔다.

잠시 설명하자면, 이 글을 보시며 이단에 빠져서 가출하고, 이혼하고, 학업을 포기하는 게 이해가 안 되는 분들이 계실 것이다. 하지만 미혹의 영은 반드시 있기에 육적인 것은 육적으로, 영적인 것은 영적으로 이해하는 눈이 필요하다. 감기 걸린 사람이 기침을 하고 콧물이 난다고 해서 이해가 안 된다고 하지 않듯이 이단에 빠지면 증상들이 가출, 이혼, 학업포기로 나타나는 것이다. 지금은 신천지에 빠져있는 영혼들이 너무나 불쌍하고 안타깝다.

아무튼, 그러던 중 신랑이 우리 가정의 일을 CBS에 제보를 했다. 당시 내 이야기는 '신천지의 사라진 엄마'라는 제목으로 보도되었다.

총회에서는 CBS 보도를 본 후 "자녀 3명을 두고 가출한 사람이 도대체 누구야!!"라며 전국 지파를 통해 방송에 나온 내가 누군지 수소문했고, 총회로 즉각 들어오라는 지시를 받았다. 내가 가출해서 4개월을 지낸 건 어느 누가 보더라도 정상적인 상황이 아니었다. 교회라는 곳에서 이런 신도가 있다면 집으로 돌아가 가정을 지키고 자녀를 돌보면서 신앙생활을 하라고 해야 정상인데 오히려 신앙을 지키라며 가출시키고 지원금까지 준다니 상식적으로 생각해보아도 신천지에 득이 되는 상황이 아니었다. 나는 '가출이 능사는 아니구나. 집에 들어가서 해결을 해야겠구나.' 하는 생각이 들었다. '하지만 어떻게 들어가지?'라며 고민하던 차에 시할머니가 돌아가셨다는 소식을 들었다. 가족과 4개월 동안 연락을 두절했다가 92살의 시할머니가 돌아가신 다음날인 2017년 2월 12일, 나는 대구에 있는 장례식장에 갔다. 그리고 장례식장에서 4개월 만에 남편을 만났다. 남편은 돌아가면 회심 교육을 받자고 했지만, 나는 끝까지 안 받겠다고 말했다. 남편은 불안해했다. 지금은 집으로 가지만, 내가 다시 신천지로 돌아가게 될까 봐서였다.

반면 나는 남편이 두려웠다. 나를 다시 이단 상담소로 데리고 갈까

봐 말이다. 그래서 택시를 타고 도망갔다. 이번엔 신천지로 가지 않고 친정엄마 집으로 갔다. 가면서 신천지인들과 연락을 계속했다. 친정으로 간다고 했더니 신천지 측 인사가 "절대 그대로 가지 말고, 우리를 한 번만 보고 가라, 이대로 가면 죽는다."고 했다. 내가 주저하자 총회 관계자에게서까지 전화가 왔다. 그도 잠깐 나에게 보고 올라가라고 했다. 내가 한마디 했다. "지금 장례식장에서 총회 들렀다가 가면 택시비가 30만 원이 나와요. 그거 대주실래요?" 잠시 기다리라고 했던 신천지 관계자는 "그럼 그냥 친정으로 가라."고 알려왔다.

신천지에 들어갈 때, 나는 우리 집 주소를 다 오픈했다. 주민등록 등본, 차량 등록증을 공개하고 신변 보호 요청서까지 써야 입교가 되기 때문이다. 신변 보호 요청서란 회심 상담을 받는 상황이 될 때 내 신변을 신천지에 위탁하겠다는 것이었다. 그러나 나는 이상하게도 친정에 대해서는 알리지 않았다.

친정으로 가서 다시 4개월 동안 버티면서, 회심 교육을 받지 않겠다며 남편을 또 경찰에 고소하기도 했다. 지금 되돌아보면 너무 부끄럽다. 남편은 끝까지 울면서 나에게 이단 상담 교육을 한 번만 받아달라고 요청했다. 그것을 받기 싫으면 인터넷이라도 한번 봐 달라고 신신당부했다. 그러나 나는 아무것도 들어줄 수가 없었다. 하나님께서 "먹지말라 네가 먹는 날에는 반드시 죽으리라."고 하신 것이 선악과인데, 인터넷도 보지 말아야 할 선악과라고 배웠기 때문이다. 그래서 신천지와 관련한 인터넷은 쳐다보지도 않았다. 남편이 나를 가둬놓고 자꾸 인터넷을 보게 한다고 나는 고소했다. 친정 식구들도 "지연아, 어떻게 이렇게 바뀌었냐? 제발 예전의 네 모습으로 돌아와 주렴."하고 눈물지었다.

양심이 살짝 고개를 들던 순간, 그리고 회심

　그렇게 4개월이 지나갈 무렵이었다. 서연이반 학부모 참여 수업이 있었다. 선생님이 반 아이들을 대상으로 설문 조사를 했다. 질문의 반은 아이가 쓰고 나머지 반은 엄마인 내가 쓰는 설문 조사였다. 질문이 이랬다. '최근에 가장 행복한 때는?' '요즘 들어 가장 고민되는 건?' 나는 차마 답을 쓰지 못했다. 큰딸 서연이의 답만 쳐다봤다. 서연이는 이렇게 썼다.

　최근에 가장 행복했을 때는?
　딸의 답: 엄마가 집으로 돌아왔을 때.
　요즘 들어 가장 큰 고민은?
　딸의 답: 엄마 아빠가 매일 싸우는 거.

　나는 선생님 앞에서 고개를 들지 못했다. 선생님이 말했다. "어머니, 서연이가 제게 했던 표현을 그대로 어머니께 해볼게요. '선생님, 우리 엄마가 이단 사이비 신천지에 빠졌어요!! 그런데 회심 상담을 받지 않아요. 우리 엄마 어떻게 하면 좋아요?' 어머니, 아이의 어린 시절은 행복한 시간으로 채우고 채워도 부족한 때랍니다. 엄마가 이단 사이비에 빠진 것 때문에 아이가 행복해야 할 어린 시절이 이렇게 힘들어진다면 어머니께서 다시 한 번 생각해 보셨으면 좋겠어요."

　나의 양심이 고개를 살짝 들었다. 딸을 봐서라도 회심 상담을 해야만 했다. 결국 이단 상담소로 갔다. 다만 상담소 간사님이 와서 설명하실 때는 속으로 계시록을 암송하며 듣지 않았다. 상담을 진행한지 3일이 됐다. 당연히 나에게선 아무런 변화도 없었다. 아빠는 간사님께 통곡하며 매달렸다. "간사님, 우리 지연이 좀 살려 주세요."

엄마는 체념하듯 말했다. "이제 너 가고 싶은 신천지 가라!!! 아이들은 임 서방과 내가 잘 키울 테니…." 단 한 번도 이혼을 말하지 않던 남편도 이혼서류를 갖고 왔다.

"여보, 이제 끝이야. 도장 찍어. 당신도 신천지에 가서 살아야 하니, 당신이 요구하는 만큼 돈은 줄게. 그런데 당신, 신천지에 빠진 거 구하려다 나는 사업도 내려놨다. 돈이 많지 않아. 그러니 양심적으로 위자료를 요구해줘. 내가 빚을 마련해서라도 그건 줄게. 그러나 아이들은 내놓을 수 없어. 아이들만은 절대 당신 같은 신천지인으로 키울 수 없어."

이제 엄마도 신천지에 가라고 한다. 남편도 이혼서류를 준비해왔다. 나의 결단만이 남은 상태였다. 그때 이단 상담소의 간사님이 내게 다가왔다.

"이 집사님, 신천지로 가는 건 좋은데 건성으로 듣지 말고 왜 신천지를 종교 사기라고 하는지 다시 한 번만 들어보세요. 부모님도 버리고, 가족들도 다 버리고, 아이들까지 버렸는데 나중에 이단 사이비라는 게 깨달아지면 억울하지 않겠어요? 마지막 기회에요."

곰곰이 생각했다. '내가 과연 아이 없이, 남편 없이 살 수 있을까? 이런 고통스러운 선택으로 나를 몰아세우는 신천지는 과연 진리가 맞을까?' 고민 끝에 나는 '만일 이단 상담을 다시 받고, 그래도 진리라면 신천지에 당당히 가겠다, 정말 마지막이다.'라고 결정했다. 그리고 곧장 이단 상담을 받아보겠다고 내려갔다. "간사님, 제가 들어볼게요."

그걸로 인생을 내건 줄다리기가 끝이 났다. 마음을 열고 듣는 순간, 신천지가 종교 사기라는 게 확연히 드러났다. 그토록 자신만만하게 생각했던 실상이 자꾸 바뀌는 건 어떤 이유로도 설명이 불가했다. 실상의 연도가 바뀌는 것, 인물이 바뀌는 것 모두 설명이 불가했다. 나는 1년 6개월의 기간 동안 비유 풀이에 세뇌된 결과 이만희 교주가 그리스도라고 고백했다. 그런데 마음을 여는 순간 즉시 돌아설 수밖에 없었다.

지금 남편과 나는 이단 상담 과정을 열심히 듣고 있다. 내가 돌아올 수 있게끔 포기하지 않고 끝까지 붙들어준 부모님, 가족들, 남편, 아이들에게 고마움을 전한다. 한 명이 신천지에 빠지는 건 너무 쉽다. 그러나 진리 가운데로 회심하려면 그보다 더 큰 힘이 들어간다. 보통 부인이 이단에 빠지면 부부가 이혼하는 경우가 많은데, 나의 남편은 못난 아내를 되돌리려고 언론사에 제보하고 신천지 총회를 찾아가고 사업도 내려놨다. 그 덕택에 나는 겨우 회심할 수 있었다. 회심한 후 둘째 수연이를 만나기 전에 통화부터 했다. 내 목소리를 들은 작은 딸은 펑펑 울었다. 집에 들어간 후 나중에 수연이가 말했다.

"엄마, 내가 엄마 돌아오는 날 통화했잖아. 그때 왜 엄청 울었는지 알아?"

"반가워서?"

"아니, 나는 엄마가 죽은 줄 알았는데 살아 있어서, 그게 너무 고마워서 울었어."

수연이가 말을 이었다. 딱 일 년 전쯤이었다고 한다. 작은딸이 아빠와 손을 잡고 걷고 있었다. 그 때 작은딸이 아빠에게 말했다.

"아빠, 할 말이 있어요."

"뭔데?"

"엄마가 안 오는 거 좋아, 나 참을 수 있어. 그런데 새엄마는 싫어."

"갑자기 왜 그런 말을 하니?"

"우리 반에 어떤 아이가 새엄마가 왔다고 했어. 근데 너무 싫다며 막 우는 거 봤거든."

남편은 그런 수연이에게 이렇게 말했다고 한다.

"수연아, 아빠는 절대, 포기하지 않아. 꼭 신천지에서 엄마를 찾아올게."

가족의 끊을 수 없는 절대적인 사랑이 신천지라는 질척한 늪과 숨 막히는 악몽에서 나를 깨어나게 했다. 지금도 내가 간증하고 있다는 게 정말 꿈만 같고 이 순간이 너무도 소중하다. 살아서 역사하시는 하나님과 가족들은 물론 나 하나를 회복시키기 위해 헌신해 주신 구리초대교회 신현욱 목사님을 비롯한 간사님들 모두 모두에게 감사드린다. 더불어 올바른 길로 돌아올 수 있도록 눈물로 기도해주신 경기도 광명 H교회 담임목사님을 비롯한 전 성도님들께 깊이 감사드린다.

3. 섹스포교 피해자, "신천지 그녀, 사랑했었다"

(섹스포교는 신천지의 정식 포교법이거나 다수의 신도들이 이 포교법을 활용한다는 의미가 아닙니다. 일부 신천지교인의 부도덕한 일탈 행위로 벌어진 일임을 밝힙니다.)

신천지 신도에게 섹스포교를 당했다고 주장하는 김민성 씨

신천지 측 신도로부터 섹스포교를 당했다는 폭로자가 세상에 나왔습니다. 김민성 씨(가명, 61)는 신천지를 2012년 7월부터 2013년 10월까지 1년 3개월가량 경험하고 탈퇴한 사람입니다. 신천지 신학원 과정도 수료했습니다. 김민성 씨는 2013년 11월 16일과 12월 4일 2차에 걸친 기자회견을 통해 자신이 신천지 여성과의 사랑에 빠져 신천지에까지 갔다가 탈퇴하게 된 배경을 상세히 공개했습니다. 그 핵심은 '섹스포교'입니다. 다음은 김민성 씨의 구술을 바탕으로 정리한 글입니다. 다만 기존의 기사 형식과는 다른, 스토리를 중심으로 끌어가는 글입니

다. 그러나 이 내용은 소설이 아닙니다. 김민성 씨가 기자회견에서 진술한 내용을 기초로 했습니다.

이 글에서 사람들의 이름, 나이, 얼굴은 매우 사적인 내용이라 일괄적으로 가명 처리했습니다. 일부 신천지인의 섹스를 미끼로 한 포교행위가 얼마나 심각하게 이뤄지고 있는지, 건강하게 사회생활을 하는 시민들을 철저히 기망하며 혼자 사는 남자의 약점을 어떻게 파고들어 신천지라는 올무에 빠지게 하는지 그의 진술과 기자의 재구성을 통해 잘 살펴보는 계기가 될 것입니다. [편집자 주]

"재워주고 갈게요." 2013년 10월, 사미(가명, 44)는 여느 날처럼 민성(가명, 61)에게 말했다. 민성은 말없이 욕실로 향했다. 샤워를 하고 나왔다. 재워주고 가겠다던 그녀의 모습이 보이지 않았다. 잠시 자리에 앉았다. '어디 숨었나?' 전화를 해볼까 생각하며 휴대폰을 찾았다. 아무리 찾아도 보이지 않았다. '어? 이거 뭐지?' 번뜩 이상한 생각이 들었다. 책상 위로 눈길이 갔다. 노트북도 보이지 않았다. 불안해지기 시작했다. 1시간이 지났다. 가까이 있는 그녀의 집으로 액셀러레이터를 밟았다. 지하 주차장에 그녀의 차가 보이지 않았다. 어떻게 된 영문인지 점점 불안해지는 마음을 억누르고 다시 지상으로 올라갈 때였다. 그녀의 차가 보였다. 경찰차가 뒤따르고 있었다.

패트롤카에서 내린 경찰이 민성의 차를 세우며 하차를 지시했다. "같이 서에 가주셔야겠습니다. 앞 차에 있는 여성이 신고했습니다." 어이가 없었다. 그래도 일단 김포의 한 경찰서로 향했다. 없어졌던 노트북과 핸드폰은 경찰 책상 앞에 있었다. "이 여성은 당신이 공갈·협박을 했다는군요. 노트북과 핸드폰에 이 여성의 비밀스런 사진들을 갖고 있다면서요? 비밀번호 알려주세요."

"내가 왜 알려줘야 하죠?" 그는 미국에서 30여 년 이상을 살았다. 얼굴은 한국인이지만 문화적 소양은 이미 미국인과 다를 바가 없다. "그 안에는 사랑하는 여자와 함께했던 추억들이 고스란히 담겨 있습니다. 지극히 사적인 일인데 왜 패스워드를 알려달라고 하십니까? 정식 고소도 안됐잖습니까? 만일 고소된 사건이라면 내 자문 변호사를 선임해서 답변하겠습니다."

고압적으로 민성을 대했던 경찰에게서 당황스런 눈빛이 보였다.
"…"
민성은 다시 속사포처럼 내뱉었다. "이 노트북과 핸드폰은 제 것입니다. 이게 왜 여기 와 있습니까? 제 허락도 받지 않고 이곳까지 제 물건을 갖고 온 건 문제가 안 됩니까?"
"… 그건 문제죠. 문제가 있다 생각되시면 절도범으로 저 여성을 고소하십시오."

그녀를 바라봤다. 아무 말 없이 고개를 숙였다. 민성은 다시 경찰에게 쏘아 붙였다. "제 물건이니 다시 가져가겠습니다!" 그렇게 민성은 자신의 노트북과 핸드폰을 갖고 경찰서를 나왔다. 그는 속으로 생각했다. '너희들 나를 잘못 건드렸다.' 그랬다. 노트북과 핸드폰에는 외부에 공개할 수 없는 사미와 민성의 은밀한 관계를 보여주는 사진들이 잔뜩

들어 있었다. 외로울 때면 '셀프'로 해결하라고 야한 속옷을 입고 촬영해서 보낸 사미의 속살들이 고스란히 담겨 있는 사진들도 있었다. 경찰 복장, 오피스룩, 란제리 등 여러 복장을 입고 찍은 그녀의 '코스프레'('의상'을 의미하는 'costume'과 '놀이'를 의미하는 'play'의 합성어. 유명 게임, 만화, 애니메이션, 영화 등에 등장하는 캐릭터를 모방하여 그들과 같은 의상을 입고 분장을 하며 행동을 흉내 내는 놀이를 의미하기도 한다) 사진들도 핸드폰에 담겨 있었다.

그녀는 전도사급으로 불리는 신천지 측 소위 사명자다. 그리고 민성 또한 그녀를 사랑한다는 이유로 신천지에 들어가 1년 3개월을 활동해 온 사람이다. 한때는 서로 사랑을 속삭이며 죽고 못 사는 사이인 듯했다. 그런데 어떻게 두 사람 간에 신고를 하고 경찰에까지 불려가는 일이 발생한 것일까?

그녀와의 만남, 그리고 첫 관계

2012년 여름의 일이다. 민성은 미국에 적을 둔 사람이었다. 재미한인회 회장을 지낼 정도로 인맥의 폭이 넓었다. 한미 FTA의 조속한 체결을 위해 미국 하원의원들을 만날 정도로 정열적인 사람이었고 인지도도 꽤 있었다. 그러나 아이들은 다 컸고 아내와는 서로 헤어진 상황이었다. 미국은 그가 있기에 너무 외로웠다. 고국이 점점 그리워졌다. 미국과 한국을 오가며 새롭게 사업도 펼칠 겸 고국으로 돌아왔다. 그리고 2012년 청와대의 해외 한인 지도자 초청 4대강 순방 프로그램에 초대됐다. 60여 명의 재외 교포들이 두 버스에 나눠서 탔다.

이 버스에 민수미(가명), 조연지(가명) 등 2명의 여성이 함께 탔다. 이들은 버스에서 엔터테이너 같은 역할을 했다. 개그면 개그, 유머면 유머, 게임이면 게임 모든 게 능숙한 그녀들이었다. 버스를 타고 가는 동안 두 여성 때문에 무료하지 않을 정도였다. 이 중 민성은 연지를 눈여겨봤다. 프로그램이 끝난 뒤에도 연지와 카톡을 주고받으며 연락을 했다. 그러면서 연지에게 민성은 자신의 외로움 등 속마음을 털어놓게 된다. "평일에는 자전거를 타고, 주말에는 등산을 다녀. 그래도 외롭고 힘들어. 이대로 살다간 향락의 늪에 빠져 허우적댈 거 같아."

민성의 외로움을 알게 된 연지는 그에게 "좋은 친구가 당신에게 필요할 것 같아."라며 "친구가 될 수 있는 좋은 여자를 소개해 주겠다."고 말했다. 그리고 만난 여자가 사미였다. 첫 만남에서부터 민성은 사미에게 매력을 느꼈다. 첫 데이트는 일산의 호수공원에서 했다. 민성은 그녀의 풋풋한 첫인상에 마음이 끌렸다. 사미도 민성에게 살갑게 다가왔다. 자주 연락하던 중 사미는 민성에게 해수욕장에 가자고 했다. 영종도 왕산 해수욕장에 가서 가벼운 스킨십을 하게 됐다. 대화를 더 하게 되면서 사미는 "법적인 남편은 있지만 싱글이나 마찬가지"라고 자신의 현 상황에 대해 설명했다.

이 말에 민성은 '남편과 별거하고 이혼하려나 보다'라고 대수롭지 않게 생각했다. 사미와 사적인 대화, 그리고 스킨십이 많아질수록 민성의 가슴은 다시 봄을 만난 듯, 청춘인 듯 설레기 시작했다. 그런 민성에게 사미는 더 살갑게 다가오기 시작했다. "오빠…." "왜?" "혼자 살기 힘들지 않아? 음식은 어떻게 먹어?" "혼자 사니 외롭지…. 밥 차려 먹는 것도 힘들어." "오빠, 사는 것 보고 싶어. 내가 요리도 잘하는 데 맛난 것도 해주고 싶고…." "그래? 대환영이지. 한번 놀러와." 민성은 자신이 거주하는 강서구의 오피스텔 호수를 알려줬다. 2012년 7월 10일의 그날을 민성은 잊지 못한다.

오피스텔의 벨이 울렸다. '얼마 만에 맞는 여자 손님인가.' 문을 열자 꽃무늬 원피스 차림의 사미가 보였다. 사미의 몸매를 휘감고 도는 옷감을 볼 때부터 민성의 가슴은 뛰었다. 무척이나 더웠던 날, 그녀는 수줍은 듯 오피스텔에 가만히 들어왔다. 그러나 그녀는 곧이어 쇼킹한 말을 했다. "날씨가 너무 더워요. 땀이 너무 많이 났네요. 샤워 좀 하고 싶어요." 남자가 혼자 사는 오피스텔에 와서 샤워를 하겠다는 그녀. 민성에게 그것은 특별한 사인으로 받아들여졌다. 샤워를 하고 나온 다음은 말할 것도 없었다. 자연스레 육체관계를 맺었다. 2012년 여름, 유난히 더웠던 만큼이나 둘은 뜨겁고 격렬하게 섹스를 했다. 싱글과 마찬가지라고 했던 사미였다. 아내와 헤어지고 10년을 넘게 혼자 살아온 민성이었다. 외로움과 외로움이 만났다. 만날 때마다 그들은 마지막인 것처럼 했다. 그렇게 한 달간은 섹스만 했다.

피해자는 섹스포교를 당해 신천지 신학원까지 수료했다고 한다.

섹스를 미끼로 신천지에 빠지다

어느 날이었다. 그날도 격렬하게 관계한 후였다. 여느 때와 마찬가지로 팔베개를 하고 침대에 함께 누워있었다. 사미가 말했다. "자기, 어젯밤 내 꿈에 자기 엄마가 나타났다…." "뭐? 엄마가?" 민성의 엄마는 모 사이비 단체 출신이었다. 사이비 교주를 시대의 하나님으로 믿고 따르고 인생을 바친 사람이다. 민성도 그런 엄마 덕에 그곳에서 생산한 간장을 먹었고 그곳에서 나온 옷을 입고 살았다. 그리고 사이비단체에서 설립한 중고등학교를 졸업했다.

어머니는 매일 새벽이면 일어나 교주가 인도하는 기도회에 참석했다. 수십 년을 하루같이 생활했다. 청각장애인이었지만 그 누구보다 열심히 기도하고 일을 하고 헌금을 하던 어머니였다. 말년은 불행했다. 어머니는 결국 정신착란 증세를 일으키다가 유명을 달리했다. 그게 민성에게는 큰 상처였다. 그런 아픔을 사미에게도 얘기한 터였다. 사미는 민성의 그 어머니가 두 번이나 꿈에 나타났다고 말했다.

그 말을 듣는데 갑자기 콧날이 시큰해졌다. 그리고는 그녀가 말했다. "사실 나 장로교 ○○교회 전도사야. 엄마가 꿈에 나타나 간곡히 자기를 잘 인도해 달라고 부탁하셨어. 그래서 이렇게 관계까지 맺게 된 거야."

엄마 꿈까지 얘기하던 사미를 따라 민성도 교회에 다니고 싶었다. "당신이 다니는 교회에 나도 다닐게." "아니! 신앙생활하려면 성경부터 제대로 알아야 해. 그래야 어디가든 신앙생활을 제대로 하는 법이야. 내가 알고 있는 젊은 목사님이 계 신데 성경을 너무 잘 알아. 그분을 소개해 줄 테니 성경공부를 하는 게 어떨까?"

이미 사미를 깊게 사랑하게 된 민성은 마다할 이유가 없었다. 처음 공부할 때는 아무렇지 않았다. 그런데 요한계시록을 배우며 서서히 이 상한 내용이 드러나기 시작했다. 다른 내용도 아니고 어머니가 빠졌던 단체에서 가르쳤던 교리와 거의 동일했다. 공부하면서 인간 이긴 자가 등장했다. 보혜사도 나타났다. 성경을 봉함된 비밀이라며 말세에는 예 수님의 말씀을 풀어 줄 수 있는 유일한 그 한 사람을 만나야 한다고 강 조했다. 예수 그리스도가 말씀을 천사에게 전해줬고 천사가 전해준 말 씀을 받아먹은 그 사람을 알아야 구원을 받는다고 했다. 성경공부를 하는데 예수님은 없었다.

나중에 사미는 자신을 신천지라고 실토했다. 신천지를 검색해보니 사이비적 폐단들이 인터넷에 고스란히 나왔다. 그녀도 종종 신천지 내 부의 이야기를 들려줬다. 카드빚을 내서 헌금을 했다가 신용불량자가 됐다는 여자 이야기, 전도에 목을 매고 살다가 가정이 깨져 어려움을 겪는 여성의 이야기 등등.

그러나 그에게는 사랑스런 사미만 보였다. 격정적 관계를 가진 후 황 홀한 상태로 누워 있을 때면 사미는 강아지처럼 민성의 가슴으로 파고 들었다.

"여보, 진심으로 사랑해! 영원히 자기와 함께하고 싶어." 민성에 대한 호칭을 사미는 '여보', '자기'로 부르기 시작했다. 민성은 그 순간 세상에서 가장 행복한 남자였다. 그러나 사미는 꼭 토를 달았다. "자기, 이제 우리 성경공부 센터로 들어가서 공부하자." 민성은 마다할 이유가 없었다. 성관계를 통한 진한 만족이 없었다면 민성은 그녀를 사랑하지 않았을 것이다. 사미가 아니었다면 신천지에 갈 이유도 없었다. 어머니에게서 본 사이비 단체들의 폐해가 잊히지 않았기 때문이다. 그러나 외로움 가운데 그녀와 펼친 질펀한 육체관계는 결국 사랑의 감정까지 키우게 했다. 결국 사랑 따라 민성도 신천지에 다니기 시작했다. 사랑하는 그녀를 위해서 민성은 신천지가 아니라 그보다 더한 지옥이라도 갈 작정이었다. 민성의 눈엔 사랑밖에 보이지 않았다. 나중에 안 사실이지만 4대강 순방 프로그램에 참석했던 두 명의 엔터테이너들도 신천지 신도들이었다.

성경을 잘 안다던 젊은 목사도 신천지 강사였다. 자신이 다녔던 곳은 신천지 위장교회였다. 민성의 주변에 흩어져 있던 모든 소품, 등장인물들이 모두 신천지라는 퍼즐, 각본에 따라 움직였다는 사실, 그리고 자신이 신천지 소굴의 한 가운데로 깊숙이 들어오게 됐다는 걸 발견했다. 사미에게는 별거하지 않은 남편이 있다는 것도 알게 됐다. 싱글처럼 살고 있다는 말도 사실이 아니었다. 사랑하지 말아야 할 사람과 불륜 관계를 맺게 된 것이었다. 그래도 그게 눈에 보이지 않았다. 그녀가 섹스를 미끼로 자신을 속여서 신천지로 미혹한 것이라는 생각도 들지 않았다. 오직 민성에게는 외로운 세월을 잊게 하고 청춘을 되찾게 해준 사미밖에 안 보였다.

"그녀를 위해 나도 신천지 사명자로 살겠다. 그러나….'

그녀를 위해서는 뭐든 하겠다고 생각했다. 민성은 그녀를 위해 신천지의 사명자로 살겠다고 다짐까지 했다. '전 세계로 확장해 갈 화장품 사업을 구상 중이다. 3억 원을 들일 계획이다. 여기서 나오는 수익과 사업 전체를 신천지의 세계 포교화에 바치고 헌신하겠다. 사미가 원하는 사람이 돼 주는 게 내가 사랑하는 사람을 위해 할 일이다.'

그러나 신천지를 위해 아무리 헌신하려 해도 발목을 잡는 게 있었다. 그 옛날 어머니에게서 봤던 사이비적 모습이 신천지에서 발견될 때였다. 이미 2012년 9월 16일 신천지 '제 6회 세계평화 광복 하늘문화 예술체전'에 참석했을 때부터 마음이 찜찜했다. 당시 사미는 민성에게 체전에 참석하라고 성화였다. 참석하기 싫다고 말했던 그날 밤 관계를 마치고 돌아갔던 그녀가 새벽에 갑작스레 민성의 거처로 다시 찾아왔다. 다시 질펀하게 관계를 했다. 그러자 그녀는 민성의 가슴에 얼굴을 묻고 눈물을 흘렸다. "당신은 내가 눈물로 부탁하는데도 들어주지 않을 수가 있어? 나 사랑하는 거 맞아?" 마음이 녹아든 상태에서 다시 한 번 눈물로 부탁하고 호소하자 어쩔 수 없었다.

신천지 전국 체전에 참석했다. 그들의 체전 모습을 보면서 민성은 '이건 남한 안에 있는 북한 조직이다.'라는 생각밖에 들지 않았다. 처음엔 아내라는 여자가 이만희 씨 옆에 있었다. 그런데 체전 후반부로 갔을 때 김남희라는 여성이 이만희 씨 옆에 앉았다. "저 여자 누구야?" 민성이 묻자 사미는 "이번 행사를 주최한 '만남'의 대표예요." 행사 마지막에는 둘이 왕관을 쓰고 행차를 하는 등 난리가 아니었다. '저 둘이 보통 사이는 아니겠다.'는 게 민성의 생각이었다. 카드섹션을 할 때도 엄청났다. 사미는 "카드섹션 하는 여자들, 소변보러 못가요. 기저귀 차고 하는 거죠."

민성의 속마음에 살며시 고개를 드는 생각이 있었다. '저 두 명의 축제를 위해 수만 명의 엑스트라가 동원됐구나. 사이비다!' 폭우가 쏟아졌다. 아무도 동요하지 않았다. 민성에게 신천지 신도들은 우상화를 위해 완전히 세뇌된 북한 조직원과 다를 바가 없었다.

이불 속에서 속정을 나누며 살갑게 있던 사미의 눈이 어느 순간 광기로 변할 때가 있었다. 민성이 사이비로 판단하기 시작한 신천지를 비방할 때였다. "자기야, 나는 신천지에서 이해가 (안 돼)…."라고 말할라치면 그녀는 살벌하게 눈을 치뜨고 뒤도 돌아보지 않고 밖으로 나갔다. 그리곤 돌아오지 않았다. 방금 전까지 민성의 가슴을 파고들며 사랑한다고 속삭이던 그 사람이 맞나 싶을 정도였다. 신천지에 대한 비판만 하면 완전히 다른 사람으로 돌변했다. 몇 번을 사과하고 잘못을 인정하고서야 그녀는 돌아왔다. 이것은 그래도 견딜 만했다. 그러나 참을 수 없는 게 있었다.

다른 사람들에 대한 포교였다. 민성에게는 사회 저명인사를 포섭하라는 은연중의 요구가 있었다. 민성의 지인 중 특정 포럼의 원장급, ○○아카데미의 이사급 등을 대상으로 포교를 하라는 것이었다. 그중 민성과 친분이 있던 ○○포럼의 원장은 신천지 측이 위장한 단체의 신앙 강좌에 초청을 받아 참석하기도 했다. 그가 저명인사 포섭단의 소개를 받고 강연장을 찾은 듯했다. 민성은 일부러 그 사람 옆에 앉았다. 그런데 그가 1시간 신앙 강좌를 듣자마자 "이거 신천지 아나? 자네는 여기 어떻게 알고 왔는가?"라고 묻는 것이었다. 민성은 태연하게 "어, 나도 그냥 소개받고 왔어."라고 말했지만 속이 뜨끔한 경험이었다. 매우 불쾌하기도 했다.

그보다 더 참을 수 없는 것은 사미의 포교행위였다. 사미는 민성을 만나기 전 이미 3명의 남자들을 포교한 상태였다. 상대가 남자였다. 매우 기분이 좋지 않았다. 그래도 민성은 '쿨'하게 생각하기로 했다. 그러나 이후 포교 행위는 견딜 수 없었다. 사미가 점점 또 다른 남자를 포교 대상으로 삼았다. 어떤 예술가를 만나 1:1 성경공부로 유도해야 한다는 것이었다. 그 예술가를 만나러 사미는 일주일에 2~3번씩 남자를 찾아 갔다. 가서는 몇 시간을 있기도 했고 때론 하루 종일 가 있는 듯했다. 민성에게는 이게 큰 어려움이었다. 자신에게 다가온 똑같은 방법으로 예술가를 만난다고 생각할 수밖에 없었다. 사미에게 말했다.

"사미야. 네가 나를 만나기 전에 포교했던 사람들에 대해서는 어떻게 포교를 했든 따지지 않고 묻지 않을 거야. 그러나 앞으로 다른 사람을 포교하지는 말아줘. 당신 다른 남자 포교하러 다니는 거 못 봐 주겠어. 상대랑 둘이서 1:1로 만나는 거잖아! 뭐하고 다니는 거야!"

그럴 때면 사미는 "신천지에서는 시키는 일이면 뭐든지 해야 한다"며 예술가에 대한 포교를 중단할 수 없다고 했다. "사미야, 아니다. 이건 아니다. 그건 전도가 아니야. 그만 두자. 둘이 같이 신천지를 떠나자."
민성에게 섹스를 미끼로 사미가 포교한 것처럼 상대 예술가를 그렇게
포교하지 말라는 보장이 없었다.

"어떻게 내게 이럴 수가 있어?"…"이제 시작이야!"

지금까지 민성은 신천지 측이 14만 4천 명을 채우기 위해 온갖 거
짓말로 위장하는 포교 행위를 목격해 왔다. 상대를 포교하기 위해 자
신이 가진 역량, 인맥, 에너지, 할 수 있는 모든 수단·방법을 극단적
으로 동원하며 사기포교를 해온 신천지라는 것을 민성은 누구보다 잘
알고 있었다. 섹스포교는 사미 혼자만의 결단이 아닌 신천지 측의 묵
인·방조 내지 암묵적 동의 아래 이루어진 것으로 볼 수밖에 없었다.

"신천지를 떠나자."라는 말에 그녀는 "자기, 내년 3월이면 이제 역사
가 끝나요. 그때까지 내가 전도하는 걸 모르는 척해 주세요. 자기도 이
제 세상이 끝나가는데 일 정리하고 신천지 센터로 들어와 합숙하세요!"
"아니야, 사미야. 더 이상 신천지에 있지 말고 떠나자! 안 그러면 신
천지의 문제점을 세상에 폭로할거야." "당신도, 이제 신천지 교인이 됐
잖아! 그러면 역사를 이루기 위해선 눈 가리고, 귀 막고, 입 닫고 모른
척해야 하는 거야!"

사미의 눈에서 시퍼런 빛이 나왔다. 그래도 민성은 지지 않았다.
"나는 싫어! 당신 남편은 참을 수 있을지 몰라도, 나는 참을 수가 없
어! 사미야! 같이 신천지를 떠나자!" 이렇게 애원하고 매달려도 달라지

지 않았다. 그날도 사미는 찬바람을 일으키며 민성의 방을 뛰쳐나갔다.

　허허로운 날이었다. 이제 그녀가 자신을 떠날 수도 있겠다고 생각했다. 민성에게는 사미가 전부였다. 하지만 사미에게는 민성 위에 신천지가 자리하고 있었다. 민성은 사랑밖에 몰랐다. 그러나 사미에게는 사랑 위에 이 시대의 목자, 이만희가 자리했다. 2013년 10월경이었다. 사미가 신천지 담임강사를 만났다는 말이 들렸던 날 밤이었다. 사미가 다시 민성을 찾았다. 어느 날보다 둘은 격렬하게 관계를 가졌다. 와인도 평소보다 많이 마셨다. 그날 관계를 통해 민성은 '이 여자가 아직 나를 사랑하는 건가'라고 마음속에 한 가닥 희망을 잡았다. 섹스를 한 후 그녀가 "재워주고 갈게요."라고 나직이 속삭였다. 샤워하고 나온 민성은 그녀의 빈자리만 바라봐야 했다. 게다가 사미는 민성의 노트북과 핸드폰을 갖고 사라졌고 경찰에 민성을 공갈 협박범으로 신고한 것이다.

　민성은 경찰서를 다녀온 다음 날, 자신이 다니고 있던 신천지 김포지부를 향해 갔다. 신천지 담임강사에게 따지기 위해서였다. 그러나 지문 인식으로 들어갈 수 있었던 그곳에 자신의 지문이 인식되지 않았다. 출입을 할 수가 없는 상태였다. 그녀 혼자서 이런 일을 했으리라고는 생각지 않았다. 하루 만에 자신과 관련한 어떤 말이 돌았는지, 그 전 주까지만 해도 민성의 지문을 인식하던 문이 미동도 하지 않았다. 그는 자의반 타의반 신천지에서 퇴출당한 것이다. 그러나 민성과 함께 은밀한 관계를 즐겨왔던 사미에게는 아무런 조치를 취하지 않는 신천지였다. 이를 보며 민성은 사미의, 육체를 이용한 접근이 신천지의 묵인 하에 이루어졌다는 확신을 더욱 강하게 갖게 됐다. 정상적인 종교라면, 자신의 단체 전도사의 1년 3개월 동안의 진한 육체적 부도덕한 행각에 대한 진상 조사를 철저히 하고 징계를 내리는 것이 마땅한 일이었다.

육정에서 비롯된 빗나간 사랑이었고, 해서는 안 될 불륜이었지만 그녀가 떠난 자리는 너무나 컸다. 민성은 미쳐버릴 것만 같았다. 더욱이 그녀가 자신과 관련한 험담을 여기저기 퍼뜨리고 신천지 신도들 그 누구도 만나지 못하도록 차단하는 것을 알게 되었다. 민성도 자신의 입장을 알려야겠다고 생각했다. 강하게 밀어 붙였다. 이만희 교주에게 2013년 11월 13일자로 내용증명을 보냈다.

"제 이름은 김민성입니다.…" 이 내용증명에 민성은, △신천지 김포 지부 사명자가 나를 섹스를 미끼로 포교했다. △신천지 교주 이만희 씨와 김남희 씨의 관계도 예사롭지 않아 보이는데 둘 간의 관계는 어떤 관계인지 답변하라. △내년이 14만 4천 명 완성의 해라고 강조해 학생들은 학업을 포기하고, 젊은 사람들은 합숙생활을 하고 있는데 두 사람은 진실로 이 사실을 믿고 있는지 밝혀 달라. △나는 성관계를 미끼로 포교를 당했는데 신천지 내부에서 사용하는 전도사 교육용 자료를 보고 싶으니 공개해 달라. △부적절한 성관계는 둘이 맺었는데 남자는 신천지에서 퇴출시키고, 여성 전도사는 아무런 제재도 하지 않고 근신처분 시키는 척만 하고 다른 센터로 전출시켰다는데 이만희 총회장은 이런 사실에 대해 해명해 달라고 요구하였으나 지금까지 이만희 씨에게선 답변이 없다.

그는 사미의 남편에게도 전화했다. "선생님. 제가 사미의 남자였습니다. 아내가 신천지 포교를 위해 그렇게 돌아다니는데도 묵인하고 있었습니까? 신천지에 세뇌를 당해 부도덕한 행동을 계속하고 다니는데 선생님은 뭐하고 계시는 겁니까? 신천지에서 구원을 얻기 위해 아내의 부도덕한 행위를 방조하는 겁니까?"그러나 남편에게선 아무런 답도 돌아오지 않았다.

아직 신천지 그 누구에서도 답은 오지 않았다. 그것이 결국 민성이 세상 밖으로 나오게 된 이유다. 그는 두 차례 기자회견을 통해 자신의 경험담을 세상에 폭로하기에 이르렀다. 2013년 11월 16일 서울역 앞 광장과 12월 4일 모처에서였다. 민성은 말한다.

"신천지를 종교라고 착각하면 안 된다. 섹스를 미끼로 포교를 해도 그에 대해 제재를 가하지 않고 묵인하고 방조하고, 수단·방법을 가리지 않고 한 사람이라도 이만희 교주에게 맹종하는 꼭두각시로 만드는 사이비 단체. 이제 내 한 몸 바쳐서 이런 사이비 집단이 확산되지 않도록 목숨을 걸겠다."

처음 기자회견을 했을 때, 사미에게서 문자가 왔다.
"어떻게 나에게 이럴 수가 있어?"
"사미야, 놀랐냐? 이제 시작일 뿐이다!"
두 번째 기자회견을 한 후 다시 사미에게서 문자가 왔다.
"우리 집에 얼씬 거리지 말 것. 만일 코빼기라도 보이면 바로 고소하겠음."
한때나마 청춘을 찾은 것만 같은 착각 속에 빠져 있던 민성. 그에게도 다시 봄이 올까?

4. 신천지 입교부터 탈퇴까지

신천지 측 만국회의에 참석한 젊은 청춘들. 신천지식 사인을 하고 있다

김효은 씨(가명, 30세)는 열혈청년으로 살아가고 있다. 줌바 댄스를 추며 화려한 모습으로. 하지만 그녀에게는 다른 사람이 모를 격정의 시기가 있었다. 2014년, 대학을 졸업하고 직장생활을 막 시작할 무렵, 사이비 종교단체 신천지에 빠졌다. 서울에서 자취를 하던 그녀는 신천지 입장에서 볼 때 최적의 조건을 가진 포섭대상자, 즉 '열매'였다. 신천지 전도특공대에 포섭된 뒤 김 씨는 한 해 동안 온 생애를 압축하다시피 인생을 바쳐 살았다. 부모님께는 모든 걸 속이고 비밀에 부쳤다. 온갖 거짓말과 연기를 하며 신천지 포교를 위한 시간을 확보했고 직장도, 미래도 내팽개치고 신천지에 모든 것을 걸었다. 이미 5년 전의 일이지만 그녀는 마치 어제 일처럼 신천지에서의 경험을 떠올렸다.

김 씨와의 대화 중 매우 중요한 정보들이 나왔다. 특히 신도들이 이만희 신격화 외에 지파장과 전도특전대장, 센터 강사 등 중간 간부들에게도 충성 경쟁을 한다는 대목에서 이만희 교주 사후에 신천지의 극단적 내분을 예고하는 듯했다. 복음방에서 센터로 보내기 위해 '열매'들에게 신천지임을 커밍아웃할 때가 있다. 이때 일부 열매들은 소리 소문 없이 연락을 끊고 잠수를 탄다. 그럴 때 이미 개인정보를 모두 파악한 신천지 신도들은 당번을 짜서 열매를 되찾기 위해 4~5시간이고 열매의 동선에서 기다리는, 거의 스토커 같은 행동을 했다고 한다. 결국 그런 끈질긴 설득 때문에 신천지임을 알고도 다시 돌이키는 경우까지 있었다고 한다. 김 씨의 인생을 세차게 할퀴고 간 사이비 신천지에서의 경험담을 정리했다. 김효은 씨와의 인터뷰는 2019년 4월 3일 서울의 구로역 인근의 한 카페에서 진행했다.

효은, 신천지 교인되다

— 신천지와 관련한 자신의 이력을 소개해 주세요.

초등학교 4학년 때부터 판소리를 배우기 시작해서 대학교에서도 판소리를 전공했어요. 대학 졸업 후 직장생활과 각종 단체에서 공연활동을 활발하게 하고 있을 무렵이었어요. 대학교 4년간 친하게 지냈던 동아리 친구의 권유로 2014년 1월, 심리 상담을 하다가 신천지에 빠지게 됐어요. 당시 친구는 이미 신천지 신도였고, 수료시험을 앞두고 있어서 전도 열매(신천지는 1명을 전도해야 수료를 할 수 있다. 수료 통과를 위해 전도대상으로 삼는 사람들을 '열매'라고 부른다)가 필요했던 상황이었어요.

저는 인문계 고교를 나온 후 예술대학에 진학했어요. 그러다보니 대학에서 인맥이 부족했지요. 적응하기도 힘들었어요. 선후배 관계에서 오는 상처도 있었구요. 부모님께서 뒷바라지를 해주셨는데 그에 대해

보답해야 한다는 부담도 있었어요. 친구와 만나서 얘기를 하다 보니 그 친구에게는 제가 열매로 적합해 보였던 거예요. 사람들에게 위로받기는 어려웠고, 어릴 때 어머니 기분을 맞춰주기 위해 교회를 다닐 뿐 신앙은 없었어요. 그래도 조금이라도 하나님을 알고 싶은 마음은 있었거든요. 신천지 입장에서 볼 때 거의 알곡 수준이었죠. 친구가 마음이 힘드니 상담을 받지 않겠느냐고 권유했어요.

심리 상담을 하는 분이 계시다며 아는 언니를 소개해 준 거예요. 그런데 그 언니가 성경을 갖고 심리 상담을 해줬어요. 의심 없이 성경을 공부하게 됐지요. 나중에 OO 지파의 전도특전대원(특전대)이었던 거죠. 각 지파별로 특전대가 있는데 한 30~40명이 됐어요. 이들은 용산을 점령하자고 하면 맨땅에 헤딩하는 심정으로 전도만을 위해 일하는 팀이었어요. 정신교육, 세뇌교육이 아주 철저히 된 대원들로 구성되어 있는데, 특히 제가 있던 지파는 청년들로만 만들어진 팀이었어요. 일반적으로는 초중고등 6개월 과정을 거쳐야 하는데 저는 한 달 만에 그룹 복음방에서 신천지화 돼서 센터로 옮겼어요. 그래서 제가 더 열심히 할 수밖에 없었어요.

– 복음방 과정을 밟다가 신천지란 얘기를 처음 들었을 때 어떤 기분이 들었어요?

배신감이 느껴졌어요. 친구가 이미 신천지 공부를 했으면서도 자신도 처음 공부한다고 속여서 같이 들었거든요. '이 친구가 나를 속였구나.'라는, 뒤통수 맞은 느낌이 들었어요. 그거에 대한 배신감이 컸지만, 신천지임을 오픈하고 기도회 하는 모습을 봤는데 이만희 교주 사진을 놓고 기도했어요. 열매들을 놓고.

충격인 동시에 나를 위해 이 사람들이 이렇게 기도하며 노력하는구나 하는 묘한 감동도 있었어요. 신천지에 빠진 후 그들은 나를 위한 맞춤식 모략을 짜줬어요. 직장을 그만두고, 남자친구와도 헤어지도록 거짓말을 짜줬고, 부모님께도 성대 결절이 와서 판소리를 못하는 상황이 왔다고 눈물을 흘리며, 어떤 타이밍에 연기를 하라는 등의 얘기를 해줬어요. 저는 어릴 때부터 판소리 공연을 많이 했던 사람이기에 연기하는 것이 익숙하게 잘됐어요. 그래서 그 당시에 신천지가 아니면 안 된다고 생각해서 그들이 짜 준대로 그대로 따라 거짓말과 연기를 했어요.

– 짧은 시기에 그런 생각이 들어갔네요.

분별력이 없을 때였어요. 짧은 시기였지만 그곳이 진리라는 생각에 믿고 따를 수밖에 없었어요.

– 모략은 누가 짜줬나요?

특전대원들이 하나하나 단계적으로 짜줬어요. 직장생활 및 각종 공연을 가면 목소리가 나오지 않아 판소리를 잘 못하는 것처럼 연기도 했어요. 죄책감도 없지 않았어요. 그러나 신천지에 모든 걸 바쳐야 한다는 생각에 전도를 해야 하니까, 그렇게 연기를 할 수밖에 없었어요. 그 후 모든 시간을 신천지에 올인 하면서 살기 시작했어요. 제가 있던 곳은 복음방에서 신천지임을 이미 오픈하고 센터로 보내는 특수한 복음방이었어요. 저는 그곳에서 열매들이 오면, 그들의 인성이나 신앙심, 가정환경 등을 파악해서 보고하는 잎사귀 역할도 했어요. 그룹 복음방 프로그램 도구들을 만들어서 사람들에게 돌리고, 연세대학교 강의실, 학생회관을 그 학교에 다니는 신천지 신도 학생의 도움으로 빌려서 신천지 위장행사를 했어요. '빛의 축제, 평화의 축제' 등의 이름을 내걸고 무용과 노래, 악기연주, 말씀 뮤지컬도 하고 저의 재능인 판소리도 공연을 했었는데, 제가 있었던 곳은 특히 예술을 하는 친구들이 많았어요.

– 어떤 예술이요?

주로 뮤지컬 배우 지망생, 음악전공자, 댄서도 있었고, CCM, 힙합 등 실용음악 밴드그룹으로 활동 하는 친구들도 많았어요.

– 재능 있는 친구들이 많았네요?

네. 제가 있었던 특전대에서 특별하게 했던 것 중에 하나가 복음방에서 신천지를 오픈하는데, 그걸 오픈하는 날을 정했어요. 신천지임을 오픈해도 괜찮을 것 같은 열매들만 추려서 '너네는 특별 교육을 받는거'라며 환경 정리를 시켜 줬어요. 고3 학생들에게도 엄마, 아빠에게 거짓말을 하도록 시켰죠. 부모님께 도서관에서 밤을 새워 공부를 해야한다는 말을 하고 캠프에 참석할 수 있도록 모략을 짜주는 거죠. 그래서 이태원이나 용산에 있는 찜질방에 열매들을 데려다 놓고 휘황찬란한 신천지 수료 영상, 만국회의, 이만희 교주 동성서행 영상을 밤새도록 보여주며 세뇌교육을 시켰어요. 특전대장이 그걸 보여주면 잎사귀인 우리들은 바람잡이 역할을 했죠. "이곳이 진짜 천국이구나, 너무 좋다!" 이러면서요.

– 커밍아웃 타이밍에 신천지를 거부하는 사람도 있었어요?

있죠.

– 그 분위기에서 어떻게 거부를 하던가요?

그 상황에서는 못해요. 커밍아웃하는 걸 듣고는 집에 간 후 연락을 끊는 친구들이 있어요. 그리고는 카톡이 오는 거죠. '내가 알아봤더니, 거기 이단이라고 하더라.' 이렇게 거부의사를 보내는 사람들은 신앙이 있거나 크리스천들인 경우가 많았죠. 그런데 교회를 다니면서도 말씀에 갈급하거나, 목사님이나 교회에서 상처 받은 친구들은······.

– 반감이 있는 친구들이요.

그런 친구들은 잘 받아들였고, 교회를 잘 다니고, 목회자에 대한 신뢰감이 있던 친구는 '내가 목사님에게 물었더니 거기 이단이라고 하더라.'며 거부하구요.

– 입막음이 안 된 친구들이네요.

네. 맞아요. 연락이 두절되면 그냥 두는 게 아니에요. 저희는 그 아이들 집 앞으로 가서 기다렸어요. 집은 물론 아르바이트 하는 장소, 학교, 모든 정보가 파악이 됐으니까요. 지나가는 동선을 파악하고 퇴근하고 올 때까지 기다리고 그랬어요.

– 몇 시간까지 기다려봤어요?

올 때까지!

– 대략

5시간, 6시간 기다릴 때도 있었구요. 버스 정류장에서 열매가 올 때까지 기다린 적도 있었어요.

– 그 사람을 살린다는 마음으로요.

잎사귀 2, 3명이 같이 가서 교대로 돌아가며 감시하기도 했어요.

– 거절의사를 표시했다가 그렇게 해서 돌아온 사람도 있어요?

네, 있어요. 그래서 다시 특전대 대장에게 가서 그런 친구들은 1:1로 교육받아요.

인생의 모든 것이었던 신천지

– 미혹됐을 당시 신천지는 효은 자매에게 무엇이었나요?

그냥 신천지는 제 삶이었어요.

– 삶의 모든 것?

네. 제가 14만 4천 안에 들고, 나라와 제사장이 되기 위해 기를 쓰고 전도에 힘썼지요. 그것밖에는 안 보였던 것 같아요. 신천지의 특징을 보면, '이 시대의 구원자가 이만희이고, 신천지만이 진리이고, 정통교회와 세상은 모두 비진리이다.'라고 가르치죠. 그래서 모든 매체를 보지 못하도록 차단 시켰어요. 비진리이니까 보면 안 된다. 선악과를 먹지 말라고 해서 저는 인터넷도 보지 않았어요. 검색도 하지 않았고, TV도 안 봤어요. 더러 의심하는 친구들도 몇 명 있긴 했어요. 그런데 저는 무조건 신천지가 진리라는 걸 믿었기 때문에 전혀 그런 걸 보지 않았던 거 같아요.

신천지가 이 땅에 이루어지고, 내가 죽지 않고 살아서 갈 수 있다는, 그 육체 영생 교리를 실제로 믿었어요. 그래서 뭔가, 제사장이 되면 신천지가 세계를 지배하고 가족을 구원할 수 있다는….

– 구원되는 사람은 직계가족까지죠?

아, 근데 제가 있었던 곳은 친척까지 흰무리로 데리고 올 수 있다고 했어요. 그래서 내가 뭔가, 영웅 같은, 우리 가족을 구원할 수 있다는 희망을 갖고 있었죠.

– 가족들이 나중에 "고맙다."고 할 때가 올 거라는?

맞아요. 신천지 배도하고 나가면 악령이 들어오니 절대로 배도하면 안 된다, 나가면 돌아올 수 없다는 겁을 많이 줬지요. 기성교회를 진짜, 무지막지하게 비판했던 거 같아요. 그래서 장로교가 세계 최고의 이단이다, 특히 이단 상담소에 가면 강제개종이라고 해서 부모가 개종 목사에게 돈을 바쳐서 감금, 폭행한다는 교육을 계속 받았어요. 그리고 이단 상담소를 가면 도망쳐 나와야 한다고 했어요. 전도를 해서 실적을 쌓아야지만 생명책에 녹명될 수 있다는 걸 믿었기 때문에 전도를 위해서 모든 시간을 바쳤어요. 전도 못하면, 열매를 맺지 못하면, 먹지도, 자지도 말라는 말로 정신 교육을 받았어요. 그게 이긴 자 정신이고, 선생님(여기서 선생님은 이만희를 뜻함)도 라면 먹고 전도하고, 허름한 아파트에서 봉고차를 끌고 다니며, 검소한 생활을 하신다고 했고 그렇게 믿었어요. 동성서행 영상에서 외제차 끌고 다니는 모습을 보며 의아하긴 했지만요.

– 효은 자매는 실제로 밥을 못 먹고 다닌 적도 있어요?

밥을 먹을 시간이 없었어요. 그래서 하루에 진짜, 한 끼만 먹고 일할 정도로 바빴던 것 같아요. 어떤 날은 김밥 한 줄로 하루를 보내기도 했어요. 먹더라도 열매랑 같이 전도를 하기 위해서 먹을 때만 내 돈을 써서 먹는 거죠, 혼자서 돈을 내고 밥을 먹는 건 상상도 할 수 없었어요. 고시텔 밥으로 한 끼를 때우기 급급했어요.

– 먹고 다시 전도하러 나가구요.

네네.

– 모든 게 올 스톱이었네요? 직장, 교우 관계 모두요.

다 단절이었죠. 그래서 사람을 만난다면 그 사람의 정보를 파악해서 신천지로 데려오는 것이었을 뿐이에요. 직장 동기, 국악 동기 만나는 모든 목적이 전도였어요.

– (그들을 만난 후) 보고도 했겠네요?

네. 물론이죠. 지시를 받고 복음방을 진행해야 할지의 여부를 파악해야 했으니까요. 친분 관계로 만났던 적은 없는 거 같아요. 14만 4천이 채워져서 나라와 제사장이 되면 순교한 영혼을 덧입고, 제가 예수님의 영이 함께하는 이만희와 12사도의 영이 함께하는 12지파장과 함께 육체 영생해서 천국에서 영원토록 살 것이라고 믿었어요.

– 신천지에서 천국은 이 땅이죠?

과천, 거기를 천국으로 믿었죠. 내가 14만 4천에 들면 내 가족, 내 친척이 흰무리로 올 수 있다고 믿었어요. 우스갯소리로 친구들끼리 이런 얘기를 했어요, "나라와 제사장이 되면 에버랜드 네 꺼, 인천공항 네 꺼, 그리고 어느 나라는 네 꺼…" 이렇게 온 세계 사람들이 몰려 올 테 니까요.

– 돈을 바리바리 싸들고 온다고 믿었죠?

그 돈들이 다 신천지 것이 되니까요. 그래서 뭔가, 그 돈들이 다 내 것이라는 말도 안 되는 걸 믿고, 얘기하고 했지요. 이런 것도 믿었어 요. 예수님이 물 위를 걷고 기적과 이적을 행했잖아요? 그러니까, 우 리가 나라와 제사장이 되면 예수의 영이 함께하기 때문에 나도 순간 이동을 하고, 공간 이동을 해서 세계를 막 다니고, 그런 이적과 기적을 내가 실제로 행하는, 마치 내가 신이 된다는 느낌으로 살았어요. 특전 대장도 그런 소망을 갖고 살고, 저희에게도 영이 임하고 나서 이루어 질 일들에 대해 얘기를 많이 했어요. 그러면 저희는 리액션을 많이 해 줬지요.

– 일 년에 가장 전도 많이 한 사람은 몇 명이에요?

자세히는 모르지만, 매달 복음방에서 오픈을 하면, 3개월 동안에 30 명 정도가 목표였는데 실제로 매번 달성을 했어요. 구호도 "지파완성 1 만 2천, 남산을 정복하자! 30명 목표 달성! 할 수 있다, 있다!" 그랬어 요. 복음방에서 60명 정도가 오면 30명은 떨어지고 남은 30명은 센터 로 갔어요.

– 굉장히 많이 올라갔네요?

한번 물면 놓지 않아요. 특전대원들이 특히 그랬어요.

– 특전대원들이 구성한 복음방과 일반 신천지 신도들이 구성한 복음
방의 분위기가 좀 다르네요?

네, 느낌이 달라요. 그래서 제가 나오고 나서 복음방에 있던 일반 다
른 지파 멤버들과 대화를 하면 "어떻게 그렇게 했냐? 나는 그렇게까지
하진 않았다."는 말을 들었어요. 특히 OO 지파가 심했던 거 같아요.

– OO 지파에서 만든 전도지를 봤는데 아이디어가 톡톡 튀더군요. 그
들이 홍대로 많이 가죠?

홍대, 합정, 신촌, 충무로, 동대문역사문화공원 역 주변, 혜화를 주
로 갔죠. 복음방에서 오픈하기 전에 1박 2일로 MT를 가는 것이 포섭
도구 프로그램 중 하나였어요. 강촌 OO리조트를 주로 이용했어요. 또
특전대끼리 따로 MT를 갔었는데 그곳에서 포교 도구를 개발했어요.
포교를 어떤 방식으로 할지 시뮬레이션을 하고 연기 연습을 하는 장소
였어요. 주로 1박 2일로 할 때가 많았어요.

– 그곳에서 놀지는 않아요?

놀기도 하는데, 프로그램은 정해져 있었어요. 말씀 듣고 조별 활동
을 하고, 저녁에는 담력훈련도 하면서 십자가의 무게를 체험해야 한다
며 내 죄의 무게만큼의 돌을 찾아 들고 벌을 서기도 하고, 십자가에 묶
어놓고 돌멩이나 종이를 뭉쳐서 십자가의 고난을 체험하기도 했어요.
MVP도 뽑고 상을 준다든가. 그 상은 특전대장을 만나서 1:1 정신교육
을 받는 것이었어요. 식사를 하면서. 굉장히 자기가 뭔가 우월하고 엘
리트인 것처럼 만드는 교육을 시킨 거예요. 고기도 먹고 놀기도 하지

만 거의 정신 교육을 받았어요. 구호도 외쳤고요. 특전대장에 대한 우상화를 많이 시켰어요.

– 특전대장을요?

예를 들어, 이만희를 우상화해서 "선생님, 최고입니다!" 하듯이 우리가 특전대장에게 배웠던 걸 그대로 답습하는 느낌이었어요. "이런 맛있는 음식을 제공해주신 대장님께 감사의 응원 메시지를 보내자."고 하면서 항상 밥을 먹거나 활동을 하면 무조건 영상을 찍어서 단체 톡방에 보고하고 '지금 뭐하고 있습니다, 교제하고 있습니다.' 이런 걸 수시로 사진과 영상을 찍어서 보고했어요.

– 지파장도 아니고 특전대장에게요.

네. OO중후반의 여성이었어요. 특전대장이 지파장을 좋아하는 분위기도 있었어요.

– 지파장이 유부남이었을 거 아니에요?

존경심인 거 같은데 이성적으로 생각하는 듯한 느낌이 들기도 했어요.

고단했던 신천지에서의 하루

제가 신천지에서 한 일은 직장생활을 다 그만두고 전도에만 전념한 것이에요. 때가 얼마 남지 않았다면서 세상일이 다 무슨 소용이냐고 했어요.

– 2~3년 남았다고 하던가요?

네, 2~3년 안에 지파가 완성되고, 나라가 이뤄진다고 하니까요. 오전에는 센터에서는 초·중·고등 수업을 들었어요. 아침수업은 9시부터 12시까지인데, 거의 오전 7시 30분쯤 가서 기도하고 복습하고 예습했어요. 수업이 끝나자마자 특전대가 운영하는 복음방으로 옮겨요. 그곳은 충무로에 있었어요. 그곳에서 새벽 2~3시까지 잎사귀를 하며 교육을 받기도 하고 밤새는 일도 비일비재했어요. 초·중·고등 과정까지 시험을 쳐야 단계별로 진급을 하니 늘 신천지 교리 공부를 해야 해서 거의 잘 시간이 없었어요.

– 센터 수료 시험 이외에 계속 시험을 봐요?

초등 단계 끝나고 보고, 중등 단계 끝나고 보고 그래요. 성경을 보는 게 아니라 계시록의 실상을 배운 후 실상 해석을 써 놓은 것을 필사하고, '진바신'이라고 해서 '진짜 바로 알자, 신천지에서 말하는 이만희 총회장의 말씀'이란 걸, 성경보다 더 중요하게 생명의 말씀처럼 여기고 필사하고 그러는 것도 숙제로 냈기 때문에 숙제를 하고 외우고 했어요.

– 신천지에 있을 때 수면이 매우 부족한 상태였군요.

너무 피곤했어요. 밥도 제대로 못 먹다 보니 한번 먹을 때 폭식하고 악순환이 계속됐어요. 서로 피곤해 하는데도 지파를 완성해야 한다는 생각을 하며 서로를 위로하고 격려하며 지냈어요. 또, 신천지에서는 모든 걸 말씀으로, 성경적 근거를 가지고 얘기를 한다고 하잖아요. 위장 행사를 해야 하는데 돈을 자원하는 심정으로 내라고 하죠. 그때 보험을 깨서 1백만 원을 헌금한 적도 있어요. 그 전에 모아 놓은 돈도 전도하면서 계속 썼구요. ○○○에 살다가 ○○○의 고시텔로 이사를 하는

데 부모님께 말씀도 드리지 않고 보증금을 빼서 예비 특전대원들이 있는 곳에 가서 특전대원에 지원할 친구들과 같이 고시텔에서 생활했어요. 그곳에 살면서 서로 견제하고 감시하고 경쟁하는 생활을 했어요.

– 그곳에서 신천지 신도들이 못 먹고 못 자는 건 똑같았겠어요. 그럼 예민해지잖아요.
　좀 그랬던 거 같아요. 처음에는 서로 아끼고 격려하다가 어느 순간, 일처리를 제대로 안하면 서로 다투고 그랬어요.

– 일반교회에 대한 시각은?
　일단 목회자에 대해 비판하고, 상대할 가치도 없는 대상으로 생각했죠. 비유 풀이를 할 때도 개, 돼지, 뱀으로 하잖아요. 그래서 실제로 개, 돼지, 뱀이라고 얘기를 하기도 했죠. 상담소에 왔을 때에도 제가 교회에 붙어있는 달력에 진용식 목사님 성함을 보면서 "여기 진뱀이 있는 곳이네."라고 했다가 상담사님께 어른한테 무슨 말버릇이냐고 혼나기도 했어요. 일반 교회는 진리가 없다, 세상 얘기만 한다, 성경은 답이 있는데 말씀에 짝이 있고 예언과 성취가 있는데, 일반교회에선 그런 말을 안 해준다, 인학만 가르친다고 했죠. 목회자들의 설교를 짜깁기해서 이게 비진리이고 선악과라고 했어요.

　센터 공부 과정 중에 가마를 교회로 해석하는 게 있어요(양고기를 넣고 삶는 도구가 가마솥이듯이 양과 같은 성도들을 모아놓고 변화시키는 곳이 교회라며 신천지는 교회=가마라고 비유풀이한다(겔11:3):편집자 주). 가마가 교회인데, 그 대형교회가 가마이다, 말씀이 없는 대형

교회라서, 끓는 가마, 썩은 가마 이러거든요, 제 기억에는. 대형교회에 견학을 갔어요. 그걸 가마 탐방이라고 했어요. 저는 여의도순복음교회로 갔어요. 어떤 친구는 삼일교회로 갔어요. 한 30명씩 따로따로 2~3명씩 짝지어서 들어갔어요. 주로 2층에서 한적한 자리에서 말씀을 들었지요. 일반교회 사람들은 열정도 없고 영혼도 없이 예배를 드린다는 비판을 하면서요.

– 눈에서 레이저빔 쏘면서요.

네, 설교도 세상 이야기만 하고 자기 아들, 딸 자랑만 한다고 생각했어요. 신천지에 있을 때는 성경을 제대로 알지 못하니까 그렇게밖에 들리지 않았어요. 그렇게 탐방 후 나와서 후기를 나눠요.

– 가마 탐방한 교회는 어떤 곳이었어요?

여의도순복음교회, 삼일교회 등 큰 교회에 많이 갔어요. 오륜교회, 온누리교회, 사랑의교회, 팀별로 나눠서 갔죠.

– 신천지에 빠진 후 가족, 결혼, 미래에 대한 생각의 변화는요?

무조건 신천지가 우선이어서 제가 나라와 제사장이 될 때까지는 설령 가족이라도 말씀을 모르면 악한 영이 들어가서 쓸 수 있다, 이런 교육을 받아서, 가족이 핍박하면 가족과의 연을 끊어서라도 신천지에 붙어있어야 한다는 교육을 받았어요. 그래서 수단과 방법을 가리지 말고 전도해야 한다, 일해야 한다고 세뇌를 당했어요.

– 가족들이 언제든지 악한 도구로 쓰임 받을 수 있는 존재라고 봤군요.

그래서 결혼 자체는 필요 없었어요.

– 나라와 제사장이 될 날이 얼마 안 남았으니까요?

다 끝나는데 결혼이 무슨 소용이냐, 그렇게 생각해서, 일단 그리고 그 안에서 연애를 절대로 금지 시켰어요. 그래도 연애를 하면 6개월 안에 결혼해야 하고 신천지를 위해서 살아야 한다고 들었어요. 학교, 직장, 세상적인 명예와 부는 다 필요 없다, 무조건 나라와 제사장이 먼저 돼야 한다, 내 시간과 생활을 신천지에 바쳐서 살아야 하고 그것이 이긴 자 정신이다! 이만희 교주도 그렇게 했다고 배웠어요.

– 항일 독립투사들처럼요.

네, 맞아요. 그래서 북한 사람들도 이해가 가요. 그리고 제가 재능이 있었잖아요. 그래서 쓰임 받을 수 있다고 생각했어요. 내 재능으로 이긴 자와 신천지를 찬양하는 소망을 갖게 됐어요. 가장 큰 소망은 내가 수료식 무대에서 이만희 교주 앞에서 찬양하고 싶다는 것이었어요. 지금 생각하면 끔찍한 일이죠.

– 그때는 그것이 굉장히 영광스러운 자리로 생각했던 거죠?

베드로 지파가 굉장히 행사를 크게 했던 영상이 있거든요. 전라도 지역이라 국악으로 수료식을 많이 했어요. 한국무용, 판소리와 민요, 풍물패 등등. 그런 걸 보면서 나도 설 자리가 있다고 생각하고, 나는 저기서 쓰임 받으면 된다는 희망도 있었지요. 그래서 그 영상을 보면서 희망을 가졌어요. 그게 내 미래라고 생각했어요. '내 재능을 갖고 신천지 일을 해야겠다.' 이렇게 생각하며 살았어요.

– 신천지 중간 관리자들은 조직관리가 탁월하겠어요.

정말 청년들이 많았는데, 연대 출신인데 5개 국어를 하는 친구도 있었어요. 굉장히 재능 많은 인재들이 많았어요. 너무 안타까워요.

– 젊은이들의 미래가 불안하잖아요. 신천지는 틀렸지만 그 불안감을 없애주기 때문에 청년들이 안정감을 느끼는 것 같아요.

청년들은 취업과 진로에 대한 고민이 가장 많을 시기이잖아요. 그런 고민을 하면서 무기력해지고, 고정적인 직장은커녕 하루하루 알바로 연명하는 힘든 생활에서 신천지로 인해 뭔가 하나의 안정적인 직업을 찾았다는 느낌, 그래서 더 올인 하는 것 같아요. 힘들어도 어쩔 수 없이 참고 해야 하구요.

신천지에서 했던 남모를 고민은?

– 최고의 진리라 생각하고 다녔지만 남모를 말 못할 고민이 있었다면 무엇인가요?

신천지는 진리와 사랑이 가득하다고 가르치는데 그 안에서 서로 시기하고 질투하고 헐뜯는 모습을 보게 됩니다.

– 일반 사회와 다를 바가 없는?

네. 특히 존경하는 사명자가 말씀대로 살지 않을 때요.

– 대표적으로 예를 들어 주신다면요?

제가 있었던 곳이 특전대예요. 복음방에서 센터로 넘어가는데, 모든 열매들이 센터에 가서, 교육을 받으면서 공부를 하고 전도를 해야 하는데, 그 중에 저처럼 특전대에서 '나는 살아남겠다.'는 사람들이 있어요. 왜냐하면 나라를 이룰 때가 얼마 남지 않았으니까요. 그러면서 센터파, 특전대파로 나뉘었어요. 독하게 하려면 특전대로요. 그 파가 나뉘면서 사명자들끼리 서로 싸우는 거예요.

특전대파와 센터파의 리더가 둘 다 여자였어요. 서로 굉장히 질투하고, 오해하고 이간질하는 모습을 보면서 마음고생을 했어요. 그래서 항상 특전대장이 했던 말은 "사람을 보면서 신앙생활을 하면 안 된다."는 거였어요. 이긴 자와 함께 하는 영이 돌아다니면서 다 보기 때문에 사람 사이에서 일어나는 일들은 시기와 질투를 참고 견뎌내야 한다고 얘기했어요. 저를 미혹했던 친구는 센터파로, 저는 특전대파로 갔어요. 그러면서 서로 멀어지게 됐어요. 서로 눈치보고 정보를 파악해서, 전해주기도 하구요. '센터 강사 혹은 대장이 특전대에 대해, 센터에 대해 안 좋은 말을 했다더라.' 이렇게 서로 가서 얘기하는 거예요.

– 서로 견제하는 거군요.
개인적인 상처를 받은 것도 있어요. 대학생활을 할 때 저는 지도교수에게 상처를 많이 받았어요. 왜냐하면 제가 지방에서 판소리를 배웠기 때문에, 인맥이 없었어요. 그래서인지 내가 지금까지 배웠던 것들이 다 잘못된 것들이라는 식으로 말을 해서 상처가 많이 됐죠. 내가 했던 모든 게 물거품이라는 생각을 했어요. 신천지가 좋았던 것은 내 실력과 배경과 관계없이 내가 재능을 갖고 하나님을 찬양하는 걸 모든 사람들이 좋아했고, 정말 '너는 택함 받았다.'는 식으로 말해주니, 내가 세상의 부와 명예를 가진 자들보다 말씀을 따르는 게 더 낫다고 생각했어요. 그런데 특전대장이 어느 날 올레 KT CF에 나오는 민요소녀 영상을 보면서 저를 앞에 두고 "이런 실력 있는 애가 신천지에 와야 하는데."라고 말하는 거예요. 그 얘기를 듣고 대학 때 경험했던 또 한 번의 상처와 충격을 받게 됐어요. 이외에도 비상식적인 신천지의 관행과 모습을 보면서 힘들었어요. 특히 사명자들이 자신들의 행동과 말만 옳은 것이고, 다른 사람들이 하는 행동은 잘못된 것이라며 서로 비판했어요.

잎사귀들끼리 서로 믿지 못하고 경쟁하는 풍조도 심했어요. 내가 무슨 얘기를 하면 그걸 다른 사람에게 전할 수 있다는 불안감도 있었죠. 그래서 비밀 얘기나 진짜 고민들은 얘기를 못했던 거죠. 서로에게 겉으로 웃으면서 연기를 하는 거였어요.

– 늘 긴장했던 삶이군요.
내부에서도 나이와 이름을 속이는 경우가 많아요.

– 그 속에서도 속여요?
연락처나 신상 공개를 서로 막았어요.

– 결국 누군가 회심할 경우를 생각해서였군요.
그걸 대비하기 위해서였던 거 같아요. 그때 많이 탈퇴하긴 했어요. 특히 잎사귀 중에 품행이 바르지 못한 친구들은 보고를 했어요. 수업 시간에 졸거나 자세가 좋지 않은 이런 친구들이었죠. 남녀가 썸을 타면 바로 보고하구요.

– 성경해석의 모순도 보였나요?

성경해석의 모순은 저는 그 안에 있을 때는 찾지 못했어요. 모순이 보인다는 생각보다는 신천지 말씀은 완벽한 말씀이고 진리라서 모순이 있을 수 없다고 생각했어요. 그런데 주로 교회를 다녔던 애들이 항상 질문을 했어요. 질문을 하면, 사명자들은 '아직도 못 깨달았다'면서 혼을 내고, 정신교육을 시켰어요.

– 강사나 리더들의 모습에서 이상했던 점은요?

특전대 대장이 여자였잖아요. ○○ 지파장이 남자였고 유부남이었는데도, 약간 이성적으로 생각한다는 느낌을 많이 받았어요. 대장의 눈빛이 좀 그랬어요. 항상 지파장이 올 때는 야한 옷을 입었어요. 비치는 옷이나 짧은 치마를 입었던 거 같아요. 특전대 대장이 특히 남자 형제들에게 애착을 가졌지요. 남자 형제들을 따로 불러서 마음을 열어준다는 빌미로 밥을 사주거나 술을 마시는 경우가 있었죠. 그때는 대장님이 사람들을 엄청 챙긴다고 생각했죠. 저도 술을 좋아할 때였지요. 공식적으로는 술을 마시면 안 됐기 때문에 대장이 저를 따로 불러서, 자신이 먹고 싶었는지는 모르겠지만, 막걸리에 파전을 먹기도 했어요.

특전대 대장과 센터 강사가 둘 다 여자였는데, 서로 싫어했어요. 엄청 둘이 시기 질투했어요. 특전대에는 일 잘하는 애들이 많이 가니까, 센터 강사가 대원들은 물론 대장도 싫어했죠. 편가르기를 하는 격이니까요. 특전대장이 겉으로는 굉장히 부지런한 사람이라고 특전대원들이 말을 했었지만, 나중에 보니, 늦잠자고, 손톱관리하고 머리손질 하다가 교육에 늦게 온다는 걸 알게 되었어요.

– 상식적으로 납득이 안 되는 모습이었겠군요.
'이거 뭐지?'라는 생각이 들었죠.

"개소리 들으러 간다."는 PK들

– 신천지 OO 지파에 있을 때 가족해체를 경험하는 사람들도 있었나요?
목회자 자녀인 청년들이 특히 많았어요. 목회자 자녀들이 2~3명, 그 밑의 기수에서도 목회자 자녀들이 많았어요. 그래서 자기 아빠를, 개·돼지라고 하면서, 집에 가면서 "개소리 들으러 간다."고 얘기하는 자녀들이 있었어요.

– 목회자 자녀들이 부모에 대한 반항심이 굉장히 많았군요.
그랬던 것 같아요. 저는 생각해보면 모태 신앙이 아니었어요. 주일엔 무조건 교회를 가야 한다는 억압이 없었는데 그 아이들은 항상 그 억압 속에 살았던 거죠. 세상의 자유를 향한 갈망이 있어보였어요. '너는 안 돼! 목사님 아들이야!'라는 데 대한 상처가 많았던 거 같아요. 말씀을 전하는 분이지만 목회자의 삶에 대한 반감들이 실망과 상처로 남아서 오히려 신천지 말씀을 들었을 때 목회자 자녀들이 굉장히 좋아하는 모습을 봤어요. 제 기수에 가출한 목회자 자녀들이 남녀 한 명씩 두 명이 있었어요. 여자 아이는 상담 받다가 화장실 창문으로 도망갔고 남자 아이는 원룸에서 상담 받던 도중에 나무젓가락을 부러뜨려 자기 목에 대고 자해하는 연기를 하다가 부모가 포기하자 눈치 봐서 도망 나왔어요.

19살 연기자 지망생 여자 아이도 있었는데 회심한 척 연기하고, 상담소에서 회심 간증까지 하고, 신천지에 안 다니는 것처럼 부모를 속이고 신천지랑 몰래 연락하면서 신천지를 다니는 경우도 있었어요. 이런 아이들은 신천지에서 영웅인 것처럼 떠받들고, 무용담을 늘어놓게 하고 신도들을 모아놓고 간증을 시켰어요. 사명자인 것처럼 추켜세웠죠. 제가 신천지에서 나오고 나서 동갑이었던 열매를 한 명 빼냈는데, 제 동기들 중에 남녀가 눈이 맞아서 혼전 임신을 하고 결혼한 경우도 있었다는 얘기를 들었던 적이 있어요. 만약 그 안에서 그 소식을 들었다면 너무 큰 충격을 받았을 거예요.

– 신천지에 **빠진** 청년 중 목회자 자녀들, 선교사 자녀들이 **많았나요?**

정말 많이 있어요. 제 열매 중에 호주에 계신 선교사님의 딸이 신천지에 **빠진** 경우도 봤어요. 오빠랑 한국에서 둘이서 생활하던 친구인데, 부모님은 딸이 신천지에 빠져있는지도 모를 거 같아 안타까워요.

신천지 탈퇴 후의 고민들

– 마음 아픈 일들이 참 많았네요. 나온 이후 가장 걱정되는 것, 즉 머리를 떠나지 않았던 생각과 가장 극복하고 넘어서기 어려운 것은 무엇인가요?

가장 힘들었던 건 구원문제였어요. 교리가 깨지는 순간은 마음에서

'와장창'하고 무너지는 느낌이었어요. 그 후 '하나님이 정말 살아계시긴 한 걸까? 내가 신천지 말씀을 못 깨달았으니, 나는 심판받고 지옥 가는 것 아닌가?'하고 신천지도 가기 싫고, 정통교회도 가기 싫은 그런 시기가 있었어요. 아무것도 하고 싶지 않았고 우울증이 찾아왔어요. 하나님에 대한 원망이 커졌구요. 신천지에서 버린 시간에 대한 후회, 자책이 이어졌어요. 자존심, 자존감은 다 무너졌어요. 신천지는 항상 행위로 구원받는다고 가르치거든요. 상담을 받고 교리가 깨지고 난 뒤, 가장 힘들었던 게, '어떻게 믿기만 하면 구원을 받는가?'하는 거였어요.

– 가장 기초적인 걸, 가장 받아들이기 힘들었군요?

진짜 그게 힘들었어요. 내가 행해야지 구원을 받는 거지, 어떻게 믿기만 하면 구원을 받느냐는 거였어요. 그걸 받아들이기 힘들었어요. 복음을 받아들일 수가 없었어요. 그게 가장 큰 문제였고, 가족과의 신뢰회복도 힘들었어요. 무슨 일을 해도 부모님이 저를 의심하는 거였어요. 믿었던 딸이 거짓말과 연기를 밥 먹듯이 했다는 배신감과 신천지에 딸을 빼앗겼던 상처 때문에 어디를 간다고 해도 보고하듯이 얘기해야 하는 상황이 됐어요. 또 힘들었던 것은 진로와 취업 고민이었어요. '이제 나는 뭐해 먹고 살지?'라는. 내가 갖고 있던 꿈이 한순간에 무너졌기 때문에 초반에는 정말 아무것도 하고 싶지 않았어요. 그래서 그 상실감이 진짜 컸지요. 회사동료, 친구들, 가족들에게 모두 거짓말을 했잖아요. 그것에 대한 죄책감과 미안한 마음이 들었어요. 그래서 주변 친척, 회사동료 및 지인들에게 연기하고 거짓말한 것을 사과했어요. 그러나 솔직하게 사과하고 밝히는 과정에서도 인간관계가 멀어지고 지금까지도 연락을 하지 않아요.

‒ 빠진 후 1년 정도가 신천지 신도들이 가장 뜨거울 때라고 합니다. 그
  이유는 무엇 같아요?

초·중·고등 과정을 끝내고 수료한 후, 수료식을 하면 내가 성경통
달을 했고, 이제 추수꾼이 되어 목숨을 다 바쳐서 일해야 한다는 뜨거
운 사명감이 들어요. 학사모 쓰고 가운입고, 광화문, 여의도 공원, 킨
텍스 등 큰 행사장에서 수료식의 규모에 압도되어, 정말 세상에 하나
님의 일꾼으로 쓰임 받는 듯한 느낌이 들면서 열심히 신천지를 위해
일해야 한다는 각오가 생기는 거 같아요. 신천지에서 늘 2, 3년 안에
이루어지고 지금이 마지막 때, 재림 때라고 하니 곧 예수님이 오실 것
만 같은 느낌이 들었고, 전도실적을 많이 쌓아야 생명책에 녹명된다는
압박감이 있었어요. 나라와 제사장으로 녹명돼서 가족까지 구원해야
한다는 압박감, 위기감, 불안감에 더 열심히 일해서 '나중 된 자가 먼저
돼야 한다.'는 생각에 더 열심을 낸다고 생각해요.

‒ 탈퇴한 후 1개월, 6개월, 1년 등 시간이 지나면서 어떤 심리적 변화
  가 생겼는지 알고 싶어요.

탈퇴 후 1개월 정도 됐을 때는 교리가 깨졌어도 '신천지가 그래도 맞
는 곳이 아닐까?'라는 생각이 들었어요. 깨진 후에도 수시로 그런 생각
이 들었어요. '만약 신천지가 진리인데, 내가 못 깨달았다면, 내가 신천
지를 버린 거라면 나는 심판받고, 지옥에 가는 것 아닌가?'라는 생각이
들면서 두렵고 무서웠어요. 신천지 교리가 잘못되었다는 것을 제가 머
리로는 이해하면서도 성경을 읽으면 신천지 식으로 해석되는 게 힘들
었어요. 성경을 읽을 수 없을 정도로 고통스러웠어요. 기도도 안 됐어
요. 비유 풀이를 보면서 이긴 자의 영이 늘 함께 해 달라고 기도했는데

그 교리가 무너졌기 때문에 기도가 나오지 않았어요. 말씀도 안 들리고, 구원이 뭔지도 모르겠고, 자포자기의 심정이 제일 컸어요. 그나마 다행인 것은 사람들에게 더 이상 거짓말을 하지 않아도 된다는 안도감이었어요. 사람을 속인다는 죄책감이 무척 컸거든요. 반증교육과 증거 자료들을 보면서 교리가 더 깨지고, 그때 구원론을 들으며 구원이 하나님의 은혜로, 복음을 믿음으로 받는다는 것이 들리는 과정이 1개월이었어요.

그 후 고린도후서 5장 21절 말씀을 들으면서 정말 구원의 감격을 체험하게 됐어요. 내가 죄인이었지만 죄가 없으신 예수님이 단번에 내 죄를 갚아주심으로 나를 의인 삼아주셨다는 거였죠. 6개월째 됐을 때는 구원의 확신을 가지고 나서 평안함과 감사한 마음이 생겼어요. 제가 구원받기 전에는 판소리를 해서 세상의 부와 명예를 얻어야겠다는 욕심으로 가득 차 있었다면, 나의 재능을 통하여 하나님을 기쁘게 찬양 드리는 것만으로도 진정한 삶의 기쁨이 될 수 있다는 것을 깨닫게 되었습니다. 제게 주신 은사와 재능으로 더 이상 세상을 위해서가 아니라 복음을 전하는 데, 하나님의 일을 하는 데 쓰임 받고 싶다는 사명감이 있었기에 담임목사님을 따라 전국을 돌아다니며 이단 예방집회에서 간증을 하고 찬양을 하기도 했습니다.

후속교육 기간 동안 회심한 상담 동기들끼리 서로 도움을 많이 주고받았어요. 같은 경험을 했고, 같은 아픔이 있기에 위로도 할 수 있었어요. JMS 출신도 있었는데 이들의 얘기를 들으면서 다른 이단들도 신천지와 다를 것이 없다는 것을 알았고, 서로 "와, 우리가 더 낫다."며 우스갯소리도 하구요.

그러다 점점 사회에 적응해야 하는 숙제도 현실적으로 다가왔어요. 앞으로의 삶이 막막해지고 신천지에서는 나라와 제사장이 되면 끝이었는데, 고민하기 싫었던 취업문제, 진로문제에 직면하게 된 거죠.

– 이단에 있다가 나온 사람들을 가장 마음 아프게 하는 말이나 교인들이 삼갔으면 하는 행동이나 말은 무엇인가요?

진용식 목사님과 이단 예방 세미나 간증을 많이 다녔어요. 간증 후에 "정말 잘했다, 정말 잘 나왔다."라고 하시는 분도 계시지만 어떤 분들은 한심하다는 표정과 말투로 "왜 멀쩡하게 생긴 애가 그런 데를 갔다 왔냐?"고 할 때는 힘들어요. 평신도 분들이 그러셔도 힘든데, 목회자 분들이 그런 눈빛으로 보시는 게 정말 울컥할 정도로 힘들었어요. 신천지에 빠진 사람들이 멍청해서 혹은 신앙심이 없어서 빠졌다고 비난할 때도 좀 그렇죠. "상식적으로 말이 안 되는 곳에 왜 빠지냐?"라는 말도 상처가 됐지요. 지금은 그런 말 한 게 이해되지만 당시에는 힘들었어요. 지금도 그런 말을 들으면 기분이 나쁘긴 해요.

– 페이스북에서 열정적으로 사는 모습을 봅니다. 신천지 탈퇴 후 사회에 적응할 때 가장 힘든 요소는 무엇일까요?

저는 어렸을 때부터 정말 무슨 일이든지 좋아하는 일에 열심히 열정적으로 살았어요. 쉬지 않고 살아온 삶이 후회가 될 정도예요. 그랬기 때문에 신천지에서 나왔을 때 너무도 쉼이 필요했어요. 대학에 들어가면 지금까지의 노력이 보상받을까도 생각했고, 대학 졸업 후 직장을 구하면 또 보상받는 날이 오겠지 생각했는데, 현실은 그게 아니었어요. 그래서 행복하지가 않았어요. 신천지를 나오고 나서 행복하게 살고 싶다는 생각이 무척 컸어요. 어릴 때부터 판소리를 전공했기 때문에 꿈을 좇는 열정이 있었지만 그게 나를 위한 꿈이 아니라 부모님, 주변사람을 행복하게 만드는 꿈으로 살았던 것 같아요. 지금까지 내가 행복하게 할 수 있는 일이 뭔지, 내가 정말로 원하고 하고 싶은 일이 뭔지 고민해 본 적이 없었어요. 열심히 앞만 보고 달려왔는데 상실감이 너무 컸고, 자괴감에 빠져 많이 힘들었어요.

착하게 커온 딸이 갑작스레 그러니 부모님이 굉장히 충격을 받으셨어요. 그래서 정말 그 나이 때에 하는 고민들, 특히 청소년시기에 자아정체감에 대해 생각하는 게 굉장히 중요하다고 생각해요. 지금은 하나님 안에서 내가 행복하게 할 수 있는 일이 무엇인가를 찾고 있어요. 행복하게 할 수 있는 일을 찾다보니 그 일을 즐기게 되고 열정도 자연스레 생겼어요. 열정적으로, 억지로 산다기보다 지금은 정말 제 삶을 즐기고 있어요. 그러다보니 삶에 대한 만족도가 높아지고 자신감과 자존감도 점점 올라가는 경험을 하게 된 것이죠.

신천지를 나온 후 우울증이 크게 왔었어요. 사이비종교에 빠졌다고 낙인찍힌 제가 판소리를 전공으로 다시 직장을 구하기는 힘들었어요. 또 신앙이 없는 사람들과 직장에서 겪어야 할 문제에 대해 고민하다보니 연약한 제 믿음이 흔들릴 것만 같아 돌아가고 싶지 않았고, 현실을 마주하지 않고 회피하려고만 했어요. 그때 전문가와 함께 심리 상담을 꽤 오래 받았고, 부모님이 하루빨리 사회에 적응하고 안정적인 삶을 살아가길 원하셔서 부모님이 원하는 안정적인 직장을 구하려고 임용고시를 준비하기도 했지만 제 마음은 더 힘들어질 뿐이었어요.

1년간의 고시 생활 중 저는 엄마의 권유로 운동을 하면서 나만의 스트레스 해소법을 찾았던 것 같아요. 웨이트 트레이닝을 하며 1년 동안 식단을 짜고 10KG 감량을 해서 몸도 예쁘게 만들어 보기도 하고, 복싱도 1년 열심히 배우면서 제가 활동적으로 움직이는 것, 운동하는 것을 좋아한다는 것을 알게 되었어요. 그러다 우연히 필라테스 학원에서 새로 시작하는 줌바라는 댄스피트니스 프로그램을 하면서 정말 신나게 할 수 있는 운동이 있다는 것을 알게 되었죠. 제가 예술을 전공해서인지 저를 표현하는 일을 무척 좋아하고 그것을 누군가에게 보여주는 것도 좋아해요. 그래서 저도 모르게 몰입되어 신나게 춤을 추면 함께 줌바를 배우는 다른 사람들이 저를 통해서 좋은 에너지를 받는다는 것을 느꼈고, 주변에서도 "소질 있다, 잘 어울린다."는 얘기도 큰 힘이 되었어요. 그러면서 나에게도 좋아하고 잘하는 다른 분야가 있다는 자신감이 생겼어요.

지금 하는 줌바 강사가 평생직장이 될지는 모르겠지만, 이 일을 시작하고 많은 사람들이 저로 인해 행복해 하는 모습을 보면서 저도 보람을 느끼며 일하고 있습니다. 무엇보다 제 자신이 행복하게 할 수 있는 일을 찾아가는 과정 속에서 제 자신을 사랑하는 법을 배워가고 있어요.

대부분의 청년들이 신천지에서 나왔을 때 이 자신감을 회복하는 게 가장 힘든 문제이자 반드시 해결해야 할 과제가 될 것 같아요. 아마도 저와 똑같은 고민을 하는 탈퇴 청년들이 있을 거예요. 왜냐하면 신천지에서 너무 시간을 헛되게 보냈잖아요. 보상받지 못한 청춘에 대한 안타까움, 회의감, 자책감으로 힘들 텐데 이렇게 바닥에 떨어진 자존감과 자신감을 회복할 때까지 시간이 필요할 거고 이걸 회복하는 게 제일 힘들 거예요.

회심 후 교회로 돌아갔을 때, 일반 교회 교인들이 이단 탈퇴자라며 낙인을 찍는 아픔도 클 거예요. 실제로 적응하지 못해 상담 후에 본 교회에 돌아가서 적응하지 못하고 교회를 안 가고 방황하는 친구들을 많이 봤어요. 교회 성도들께서는 잠시 잠깐 방황했지만 결국 주님의 품으로 돌아온 하나님의 자녀들을 사랑으로 받아줬으면 좋겠어요. 다시 편견을 갖고 배척하려 한다는 것도 탈퇴자들이 신앙을 회복하지 못하고 방황하게 만드는 요소로 작용하는 거 같아요.

또 신앙이 없다가 이단에 빠진 탈퇴자들의 어려움도 있는 것 같아요. 가족들이 신앙이 없는 경우는 상담하기도 힘들고, 상담을 받고 나서도 바른 신앙을 가지기가 힘든데, 특히 JMS 탈퇴자들이 더 어려워하는 모습 봤어요. 그들이 잘 적응 못하는 이유는 '보여주는' 이단이기도 하지만 대부분의 신도들이 신앙심이 없는 상태에서 전도가 되고, 가족들도 신앙심이 없는 가족들이 더 많다는 것이에요. 신천지는 '가르치는' 이단이기 때문에 상담소에서 교리를 바로 배우고 구원관이 회복되면 본 교회로 돌아가서 잘 적응하는 경우도 있지만, 복음으로 완전한 회복이 되지 못하고 단순히 탈퇴, 이탈로만 그치는 것이 안타까워요.

– 사회적응을 준비하는 신천지 탈퇴 신도들에게 하고 싶은 말은요?

서두르지 않았으면 좋겠어요. 조금만 더 마음의 여유를 가졌으면 좋겠어요. 일단 신천지에서 나온 것만으로도 잘한 거예요. 신천지에서 버려진 아까운 시간에 대해 후회하면서 혹은 부모님이 원하셔서 빨리 직장을 구하고 결정하려는 친구들을 봤어요. 그러고 나서 적응하지 못해 많이 힘들어 해요. 신천지에 있으면서 몸의 피로도가 누적되어 있을 것이고, 많이 지쳐 있는 상태에서 안정적인 직장을 찾다가는 결국 탈이 날거예요. 먹는 것도, 잠자는 것도 제대로 못했으니 먼저 회복을 충분히 했으면 좋겠어요. 몸의 회복과 마음의 여유를 충분히 가졌으면 좋겠어요. 다시 회복하는 데는 많은 시간이 필요해요. 내가 빠졌던 시간보다 회복하는 데는 두 배의 시간이 든다고 생각했으면 좋겠어요. 신천지를 탈퇴한지 4년이 넘었지만 저는 아직까지도 회복해가는 단계거든요.

가족들 특히 부모님이 받은 상처도 굉장히 클 거예요. 가족들도 회복할 시간이 필요할 거예요. 자녀가 신천지에 빠져 있을 때 바쳤던 시간을 보상받을 수 없다는 생각이 드셔서 이미 늦었다고 급한 마음이 드실 수도 있겠지만 부모님께서도 여유를 갖고 자녀를 끝까지 믿고 기다려 주셨으면 좋겠어요. 자녀가 상담 받기 전에는 자녀를 위해 인내하고 기다리겠다고 했던 분들도 자녀가 상담 받고 회심하고 나면 빨리 사회적응을 위해 안정적인 직장을 구하라며 재촉하기도 하세요. 그러면 오히려 회복이 더 힘들어지고 서로 관계가 더 악화될 뿐입니다. 힘들고 답답하시겠지만 인내하고 사랑하는 마음으로 자녀를 믿고 기다려 주세요.

결국 이단에 빠진 건, 신천지만의 문제는 아니에요. 가족 간의 소통의 부재, 대화의 단절에서 온다고 생각해요. 어린 시절의 상처들이 쌓이고 누적되고 그것을 누구에게도 말하지 못하고 고민하다가, 무조건적으로 좋은 대학과 안정적인 직장만 강조하는 부모님과는 대화가 단절되죠. 그게 쌓여서 해결되지 못한 채 곪아 있다가 터지는 겁니다. 또 크리스천 청년들은 오랫동안 다니던 교회에서 말씀에 대한 갈급함을 해결하지 못하고 구원의 확신이 없을 때 신천지로 빠지게 된다는 생각이 들었어요.

청년 시절에도 견뎌야 하는 삶의 무게가 적지 않거든요. 획일화된 사회 분위기를 청년들이 많이 힘들어 해요. 신천지를 탈퇴한 청년들이 행복한 삶을 살아가기 위해 자기 자신의 앞으로의 삶에 대해서 정말 다시 한 번 진지하게 고민했으면 좋겠어요. 그리고 그 회복의 시간을 절대로 혼자서 견뎌내기는 힘들어요. 나와 가장 가까운 가족에게, 주변사람들 특히 같은 아픔을 겪은 이들에게 도움을 요청했으면 좋겠어요. 서로의 아픔을 나누고 대화하다 보면 그 상처가 나만의 것이 아닌 모두의 것이 될 것이고, 나의 아픔은 모두의 아픔이었기에 서로의 마음을 공감하며 각자의 마음에 조금이나마 위로가 될 거예요.

무엇보다 가장 중요한 것은 바른 복음을 듣고 구원의 확신을 가지는 것입니다. 그 확신 속에서 회심한 청년들이 함께 교제와 나눔을 하고 말씀을 듣고 함께 예배드린다면 하나님은 여전히 우리를 사랑하시고 우리를 지켜주시고 붙들고 계시다는 것을 진심으로 깨닫게 될 것입니다. 값없이 베풀어주신 구원의 은혜에 감사하고 믿음으로 받아들일 때, 마음속에 참 평안이 오게 될 것이라 확신합니다. 하나님이 나를 붙잡으신다는 믿음과 견고함을 기초로 제가 줌바 강사로 살든지, 다른 어떤 직업을 선택하든지, 이단 상담사가 되든지 그건 하나님의 인도하심이라는 확신을 갖는 게 가장 중요하다는 생각이 들어요.

– 지금도 신천지에 **빠져** 있는 신도들에게 하고 싶은 말은 무엇인가요?

"당신은 신천지에 속았다."는 거예요. 아무리 말해도 듣지 않겠지만 신천지에서 그렇게 가지 말라고 하는 이단 상담소에 꼭 한번 가보세요. 그렇게 신천지가 싫어하는 이단 상담소에 가면 이만희 교주의 실체가 다 드러나기 때문에 가지 말라고 하는 이유가 있는 것입니다. 제가 이단 상담소에 와서 들어본 결론은 하나부터 열까지 모두 잘못됐고, 맞는 건 단 하나도 없었다는 거예요. 이만희 교주는 사람의 영혼을 갖고 장난치는 종교 사기꾼이라는 거예요.

그래서 우물 안 개구리가 되지 말고 용기를 가졌으면 좋겠어요. 객관적으로 바라볼 수 있는 용기요. 그건 선악과가 아니거든요. 왜 이단이라고 하는지 한 번쯤은 관심을 갖고 용기를 내서 들어보라는 거예요. 내가 신천지 말만 듣고 선택해서 간 거잖아요. 그들의 거짓말 연기에 속아서 간 거잖아요. 그래서 정통교회가 성경적으로 말하는 교리적 반증을 들어봤으면 좋겠어요. 더 이상 아까운 청춘과 시간을 허비하지 말았으면 좋겠어요.

이만희 교주가 사망할 날이 올 텐데 그때까지 몸담고 있으면 얼마나 그 시간이 아까워요? 저도 속상하고 후회가 되는 시간인데요. 후회하기 전에 나와서 보상받을 수 없는 그 아까운 시간을 힘들게 겪지 말고 빨리 회복하고 사회에 적응해서 하나님의 자녀로서 이 땅에서 많은 사람들에게 복음을 전하고 참 예배자로 쓰임 받는 일꾼이 됐으면 좋겠어요.

5. 신천지 사기 포교, 세계 어디서나 통한다

김충일 전도사(상록교회, 33)는 신천지 전도교관 출신이다. 그가 했던 일은 '찾기–맺기–따기' 과정을 거쳐 복음방으로 들어온 신도들을 탈락되지 않도록 관리해서 센터로 넘기고 결국 그들이 수료까지 할 수 있도록 전략을 짜는 것이었다. 2004년 겨울에 빠져 2010년 가을 탈퇴하기까지 6년 동안 신천지에서, 말 그대로 하루에 김밥 한 줄 먹고 3~4시간만 잠을 자며 그 일을 했다. 신천지를 탈퇴한 후 김 전도사는 이단 상담사역에 헌신하고 있다. 김전도사는 필자와 함께 2019년 8월 1일부터 8월 14일까지 호주 시드니를 방문, 이단대책 순회강연을 진행했다. 다음은 김 전도사와 호주에서 지내며 인터뷰, 간증, 대화한 내용을 엮은 글이다.

진용식 목사 테러 계획을 세우다가 회심한 김충일 전도사
(사진 호주 크리스찬리뷰)

목회자 자녀, 김 전도사 신천지는 왜?

김 전도사는 목회자의 자녀이며 모태신앙이다. 그런데 어떻게 신천지에 빠지게 됐을까? 김 전도사의 형이 먼저 신천지에 빠졌다. 그 후 김 전도사도 수능시험이 끝난 후 2004년 12월, 입학 예정이던 한동대학교의 선배를 소개받아 성경공부를 시작하게 됐다. 대학생활을 해도 신앙 안에서 굳건히 하고 싶은 순수한 마음에서였다.

시작할 때는 정통교회의 성경공부인 줄 알았지만 나중에 알고 보니 신천지 교리를 가르치는 성경공부였다. 나름대로 열심 있는 신앙생활을 해온 김 전도사였지만 신천지의 성경공부를 접하게 되었을 때 이를 분별할 수가 없었다.

"목회하시는 부모님을 통해 모태신앙으로 살아왔고, 학창시절에는 큐티 동아리 회장으로 활동하는 등 나름대로 신앙에 열심이 있었습니다. 그런데 전혀 신천지 성경공부인지 파악할 수 없었어요. 신천지에는 이상한 사람들만 빠지는 줄 아시는데, 그렇지 않아요. 정상적인 교회 생활을 하는 사람들도 빠질 수 있는 게 신천지예요."

오히려 체계적이고 성경적인 성경공부라는 생각을 갖고 배움을 이어나갔고 그렇게 수개월이 지나면서 어느새 김 전도사는 신천지 사람이 되어 있었다.

신천지에 빠졌을 때의 하루 일과

김 전도사는 신천지에 빠진 2005년부터 2010년까지 인생의 모든 걸 바쳐서 살았다. 진리를 찾았다는 감격 때문이었다. 신천지에서 요구하는 모든 모임과 예배와 봉사 및 포교활동에 참여했다. 이것은 김 전도사 삶의 최우선 순위였다. 당연히 학생으로서 마땅히 해야 할 학업과는 멀어져 갔고 휴학도 했다. 부모님께는 학교에 열심히 다니고 있다고 속였다. 그럼에도 신천지에 진리가 있다는 생각에 전혀 개의치 않았고 오히려 자신의 중요한 것을 신천지를 위해 희생했다는 생각에 만족감을 느끼기도 했다.

특전대 팀장으로 활동하던 때는 수개월간 하루 평균 3시간 정도만 자고 활동했다. 신천지에서 탈퇴하던 날까지 포항지역 청년부 전도 교육 및 업무를 책임지는 복음방 교관으로 지내며 최소한의 수면으로 신천지 활동을 하는 것을 매우 당연하게 여기며 살았다.

보통 하루 일과는 오전 6시에 새벽예배로 시작했다. 이후 전일 활동자를 대상으로 한 전도 교육 및 모임을 가지고 바로 활동에 들어갔다. 오전부터 저녁까지의 시간을 모두 복음방과 섭외활동으로 보낸 후 오후 7~8시쯤 다시 모여 당일 활동 결과를 보고받고 피드백을 해줬다. 저녁 9~10시경에는 다시 복음방 교사교육을 하고 이후 각 부서 전도 책임자들이 모여 당일 활동 결과를 교회 담임에게 보고한다. 이때는 '깨지는 시간'이다.

"그딴 식으로 해서 천국 갈 수 있겠어?"라는 소리와 함께 욕을 먹기 일쑤였다. 신천지에는 연간/분기별/월간/주간/매일의 목표가 정해져 있다. 그런데 모두 달성하기 어려운 목표를 줬다. 달성하지 못하면 격려보다는 책망을 하며 결과를 내도록 쥐어짜는 것이 그들의 방식이었다.

위에서 위로와 격려를 받기보다 책망을 받았기 때문에 같은 방식으로 김 전도사 또한 하부 조직원들을 깨면서 하루하루를 보냈다. 이 시간이 끝나고 나면 보통 자정이 넘어갔다. 이후에 복음방 교사들의 보고서를 보며 피드백을 하고, 청년부 전도전략 회의를 하고, 일일 전도활동 보고서를 작성하고 나면 보통 새벽 1-2시가 됐다.

파김치가 되도록 하루를 보내고도 쉴 수 없는 때가 있었다. 교회 건

축이나 신천지 교육장소인 센터 설립 등 건축 관련 업무가 추가됐을 때다.

"신천지 센터가 탄로 나면 또 다른 장소로 이동하는 경우가 있었어요. 그러면 내부 인테리어 등 공사 일에 투입됐어요. 늦게까지 막노동을 한 거죠. 지금 생각해보면 돈 한 푼 받지 않고 노예보다도 못한 생활을 이어갔던 것 같아요. 그런데도 불평이 없었냐구요? 아니에요. 오히려 그런 하루를 보내고 나면 뭔가 뿌듯했어요. 그것이 하나님을 섬기는 올바른 도리라고 믿었기 때문입니다."

신천지 교관으로서 했던 일

신천지에선 최소 6가지 항목을 제대로 해야 구원을 얻을 수 있다고 믿었다. 전도, 교리시험, 예배, 헌금, 모임, 봉사 등이었다. 여기서 꾸준한 실적을 쌓아야 하나님께 인정받고 구원받을 수 있다고 가르치고 배웠다. 심지어 몸을 다치거나 아프면 그것마저 죄로 여겼다. 실제로 신천지에서 '아픈 것도 죄'라는 말들을 많이 들었고 또 같은 말로 가르치기도 많이 했다. 왜냐하면 아프면 하나님의 일을 할 수 없기 때문이었다.

2010년 3월의 어느 날이었다. 새벽까지 신천지 활동을 하고 오토바이를 타고 귀가하던 중이었다. 신호위반을 하고 달려가는 자동차를 피하면서 교통사고로 몸을 다쳐 입원을 해야 하는 상황에 처했던 적이 있었다. 오토바이가 쓰러지며 왼쪽 다리에 커다란 타박상을 입고 반깁스를 했다.

헬멧을 썼지만 얼굴이 땅에 쓸려 타박상과 함께 퉁퉁 부어 있었다. 그러나 의사의 만류에도 불구하고 다음날부터 바로 목발을 짚고 전도활동을 다녔다. 매일같이 아픈 것이 죄라고 가르쳤던 자신이 병원에 입원한다는 것이 스스로 용납되지 않았고 전도책임자로서의 임무를 다하지 못하고 병원에 입원해 있으면 담임강사로부터 듣게 될 질책의 말들이 두려웠기 때문이다.

"당시의 저에겐 열매 맺지 않는 나무는 찍어 버려질 것이라는 두려움과 하나님께 인정받고자 하는 목마름이 매일매일의 삶을 살아가는 동력이었습니다."

포교전략을 짤 때는 철저하게 진행했다. 직통계시, 꿈, 하나님의 음성을 좋아하는 사람에게는 '직통계시자 콘셉트' 전략을 짰다. 예를 들어 김 집사란 사람이 신비주의 성향을 갖고 있으면 추수꾼이 전화를 하는 방식이다.

"김 집사님, 제가 기도하는데 집사님이 오늘 교통사고를 당한다는 하나님의 음성을 들었어요. 조심하셔야 해요!"

어쩔 수 없이 하루 한 번 이상은 운전을 해야 하는 김 집사는 어깨에 담이 생길 정도로 긴장에 긴장을 하며 조심스럽게 방어 운전을 했을 것이다. 그러면 뭐하는가? 이미 신천지 모략포교 전략팀의 신천지 교인이 김 집사를 뒤따라가서 뒤에서 차로 받아버리면 상황 종료다.

이때부터 김 집사는 추수꾼인 줄도 모르고 교통사고를 조심하라고 경고한 추수꾼에게 완전히 매료되기 시작한다는 시나리오를 짜는 방법이다.

한동대에는 선교사 자녀들도 많았다. 그중 학부 졸업 후 진로를 신학대학원으로 정하는 사람도 있었다. 그들을 위해 20여 명의 신천지 교인이 신학대학원 진학 동아리를 만들었다. 겉으로는 신학대학원 진학을 위한 동아리였지만 20여 명 중에는 한동대 학생이 아닌 신천지 교인도 적지 않았던, 위장 동아리였을 뿐이다. 비한동대 학생들은 한동대 특정 학과의 교수 이름, 학과에 얽힌 에피소드를 외웠다.

마치 한동대학교 학부생인 것처럼 위장하기 위해서였다. "신학대학원에 진학하려면 성경시험을 치러야 하는데 이를 위해 성경을 알아야 한다."며 위장 동아리에서는 별 문제없이 성경공부를 시키면서 신천지로 미혹해가는 방법을 썼다.

진용식 목사, 테러 계획

김 전도사의 열정적 활동은 결국 학교에서 발각됐다. 학교의 교목실에서 신천지 활동을 하던 김 전도사의 정체를 알고 부모님께 연락을 드렸기 때문이다. 그렇게 학교를 휴학하고 부모님이 계시는 시골로 내려가 신천지 믿음을 지키기 위한 김 전도사와 아들을 다시 찾아오기 위한 부모님의 싸움이 시작됐다.

당시 김 전도사는 신천지를 버리는 것보다 부모님과의 관계를 끊는 것을 선택할 만큼 신천지에 미혹되어 있었고, 이러한 김 전도사를 부모님은 어떤 방법을 동원하더라도 돌이킬 수 없었다. 그렇게 계절이 두 번 바뀔 만큼의 시간이 흘렀고 6차례에 이르는 가출로 부모의 심신도 지쳐갔다.

지칠 대로 지친 아버지는 어느 날 "내가 이단에 빠진 것뿐 아니라 수

많은 사람을 미혹하는 너를 그대로 두고 볼 수가 없다."며 "너도 죽고 나도 죽어야겠다."고 칼을 들기도 했다.

아버지가 그렇게 행동할 때 일부러 찔리고 병원에 입원한 다음 완전히 신천지 활동에 제약 없이 가족의 연을 끊을 수 있지 않을까도 생각했지만 신천지 교인 누군가에게 "칼에 찔리면 치사확률 60%다."라는 말을 전해 듣고 칼에 찔리는 행동을 거둬들인 적도 있다. 김 전도사와 부모의 대치 기간은 모두에게 끔찍하고 답답한 시간이었다. 그러던 어느 날 김 전도사는 소속 지파에서 한 가지 특명을 받게 됐다.

내용은 "네가 지금 신천지 활동을 해야 하는데 상황이 좋지 않으니 차라리 지금 상황을 이용하여 자연스럽게 상록교회에 찾아가 진용식 목사를 폭행하고 테러하고 상담사역을 못 하도록 하라."는 명령이었다.

폭행으로 인한 법적인 처벌을 받은들 하나님의 일을 위한 것인데 더 큰 복이 있지 않겠느냐는 설명도 덧붙였다. 이런 지령을 받은 김 전도사는 실제로 수차례에 걸쳐 상록교회에 찾아가 진 목사의 세미나에 찾아가 난동을 부리기도 하며 테러를 시도했다. 그러나 다행스럽고 신기하게도 그의 시도는 매번 실패했다. 한 번은 테러를 목적으로 상록교회에 찾아가 진 목사와의 면담을 요청한 적이 있었다. 당시 진 목사는 식사 중이었다. 밥 먹는 중에 테러를 시도할까 고민하다가, 밥을 다 먹은 후 면담시간에 테러를 하기로 마음먹었다가 실패했던 적도 있다.

당시 진 목사가 식사를 마치자마자 면담은 해주지 않고 바쁘게 다른 교회에 집회를 인도하러 갔기 때문이다. 그때 식사가 끝나기를 기다린 이유는 함께 식사하는 사람들이 많아 실패할 가능성을 염두에 둔 것도 있었지만, 한편으로 알 수 없는 측은지심이 들었기 때문이었다. 밥 먹다가 맞으면 너무 불쌍할 것 같다는 생각이 문득 들었던 것이다.

진 목사가 한동대학교에 이단 세미나를 인도하러 왔을 때, 세미나를 인도하러 온다는 정보를 입수한 뒤 부모님을 속이고 가출한 신천지 신도들과 함께 곧장 세미나 장소로 갔다. 세미나 장소에서 공개적으로 신천지임을 밝히며 토론해 보자고 언성을 높이다가 사람들에게 가로막혀 질질 끌려나가게 됐고 집회 방해로 경찰 조사를 받게 됐다.

그때 경찰은 세미나 진행자인 진용식 목사에게 전화를 했다. "엄벌에 처하길 원하십니까?" 전화로 전달되는 목소리는 "처벌을 원하지 않으며 선처를 해 달라."는 내용이었다. '사탄의 자식이 왜 저런대?'라는 의아한 마음을 품었지만 돌아보면 이 일이 차후에 목사님에 대한 잘못된 인식을 달리하는 작은 시발점이 됐다.

이단 상담, 그리고 회심

심신이 지쳐가면서도 부모는 김 전도사를 절대 포기하지 않고 "마지막으로 상담소에서 상담교육만 받는다면 그 이후는 너의 원대로 해주겠다."고 설득했다. 결국 지파에서 명령이 떨어졌다. "부모님의 요구대로 상담소에서 상담을 받고 당당히 승리하고 돌아오라."는 것이었다. 상담소에 가서 말씀으로 싸워 이기고 이왕 가는 김에 상담하는 목사들까지 신천지로 데려 오라는 것이었다. 이렇게 된 바에 상담을 안 받을 길이 없었다. 당당하게 이기고 돌아가리라 마음 먹고 상담에 임했지만 시간이 흐르면서 스스로 억지스러운 변명을 늘어놓고 있다는 것이 느꺼지기 시작했다.

처음에는 '신천지 말씀에 일점일획의 오류라도 있다면 내 목을 걸겠다.'고 자신했지만 점점 '신천지가 틀렸을 수도 있겠구나.'하는 생각이 고개를 들기 시작했다. 신천지가 틀렸을 수 있다는 조금은 열린 자세로 교육을 듣게 되자 김 전도사의 잘못된 신념은 산산조각 나버렸다. 신천지가 잘못됐다는 걸, 성경을 통해 확인하자 김 전도사는 고개를 들 수조차 없을 정도의 수치심이 들었다. 교회에 가더라도 이단 상담사들과 마주치기를 꺼려했다. 그들의 얼굴에 물을 뿌리고 소리를 지르고 반말도 하고 바닥에 침(얼굴에 침을 뱉으라는 지시도 있었으나 차마 그럴 수는 없었다)을 뱉는 등 워낙 버릇없이 대했기에 마주하기가 여간 어려운 것이 아니었다.

이제 신천지가 틀린 것을 인정했으니 과거의 행위에 대해 사과를 요구할 것 같다는 생각에 부담스러워 수개월을 방황하며 지내기도 했다. 그리고 이토록 거짓과 사기로 점철된 신천지가 진리인 줄로만 알고 미혹했던 사람들이 떠올랐다. 그들의 얼굴이 떠오를 때면 가슴을 쥐어짜는 듯한 고통에 시달렸다.

15층짜리 아파트를 문득 올려다보기도 했다. '저곳에서 뛰어 내리면 모든 고통을 잊고 잠들 수 있을까?' 좌절과 방황의 시간을 몇 개월을 보내야 했다.

좌절과 방황으로 교회로 다가가기 어려워하는 김 전도사의 마음을 아는지 모르는지 교회에 갈 때마다 상록교회 교인들은 김 전도사를 매우 따뜻하게 맞아줬다. 그토록 버릇없이 반말하고 힘들게 했던 사람들이 그가 신천지에서 이탈한 것만으로도 너무 기뻐하며 따뜻하게 안아줬다. 그리고 시간이 지나도 그 모습은 변함이 없었다.

김 전도사의 마음에 이런 생각이 들었다. '적어도 이분들이 믿는 하나님이라면 나의 과거 잘못들을 무작정 벌하시지는 않겠구나.' 그 따스함이 결국 김 전도사에게 하나님께 나아갈 작은 용기를 줬다.

이제 그가 신천지를 탈퇴한 지 9년이 되어간다. 그는 말한다.

"지금은 한때 흉악한 대적자였던 저를 하나님께서 부르셔서 신학을 공부하게 하시고 상록교회에서 사역하게 하셨습니다. 지금 저는 벌써 3년째 상록교회 이단 상담소에서 과거 저와 같은 처지의 사람들을 회심시키고 있습니다.

또한 상록교회의 귀한 청소년들과, 이단에서 회심한 새 신자들을 맡아 섬기고 있습니다. 누가 예상할 수 있었을까요? 신천지에서 하나님을 대적하던 자가 신학을 공부하고 전도사가 될 줄을, 누가 감히 상상이나 했겠습니까?

목사님을 테러하려 했던 테러범이 목사님의 동역자가 될 줄을, 아무도 몰랐지만 오직 하나님만 아셨습니다. 태초부터 저를 택하셔서 흉악한 죄인을 구원하시고 지금까지 인도하셨으며 앞으로도 인도하실 하나님께 찬송과 영광을 올려 드립니다."

마지막으로 기자가 궁금해서 질문한 게 있었다. 한국에서의 신천지 사기 포교법은 과연 호주에서도 통할까 하는 것이었다. 이에 대해 김 전도사는 신천지의 포교법은 20년 동안 될 것만 추리고 추려 핵심만 뽑아 놓은 방법이라고 설명한다.

그 첫 번째 단계는 '찾기'인데 포교될 만한 사람을 추리는 과정이다. 그리고 미혹대상자를 섭외할 때 핵심은 '친분 쌓기'와 '신뢰 형성'이다. 아무에게나 포교하는 게 아니라 미리 상대가 거절 못할 정도의 친절을 베풀기 때문에 어쩔 수 없이 말려드는 게 신천지의 접근이다.

그리고 미혹 대상자 또한 임의대로 정하는 게 아니라 신뢰가 형성된 후에도 '될 사람과 안 될 사람'을 철저하게 가려서 구역장, 전도교관, 강사, 담임강사라는 결제 시스템을 거치고 거쳐서 포교 대상자를 엄선한다. 그래서 안 되려야 안 될 수 없는 게 신천지 사기 포교라는 것이다.

"신천지는 2007년경, 수십 년간 축적된 미혹 전략을 통합 · 체계화하여 씨를 뿌리고 추수하는 과정에 빗댄 찾기-맺기-따기-복음방-센터-입교라는 그들의 미혹체계를 확립했어요. 이에 따라 신천지 신도들은 자신의 생각과 전략대로 사람들을 미혹하려고 시도하는 것이 아니라 정해진 체계에 따라 행동합니다. 그리고 전도 교관의 승인에 따라 다음 단계로 진행해요.

이 방식은 한 사람이 미혹되는 과정이 신천지 전체의 판단에 따라 진행되게 함으로써 개인의 판단과 실수로 실패하는 사례를 극도로 줄여주었고 지금까지도 실행되고 있는 방식입니다. 아무리 초신자라도 상관없어요.

그들의 포교법이 통하는 이유는 수십 년간 축적된 방법으로 교육하고 그대로 하면 되기 때문이에요. 포교 시스템은 수십 년 축적된 거예요. 그러면 그걸 실행하는 신도가 초신자냐, 아니면 베테랑이냐는 상관없어요. 기계의 나사와 같이 전체의 한 부분으로 역할하게 되기에 미숙한 자의 실수까지도 최소화하기 때문이에요."(김충일 전도사의 '찾기-맺기-따기'로 연결하는 포교법은 이 책 마지막 장에서 확인할 수 있다.)

　김 전도사는 신천지의 사기 포교법은 세계 어디서나 통한다고 내다봤다. 이를 막기 위해서 한국교회가 할 일은 무조건 예방이 중요하다고 설명한다. 그리고 신천지 반증교육, 미리 그들의 교리 시스템을 알려 주고 반증 교육을 하는 게 최선이라고 김 전도사는 덧붙였다.

II. 신천지 급성장의 미스터리 - 신현욱 목사

신천지를 가장 주의할 이단이라고 아무리 외쳐도 소용이 없는 걸까요. 수많은 시민들이 신천지에 속수무책으로 당하고 있습니다. 그 결과는 신천지의 급성장이 말해줍니다. 2000년 이후부터는 매년 1만 명씩 늘었습니다. 2010년 이후에도 성장이 줄어들지 않았습니다. 때로 1만 명, 때로는 2만 명이 늘어 현재 20만 명을 상회하는 것으로 추산됩니다. 신천지의 무서운 급성장. 그들이 진리여서일까요? 신천지는 자신들이 '진리'이기 때문에 그런 급성장을 이룬다고 자위 중입니다. 그러나 신천지처럼 사기포교를 하는 부도덕한 집단이 증가하는 것은 진리와는 아무 상관이 없습니다. 사기꾼이 늘어나는 것은 그들이 진실해서가 아니듯이 말입니다. 이건 단지 사회 병리현상일 뿐이지요.

신천지가 종교 사기집단임에도 우리는 그들에 대한 대처뿐만 아니라 그들이 왜 늘어나는지, 진지하게 모색해봐야 합니다. 그래야 바른 대처를 할 수 있고, 그래서 결과적으로 신천지로 인해 피눈물 흘리는 사람들이 줄어들 것이기 때문입니다. 신천지에서 20여년을 강사, 일곱 교육장 등으로 이만희 교주 최측근으로 있다가 회심한 신현욱 목사와 인터뷰를 통해 진단해 봤습니다. 신현욱 목사와의 인터뷰는 2016년 3월에 진행됐습니다. [편집자 주]

신천지에서 회심한 후 이단상담가로
활동 중인 신현욱목사

1. 1980년대, "계시록 알아야 구원!" - 신천지의 여명기

정윤석 기자(정): 오늘 대화의 주제는 '왜 신천지가 급성장하고 있느냐?' 입니다. 이 부분을 진단을 하고 싶어요. 신천지의 성장을 1980년대, 1990년대, 2000년대로 나눠 각각 그들의 포교 콘셉트와 성장에 어떤 변화가 생겼는지 짚어주시면 감사하겠습니다.

신현욱 목사(신): 제가 1986년에 신천지에 들어갔어요. 그리고 당시 본부가 경기도 안양에 있었기 때문에 그곳을 출석했지요. 초대 청년회장을 해서 포교활동을 우리 청년부에서 전체적으로 주도를 했어요.

정: 그 당시에 몇 명 정도 모였나요?

신: 그때 한 300명 정도였어요.

정: 본부 만이었나요?

신: 본부에 한 300명 정도. 그리고 전국 지교회 다 합쳐봐야 몇 백명. 다 합쳐봐야 천 명이 안 됐을 때였죠. 초창기에 청년들이 전국 투어하면서 포교활동을 했을 때는 같이 다닌 사람들이 십여 명이 안 됐어요. 그때는 포교 방법이 단순했어요. 매주 목요일마다 이만희 총회장이 직강 하는 계시록 집회가 있었어요. 그때 사람들 데리고 오는 게 포교방법의 전부였어요.

정: 단지 들으러 와라!

신: 그렇죠. 사람들이 지인들을 직접 데리고 오는 거예요. 알음알음 소문을 통해서도 왔어요. 이만희 총회장의 강의 내용은 단순했어요. 처음부터 "이 시대의 사명자를 만나야 된다.", "계시록을 모르면 천국

에 못 간다."고 하고…. 그러니 그게 전도가 되겠어요. 그때는 비유 풀이니 이런 과정들이 없었어요. 그냥 바로 요한계시록 직강으로 가니까 전도가 될 리가 없었죠. 또 하나는 전국 집회를 했어요. 대구를 중심으로 대전, 광주, 부산, 대구 이렇게 전국 순회 집회를 했어요. 봉고차에 우리 청년들 7~8명 데리고 다니면서 그 지역에 가서 일주일간을 포교를 하는 거예요. 집회 한 주 전에 일주일간 우리가 활동을 하고 옮기면 이만희 총회장이 와서 그곳에서 집회를 하고, 우리가 또 활동을 하고 옮기면 그 다음에 거기에 이만희 총회장이 와서 집회를 하고. 이런 식이었죠. 집회하는 방식이 똑같았죠.

포스터에는 이만희 총회장을 향해 아예 "약속한 사자, 대언의 사자" 이렇게 해놓기도 했어요. 때론 이충진 목사라고 소개하기도 했어요. 포교하는 방법에는 전략이라는 게 없었어요. 봉고차 타고 다니면서 핸드 마이크, 메가폰 이런 것 들고, "요한계시록 모르면 천국 못 갑니다! 계시록 집회가 열립니다!"고 외쳤지요. 무식하면 용감하다고, 참 그때는 용감했던 거 같아요. 한 마디로 무식한 거죠.

노상에 〈계시록의 진상〉, 〈신탄〉 이런 책을 펴놓고 팔면서 집회 전단지를 나눠줬어요. 그때는 감추고 속이고 사기치고 이런 게 아니었어요. 그냥 막 다 드러내놓고. 그러니 누가 오나요. 신도들은 고생만 한 거지. 포스터 수천 장, 또 전단지 수만 장을 그 몇 명이서… 정말 그때가, 내 기억으로는 가장 고생을 했던 때가 바로 그때 전국 집회 할 때였어요.

대도시를 발로 직접 뛰어보니 부산 같은 경우는 정말 힘들었어요. 산이 많고, 지대도 넓고, 그걸 다 발로 다니면서 직접 포스터를 붙였어요. 그 당시에는 지금도 기억나는 게 오공본드라는 게 있었어요. 통에다가, 이런 들통에다가 풀을 넣고 오공본드를 섞어 가지고 그걸 붓을 들고 전봇대에 일일이 붙이고 다녔어요.

정: 몇 시간 정도 하신 거예요?

신 : 뭐 아침부터 하루 종일 했어요. 하루 종일. 때론 새벽 2시, 3시까지. 그리고 전단지 수만 장! 많은 사람이 하면 힘이 덜 드는데, 그땐 사람이 없을 때니까 우리 본부에서 내려간 팀, 그리고 거기 현지에 있는 청년들 몇 명, 집사들 10여 명씩! 많지 않았죠. 그때 전국 집회를 하면서 했지만 결론은, 고생만 하고 거의 전도가 안 됐다는 거예요. 시끄럽게 하고 다니면 그 지역이 막 떠들썩했을 것 아니에요. 일주일 동안을 전단지, 포스터, 노방 막 이렇게 고생은 고생대로 하고, 시끄럽게 떠들썩하게 하긴 하는데 막상 사람은 안 오는 거야. 지금 생각하니까 그걸 보고 누가 오겠나 싶은 생각이 들어요. 전도가 그냥 계획도 없고 그냥 노골적으로, 아주 직접적으로 전략이 없었을 때예요. 그렇게 1980년대는 그냥 보냈다고 봐야 해요.

정: 천 명 선에서 큰 변동 없이 80년대가 넘어가는군요.

신: 정통교회 교인들은 오지 않는 상황에서 1987년에는 이만희와 함께 두 증인이라고 하던 홍종효 씨가 조직을 이탈하면서 또 사람들이 줄어들어요. 그러다 1988년도에 신천지의 종말론이 불발하면서 또 사람들이 대거 이탈을 하는 사태가 벌어져요. 본부에선 종말론에 대한

파장이 컸어요. 본부에서는 '때·시기'에 대한 기대가 아주 강했으니까요. 1988년에는 또 한 무리가 떨어져서 영생교 조희성 쪽으로 가는 무리들이 또 있었어요. 그러다 보니까 크게 늘지를 않고 거의 답보 상태였던 게 1980년대라고 할 수 있어요.

2. 1990년대, 무료성경신학원 - 신천지의 발아기

신현욱 목사: 눈에 확 띄는 성장을 못하다가 획기적인 전기를 마련한 게 바로 무료성경신학원입니다. 1990년 6월이었어요. 서울 사당동 방배 경찰서 옆에 무료성경신학원이 처음 생겼어요. 처음 명칭이 무료기독교신학원이었어요. 이걸 오픈하면서 새로운 전기가 마련이 된 거죠.

정윤석 기자: 이게 왜 전환점이 됐나요?

신: 그 당시에 이단 단체인 김모 씨의 S교회에 부목사로 있던 J목사라는 사람이 신천지로 넘어오게 됐어요. 근데 J가 있던 이단 단체에는 벌써 '실로신학원'이란 이름으로 신학원이 운영이 되고 있었거든요. J가 들어오면서 실로신학원을 벤치마킹해서 만든 게 신천지 무료성경신학원이라고 할 수 있어요. 그러면서 J가 무료기독교신학원의 초대 신학원 원장이 된 거죠. J의 이력을 홍보할 때 많이 써먹었어요. 3개 학교에서 신학을 했다고. 근데 지금 생각하니까 대부분 다 그게 그냥 군소신학이었던 거죠. 제대로 신학을 한 게 아니었죠. 그런데 뭐 무슨 신학, 무슨 신학, 무슨 신학 하면서 "3개 신학을 한 박사가 왔다."며 그분을 주로 원장 타이틀로 홍보를 하고 전단지를 뿌리기 시작한 거예요. J가 초대 원장이 되고, B강사, L강사가 초등 강의를 하고, 제가 중등 강의를 했어요.

1990년대 이후부터 서울 방배동을 시작으로 신학원 시대가 열렸다

그런데 이게 당시 성경에 대해 알고 싶어 하던 성도들의 필요와 맞아 떨어진 거 같아요. 그때부터 사람들이 모여들기 시작했어요. 그리고 국민일보에 광고지를 끼워서, 지금은 이단으로 규정됐으니 할 수가 없겠지만 그렇지 않은 시기에는 국민일보 일간지 지국마다 전단지를 제작해서 광고지를 대규모로 뿌리게 된 거예요. "무료성경신학원, 초·중·고 등 6개월이면 성경통달"이렇게 해서 전단지를 만들어서 돌렸어요. 특히 신학원은 기독교인들을 대상으로 해야 했으니까 가장 활용하기 좋은 게 국민일보였어요. 그래서 국민일보 지국에 삽지를 넣은 것이 효과가 컸고, 그러다 보니까 1990년대 순복음교회 교인들이 많이 오게 된 계기가 됐어요.

정: 어느 정도로 사람이 몰렸나요?

신: 두 달에 한 번씩 개강을 했는데 한 번 개강하면 100명 이상씩 왔어요.

정: 외부에서 온 사람들이었나요?

신: 그렇죠, 다.

정: 지금은 센터에 반수 이상은 바람잡이들이잖아요?

신: 그때는 그런 게 없었어요. 그냥 다. 근데 장소가 좁았기 때문에 거의 자리가 꽉 찼어요. 그런 식으로 한 7~8년 동안은 계속 성장을 했어요. 그래서 신학원 1기, 2기, 3기 수료생을 냈고 신학원도 전국적으로 기하급수적으로 늘었어요. 서울에서는 1990년에 처음으로 사당동 무료성경신학원을 시작했고, 1992년에 서울에 구의 신학원, 불광 신학원, 또 인천, 전남 광주 등 전국적으로 세워지는데 1년에 한 20개씩 세워졌던 것 같아요.

그리고 무료성경신학원이 거름 장치 역할을 했어요. 1980년대에는 바로 신천지로 들어오도록 했잖아요. 그러니까 안 되겠다, 필터링이 필요하다 그래서 나온 게 성경공부 과정인 거예요. 어떻게 보면 다른 이단과의 차이가 바로 그 부분이 아닌가 싶어요. 그리고 신천지의 지금 외적 성장의 가장 핵심요인은 바로 마케팅 전략의 성공이라고 봐요. 그 마케팅 전략의 핵심이 바로 신학원 센터를 운영한다는 거죠. 다른 이단들의 경우에서 볼 수 없는, 독특한 이런 전략이 저는 가장 성공요인이라고 봐요. 그러니까 그게 전국적으로 막 세워지면서 어쨌든 1980년대에 천 명이었다면 1990년대에 만 명을 모았으니까요.

정: 열 배 성장을 했네요.

신: 그렇죠. 그래서 신학원이 그 당시에 한 40개 이상, 한 50개까지 운영이 됐어요.

정: 90년 6월 한 개에서 시작해 1990년대 말이 되면서 40~50개로 대폭 늘었군요.

신: 50개까지 늘었어요. 그리고 신천지 교회로 들어가는 관문이 신학원이 되니까 그 관문을 통해서 사람들을 걸러 가니까 숫자도 늘어나지만 또 어떤 효과가 있냐면, 이미 교육을 다 시켜서 교리로 이미 세뇌가 된 그런 사람들을 교회에 들여오니까 교회에서의 탈락율도 상대적으로 줄어들 수밖에 없었죠. 충성스럽게 세뇌된 사람들의 헌신을 바로 끌어들일 수 있었던 거예요.

3. 2000년대, 복음방과 모략 포교의 등장 - 신천지의 성장기

신: 1980년대에는 신천지교회로 입교했다고 해도 왔다 갔다 변동이
많았는데, 그런데 이제 적어도 신학원이라는 6개월 과정을 통해서 들
어온 사람들이니까 교리적으로도 무장이 된 상태고 그러니까 교회가
점차 안정이 되게 됐죠. 그리고 지역별 열두 지파가 자리도 잡아가게
됐어요. 그런데 1990년에서 2000년으로 넘어가면서 부득이하게 포교
전략의 변화를 가져올 수밖에 없는 상황에 직면하게 돼요. 무료성경신
학원이 한계에 부딪힌 이유가 뭐냐 하면, '무료성경신학원=신천지' 이
런 등식이 성립된 거예요. 그리고 이것이 입소문이 나면서부터 수강생
모집이 잘 안되기 시작했어요. 무료성경신학원으로 포교하는 데 한계
가 온 거예요. 그게 어디냐 하면 전라도 지역 같은 경우에요. 그런 데
는 빨리 성장을 한 반면에 소문도 빨리 나게 된 거죠. 그러다 보니까
그쪽에서 먼저 돌파구를 찾게 된 거예요. 전라도가 그 당시에는 다 베
드로 지파였는데 순천에 K라는 강사가 있었어요. 순천 지역에서 신학
원보다도 먼저, 신학원에 오기 전에 뭔가 거름 장치가 또 있으면 좋겠
다고 해서 도입한 것이 소위 복음방이라고 하는 것이죠. 복음방이라고
하는 개념이 도입이 된 거죠.

그게 1990년대 후반쯤? 후반 가면서 새로운 타개책이 필요했던 거예
요. 뭔가 이대로는 안 된다는 위기감과 함께 새로운 돌파구를 마련한
게 복음방과 함께 바로 소위 말하는 모략전도가 등장하기 시작한 거예
요. 모략전도! 그 전에도 "무료성경신학원은 신천지가 아닙니다."라고
는 했지만 처음부터, 거짓으로 위장을 하고 지금처럼은 안 했거든요.

그런데 다양하고 계획적인 거짓말, 속임수 전략이 등장했는데 그게 순천지역에서 소위 대박이 난 거예요. 그래서 지금도 단일 지역으로 보면 순천이 다른 지역보다 신천지 교인의 수가 많을 거예요.

복음방은 센터 들어가기 전에, 옛날로 말하면 신학원입니다. 센터라는 건 2000년 중반에 넘어가서 제가 나온 다음에 센터라는 이름으로 바뀌었지, 그 전에는 그냥 다 신학원이었어요. 신학원(센터)에 신천지 성경공부를 시키려고 사람들을 데려갔는데 공부하다가 떨어져버리니까 장소가 오픈된다 이 말이에요. 어렵게 장소를 구해서, 임대해서, 인테리어까지 다 하면 돈이 적어도 몇 천만 원에서 많게는 1억 원씩 투자가 되는데 보안 유지가 안 되는 거죠. 사람이 왔다가 "어, 여기 신천지 아냐?" 하고 떨어져버리니까 결국 소문이 나면서, 타격을 받은 거예요. 그렇다고 그 장소를 바로 그냥 또 쉽게 옮길 수도 없고. 이러다 보니까 "안 되겠다. 신학원으로 바로 사람을 데려가니 탈락률이 많고 장소가 너무 일찍 오픈된다. 한번 걸러서 신학원으로 데려가야겠다." 그러니까 속임수가 더 교묘해진 거죠. 그리고 더 구체적이고 좀 더 디테일해진 거죠.

모략전도를 도입한 순천이 너무 잘 되니까, 그걸 지재섭 베드로 지파장이 "그 방법이 뭐냐?"고 알아보고는 "그걸 베드로 전역에 확산시켜라."고 지시했어요. 그래서 이제 베드로 지파에서 전국적으로, 베드로 지파에서 다 그걸 공유하게 되고 너무 잘 되니까 거기 있던, 당시 강사였던 장방식 지파장(현재는 대전 맛디아 지파)이 그 방법을 대전 맛디아, 충청도 맛디아에 적용을 해서 또 맛디아 지파가 성장한 거예요. 그게 이제 서울 · 경기로 오면서 신천지 전체에 소위 모략전도라는 이름으로 전국적으로 확산이 된 거죠.

그리고 모략전도 중에 정통교회 안으로 신천지 신도를 보내 포교를 하는 추수밭 전도 전략이 있었어요. 추수밭 전도 전략도 호남에서 시작해서 전국적으로 확산이 되면서 포교전략이 다양화되고 구체화되고, 교묘하게, 그리고 간교하게 된 거죠. 2000년대 전까지만 해도 요한계시록 세미나, 무료성경신학원 이런 정도로 신천지를 인식하고 있을 때였으니까, 이쪽이 너무 간교하게 전략이 수정되다보니 정통교회의 대처는 따라오질 못한 거죠.

2000년 들어서면서 전국적으로 추수밭 전략이 확산되고 이쪽은 더 교묘해지게 되면서 폭발적인 성장의 계기가 된 거예요. 그러니까 1980년대 10년 동안에, 기간으로는 10년이 아니에요. 80년 3월 14일부터 시작했으니까. 천 명이던 게 1990년대에 만 명이 되고, 2000년대에는 1년에 만 명씩 들어오는 계기가 된 거예요. 그러니까 소위 모략전도라는 게 제대로 먹힌 거죠. 전략전술에서 결국 성공을 한 거예요.

그런 면에서 10년 동안 만 명이었는데 2000년대 들어서 평균 1년에 만 명씩이 된 거예요. 그러니까 2010년에 10만 명이 된 거 아니에요? 그러니까 이것은 제가 볼 때는 어쨌든 마케팅 전략의 성공이라고 할 수 있죠. 교리의 문제이기 전에 전쟁으로 말하면 전략전술을 잘 세운 거고, 반면에 상대적으로 우리 편의 정통교회 입장에서는 무방비 상태로 전혀 감을 잡지 못했고. 이런 것들이 구체적으로 오픈돼서 저쪽에 대응하는, 또 대처하는 이런 사역도 많지 않았고. 우리 정통교회가 손을 놓고, 그냥 무관심하고 무방비한 사이에 신천지는 급성장을 하는 계기가 됐죠.

충청 · 호남 지역이 이미 2000년대 초반부터 복음방 · 모략전도를 도입했다면 서울 · 경기 지역에는 그 포교전략이 2006년경부터 올라왔어요. 그때부터 저희가 추수밭 훈련을 본격화했으니까. 베드로 지파나 충청도 맛디아 지파 쪽에는 이미 그게 어느 정도 무르익은 상태였지요. 그래서 2007년에는 훈련된 추수꾼들을 각 교회에 파송하는 시기였어요. 그러니까 추수밭 전도 전략이 서울 · 경기 지역에서는 어떻게 보면 그렇게 크게 꽃을 피웠다고는 할 수가 없어요. 왜냐하면, 꽃을 피우는 해 2006년 연말에 교회에 파송된 신천지 추수꾼 교적부가 공개되는 바람에 MBC 'PD수첩'에 나가고 그런 분위기가 깨져버렸죠.

4만 5천 명 이상의 신도들 명단이 그대로 공개가 되면서 이거는 들어가는 게 아니고 오히려 빼내야 될 그런 예기치 못한 상황이어서 그런 면에서는 참 다행스럽다고 생각을 해요. 만일 그 사건이 터지지 않았으면 그 사람들이 거의 2006년에 준비해서 2007년에 서울 · 경기 지역에 추수꾼으로 다 들어가고, 전국적으로 추수꾼들이 다 자유롭게 들어가면 교회가 같이 힘들었을 수 있죠. 신천지로서는 어떻게 보면 좋은 기회를 놓쳐버린 결과가 된 거죠.

2007년 5월 8일에 MBC 'PD수첩'이 터지면서 비로소 "저 신천지 뭐야?" 이렇게 표면화가 됐지, 그 전까지만 해도 몇 만 명이 신천지에 들어와서도 완전히 교묘하게 빠져나가니까 신천지로 인한 피해를 그렇게 크게 체감하지 못했던 시기예요. 그러다가 제가 나오고, 2007년 'PD수첩' 터지고 이러면서 조금 경계를 하고, 신천지에 대한 분위기가 환기가 되는 계기가 됐지만 그래도 대처가 미흡했죠. 그러는 사이에 신천지는 정말 급성장을 하게 되었죠.

4. 영적 안보, 제자훈련·양육·헌신·봉사보다 중요 – 한국교회의 대책

정: 목사님, 2007년도 이후에 한국교회도 신천지 대처 활동들을 활발하게 시작해야겠다는 경각심을 갖게 된 거 같습니다. 그런데 이렇게 지속적으로 늘어날 거라고는 혹시 예상하셨나요?

신: 네, 예상을 했죠. 어떻게 보면 저는 그것을 이단과의 영적 전쟁에서의 영적 안보문제라고 봅니다. 이 안보문제는 어떤 것보다 우선하는 것 아닙니까? 성장이니, 제자훈련, 교육, 양육, 충성, 헌신, 봉사…. 이런 것보다도 어떻게 보면 가장 근본적인 것은 우리가 주님 안에, 진리 안에 머물러 있을 때 모든 게 의미가 있는 거지요, 나라 잃으면 아무것도 아니듯이. 그런데 제가 교계에 와보니까 교계가 전체적으로 안보 불감증에 빠져있다는 거예요. 그리고 이런 문제를 그냥 개인의 문제로 치부해버리고 마는 거예요. 누가 신천지로 미혹됐다 그러면 "그 사람이 잘못해서 넘어간 거야. 오죽 신앙생활을 제대로 못했으면 빠졌을까!" 이렇게 생각하고 넘어가지, 이 문제를 교회 차원, 교계 차원에서 공동 대처하는 게 적다 보니까 '아, 이렇게 가다가는 피해가 클 수밖에 없겠구나!'라는 생각이 들었어요. 제가 처음에 기대했을 때는 우리가 똘똘 뭉쳐서, 저쪽이 그러하듯이, 저쪽은 전국에 교회가 50개 산재해 있어도 똘똘 뭉쳐서 한 교회 같잖아요.

그러니까 우리도 모든 교회들이 연합해서 연합기구도 있을 거고, 그래서 똘똘 뭉쳐서 공동 대처를 하면 신천지는 몇 만 명밖에 안 되니까, 대처가 될 줄 알았어요. 한국교회가 덩치가 적습니까, 숫자가 적습니까, 저들보다 재정적으로 적겠습니까. 그러니까 모든 면에서 우리가 저쪽과 비교해서 열세일 게 없다, 그런 기대를 했지만 제가 겪어보니까 현실은 그렇지 않더라고요. 그래서 "아, 이거는 효과적인 대응이란 게 어렵겠구나!" 그러면서 제가 좌절감을 느끼게 됐죠. 이단사역 하는 사람들이 다 비슷하지만, 다 그런 느낌을 갖죠. "아, 그냥 아무리 말해도 안 되겠다. 겪어봐야 알겠구나!" 그러니까 모두 피해를 경험하면서 배워가야 하는 것 같아요. 피해를 경험하면서 배우지, 미리 배우지 못하는 거예요. 기본적으로 예방이 안 된다는 거예요. 그러니까 피해가 계속 클 수밖에 없고, 그리고는 그냥 자조 섞인 얘기가 나오는 거죠. "에이, 당해봐야 알지.", "겪어봐야 알지.", "그래, 우리가 얘기해도 귀담아 듣지 않고…." 이런 식으로 자포자기 같이 되더라고요.

그 반면에 신천지는 아주 독기를 품고, 우리하고 너무 대조적이잖아요. 제가 볼 때는 이게 남북이 대치된 상황하고 너무 흡사하다는 느낌이 들더라구요. 안보 상황에 대한 분위기가 서로 너무 다르잖아요, 남북이. 우리는 평안하다, 안전하다 하고 저쪽에서 뭐라고 해도 우리는 별로 체감이 안 되잖아요. 근데 저쪽은 독기를 품고 그냥 호시탐탐 쳐내려올 듯이 이런 분위기란 말이죠. 이런 분위기에서는 우리가 피해를 고스란히 떠안을 수밖에 없죠. 이런 상황에서는. 그러니까 1년에 2만 명이 포로로 잡혀가는 결과를 낳았다고 보는 거예요. 결과가 말해주는 거예요. 지금 어쨌든 보이지 않는 영적 전쟁의 결과가. 우리 상담소에서 저쪽에 있는 사람을 빼내는 수가 다해도 1년에 천 명을 못 빼내는데 결국 2만 명은 포로로 잡혀가고 우리는 천 명을 빼낸다 하더라도 이 수적인 싸움에서의 결론은 뭐냐 하면, 우리가 지금 철저히 완패를 하고 있다는 거죠. 그게 바로 안보 의식의 결여, 안보 의식이 부족하다는 생각을 갖게 되는 거죠. 그리고 이만희 총회장이 살아 있는 한, 올해 86세지만 앞으로 2년만 더 살아도 신천지는 20만에 육박할 거라는 거죠. 지금 16만 1천 800명 정도 되지 않습니까. 그러니까 1년에 거의 2만 명씩 넘어가는 거예요.

그러니까 이 추세를 쉽게 누그러뜨릴 수 없을 거다, 뭔가 획기적인 대책이 세워지고, 각성하는 계기가 만들어져야지, 이대로는 안 된다는 거예요. 결국 저쪽은 끊임없이, 전쟁으로 말하면 전략을 세우고 전술을 만들고 해서 계속 진화해온 반면 우리는 전혀 거기에 대해서 신속하게 대응하지 못하고 늘 뒷북을 치는 거예요. 뒷북을 치고, 소 잃고 외양간 고치는 격도 아닌, 소 잃고도 외양간을 계속 못 고치는 이런 거예요. 사후약방문도 아니에요. 사후에 약방문도 안 해. 그러니까 어떻게 보면 이런 이단 문제에 대해서 너무 우리가 방치해두고 있지 않

시대마다 바꾼 포교 마케팅의 성공이 오늘날의 신천지를 만들었다
추수꾼포교 모략을 짜는 신천지 신도들

앉나. 방치했다고 밖에는, 피해자들이 2만 명이 빠져나가는데 그 책임을 누구한테 물을 것인가. 빠진 사람한테만 개인적으로 각자 "네 신앙은 네가 책임져." 이런 식으로만 그냥 떠넘기기에는 너무 안타깝지 않느냐는 거예요. 지금 2만 마리의 양들이 이리에게 늑탈 당하는데 그러면 목자는 왜 필요한가라는 질문이 나올 것 아니에요. 목자가 왜 필요하냐 이거에요. 양들을 지키고, 교회가 양들의 울타리 역할을 해줘야 하는데 제대로 울타리를 쳤더라면, 또 제대로 목자가 양들을 가시권에 두고 계속 지키고 보호했더라면, 또 잘 무장을 시켜서 그들과 영적으로 싸울 수 있는 힘을 길러줬더라면 그런 것들은 예방할 수 있지 않았겠나 하는 아쉬움이 있는 거죠.

5. 신천지의 '쉬운' 포교대상

정윤석 기자(이하 정) : 목사님도 교회를 다니시다가 신천지로, 신천지에서 쓰는 말로는 '유월'을 하신 경우인데요. 신천지에 계셨을 때 신천지로 넘어온 사람들은 주로 어떤 사람이었는지, 신앙의 정도는 어땠는지, 또 그 속에서 가장 인상 깊었던 사람들은 누구였는지 궁금합니다.

신현욱 목사(이하 신): 뭐 여러 유형이 있지만 신천지에서는 전도의 적합성을 파악해 포섭 대상자, 섭외 대상자를 A급, B급, C급, D급으로 구분을 합니다. A급이라는 건 소위 말하는 잘 넘어가는 유형이 되겠죠. 잘 넘어가는 유형이 저쪽에서 볼 때는 가장 적합한 사람이 되는 거고요. 잘 넘어가지 않는 유형이 D급, 부적합자가 되겠죠. 그중에 제일 선호하는 대상이 바로 영적 갈급자예요.

정: 영적으로 갈급한 사람?

신: 네. 결국 그들이 미혹하는 건 성경공부 시간을 통해서니까, 성경공부가 가능한 조건일수록 적합한 사람이 되는 거예요. 성경공부를 복음방 한두 달, 센터(신학원) 6개월, 짧게는 8개월, 길게는 10개월까지도 해요. 이걸 일주일에 월, 화, 목, 금으로 또 하루에 두세 시간씩을 투자할 수 있는 사람을 찾게 되다 보니까 조건이 까다로워질 수밖에 없고, 엄선할 수밖에 없게 되죠. 고르고, 고르고, 또 골라요. 그중에 제일 큰 조건이 바로 말씀에 대한 관심도예요.

정: 말씀에 대한 관심도.

신: 성경공부를 해야 되니까요.

정: 관심이 많아야 되겠네요.

신: 말씀에 대한 관심도가 큰 게 좋죠. 그래야 호기심 유발 멘트 같은 것도 던지게 되고, "성경을 몇 독 했느냐?", "신앙을 어떻게 유지하냐?" 등의 질문도 하니까요. 신천지에서 이런 신앙적인 성향에 관심을 가질 수밖에 없는 게, 대상자가 일주일에 월, 화, 목, 금, 하루에 두세 시간씩을 성경공부에 투자한다는 게 쉽지 않기 때문인 거죠.

아무리 시간이 남아도, 다른 것 할 시간은 있어도 성경공부 할 시간은 없을 수 있거든요. 놀러 다니는 거, 뭘 배우는 거는 할 수 있는 여유가 있어도 성경을 배우는 건 성경말씀에 대한 특별한 관심이 있지 않고는 어렵단 말이에요. 그러다 보니까 영적인 갈급함, 말씀에 대한 호기심과 관심이 있어야 돼요. 말씀에 관심이 있다는 것은 어떤 의미냐 하면, 신앙심이 있다는 거거든요. 그리고 신앙심이 있다는 것은 우리가 흔히 말하는 열심이 있다는 거예요. 열심이 있는 분들은 교회에서 대부분 직분을 맡았을 가능성이 커요.

그래서 이런 까다로운 조건에 부합하는 사람들을 찾는 거예요. 그러다 보니까 사람들이 특정될 수밖에 없는 거고요. 아무나 와서 "공부 좀 해보시죠." 해서 되는 게 아니고, 그들이 원하는 과정은 매우 빠듯하고 쉽지가 않단 말이죠. 마음이 있고, 조건이 다 맞는데 만약 건강이 안 좋다, 그러면 못하는 거예요. A등급이 아닌 거죠. 하루에 세 시간 동안 책상에 앉아 있다는 건 쉽지 않거든요. 그래서 장애우나 고령인 분들을 상대로는 전도를 하지 않게 되는 거죠. 그렇게 해서 조건을 다 고려한 뒤 대상을 추려보면 제일 적합한 대상자가 바로 대학생들인 거예요. 그러니까 신천지 신도들이 대학생들한테 집중할 수밖에 없죠. 대학생들은 집에서 나올 때 아침에, "엄마, 학교 갔다 올게."하고 부모만 속이면 24시간을 다 신천지에 올인 할 수 있잖아요. 돈 안 벌어도 되죠, 학생이니까. 또 시간에도 제약 안 받죠. 왜? 부모님들은 다 학교가 있는 줄 아니까. 새벽 한두 시, 두세 시에 집에 들어가도 도서관 갔다 온다고 생각을 할 거고요. 그러니까 신천지에 올인 할 수 있는 대상은 모든 것에 자유로운 청년들, 대학생들이 되는 거예요. 청년들보다도 대학생들이 더 좋겠죠. 직장생활 하는 친구들은 또 제약이 있으니까. 그러니까 대학생들을 선호할 수밖에 없게 되죠.

좀 더 말하자면 말씀에 관심이 있거나, 평소에 목사님 설교에서 은혜를 못 받는다거나 한다면 한 마디로 말해서 '영적인 갈급자'에요. 그리고 대부분 이런 분들이 신실하게 신앙을 가진 분들이죠. 우리가 편견을 갖는 건 이단에 빠진 사람은 '신앙생활을 제대로 안 했다'거나, '뭔가 문제가 있으니까 빠졌겠지' 라고 생각하는 건데, 이게 문제가 될 수 있어요. 그런 편견을 갖고 있으면 스스로 방심을 하게 된다는 거예요. '그럴 거야. 오죽 못나면 그런 데 빠졌겠어.' 하면서. 본인이 신실하게 신앙을 지키고 있다고 생각하는 분들은 자기는 그런 유혹의 대상이 안 될 거라는, 자기는 이단에 빠지지 않을 거라는 영적인 자만심이 생겨 경계를 늦추게 된다는 거예요. 그러다가 신천지를 만나게 되면 한순간에 넘어갈 수 있는 여지를 줄 수 있어요. 신천지는, 이단들은 '이러이러한 것일 거야, 이런 사람일 거야'라는 잘못된 편견을 갖지 말라는 거죠. 오히려 그것이 그런 사람들한테는 치명적인 약점이 될 수 있으니까요.
가끔 교회에서 목사님들이 깜짝깜짝 놀라는 게, 신실하게 신앙생활

했던 사람들이 이단에 빠지는 경우를 볼 때죠. '아니, 어떻게 이런 사람이 빠졌을까?' 하는 경우가 많잖아요. '그 사람 원래 시원찮고, 제대로 교회도 안 나왔어. 그래서 그랬을 거야.' 이런 사람들만 있으면 모르는데 목사님들이 대부분은 절대 빠질 것 같지 않은, 상상도 안 되는 사람들, 쉽게 말하면 장로님, 권사님 이런 분들이 빠지는 사례를 보고 충격을 받는 거죠. 교회에서 볼 때에도 대개 신실하게 신앙을 가지고 있던, 목회자들도 인정하고 신뢰했던 분들이 빠지는 사례가 많다는 거예요. 이런 경우는 순전히 말씀에 대한 갈급함 때문에 그런 거예요.

그리고 목사님 설교에 은혜를 못 받는 경우죠. 그러니까 신천지 추수꾼들이 말씀에 대해서 물어보면서 목회자와의 관계에 집중하는 이유가 이것을 알아내고 싶은 거거든요. "목사님 설교가 어떠세요?" 그러면 이제 "우리 목사님 설교가 너무 은혜가 되요." 이러면 저쪽에서 볼 때는 별로 구미가 안 당기는 거죠. 비집고 들어갈 틈이 별로 없죠. 그런데 "요즘 말씀이 좀 그러네." 그러면 그들한테는 그게 좋은 기회가 될 수 있는 거죠. 그러니까 아주 신실한 분들이 한 그룹 있어요. 그럼 다 신실한가 하면 그렇지는 않아요. 또 한 그룹이 있는데 문제아 그룹이에요. 문제아 그룹은 문제가 있는 신도들, 예를 들어서 목회자에 대한 신뢰 관계나 교회에 대한 소속감이 없는 경우, 소위 말해 불평이나 불만이 많다거나 시험에 들었다거나 신앙생활을 하면서 상처가 있는 경우죠. 이런 사람들이 또 한 무리를 이루는 거예요.

그래서 신천지에 빠지게 된 사람들을 보면 극단적으론 두 부류예요. 아주 신실했던 신앙인과 속된 말로 날라리였던 신앙인이라는 거예요.

신천지에 빠지기 전에 "목사님 설교가 은혜가 안 됐다."거나 "목사님께 시험에 들었다." 이런 경우에는 그 사람들의 문제가 아니더라도, 교회 내부에 갈등이 있어서 시험에 빠지는 경우도 있잖아요. 건축하다가 시험에 드는 사람, 목회자의 인간적인 부분에 실망을 해서 시험에 드는 사람, 그래서 상처 받은 사람들이 많아요. 그러니까 상처를 당한 사람, 자기 내면에 상처가 있는 그룹, 또 교회나 목회자로 인해 상처를 입은 그룹, 그리고 한 그룹은 목회자나 교회 문제가 아니라 자기 자신 때문에 문제가 내재되었던 신도들, 이렇게 구분할 수 있겠죠. 성향상 매우 비판적인 사람도 있더라고요. 세상도 성질이 다 다르듯이 신앙생활도 그러더라고요. 이런 사람은 어디에 가도 적응을 잘 못해요.

정: 신천지에 가도 마찬가지인가요?

신: 신천지에 가도 그런 성향을 그대로 나타내는 거죠. 성향상 근본적으로 문제나 결함이 있는 사람들이 있다는 거예요. 그룹들에. 예를 들어 목회자에게 비판하고, 비난하는 등 따지는 성향인 사람들은 어디 가도 적응하지 못하고, 만족하지 못하고, 감사가 없죠. 그러면 결과적으로 신천지에 포섭된 사람들에게서 공통적인 것은, 이단에 대한 경계심이 없고, 구원에 대한 확신이 없다는 거예요. 또 기본적으로 신앙의 전통 교리에 잘 훈련되어 있지 않다는 게 있죠.

똑같이 공부를 해도 다 빠지는 게 아니고, 어떤 사람은 신천지에 안 빠지는 사람이 있어요. 처음에는 잘 배우다가, 비유풀이 배울 때 예를 들어서 구원자, 구원의 길, 구원의 처소 이런 내용이 나올 때는 "뭐야, 이거!" 이렇게 딱 반발하는 사람. 저는 성도들이 이 정도는 돼야 한다는 생각인 거죠. 비유풀이 같은 거야 생소하고 못 듣던 거니까, 비유풀이 배우면서 "예수님 말고 이만희를 믿어야 됩니다." 이런 얘기하는 거 아니니까, 그들의 본색이 드러나기 전에는 우리가 속을 수 있다 치자 이거예요. 성경에 대한 전문성이 없으니까. 하지만 넘지 말아야 될 선이 있다는 거죠. 일정한 어느 단계에 들어가서 볼 때, 구원의 길이 달라진다거나, 구원자가 달라진다거나, 구원의 처소가 나타난다거나 하면 "이건 아니다." 하고 박차고 일어서야 되는데 그러지 않는 분들이 많다는 게 문제라는 거예요.

6. 한국교회의 건강성 회복이 근본적 이단대책

정: 신앙생활을 오래 했음에도 불구하고 그런 사람이 있습니까?

신: 장로, 권사들이 넘어간다는 게 처음에는 참 충격이었어요. 어떻게 이런 교리에 장로, 권사들이 넘어갔을까. 저야 담임목사님 따라서 넘어간 경우니까. 또 어릴 때였죠. 오늘날 청년들이 빠지는 건 제가 또 이해가 돼요. 대부분 20대 초반에 넘어가니까. 왜냐하면 신앙생활 경력이 짧고, 신앙의 체험도 깊이 못했을 수 있으니까요. 그리고 다들 신앙생활을 학교 다니면서 얼마나 열심히 하나요? 그렇지만 장로님들, 권사님들은 몇 십 년 동안 신앙생활을 했을 거 아니에요. 몇 십 년 동안 교회에서 뭘 듣고, 뭘 보았나. 이분들이 몇 십 년 동안 교회에서 목사님을 모시고, 신앙을 갖고, 오직 예수를 부르짖다가 신천지 가서 비유풀이 몇 강의 들었다고 어떻게 한두 달 사이에 그걸 뿌리째 뽑아 버리고 신천지로 옮길 수 있을까. 한두 명이 그렇게 갔다고 하면 이해가 되죠. 한두 분이 문제라고 하면 그분들에게서 문제를 찾지만 그게 아니라 이쪽 동네에 있는 많은 사람이 넘어가니까. 이건 넘어간 사람들 개개인의 성향에서 문제의 원인을 찾기보다는 뭔가 토양에 문제가 있지 않나 하는 생각에 제가 안타까운 거예요.

따라서 저는 토양상태를 정확하게 진단해야만 처방과 예방책이 나올 수 있다고 생각해요. 그 부분이 저는 제일 중요하다고 보는 거예요. 원인이 뭘까. 결국 성도들을 감염시키는 영적 바이러스, 저는 이단을 영적 바이러스와 같다고 보거든요. 성도들은 다양한 영적 바이러스에 맞서는 면역력을 키우는 훈련이 되어 있지 않다는 거예요. 성도들이 면역력이 떨어져요. 50년 믿든, 장로가 됐든, 권사가 됐든. 그러니까 그냥 교회 잘 나오면 건강한 줄 아는데 그건 착각이라는 거죠. 교회를 잘 나온다고 해서 건강한 게 아닌 거예요. 학생이 출석만 잘한다고 똑똑하고 공부 잘하는 게 아니잖아요? 개근상은 받을 수 있겠지만요.

제가 생각할 때 교회에서는 목사님들 중 많은 분들이 개근을 잘하면 우등생이라고 착각을 하는 것 같아요. 개근을 잘하면 공부를 잘한다고 착각을 하는 것처럼요. 이건 별개라는 거예요. 그러니까 교회 출석을 잘해도 어떤 생각을 가지고 어떤 믿음을 가지고, 어떤 자세를 가지고 신앙생활을 하느냐가 본질적으로 중요한 것이지, 목사님 눈에 잘 띄고 헌신하고 헌금 잘하고 열심히 하면, '저분은 믿음이 좋아' 이렇게 생각하는 것 자체가 옳지 않다는 거예요. 그래서 보이는 행위만 가지고 성도들의 영적인 건강을 진단하는 것은 한계가 있다는 거죠.

비유해보자면 목회자들이 외과적 진단에 그친다는 거예요. 그냥 병원에 가서 청진기 대보고 "됐습니다, 건강해요." 이러고 보내는 것 같다는 거예요. 사지 멀쩡하게 가면 "건강해 보이네. 됐습니다." 이렇게 말하는 것 같이 느껴진다는 거죠. 근데 엑스레이를 딱 찍어 보니까 종양이 있어. 내시경을 해보니까 종양이 있어. 이건 다른 문제죠. 오히려 이단들이 훨씬 더 정밀 진단을 한다는 거예요. 그렇게 진단하고 분석해서 A급, B급, C급, D급으로 나누고, 포교대상을 선정하는 반면에 우리 쪽은 그냥 문진하고 말아. 그냥 묻고 "어디 아픈 데 없죠?" "아픈 데 없어요, 목사님!" "그럼 건강하네!" 이렇게 돌려보내는 것 같아요. 그러니까 목사님들이 충격을 받죠. 장로가 빠지면 목사님들이 "아니, 장로님이 어떻게…" 이렇게 얘기하는 것이 저한테는 "어제까지만 해도 건강하시던 분이 왜 갑자기 돌아가셨지?" 이렇게 얘기하는 것처럼 느껴지는 거예요. 저는 그 목사님이 너무 답답한 거예요. 무슨 얘기인지 이해가 되시죠?

오히려 저쪽은 정확하게 분석을 해서 '저 사람을 이렇게 해서 곧 넘길 거고, 저 사람은 안 될 것 같고…' 이런 것들을 속까지 다 후벼 파본다는 거예요. 저쪽에서는 분석을 해서 사람을 분류하는데 우리 쪽은 손을 놓고 있는 거예요. 잠언 말씀은 "양떼의 형편을 부지런히 살피라"고 하잖아요. 목회자들은 목양할 때 양떼의 형편을 부지런히 그리고 정확하게 살펴서 병이 들었는지, 건강한지 이런 것들을 잘 분별해서 거기에 맞게 보호하고 관리하고 양육하고 그래야 되는 것 아니에요? 전 이런 관점에서 '우리 정통교회 목회자들이 과연 이단들만큼 한 영혼에 대한 애정과 관심을 가지고 돌보고 있는가?'에 대해 좀 생각해볼 필요가 있다고 생각해요.

관심과 집중을 하는 거죠. 저도 거기서 목회를 했었지만, 신천지는 그냥 한 사람 빠지면 비상이 걸리고 난리가 나거든요. 그래서 관리를 철저히 하는 거예요. 원인을 찾고, 대책을 세우고. 결국 비진리이고 잘못된 이단에서 행해진 거지만 그 당시 목회할 때, 목회자의 양심과 자세는 그렇게 철저히 관리하는 게 성경적이라고 생각을 한 거예요. 그런데 제가 돌아와서 보니까 신천지나 이단에 빠졌을 때 목사님들의 대체적인 반응이 "이해가 안 되네." 그러고 말더라고요.

이해가 안 된다 하더라도 이해가 되도록 알아보셔야 해요. "이해가 안 되네." 물론 놀라셔서 그러셨겠지만 그 다음에는 "왜 빠졌지? 아, 이래서 빠졌구나." 알아보시고 그래야 대책을 세워서 제2, 제3의 피해를 막을 수 있는 거죠. 그런데 계속 그냥 "이해가 안 되네." 그러면 계속 이해를 못 하고 가는 거예요. 그러면 평생 신천지에 빠지는 사람들을 이해 못 할 수 있죠. 그리고 계속 이해가 안 된다는 얘기는 계속 피해가 있을 수밖에 없다는 거예요. 그게 이해가 되는 날 예방할 수 있고 뭔가 처방이 제대로 나오겠죠.

또 이해가 안 된다는 건 진단이 안 된다는 얘기거든요. 그러니까 저는 우선 이해가 돼야 한다는 거예요. 처음에 이해가 안 되셨더라도 어떤 식으로든지 알아보셔서 이해를 하셔야 한다는 거예요. 그게 현실이니까. 목사님이 이해가 안 되는 거지, 이단에 빠진 건 사실이지 않느냐는 거예요. 그럼 '왜 빠졌을까?'에 대한 관심을 가지고 성도들이 빠져나간 구멍을 메꿔야죠. 어떤 경우에라도 구멍을 메꿔놔야 제2, 제3의 피해를 막을 수 있는 거예요. 이것을 그냥 이해가 안 된다고 덮어가는 것은 저에겐 목회자들이 너무 무책임하다는 얘기로 들려요. 만일 저쪽

에서 한 사람이 빠졌으면 그랬을까. 신천지 이단들은 누구 한 사람이 안 나오면 그냥 두지 않거든요.

신천지 20만 명 시대 그만큼 피해자도 늘고 있다

7. 신천지의 조직 관리

정: 어떻게 하나요?

신: 비상이 걸리죠. 바로 보고가 들어오면.

정: 한 사람이라도?

신: 네. 컴퓨터로 매일 결석자 현황보고가 들어와요. 신천지는 출석률이 거의 90% 이상이니까 결석자 현황이 쉽게 나와요. 그리고 사유들이 딱 보고가 돼요. 그럼 그 사유들을 가지고 바로 심방을 보내죠. 팀을 보내서 바로바로 확인해요. 왜 그러냐면 한 달 이상 안 나온 장기 결석자가 되면 제명을 시키거든요. 그러니까 북한 공산당처럼 관리를 하는 정도는 아닐지라도 어쨌든 성도들을 조금 더 애정을 가지고 돌볼 필요가 있다는 거죠.

정: 조직 관리가 철저하네요. 바로바로 보고가 되고요.

신: 거긴 철저해서 꼭 북한 공산당 집단 같아요. 크게 정리하자면 신천지에 빠지는 신도들은 정통교회에서도 신실하게 신앙생활을 했거나 좀 순수한 분들, 그러니까 우리가 볼 때 열심이 있고 정말 믿음이 좋은 분들이 있죠. 그 다음에는 시험에 들었다거나 상처받은 영혼들이에요. 이단들이 정통교회들이 이전하거나 예배당을 지을 때 바글바글 들어가는 이유가 바로 이런 상태에서 시험 드는 사람들이 많기 때문이에요. 그들이 노리는 사람들이 많아질 수밖에 없는 거고요. 또 목회자 비리 문제가 있을 때도 많이 들어가는데, 사람들이 상처를 받아서 약해져 있을 때를 노려서 들어가는 거죠. 또 한 부류는 성향상 소속감이 적고, 순종적이지 못하고, 소위 말하는 원불교 같은 신자들이에요. 원망

하고 불평불만하고 교만한 부류의 신자들 있잖아요. 소위 원불교 신자들 유형이 있는 거예요.

그런데 이런 사람들은 신천지에서도 골칫거리에요. 그러다보니까 신천지에서도 모든 사람이 믿음이 있고 열심이 있는 게 아니에요. 신천지 쪽에서 볼 때는 신천지 역사를 믿고, 신실한 사람들이 있고, 관망하는 사람들도 있고, '이상한데….' 그러면서도 계속 남아있는 사람들이 있고, 그리고 아주 골치 아픈 사람들도 있어요. 말 안 듣고, 뒤에서 웅성대기도 하고, "교회 분위기가 왜 이래" 하면서도 계속 남아 있는 사람이 있는 거예요. 교리에는 어느 정도 잡혀 있는데 적응을 못하고, 총회장에 대해서 불평을 하고, 교회 담임목사님에 대해서도 불평을 하고, 분위기도 마음에 안 든다고 하고. 이런 성향의 사람들도 있는 거예요. 이런 사람들이 신천지에서 부적응자죠. 그러므로 신천지에 있다고 해서 다 똑같은 건 아니에요.

정: 그럼 목사님, 유월한 신도들 중에 가장 기억에 남는 사람이 있나요?

신: 정말 신실한 분들. 우리가 볼 때 인간적으로 볼 때도 정말 누가 봐도 평생 참 진실하게 신앙생활 했던 장로님, 권사님들, 이런 분들은 지금도 정말 안타깝죠. 이름만 대면 알 만한 큰 대형교회의 장로님도 유월하셨는데, 그 장로님 없어졌을 때 담임목사님이 그 장로님을 막 찾았대요. 근데 신천지에 와 있는 걸 몰라요. 정말 충격이죠, 교회에서 장로님들이 넘어갔다는 걸 알면. 개인적으로 제가 참 좋아했고, 저를 무척 아껴주셨던 장로님들이었는데. 그리고 또 큰 교회에서 제자훈련

을 담당해서 가르치셨던 장로님 내외분도 (유월해) 오셨어요.

정: 내외가요?

신: 내외가 다요. 미국에서 성도가 약 오천 명 정도 되는 교회 목회를 하던 아들이 있는 장로님도 거기 계시고. 생각하면 그런 분들은 참 안타깝죠. 그분들이 평생 신앙생활을 얼마나 신실하게 해왔을지 우리가 알잖아요. 그리고 그 교회에서도 그분들이라고 하면 다들 존경할 테니까. 그러니까 이런 분들은 우리가 그냥 단순히 "믿음이 없었다."거나 "문제가 있다."고 이렇게만 얘기할 수 있는 게 아니죠. 물론 미혹의 영이 역사한다는 것을 전제하더라도 '과연 신앙의 본질이 뭘까'에 대한 것들을 생각하게 된다는 거예요. 즉, 일반 정통교회에서 아무리 헌신적으로 신앙생활을 한다 해도 중요한 것은 근본이 되는 기독교 교리에 성도들을 묶어놓지 않으면 결국 물거품이 될 수 있다는 거예요.

정: 진짜 충격이네요.

신: 그래서 교리교육이 너무나 중요하다는 거예요. 넘어간 직분자들을 보면 대부분 다 고학력자예요. 신천지에는 소위 말하는 자문회, 65세 이상인 장로, 권사들 그룹이 있어요. 장년회, 부녀회, 자문회 이런 그룹이 있어요.

그 자문회 장로, 권사들인데 전국에서 자문회의 수가 저희 교회(신현욱 목사가 신천지에 있을 당시 담임했던 '새빛교회')가 제일 많았을 거예요. 한 300명 이상 됐으니까요. 그런데 그분들 중에 똑똑하고 유능한 분들이 많았어요. 초등학교 교사 출신들, 정년퇴임하신 분들, 이런 분들이 많았죠. 이분들은 매우 이성적이고, 지적인 분들인데 넘어간 걸 보면 참 안타깝죠. 그리고 그런 분들은 연세가 높으신데도 말씀에 대한 욕구와 배움에 대한 욕구가 강해요. 그런데 대부분 영적인 갈급함을 교회에서 채움 받지 못했기 때문에 결국 담을 넘어온 경우예요. 쉽게 말하면 그쪽에서는 영적인 양식을 공급받지 못하니까, 주리고 갈증을 느끼다가 탈북하듯이 넘어오는 거죠. 대부분이 신천지 말씀을 딱 접하게 되면서 "이거야!" 하고 확 빠져버리는 경우예요. 그래서 저는 예를 들어 교회 성도가 천 명이라고 한다면 천 명이 다 영적으로 갈급하지는 않다고 봐요.

정: 그렇죠. 만족하는 사람도 있죠.

신: 그럼요. 예를 들어서 900명이 다 만족을 하는데 100명은 좀 갈급해요. 그러면 그 100명을 위해서 단계별 성경공부나 교리교육을 위한 강좌가 만들어져야 된다는 거예요. 개강했는데 20명밖에 안 왔어요. 그래도 20명을 위해서 해야 된다는 거예요. 그런데 교회에서는 "개강했더니 많이 안 왔어. 그래서 다음에는 안 하려고." 그러시더라고요. 그래서 제가 그랬죠. "몇 명 왔는데요?" 한 20명 왔대요. 그래서 제가 그랬어요. "그 20명이 신천지 갈 사람들입니다." 그러니까 거기 갈 가능성이 있는 성향의 사람들은 따로 있다는 거예요. 그래서 이런 사람들을 위해서 강좌가 개설돼야 한다는 거예요.

어떤 사람은 우유만 먹어도 양이 차는 사람이 있어요. 자녀가 여럿이 있다 보면, 아기들은 젖만 먹어도 배부르다 그럴 수 있지만 어른들은 우유 한 잔으로 배가 부르진 않잖아요. 성경에도 나오듯이 때에 따른 양식이 있듯이 성도들도 그렇다는 거예요. 어린아이 같은 성도도 있고, 고기를 먹고 싶은 성도도 있는 거예요. 그럼 거기에 맞는 것들을 때에 맞춰 제공해줄 수 있는 것, 저는 이게 지혜롭고 충성된 종이 해야 할 역할이 아닌가 하는 거예요. 마태복음 24장에 "때에 따라 양식을 나눠줄 자가 누구냐"에서, 저는 목사들이 그래야 된다고 생각해요. 그런데 이 일을 획일적으로 그냥 우유 한 잔 줘놓고, 젖 한번 물려놓고 그것으로 마니까 성에 안 차는 사람들은 담을 넘는 거예요. 그런 사람들이 신천지의 먹잇감이 되는 거예요. 저는 이런 면에서 안타까워요.

그래서 저는 성도를 위한 교육 프로그램을 다양화하고, 말씀, 교리 속에서 궁금한 점이나 호기심이 많은 그룹들을 미리 아는 것이 중요하다고 봐요. 제안하고 싶은 예방책 중에 하나는, 목사님들이 성도들을 파악할 수 있게 미리 분류를 하는 거예요. 예를 들어 우리 성도들이 500명이다 그러면 성도들 성향을 고려해 나눠보는 거죠. 대략 분류가 되면 말씀에 관심을 가지고 있는, 신천지가 좋아하는 A급 그룹을 미리 우리가 선점을 하는 거예요. 저는 세미나에 가면 몇 가지 유형에 대해 쭉 얘기를 하고, 듣고 스스로 체크를 해보라고 체크리스트를 제가 소개해요. "자, A급이라고 생각하는 분들?" 그러면 본인이 '아, 나는 A급이구나.' '나는 B급이구나.' '나는 C급이구나.' '나는 D급이구나.' 하고 스스로 안다니까요! 이걸 왜 말하느냐 하면, A급이라고 생각하는 분은 더 조심해야 되기 때문이에요. 병으로 말하면 A그룹이 신천지 바이러스에 감염될 가능성이 많다는 거예요. 그럼 D급은? 걱정할 필요가 없는 그룹이에요. 이 그룹은 신천지가 별로 원치 않으니까. 그들이 안 달려드는데, 그들이 데려가려고 하지 않는데 걱정할 게 뭐가 있어요.

목회자들이 교회에서 교육을 시켜보면 취약한 그룹이 있어요. 취약하다는 표현은 문제가 있는 그룹이란 게 아니고 신천지가 볼 때 가장 적합한 그룹이라는 거예요. 근데 그분들이 대부분 교회에서 열심히 섬기는 분들일 수도 있는 거예요. 이런 그룹들을 목회자들이 미리 파악해서 그분들의 성향에 맞는 성경공부를 꼭 해줘야 하는 거예요. 그분들은 성경 말씀에 대한 관심이 많으니까요. 목사님들은 목회를 하다 보면 알아요. 질문 많은 분들, 성경 질문하는 분들, 다 이런 분들이에요. 성경을 덮어놓고 사는 분들도 있죠. 성경을 안 읽는 분들, 성경하고 담을 쌓고 있는 분들은 궁금한 게 별로 없어요. 주일날 설교 듣는 것만으로도 양이 차요. 그런데 궁금한 게 많은 분들은 양이 안 차요. 그러니까 특별식을 제공을 해줘야 된다는 거예요. 간식도 주고. 소화력이 좋아서 다섯 끼를 먹여야 되는 사람들도 있는 거죠. 이런 분들을 채워주지 않으면 배고파서 담을 넘는 거예요. 그리고 그런 분들이 딱 듣고는 "말씀이 너무 좋다."고 확 빠지는 부류란 말이에요. 이것을 목회자들이 미리 알면 성도들을 잘 보호 할 수 있지 않느냐는 거예요.

정: 신천지 비유 풀이가 넘어가게 하는 매력이 있다는 것도 있지만 이미 배고파서 담을 넘은 사람들 아니에요? 요건이 다 충족됐기 때문에 쑥쑥 빠지는 거네요.

신: 그럼요. 딱 접하면 처음 보고 처음 맛보는 거죠. "이런 말씀이!" 이러면서 딱 빠진다고요. 왜?

정: 배가 고파서.

신: 이 사람들은 기본적으로 배고픈 거예요. 영적으로 갈급하다는 것

이 빠지는 가장 큰 요인이 된다는 거죠. 신천지는 사람의 유형을 너무 잘 아니까, 사람들을 선정할 때 A급, B급, C급, D급 체크리스트를 가지고 사람들을 골라내잖아요. 어떻게 골라내느냐면 경험을 통해서, 임상실험을 거쳐서 아는 거죠. 어떤 사람이 잘 되고, 어떤 사람이 안 된다는 걸 그 사람들은 귀신 같이 알아요.

정: 잘 되는 사람들은 아까 말씀하신, 말씀에 영적으로 갈급한 사람들이죠?

신: 그렇죠. 그게 A급이에요.

그런 부류를 다 뽑아내는 거예요. 저는 건강 예방하는 거랑 똑같다고 생각해요. 건강 진단을 왜 하나요? "간이 좀 안 좋으니까 앞으로 간에 좋은 걸 드세요." "혈관 계통이 안 좋으니까…" 이렇게 해서 거기에 좋은 것을 쓰잖아요. 그래서 "술 드시면 안 됩니다." 이럴 수 있잖아요. 그러면 술을 안 먹는 것으로 관리를 하듯이, 목회자들이 성도들의 성향을 분석하고 성도들 가운데 신천지에 잘 빠질 수 있는 유형을 알아야 돼요. 유형은 대부분 직분에 따라서가 아니라 성향에 따라서 달라져요. 저는 그걸 성향이라고 그래요. 신앙의 성향에 따라서 이단에 빠지느냐 안 빠지느냐가 결정이 된다니까요.

정: 뭐 제자훈련을 가르치는 사람도, 장로도 빠질 수 있으니까요.

신: 그건(직분) 상관없어요. 그런 게 중요하지 않더라는 거예요.

8. 이만희 교주의 도덕성

정윤석 기자(이하 정): 신천지 교주가 부도덕합니다. 한국 교회는 언론의 지탄을 많이 받는데, 그것 때문에 교인이 줄어든다는 얘기도 나와요. 그러나 그 이론을 대입하면 신천지도 교인이 떨어져나가고 줄어야 맞는 건데, 그 교주가 부도덕함에도 불구하고 줄지 않습니다. 근본적 이유는 뭐라고 보시나요?

신현욱 목사(이하 신): 제일 큰 이유는 첫째, 그러한 사실을 모른다!

정: 신도들이요?

신: 네. 제일 큰 이유는 우리가 아무리 이쪽에서 문제를 제기하고 이게 언론에 나와도 그 사람들은 이런 소식을 전혀 접하지 못하고 있다는 거예요. 접할 수 있는 게 뭐죠?

정: 인터넷입니다.

신: 인터넷? 신문? 방송? 이런 언론 매체인데 아예 이런 걸 안 보니까. 그리고 인터넷 보지 말라 그러니까 그 사람들은 인터넷을 선악과같이 여겨요. "인터넷을 보는 날에는 정녕 죽으리라." 하니까요. 인터넷이나 신문을 안 보니까 접할 기회가 없고, 또 이게 일반 신문에 난다고 하면 좀 더 쉽게 접할 수 있지만 대부분 기독교 신문에서 보도하잖아요. 그들은 기독교 신문에 대해서는 미디어 금식을 선포해놨거든요. CBS, CTS, 기독교 방송 이런 거 못 보게 해요. 인터넷, 기독교 관련된 언론은 아예 못 보게 하죠. 그러니까 결국은 접할 수 있는 기회가 없는 거예요. 기독교 언론에서는 이단 내부의 문제들을 알리니까 우리한

테는 익숙하고 당연한 것이 되지만 그 사람들은 몰라요. 얼마 전에 신천지에 10년 있던 친구가 이단 상담을 왔어요. 그래서 제가 "김남희 씨하고 이만희 총회장 둘이 저렇게 살고 있는 거 신천지 안에서는 어떻게 생각해요?" 그랬더니 "몰라요. 아무도." 그러는 거예요.

그러니까 우리는 사실이라는 것을 알지만 신천지 신자들은 모른대요. 내부에서 아예 모른다는 게 중요한 거예요. 그리고 두 번째는 간접적으로 알게 된 경우, 예를 들어 본인은 원치 않았지만 누가 보여줘서 "보세요. 여기 둘이 살고 있어요." 이렇게 해도 안 믿는다는 거예요. 합리화시킨다는 거예요. 이렇게 얘기합니다. "두 분만 사는 게 아니야. 여러 사람이 있어서 업무 차 거기서 총회장 일을 김남희 원장이 돕고 있는 거지, 저쪽에서 얘기하는 불륜이니 이런 게 아니야." 하고 합리화하고 좋게 해석하려고 하죠. 혹 누가 알려준다고 해도. 세 번째 부류는 알고 있는데도 "그런 건 중요한 게 아니야."하면서 남아 있는 사람들이죠. 교리에 더 심취해서 "그런 건 중요한 게 아니야. 말씀이 중요하지. 육적인 건 중요하지 않아."라고 해요.

심지어 이렇게 얘기하는 경우도 있어요. "2000년 전 예수님도 봐. 마리아하고 그렇게 다니면 오해 안 받았겠어? 그러나 그게 중요하지 않아." 이렇게요. "예수님 때도 포도주를 즐겼다, 포도주를 탐한다 했다." 면서, 먹는 것 그리고 마리아와의 관계를 가지고 이만희 씨를 합리화하니까요. 그러니까 이 사람들한테는 윤리적이거나 도덕적인 부분이 본질적인 게 아니라고 보는 거예요. 그럼 뭐가 본질이냐? 교리라고 말하죠. 그들에겐 "그런 것들은 봐라. 심지어 마태복음 11장에 예수님도 '누구든지 나로 인하여 실족하지 아니하는 자가 복이 있다' 이렇게 말하지 않았냐. 그러니까 예수님도 실족할 만했다는 거 아니냐. 총회장이 실족할 만한 일을 했더라도, 그것은 중요한 게 아니야." 이렇게 보는 거예요.

이게 죄에 무감각하게 됐다는 거예요. 이런 게 확산되다 보니까 지파장이나 강사들 중에 윤리적인, 도덕적인 결함이 많은 거예요. 여자 문제가 많이 터지는 이유가 총회장이 그러니까. '총회장님 저러시면 안 되는데'라고 생각하면 자기도 안 그럴 텐데 '그게 뭐가 중요해' 하니까 죄에 대한 의심이 없어지는 거예요. 양심이 화인 맞은 것처럼 무뎌지는 거예요. 그러니까 윤리적, 도덕적인 감이 떨어지는 거죠. 그래서 신천지에서는 대부분 여자 문제 때문에 교육자들이 인사조치 당하고, 출교 당하고 그런 거예요. "총회장도 그러는 데 뭐." 이렇게 담력을 얻어서 죄를 짓게 되는 거죠.

그러니까 우리는 "그러면 안 되지. 저런 짓을 하니까 가짜야." 라고 보는 거고, 이들은 "그분이 그럴 리가 없어. 총회장님이 그럴 리가 없어. 약속의 목자가 그럴 리가 없어. 예수님이 함께하는 분이 그럴 리가 없어." 이렇게 보는 거예요.

신천지 신도들은 생각의 접근 방식이랑 순서가 달라요. 그들은 이미 교리적으로 세뇌돼서 그 목자를 믿는 믿음이 결국 모든 것을 바라보고 판단하는 척도가 돼 버리거든요. 우리는 "저런 짓을 하니까 가짜야. 어떻게 저런 짓을 해?"하면서 아니라는 생각을 하는데 그 사람들은 이걸 믿어 버리니까. 이렇게 되면 설득시키기가 참 어렵죠. 객관적 사실을 바로 보려고 하지 않는 것, 이게 모든 사이비 집단에 빠진 사람들의 공통점 같아요.

정: 신천지 교주의 부도덕함은 그들을 흔들 수 있는 근거로는 부족한가 봅니다.

신: 근데 앞서 사람마다 성향이 다 다르다고 했잖아요. 어떤 경우는 총회장의 부도덕함을 보여주고 확인시켜줬을 때 그것만 보고도 나오는 사람이 있어요. 이 사람은 평소에 이런 가치가 매우 중요하다고 생각하는 성향이겠죠.

정: 도덕, 윤리적인 가치가요.

신: 네. 진실을 알려줬을 때 충격을 받는 사람이 있고, 그냥 우기고 안 믿는 사람이 있고, 그걸 믿음으로 극복하는 사람이 있는 거예요. 반응은 그 사람의 성향에 따라 달라요. 어떤 사람은 김남희 씨가 이만희 총회장 엉덩이 치는 것만 보고도 나오는 사람이 있어요. 둘이 있는 것만 보고도 "이건 이상해요."하는 사람도 있는가 하면, 어떤 사람은 그냥 막무가내로 "이건 조작된 거다."라고 안 믿는 사람도 있죠. 또 "그게 어때서요? 엉덩이 칠 수도 있죠." 하는 사람이 있는 거예요. 사람마다 믿음이 다르고, 신앙을 추구하는 방향이 다르고, 성향도 다르고, 다양하니까 획일적으로 얘기할 수가 없죠.

9. 신천지 교인들, 영생 로또 사기에 속고 있다

정: 그렇군요. 목사님, 신천지 신도들의 헌신은 도대체 어느 정도인가요?

신: 퍼센트로 따지면, 완전히 빠져서 확 잡혀 있는 사람은 제가 볼 때 30%, 40%를 넘지 않는 것 같아요. 많이 잡았을 때 한 50%? 그런 사람들은 열심히 하는 사람들이죠.

정: 어느 정도의 열심인가요?

신: 주부들 같으면 자녀들에게 소홀하고, 가정을 돌보지 않죠. 진짜 거기 구역장 이상 직분자들은 가정을 돌보지 않고 거의 올인 해요. 그리고 애들에 대한 관심이 전혀 없고, 뭐에 홀린 사람들처럼 빠져있어요. 하루 종일 아침부터 가서 교육받고!

정: 아침에 몇 시쯤?

신: 보통 9시부터요.

정: 아. 남편 출근하고, 아이들 학교 간 뒤에요.

신: 네. 남편 출근하고, 애들 보내자마자 보따리 싸서 가는 거죠. 그러면 교회 가서 정신 교육, 교리 교육, 스피치 교육, 전도 교육, 섭외 교육을 계속 받아요. 또 현장에 투입해야 되잖아요. 현장에 투입돼서는 주간에 아침 10~11시부터 나가서 오후 4~5시까지는 활동을 하죠. 그 다음엔 들어와서 활동보고하고, 다 보고서 써서 제출하고. 그러다 보면 저녁이 되니까. 아무래도 가정에 소홀하게 되죠. 남편이 이걸 알

게 되면 갈등이 생기고, 다투게 되고, 그러다 보면 이혼까지 하게 되고요. 어린 자녀가 있는 집에서 그런다면 참 큰일이죠. 자녀가 장성한 집안은 그래도 좀 덜한데 어린 자녀가 있는 가정은 풍비박산이 돼요. 애들을 거의 방치해두니까.

이렇게 교회로 가서 교육받고 현장으로 투입되는 팀이 있는가 하면 센터에서 도우미 하면서 교리를 두 번 듣고, 세 번 듣고, 반복해서 듣는 부류가 또 있어요. 학생들의 경우엔 휴학하고, 자퇴해요. 청년들은 뭐 거의 하루를 다 뺄 수 있잖아요. 거기 올인 하니까 공부하는 게 의미가 없어지는 거죠. 그리고 직장인들도 직장을 그만 두고 그냥 알바를 한다거나 하는데, 대부분 하루살이 같이 살아요.

정: 올인 한 사람들이요?

신: 그렇죠. 그 사람들은 1년, 2년 계획이 없어요. 코앞에 있는 것만 바라보고 사는 거예요. 곧 나라와 제사장, 곧 왕 같은 제사장 그것만 바라보고 사는 거죠. 그러니까 인생에 계획이 없고, 비전도 없어요. 그냥 "나라와 제사장, 곧 이루어진다." 하니까 좋은 직장도 그만두고, 하루살이 같이 알바해서 그날만 먹고 사는 거예요. 어떻게 보면 앵벌이 같이 이용당하고 있다고 봐요.

정: 나라와 제사장이 이루어지면 어떤 변화가 있다고 생각하나요?

신: 14만 4천의 순교한 영혼을 덧입는 순간, 이 사람들이 홀연히 변화된다고 믿어요. 그 이후로는 구름떼처럼 사람들이 몰려오고, 자기들은 영생불사체로서 왕 노릇한다고 믿어요. 그래서 천하를 다 호령한다

는, 한 마디로 과대망상, 종교적 망상증 환자가 되는 거예요.

정: 그러니까 공부의 의미가 없고.

신: 그러니까 공부하는 것도 필요가 없는 거예요. 인생역전을 꿈꾸니까.

정: 로또네요?

신: 그렇죠. 신천지에서는 기복신앙을 공격하고 비난하는데, 저는 오히려 신천지 같은 기복신앙주의가 없다고 생각해요. 그리고 그만큼 욕심 많은 사람이 없고. 철저히 욕심에 눈이 멀어서 한치 앞을 내다보지 못하는 '영생 로또 사기'에 속고 있는 거예요. 그 사람들한테는 다른 게 어떤 의미도 없으니까. 그날에 대박을 꿈꾸는, 어떻게 보면 사기 피해 자들이라고 할까요?

정: 호령한다는 거죠?

신: 진짜 육적인 왕 같은 거를 꿈꾸는 거예요.

정: 의자왕처럼.

신: 그렇죠. 거기엔 열두 지파가 있잖아요. 열두 지파에다가 외국을 다 떼어줬다는 거예요. 미국은 어느 지파, 홍콩은 어느 지파, 필리핀은 어느 지파, 이렇게 해서 땅 분배하듯이. 어떤 애 얘기를 들어보면, 그래서 자기는 앞으로 14만 명이 차면 롤스로이스 열두 대를 갖다 놓고 탄다나. 그러니까 세상 모든 사람이 금은보화를 가지고 우리나라에 조공을 바치러 온다 이거죠.

정: 그 영생의 말씀을 듣고 싶어서?

신: 그렇죠. 그러니까 제사장 나라가 되면 세계에서 돈을 가지고 구름떼처럼 대한민국으로 다 몰려온다는 거예요. 그러면 부모님이 지금은 막 핍박을 하지만 그때에는 자랑스럽게 생각하게 된다는 거예요. 그래서 청년들이 집을 가출하면서도 이 신앙을 지키려고 하는 게 '내가 살아야, 우리 가문을 일으킬 수 있고 나중에 나 때문에 우리 가족들, 부모님들 다 구원을 받을 테니까 내가 끝까지 이걸 지켜야 된다.'는 생각을 가지고 있는 거예요.

정: 왕의 부모가 되는 거예요?

신: 그렇죠. 지금은 이렇지만 조금 있으면 부모님들도 "우리 아들 덕분에 우리가 이렇게…" 이런 걸 애들이 꿈꾸는 거예요. 이건 망상이죠. 마치 다단계에 빠진 사람들이 대박을 꿈꾸면서 모든 걸 다 올인 하는 것과 같아요. 다단계 피해자들과 그들이 심리적으로 추구하는 게 똑같아요. 그러니까 말로는 진리라고 하지만, 그들의 내면에는 아주 뿌리 깊은 욕심이 있다는 거예요. 네. 뭐 말은 영생, 진리, 이러지만 그들 내면에는 욕심이 커요. 결국 욕심이 죄를 낳는다는 거예요. 제가 볼 땐 욕심에 눈이 먼 것 같아요.

정: 세속적 욕심이네요. 자기가 천하를 호령할 거라는 생각….

신: 그렇죠. 이게 그들의 목적이에요. 왕 같은 제사장, 나라와 제사장. 신천지 식의 비유 풀이를 해보면 비유한 왕은 목자예요. 그럼 자신이 목자가 된다는 건데 목자가 되는 것은 왕이 되는 것과는 다르잖아요? 목자로 살다 보면 고생할 수도 있는 거고요. 근데 비유한 왕은 목자라고 해놓고 실질적으로 그들이 꿈꾸는 왕은 권력과 부를 가진 세상

의 왕을 생각하고 있는 거예요. 이율배반적이고 모순이죠. 그러니까 한쪽으로는 비유, 신앙적인 걸 추구한다고 얘기하지만 다른 쪽으로는 아주 세속적이고, 현세적인 것들을 추구하면서 완전히 농락을 하고 있는 거죠. 한 마디로 기만하는 거고 사기라는 거예요. 영생이라는 이름, 신앙이라는 이름, 천국이라는 이름으로 포장돼 있지만, 왕 같은 제사장이라고 아주 현세적인 욕심을 갖도록 해서 결국 그들의 인생과 청춘을 송두리째 앗아가 버리고 이용하는 거죠. 그건 전형적인 사기에요.

정: 안타깝네요. 젊은이들이 이런 허황된 교리에 판타지를 갖고, 망상을 갖고, 인생을 바치는 거잖아요. 요즘 흙수저, 금수저 이런 얘기들이 오가는데 인생 역전을 꿈꾸는 아이들이 이런 데 쉽게 빠질 수도 있겠어요.

신: 그러니까 학생들에게 치명적일 수밖에 없는 배경이 이 시대의 취업난, 경제적인 어려움이죠. 그리고 학교, 학업에서 오는 스트레스, 특히 고3 학생들한테는 대학 입시. 현실이 너무 각박하고 비전이 보이지 않아요. 희망이 별로 없어요. 힘들고 고달파요. 이런 모든 것들을 일시에 떨쳐버릴 수 있는 게 "그런 건 필요 없어." 라는 것. 그러니까 청년들에겐 교리가 어떻게 보면 달콤한 유혹일 수 있다는 거예요. 젊은 청년들이 더 올인 하게 되는 이유 중에 하나는 바로 교리를 빌미로 현실을 도피하고 싶은 욕구라고 봐요.

예를 들면 그들은 영어 공부를 할 필요가 없어요. 왜? 한국어가 세계 만국 공통어가 된다는 환상을 갖고 있으니까요. 저도 그랬고요. 그러니까 한국어만 잘하면 되니까 영어 때문에 스트레스를 받을 필요가 없잖아요. 그리고 취업 걱정도 할 필요가 없게 되요. 거기에서는 성경 공부 열심히 하고, 맨날 MP3 듣고 다니면서 강사가 되는 게 최고의 꿈인 거예요. 그러니까 성경공부를 해도 세상공부는 안 하게 되죠. 왕 같은 제사장이 될 뿐만 아니라 신천지에서 한 자리를 차지하게 되고, 부귀와 권세와 영화를 누릴 것 같은 이런 망상을 가지고 결국 거기에 투자를 하는 거예요. 이것을 위한 가치 집중과 투자만 있을 뿐이지, 다른 건 아무 의미가 없는 것이죠.

　정: 목사님, 신천지 성경공부 시스템, 한국교회가 본받거나 적용할 부분이 있다고 보십니까?

　신: 그들이 하는 섭외, 복음방, 센터 등 여러 가지 시스템은 기본적으로 그들의 최종목표를 위해 구체화하고 있지만 본질적으로는 교리로 철저히 무장시키기 위한 거거든요. 그리고 그것이 결국 믿음과 헌신으로 이어지고, 거기에 사람들을 올인 하게 하는 요인이 되고 있어요. 믿음은 들음에서 난다는 말씀처럼 우리 정통교회에서도 좀 더 철저한 성경공부, 교리교육을 할 필요가 있어요. 그들(신천지)이 교육하는 방식은 칠판을 갖다 놓고 개념정립을 하고 구체적이고 꼼꼼하게 가르치는 거예요. 우리에게도 그런 교육이 필요한 거예요. 앞서 말씀드린 것처럼 말씀에 대한 관심이나 호기심이 있다거나, 성경을 통시적으로 보고 싶어 한다거나, 자기가 들었던 것을 깊게 알고 싶어 하는 사람들이 있거든요.

　그런 사람들의 필요를 충족시켜 줄 수 있는 성경공부시스템, 지금까지 성경공부하면 딱 인식되는 패러다임으로 조금 바꿀 필요가 있다고 생각해요. 제자훈련, 성경공부를 성경적 가치와 교리를 중심으로 하는 것. 그리고 성도들이 쉽게 접할 수 있고, 체계적이고 구체적이고 꼼꼼한, 이런 교육 교재 개발과 교육 시스템이 도입이 돼서 성도들을 강하게 훈련시킬 필요가 있어요. 확실하게 교리를 각인시켜줄 필요가 있다는 면에 있어서 배울 게 있다고 봐요.

내용이 아니라 공부시키는 방법 이런 것들은 좀 가져와야 해요. 우리도 신천지에서 가르치는 것처럼 반증교육이나 후속교육을 할 때 칠판을 갖다 놓고 교육을 하잖아요. 그렇게 교육을 하면 결과적으로 설득력이 있고, 배우는 성도들은 이해도 훨씬 잘 되고, 정리도 잘 돼요. 그리고 들음으로 정리가 되니까 믿음이 생기고 공동체가 더 화합할 수 있다는 장점이 있죠. 단적으로 차이가 뭐겠어요? 우리 정통교회에서는 칠판을 잘 안 쓰잖아요. 저쪽은 꼭 칠판이 있고, 이쪽은 칠판이 없다는 건 성도들한테 교육 시키는 방법에 차이가 있다는 거예요.

그리고 저쪽은 시작부터 끝까지가 교리예요. 그러다보니 삶에 있어서 문제가 나타날 수밖에 없다는 것이 문제죠. 반면 우리의 설교는 교리보다는 삶에 초점을 맞춰주고 있어요. 제 말은 뭐든지 편식은 안 좋다는 거예요. 우리의 메뉴에도 삶에 필요한 윤리, 도덕적인 성경의 말씀뿐만 아니라 이단에 대해 면역력을 갖는 실제적인 영양소가 필요해요. 우리음식도 탄수화물, 지방, 단백질 등이 있듯이, 우리가 먹는 영적인 양식도 그래야 된다는 거예요. 이단의 교리에 대해서 면역력을 갖는 요소는 성경적 교리에 있다니까요. 그리고 윤리적, 도덕적인 삶을 사는 데 있어서 필요한 주님의 가르침, 성경의 가르침도 필요하잖아요? 그러니까 이런 것들이 복합적으로 어우러진 건강식이 돼야 해요.

진짜 중요한 교리 부분이 쏙 빠지니까 아무리 먹어도 영적 바이러스에 대한 면역력을 갖기 힘든 거죠. 이런 건 평생을 먹어도 영적 바이러스에 그냥 감염이 돼버리는 거예요. 왜? 거기에 면역력을 갖는 요소가 없으니까요. 성분을 분석해보면, 즉 오늘날 교회의 설교 내용을 들어보면 그런 부분에 대한 면역력을 갖는 요소가 없는 거예요. 그러니까 저는 영양소가 더 강화되면 좋겠다는 거죠. 바른 복음을 전달하고, 교리가 접목된 설교면 얼마나 좋겠는가 생각해요. 제가 들어봤을 때는 많은 목사님들이 교리 부분을 거의 언급하지 않는 경우가 있었어요. 이런 설교는 쉽게 말해 먹을수록 배만 나오는 탄수화물만 있는 느낌인 거죠. 이렇게 영양소가 고른 건강식이 제공되지 않는 교회의 성도들은 겉으로는 멀쩡하고 건강한 것 같은데 이단을 만나면 한 방에 훅 간다이 말이에요. 그래서 저는 교리 설교, 교리 교육의 강화를 통해 바른 복음의 메시지가 강단에서 흘러나와야 된다는 생각을 갖는 거죠.

정: 교회 안에 들어온 신천지 추수꾼들의 외형적 특징이랄까요? 추수꾼들의 언어 특징을 몇 가지 짚어 주시고, 체크를 해주시면 도움이 될 것 같아요.
신: 1년에 10만 명이 신천지 성경공부를 합니다.

정: 아, 그래요?
신: 그 10만 명이 다 교리공부를 접한 거예요. 그들이 말하는 '섭외대상자' 10만 명이 공부를 시작 하는데 나중엔 6만 명이 복음방에서 떨어

집니다. 그리고 통과한 4만 명이 센터로 들어가죠. 그리고 4만 명에서 2만 명은 또 센터에서 떨어집니다. 이때는 비유풀이 두 달 과정 중간에 떨어지는 거예요. 결국에는 최종 통과한 2만 명이 완전히 신천지로 들어갑니다. 10만 명이라는 사람들이 신천지 교리공부란 걸 모르고 '신천지가 아니라서 참 다행이다.' 하면서 공부를 한다는 거죠. 그래서 신천지에 빠지는 요인이 뭔지 정확하게 분석을 해서 이 부분을 성도들한테 미리 알려줄 필요가 있는 거예요. 우리나라 정통교회 신자라면 신천지인 줄 모르고 공부하지, 신천지라고 생각하면 공부할 사람이 세상에 어디 있겠어요. 그러니까 '신천지구나'를 알려주는 게 예방의 핵심이에요.

그러려면 신천지가 어떤 식으로 포교하는지를 기본적으로 알고 미리 차단해야 해요. 설문지, 위장교회, 문화센터, 상담 이 네 가지가 핵심 포교법이에요. 이 네 가지를 성도들이 알도록 하는 거예요. 대상이 주부들이라면 문화센터로 시작해서 성경공부로, 상담으로 시작해서 성경공부로, 설문을 시작으로 성경공부, 위장교회에 가서 성경공부 결국은 다 성경공부로 유도해요. '다양한 방법으로 접촉을 하지만 결국은 성경공부로 모아진다.'는, '기승전 성경공부'라는 신천지의 포교패턴을 성도들한테 인식시키는 거예요. 신천지는 성경공부를 안 하고는 절대 들어갈 수 없는 곳이에요. 우리 교회가 아닌 곳, 정통교회가 아닌 제3의 장소에서 검증되지 않은 성경공부를 하지 않도록 해야 신천지에 빠지지 않아요. 신천지에 들어가는 관문이 바로 복음방 센터니까 제3의 장소에서 성경공부 하는 일만 없으면 신천지에 들어갈 길이 없다는 거죠. 그런데 왜 공부를 하게 되는가? 신천지가 아닌 줄 알고 공부하기 때문이에요.

그러니까 인간관계와 신뢰를 통해서 경계심을 무너뜨린 다음에 공부로 유도하는 거죠. 중요한 것은 인간적인 신뢰가 먼저가 아니라는 거예요. 누구든 교회 밖에서 상담사를 소개한다거나 선교사를 소개하면서 교회 목사님 몰래 성경공부를 하자고 유도한다면 그 사람이 신천지지, '신천지 같은 사람'은 없어요. 대부분 다 "이 사람은 내 친구예요, 동창이에요." 그러면서 속아서 공부를 하니까 의심을 안 하는 거거든요. 그래서 첫째, 성경공부를 유도하는 사람과 교육내용을 빨리 성도들한테 공개해야 돼요. 신천지가 가르치는 교육내용, 복음방 교재, 적어도 비유풀이 제목이라도 빨리 공개해서 성도들이 알도록 해줘야 된다는 거예요. 둘째, 거기서 가르친 그림들도 공개해야 돼요. 제가 말씀드렸던 교리 그림을 기억해야 된다는 이유가 바로 그런 이유란 말이에요. 그중에서도 제가 몇 개 뽑아서 이번에 현대종교에 실었는데 그 정도로 중요해요.

　정: 공개를 시켜야 되겠네요.
　신: 그림이라도. 신천지에서는 이걸 안 가르치고는 못 넘어가니까. 이건 금방 눈에 확 들어오잖아요. 신천지 교리 그림을 성도들에게 구경시켜야 한다는 거예요. 그래야 예방이 되니까요. 그러면 설득당해서 공부를 하게 되지도 않을뿐더러, 공부를 하다가도 '어, 이거 신천지 공부인데?' 깨닫게 돼서 사람들이 그만 두게 될 거예요. 그 다음 세 번째, 교육장소. 전 성도에게 센터가 어떻게 생겼는지를 미리 구경시켜 주는 거예요. 신천지 센터, 복음방 센터의 내부를 미리 보여주는 거죠.

　신천지 신학원 내부모습을 미리 성도들한테 알려주라는 거예요. 그러면 문 열고 들어가는 순간 안다니까요. 왜 그러냐 하면 센터가 독특해서 한눈에 들어오거든요. "아, 이게 신천지 센터구나"라는 게 딱 들어온다니까요. 그래서 미리 성도들한테 가르치라는 거예요. 공부, 교육내용은 모를 수 있어요. 그래서 성도들이 속아서 거기 가더라도 센터 문을 열고 들어가는 순간 '아, 신천지다.' 라는 건 한눈에 알아본다고요.

그렇죠. 인테리어 구조만 봐도 알 수 있어요. 전 그게 제일 중요하고, 제일 쉽고, 강력한 예방책이라고 생각하죠. 이렇게 성도들이 미리 알게 되면, 신천지에서는 센터 들어가기 전에 신천지라는 것을 공개하고 갈 수밖에 없게 되는 거죠. 시간이 좀 걸리겠지만 신천지에서도 이제 전략적으로 공개 후 데려가는 방식으로 만들어가고 있거든요.

그렇죠. 신천지를 완전히 오픈해서 데려가야 되는 거죠. 제가 이렇게 예방하라고 얘기하면 저쪽에서 벌써 다 알죠. 그럼 그들은 또 전략수정을 해야 돼요. 근데 전국에 50개 넘는 센터, 200개 넘는 센터를 한꺼번에 바꿀 수가 없겠죠. 그러니까 당분간은 이런 예방으로도 효과를 볼 수 있다 이거예요.

정: 그렇군요. 가까운 데 있네요. 예방할 수 있는 방법이.
신: 그게 최고예요, 최고. 그래서 제가 세미나에 가면 꼭 보여줘요. 그러면 직방이에요. 지난번에 일산에 가서 집회를 한 적이 있어요. 제가 PPT를 띄워주니까 맨 앞에 있던 분이 "어?" 이러는 거예요. 그래서 제가 "갔다 오셨군요." 그랬더니 "3개월 공부했어요." 대답하더라

고요. 근데 이분은 신천지인 줄 모르고 나온 거예요. 그냥 이상해서 그만뒀대요. "딱 보니까 어땠어요?" 그랬더니 "맞아요. 거기예요." 그러는 거예요. 장소가 흩어져 있어도 센터는 내부 인테리어가 똑같거든요. 거듭 강조하지만 이것을 미리 성도들한테 가르치는 게 제일 중요해요. 그리고 이제 추수꾼들의 전략에 수비태세를 갖추는 거죠. 단, 추수꾼들이 들어오는 것 자체를 잡아내려고 하지 말라는 거예요. 들어오는 걸 막으려고 하다 보면 부작용이 많이 생기거든요. 그래서 저는 들어오는 걸 잡는다기보다는 첫째 기본 방침으로 성도들이 넘어가지 않도록 철저히 교육시키는 데 중점을 둬야 해요.

가라지를 뽑다가 곡식까지 뽑을까 염려가 된다는 말씀처럼, 추수꾼이 누군지 잡아내려고 하다 보면 궁극적으로는 교회 분위기도 혼란스러워지고, 우리 편인지 저쪽 편인지, 추수꾼이 맞는지 아닌지 헷갈리기도 하죠. 그래서 교회의 새 가족들을 영입하는 데 장애가 될 수 있어요. 그래서 저는 기본적으로 들어오는 걸 막으려고 하는 대처법보다는 있는 성도들이 스스로 자기 자신을 지켜낼 수 있도록 면역력을 키우는 쪽으로 교육이 강화돼야 한다고 봅니다. 성도들을 위한 교육을 안 시키고 방어만 하려고 한다면, 제일 좋은 방법은 전도 안 하면 되는 거 아니겠어요. 근데 그건 현실적으로 교회가 어려워지니까 들어오는 걸 걸러내는 건 쉽지 않다는 거예요. 신천지 쪽 사람들이 얼마나 교묘합니까. 사람보고선 분별하기 어려워요.

하지만 그렇다고 추수꾼들이 들어오는 걸 가만히 둘 수는 없잖아요? 기본적인 차선책으로 취할 수 있는 게 미리 양해를 구해서 신원확인을 철저히 하는 거예요. 어떤 교회는 "저희 교회는 신천지 추수꾼들로 인해 새 가족 등록 시에 신분 확인을 철저히 함을 양해해주시기 바랍니다."라고 붙여놓는 교회도 있더라고요. 또 어떤 교회는 주민등록증으로 실명확인을 해요. 추수꾼들 때문에 피해가 큰 교회들 있잖아요. 이런 교회일수록 실명확인을 하는 거예요. 추수꾼들 입장에서는 실명이 확인된다는 것 자체가 부담스럽거든요. 그러면 대부분 "주민등록증을 안 가져왔는데요." 이러죠. 그러면 그때부터 리스트에 올라가는 거예요. 벌써 요주의 인물이 되는 거죠. 그리고 또 하나. 실주소를 적잖아요. 그러면 주소를 가지고 직접 심방을 하는 거예요. 추수꾼들에겐 자기 집 오픈되는 것만큼 부담스러운 게 없죠. 그러면 또 "제가 직장을 다녀서 심방 받기가 좀 곤란한데…"와 같은 거절을 할 거예요. 그러면 또 리스트에 추가하는 거죠.

그리고 그 주소지에 가서 진짜 거주하는지 확인해보는 거예요. 심방이 아니라 그냥 보내는 거예요. 가까이 사는 사람이 진짜 그 주소에 가서 이 사람 사진 찍은 걸 가지고 동네 사람이나 주변 사람들한테 가서 물어보는 거예요. "혹시 여기 살고 계십니까? 사람을 찾고 있는데…" 하고 그냥 물어보는 거예요. 아파트 같으면 옆집을 눌러서 "이런 사람이 살고 있나요?" 물어보거나 뭐 관리소에 물어봐도 되잖아요. "몇 동에 왔는데 여기 이런 분이 계시나요?"하고 물어보았을 때 "어? 그 집에 이런 사람 없는데?" 주소가 사실이 아닐 때는 다른 것 확인할 것 없이 이를 근거해서 출결 시켜야 합니다.

거짓말한 게 한 가지라도 있으면 그걸 근거로 "신천지다." 이렇게 해서 내쫓는 게 아니라, "거짓으로, 허위로 적시할 때는 교회에서 내리는 어떤 조치도 감수하셔야 합니다." 라고 미리 사전에 양해를 구하고, 공지를 하는 거예요. 이런 것은 추수꾼들한테는 매우 부담스러워요. 그럼 그들이 가서 교회에 대해 말할 거 아니에요. "나 오늘 어느 어느 교회 갔는데 그 교회는 실명 확인하라 그러고, 여기는 검문검색이 심하다." 이렇게 소문이 나야 돼요. 그런 교회는 추수꾼들이 잘 안 들어가려고 하게 되거든요. 검문검색이 심한 교회가 돼야지 만만하게 안 봐요. 그런데요, 갔는데 "어서 오세요." 하고는 묻지도 않고 따뜻하게 맞아주는 교회들은 상대적으로 편하죠. 추수꾼들에게.

그리고 또 하나 다른 방법은 사진을 찍는 겁니다. "저희 교회는 새가족이 오면 담임목사님과 기념으로 사진을 찍습니다."하면서 사진을 찍는 거예요. 그러면 자기 얼굴이 노출된다는 것을 더 부담스러워 하거든요. 그러니까 핵심은 그들이 제일 싫어하는 것, 부담스러워하는 것을 하는 거예요. 그리고 꼭 해야 될 것은 전에 출석하던 교회를 확인하는 거고요.

정: 전에 다니던 교회요.

신: "어느 교회에서 신앙생활을 하다 오셨습니까?" 이게 제일 중요한 거죠. 그런데 교회에서 이걸 조사하고도 그 교회에 대해 확인을 안 해보고 수상하다고 저한테 전화하는 경우가 있어요. "확인해보셨습니까?" 그러면 안 해봤대요. 대부분 교회가 다. "이거 수상해요." 그래놓고는 저한테 와서 물어보시는데. "수상한데 이 사람을 어떻게 해야 되죠?" "그래요? 받은 게 있나요?" 신상까지 받았대요. "예전에 다니던

1부 신천지 회심자들의 증언_**169**

교회가 어딥니까?" 어느 어느 교회래요. "확인해보셨나요?" "아니오."
확인도 안 하고 저한테 전화하는 경우에는 답답하죠.

정: 네. 기본적인 것부터 확인해야 하겠네요.

신: 기본적으로 확인할 건 해놓고 더 이상 어떻게 할 수가 없을 때 도
움을 구해야죠. 기본적으로 확인할 것도 안 해요. 일단 "전화해보세요."
또는 "그 교회 담임 목사님이 누구시죠?" 이렇게 대화하면서 물어볼 수
있잖아요. 옆에 도우미로 서서, 그 사람이 쓰는 동안에 "담임 목사님도
가급적이면 적어놓으세요." 얘기하고 "교단이 어디죠?" 물어보세요. 그
런데 만약에 "제가 교회 간 지가 얼마 안 돼서요. 담임 목사님 성함을
모르는데요." "몇 년 됐는데요?" "1년 됐는데요." 그럼 이상한 거잖아
요. 이런 식으로 예기치 못한 질문을 툭툭 하는 거예요. 그러면 이 사람
들이 자기가 말하면서도 교회에서 이상하게 생각한다는 걸 알잖아요.
그러면 적당히 상황을 모면하고 다음부터는 교회를 안 나와요. 그리고
그냥 빠져버리죠. 이게 우리에게는 걸러낼 수 있는 제일 좋은 방법이에
요. 그러니까 아예 교회에 안 들어오도록 만들면 좋죠. 또 자기들이 스
스로 빠져나간다면 우리는 좋은 거예요. 골치 아프지 않고.

자기가 슬쩍 빠져버리니까 이쪽에서 나를 좀 이상하게 본다? 의심스
럽게 보는 것 같다? 이런 느낌을 받도록 수상한 사람에게는 일부러 더
자세하게 물어보는 거예요. 그러면 기분 나쁘다면서 그래요. "아니, 뭔
교회가 이래?" 그러면서 빠져나가죠. 그럼 "죄송합니다." 웃으면서 대
하세요. 조목조목 따지되 항상 정중하게 얘기하는 거예요. "아, 요즘
신천지라는 범죄 집단 때문에 저희가 검문검색이 좀 심해졌습니다. 양

해해주세요." 그러면 교회 다니는 사람들은 신천지를 다 알잖아요. 그런데 거기서 기분 나쁘다 그러는 사람들에게는 "어쩔 수가 없습니다. 양해해주세요." 그러면 돼요. 그래서 "이 교회는 신천지에 대해서는 강력하게 대처를 한다."라는 소문이 나게 해야 돼요. 그냥 신사적으로 "신천지인들 계시면 나가주시기 바랍니다." 이런 얘기를 하면 그건 완전히 밥이 되는 거예요. 그러니까 목사님들이 신천지에 대해서는 강한 의지와 단호함을 보여주셔야 돼요. "우리는 신천지를 적발하면 그냥 좋게 끝내지 않는다. 법적조치, 민형사상 법적인 조치를 우리는 반드시 취한다."고. 그리고 잡아내면 진짜 조치를 취해야 돼요. 그런데 교회가 안 그래요. 아무도 한 적이 없어요. 지금까지 한 건도.

전부 경고문구로 경고만 해놨지 실질적인 조치를 취한 사람이 있냐 이거죠. 적발됐을 때 이걸 법적으로 대응한 사람이 아무도 없잖아요. 그걸 해야 된다 이거예요. 추수꾼 적발 시에는 법적 민형사상 책임을 묻고, 강력한 법적대응 하는 것. 이거 한 건해서 30만 원 벌금 하나만 떨어져도 신천지 추수꾼들 반이 줄 걸요? 그렇지 않겠어요? 신천지에서 내주는 것도 아니고 자기들 돈으로 벌금을 다 내야 되는데. 30만 원이면 그 사람들한테는 한 달 월급이에요. 그러니까 이런 식으로 교계가 적극 대처할 필요가 있다는 거예요. 그리고 이 사람들이 쓰는 그런 말들, 용어들 있잖아요.

정: 어떤 게 있나요?
신: 요즘은 훈련시켜서 들여보내니까 그런 실수는 잘 안하지만, 실수로 할 수 있는 게 교회를 '바벨론'이라고 하는 거예요. 모든 정통교회

들을 부를 때 무슨 교회란 명칭으로 안 부르고 그냥 "바벨론 교회"라고 표현해요. 그리고

정: 부녀회도

신: '부녀부'라는 표현도 우리 쪽 교회에서는 잘 안 쓰죠. '부녀부' 이런 표현.

정: 부녀회가 아니라 부녀부라고 하나요?

신: 청년부, 장년부 이런 식으로. 신천지가 내세우는 4개 조직이 전도회, 장년회, 부녀회, 청년회 이렇거든요. 그러니까 장년회, 청년회, 부녀회 이런 표현을 씁니다. 교회 조직을 말하는 데 이런 것들 말고 말로 드러낼 수 있는 건 별로 없어요.

정: 대형교회 같은 경우에 많이 들어가면 최대 몇 명 정도까지 들어가는 걸 보셨나요?

신: 떼를 지어서 들어가지는 않아요. 왜냐면 "너는 어느 교회, 너는 어느 교회" 이렇게 하는 게 아니라, 거의 자기들이 알아서 개별적으로 들어가거든요.

정: 완전히 게릴라네요.

신: 그러니까 큰 교회에서는 누가 있는지도, 누가 들어가는지도 잘 몰라요. 추수꾼들은 여기 저기 다녀본 다음에 본인들이 생각할 때 제일 쉬운 데를 선택해서 들어가니까 큰 교회에 많이 갈 수밖에 없긴 해요. 은폐하기가 좋으니까. 요즘 추세가 대형교회에 집중적으로 들어가

자는 거예요.

　성경에도 사람의 미혹을 받지 않도록 주의하라고 말씀하잖아요. 또 미혹하는 사람들이 나타나는 일이 있어야 한다고 나와 있는데 어떻게 미혹 자체를 없애요. 이단이란 건 없앨 수 있는 게 아니에요. 우리가 기본적으로 이단의 접근 방법에 주의하고 경계하도록, 또 예방하도록 성도들의 면역력을 키워주는 게 중요하죠. 예방 백신이 필요하다는 거예요. 다시 말해 예방 백신은 신천지를 빨리 눈치 채도록 해주는 거죠. 그게 교육이 돼야 하고, 근본적으로는 건강해야 하고요. 우리가 세미나를 하는 건 예방 백신이에요. 그러나 주사를 많이 맞는다고 건강해지지는 않아요. 건강한 영적양식을 공급하는 목사님들이 있잖아요. 식단을 건강 식단으로 짜야 될 분들은 목회자들이죠. 앞서 얘기한 것처럼 교리교육의 강화, 성경공부, 그리고 구원의 확신을 갖도록 돕는 것은 성도들의 영적 건강함을 위해서 목사님들이 하셔야 될 몫이라고 저는 생각해요. 저희는 예방 주사를 놔주는 역할이에요. 그것도 효과가 있죠. 예방 주사만 놔도 신천지에는 잘 안 빠질 테니까. 그래서 결론은 이런 것들이 교회에서 빨리, 속히 시행해야 될 시급한 대처방안이라고 말하고 싶습니다.[끝]

Ⅲ. 신천지 대처의 최대 승부처가 온다 - 강성호 목사

강성호 목사(대전 예안교회 담임, 대전이단상담소장)는 대전에서 신천지 문제를 전문으로 상담하는 기독교한국침례회 소속 목회자다. 그는 소위 말하는 신천지 출신이다. 신천지에 미혹된 건 1996년이었다. 초등학교 이전부터 부모님을 따라 신앙생활을 해 온 그에게 부모님께서 갑작스레 성경공부를 제안했다. 처음엔 거절했다. 군에서 제대한 후 학교에 복학하기 전이었고 교회 청년부 회장을 지내고 있었다. 바쁜 일정 중에 굳이 성경공부를 할 필요는 없었다고 생각했다. 그런데 부모님이 쉬이 물러나지 않았다. 2주 동안 지속적으로 강 목사를 설득했다. '성경공부 한번 하자'고. 강 목사는 장남이었다. '한 번 해보죠.'라고 한 말이 그의 인생을 뒤바꿔 놓았다.

처음 신천지 강연을 수강하러 간 곳은, 전남 광주의 '대인동 신학원'이었다. 그곳에서 '구약·신약의 의미'라는 주제로 특강을 들었는데 마치 성경이 한눈에 보이는 것 같았다. 한 번에 신구약이 다 설명되는 기이한 경험을 한 것이다. 20년 가까운 신앙생활을 했지만 전혀 듣지 못했던 '생소함'이 '신선함과 탁월함'으로 다가왔다. 특강이 그의 마음을 완전히 뒤흔들어 놓았다. 첫 강연에서 성경공부를 하기로 결심했고 그렇게 그는 신천지 교인이 되었다.

이후 그는 신천지 안에서 대인동 신학원 강사를 거쳐, 익산교회 담임과 춘천교회 담임, 일산 신학원 강사 생활을 했다. 강 목사는 10년이 조금 넘는 기간 신천지에 있다가 2007년 탈퇴했는데 탈퇴하기 전만 해도 신천지 교인이 금세 14만 4천에 도달할 것이라

착각했다. 당시 신천지 교인이 10만도 안되었지만 말이다. 100명이 전도하면 10만을 이루기 쉽지 않지만, 4만 명에 육박하는 신천지 신도들이 포교를 한두 명씩만 해도 금세 14만 4천을 이룰 것이라는 기대가 있었다. 실제로 1년에 50명을 포교해서 신천지 신도로 입교시키는 포교왕도 있었다. 목표는 가시권에 들어온 듯했다.

신천지를 위해 헌신하고 모든 인생을 다 바쳐도 아깝지가 않았다. 그것이 설령 돈이나 건강이라 해도 말이다. 강 목사는 7군단 특공대 출신이며, 1996년 제대할 때 몸이 매우 건강했다. 그런데 패널 위에서 2~3시간을 자기 일쑤였기 때문에 신천지 교인이 되면서부터 몸이 엉망이 되었다. 그렇게 몸이 망가지면서도 기대한 바가 있었기 때문에 참을 수 있었다. 부활 때 회복될 것이라는 굳은 믿음 그것만이 그를 일어서게 했다. 신천지에서 헌신하여 육체가 망가질수록 자신이 누릴 영광은 더 크다고 생각했다. 어떤 식으로든 보상받을 것이라는 기대가 있었다.

그런 그의 마음에 변화의 바람이 불었다. 신천지 12월 행사에서 실상(實相)을 연극으로 만들려고 했던 한 교인, 일명 헵시바라는 닉네임으로 인터넷에서 활동하던 청년의 글을 보고서였다. 그는 실제에 가깝게 연극을 제작하고자, 신천지 내 실상의 인물들을 실제로 만나고 다녔다. 그러나 만나면 만날수록 자신이 들었던 내용과, 실상의 인물들이 주장하는 내용이 전혀 다르다는 것을 알게 되었다. 당시 실상 연극팀은 전부 신천지를 탈퇴했다는 소식이 그에게도 들려왔다. 적잖이 충격을 받았다. 이 사건이 도화선(導火線)이 되어 낮에는 신천지 강사로 활동하고 밤에는 교리와 실상을 확인하는 작업을 시작했다. 20여 일 동안이었다.

20여 일 동안의 연구로 드디어 강 목사는 6000년 만에 계시를 받았다고 주장하는 이만희 교주가 약속의 목자가 아니라는 것을, 그것은 사실과 완전히 다르다는 것을 알게 되었다. 새로이 계시를 받은 것이 아니라 선배 이단들에게 배운 내용을 똑같이 되풀이할 뿐이라는 것을 부인할 수 없었다. 그제서야 이만희 교주의 주장이 거짓이라는 것을 깨닫게 된 것이다. 그러자 신천지인들이 반론하기 시작했다. "그래도 실상이 있지 않느냐?"라고. 그러나 신천지의 실상이 실제 인물과 건물을 토대로 역사를 '조작'했다는 게 확실히 드러났기 때문에 의심을 거둘 수 없었다.

"신천지에서는 처음 공부하는 수강생들에게 '들어봐라, 와봐라, 확인해봐라'고 말해요. 합리적 접근을 하는 거죠. 그런데 수료하고 나서 신천지 교인이 되면 말이 바뀌어요. '확인해서는 안 된다, 보면 안 된다.'고 눈과 귀를 가려버리는 겁니다. 가면 갈수록 맹목적인 사람이 돼요."

요즈음 신천지는 전국 교회 앞에서 집회 신고를 하고 시위를 한다. 교인들을 최대한으로 바쁘게 해 '생각'이란 것을 일절 못하도록 만들려는 시도라고 강 목사는 비판한다. 신천지는 이미 14만 4천이 넘었다. 그렇다면 새 하늘 새 땅이 되어야 하는데 변화된 것은 없다. 이로 인해 교인들의 마음 가운데 궁금증이 내재돼 있을 법도 한데 문제 제기는 하지 않는다. 그럴 시간을 주지 않기 위해서 계속 굴린다는 것, 신천지 교인들의 생각을 분산시키고 비판의 에너지를 흩어 버리기 위해 만드는 이벤트, 불만을 잠재우기 위한 퍼포먼스라는 것이다. 이 상황에서 이만희 교주가 죽으면 어떻게 될까? 강 목사는 진단한다.

"만일 이만희 교주가 5년 안에 사망한다면, 이는 '교주의 육체 영생을 주장하는 신천지 역사상 가장 큰 사건'이 될 것이다."

강 목사는 신천지 교인의 가장 큰 문제점을 '엉덩이를 신천지에 붙이고 고민한다는 점'이라고 말한다. 한마디로 발품 팔고, 자신이 신천지에 입교할 때의 열정으로 사실 확인을 하고 다녀야 하는데 그게 안 된다는 의미다. 이만희 교주가 죽어도 신천지 교인들의 80%~90% 이상은 신천지에 그대로 남아있거나 또 다른 재림주 격 이단에 빠진다고 보는 이유다. 그들이 정통교회로 돌아올 확률은? 강 목사는 안타깝지만 10% 내외라며, 아주 극소수만이 되돌아온다고 내다봤다. 그렇더라도 강 목사는 대다수가 정통교인이었던 신천지 신도들이 회복되도록 한국교회도 준비를 서둘러야 한다고 조언했다.[편집자 주]

신천지를 대처할 수 있는 최대의 승부처는
이만희 교주 사망이라고 주장하는 강성호 목사

1. 생소함이 탁월함으로 다가왔던 신천지에서의 첫 공부

정윤석 기자(이하 정) : 목사님 바쁘신 가운데 시간 내주셔서 감사합니다. 먼저 목사님을 모르는 사람들을 위해 목사님께서 신천지에 처음 들어간 동기, 어떠한 활동을 하셨는지 간단히 소개해 주시면 고맙겠습니다.

강성호 목사(이하 강) : 신천지에 처음 들어간 게 1996년도였던 거 같아요. 부모님이 신앙생활을 하면서 자연스럽게 저도 신앙생활을 해왔습니다. 장로교 통합 측 교회를 어릴 때부터 다닐 때였어요. 정확히 기억은 안 나지만 6~7살 정도였던 거 같아요. 1996년도에 부모님이 성경공부를 해보지 않겠냐고 권유하셨어요. 그때만 해도 제대 후였고, 대학교 3학년 2학기에 복학하기 전이었던 데다 교회 청년회장을 하고 있어서 충분히 교회에서 성경공부를 하던 상황이라 굳이 성경공부를 할 필요는 없다고 생각했습니다. 그래서 거절을 했죠. 그런데 거기에서 끝나신 것이 아니라 한 2주에 걸쳐서 강권하셨어요. 그렇게 처음으로 대인동(전남 광주 소재) 신학원이라는 곳에 갔어요. 그때 특강의 제목이 '구약과 신약의 의미'라는 잊을 수 없는 내용이었어요.

정 : 주제가 일반 신도가 들어도 긍정할 수 있는 내용이었겠어요.

강 : 그렇죠. 구약과 신약의 의미를 두 시간 동안 강의하는데 성경이 한눈에 보이는 것 같더라고요. 이 표현이 정확할 것 같아요. 왜냐하면 두 시간 동안 구약과 신약을 다 설명했으니까. 언약이나 예언이 중점이 되는 주제이기 때문에 언약이라는 관점에서 '구약은 어떤 것이 약속되었고, 어떻게 이루어졌고, 신약은 어떻게 약속 되었나'라는 것을 2시

간 동안 설명했습니다. 20년간 신앙생활 하면서 듣지 못했던 흐름, 생소함이 탁월함으로 와 닿았어요. 그래서 성경공부를 해봐야겠다고 결심을 했습니다. 그 후 부모님과 같이 공부를 시작했어요. 신천지 성경공부의 특징은 잠깐 말씀드렸지만, 뭐라고 해야 하나, '쉽다! 개념화되어 있다! 문답식의 어떤 결론에 도달한다!'는 거였습니다. 답이 나오니까요. '씨가 뭐예요? 말씀이죠?' 이런 식이에요. 비유 풀이를 통해 답을 제시하고 설명을 합니다.

정 : '여러 가지 설이 있다!'가 아니라 정확한 답이 딱 내려져 있죠!

강 : 성경에서 찾기 때문에 재미있고, 단순하고, 간단하고, 이미 정해져 있는 과를 계속 강의하기 때문에 강의법이 탁월했습니다. 그래서 재미있게 공부를 했지요. 신앙의 방향을 완전히 틀게 되었고 1996년 입교했습니다. 그 후 대인동 신학원 강사를 거쳐서 익산교회를 담임하고, 춘천교회를 담임한 후, 일산에서 강사로 일하다가 나오게 된 거죠. 그게 2007년도입니다. 내부에서는 나름대로 계산법이 있었습니다. 1년에 50명씩 포섭하는 사람도 있으니, 한 명이 한 사람을 맡으면 1만이 2만이 되고, 2만 명이면 4만 명이 되고, 이런 식으로 계산했습니다. 2007년도에 제가 나올 때에 4만 5천명이었으니 한 명씩만 맡으면 1년 후 9만 명이 되고, 2년 후면 18만 명이 되니까, 2~3년 안에 이루어진다. 또는 몇 년 안에 이루어진다는 이야기를 했습니다. 이 말이 힘들고 어려웠던 사람들에게 소망이 됐어요. 그 소망들 때문에 열심히 살았죠.

정 : 눈에 보이는 목표였네요. 그때만 해도. 금방 14만 4천에 도달할 거라 생각했으니까.

강 : 그렇죠! 가시적이었죠. 눈앞에 보이는 목표로 인식되었죠. 그래서 신천지에서 헌신하는 것이 아깝지 않았어요.

정 : 아, 2~3년만 참으면 되니까요.

강 : 그렇죠. 2~3년이라고 하는 시점이 매번 반복되긴 했지만, 내가 서 있는 상황에서 2~3년이면 이루어진다는 생각 때문에 가능했죠. 이를테면 물질적인 헌신, 건강의 헌신과 같은. 신천지 안에서 건강이 나빠진다는 사실을 왜 모르겠어요. 다 알죠!

정 : 목사님도 그때 건강이 안 좋아지셨어요?

강 : 특공대 출신이었습니다. 아주 건강한 상태에서 신천지에 입교했죠. 패널 위에서 2~3시간 밖에 자지 못해 건강이 안 좋아졌습니다. 스스로 느낄 수 있을 정도였죠. 그래도 영생교리가 있지 않습니까? 그것을 믿은 거죠. 첫째 부활 때에 온전히 회복될 것이다. 하나님 앞에 헌신하면서 망가진 부분들이 많으면 많을수록 영광이 크지 않겠느냐는 생각, 그것이 위안이 되었죠. 지금 힘들어도 나중에 보상을 받을 거라고 생각했어요. 신천지 구조가 그렇습니다. 골수를 뽑아내는 구조를 가지고 있지요.

요즘은 만국회의라든지, 평화협정이라든지 부수적인 요소들이 확대되다 보니 믿음이 다양화되었다고 봅니다. 제가 있을 때만 해도 믿음이 두 가지였어요. 계시와 실상이라는 것인데, 계시라는 부분은 계시록 10장처럼 이만희 씨가 '책을 받아먹은 사람'이다, 즉 우리말로 표현하면 직통계시자이지요. 그렇기 때문에 계시록 10장의 사도요한의 입장에서 이만희 씨가 책을 받아먹어 성경을 통달한 유일한 사람이라고 표현하는 것이지요.

실상이라고 하는 것은 요한계시록이 정말 과천 땅에서 유OO, 유OO, 탁OO, 이후에 이만희 씨가 이긴 자로 나타났다는 것으로, 계시와 실상에 대해 확고한 믿음을 가지고 있었는데… 제가 신천지 안에 있으면서 어려웠던 점이 있습니다. 제 아내가 신천지에 대한 믿음은 있었지만, 구조 때문에 많이 힘들어했습니다. '천국인데 왜 이렇게 악한 모습들이 나타나지? 왜 이런 악한 방식들을 사용하지?'라는 거였어요.

정 : 회의가 있었군요.
강 : 굉장히 많이 어려워했습니다. 이만희를 찬양하고 박수를 쳐야 할 때도 소극적인 자세였어요.

2. '아, 영적 사기였구나!' 결론을 내린 순간

정 : 눈 밖에 났겠는데요?

강 : 염려스러웠습니다. 그래도 신천지 말씀이 최고라고 생각했기에 같이 있었지요. 그때만 해도 교직(강성호 목사의 아내는 당시 학교 교사였다)을 그만두고 헌신해야 하지 않느냐고 이야기하면서 설득했습니다. 믿으니까. 그때만 해도 신천지의 실체를 외부에서 깨닫는 데 어려움이 있었어요. 그럼에도 불구하고 (카페였는지는 기억이 잘 나지 않지만) 신천지의 실상을 해부했던 헵시바라고 하는 친구가 (닉네임을 쓰면서 만들어 놓은 카페였던 것 같은데) 신천지의 실체를 접하면서 충격을 받았죠.

정 : 실상을 깨는 내용이 있었나 보군요.

강 : 네. 그는 과천에 있던 청년회장이었는데요. 신천지 행사를 좀 준비해 봐야겠다고 '총회장 일대기'를 연극화해보자 했고, 헵시바란 친구가 사실적으로 표현하려고 일일이 실상의 인물들을 만난 거예요. 들었던 내용이 자기가 알고 있는 내용과 다르다는 것을 알게 된 거죠. 그런 내용을 정리한 거예요. 그때 연극에 참여했던 사람들 대다수가 신천지에서 나왔어요. 그래서 써놓은 내용이 바로 그거였어요. 신천지 안에 있으면서 신천지의 실상을 알게 되니 충격을 받았죠. 그렇다고 해서 인터넷 정보가 사실인지 아닌지 여부는 제가 확인할 몫이니까 단순히 정보만을 가지고 결론을 내릴 수는 없었습니다. 그래서 약 20여 일 동안 신천지의 교리와 실상을 파헤쳤습니다.

계시와 실상이라는 두 가지 영역에 믿음이 있으니까, 이것이 아니면 다 아니거든요. 다른 것은 중요치 않아요. 이것이 아니면 다 아니기 때문에. 확인하고 점검하는 시간을 가졌죠. 정보가 자극은 됐어요. 헌데 정보만으로 신천지를 부정할 수는 없었습니다. 제가 스스로 검증하고 확인하는 과정을 한 사흘 동안, 잠도 못 자고 강사로서 가르쳐야 했기 때문에 참 힘들기도 했습니다. 내 믿음을 확인하고 또 확인했습니다. 근데 어떤 심리가 있냐 하면요. 1이 아니면 2도 아니고, 3도 아니거든요. 신천지 실상을 확인해보는 입장에서 유○○ 씨의 장막성전이라는 곳이 계시록 1장에서 말하는 일곱 별, 일곱 사자, 일곱 촛대가 아니라고 하면 어떻게 될까요? 청지기교육원도 아니고, 신천지도 아닌 것이 되는 거죠. 이단에 미혹된 사람들의 동일한 심리가 있습니다. 하나가 틀렸으면 다른 하나도 틀린 건데 '그래도 맞겠지' 하는 생각을 합니다.

정 : 구조적으로 불가능한데도 다른 건 맞을 거라는 심리가 있는 거군요.

강 : 네. '그래도 맞겠지' 무언가 결단할 때까지 틀린 것을 확인하려는 작업이 계속 필요한데 하지를 않는 거죠. 저는 그런 작업을 계속 해왔던 거고요. 교리에 대해서는 그때만 해도 어리석었습니다. 이단의 계보나 역사에 무지했지요. 신천지 교리의 시발주자가 신천지인 줄 알았어요. 신천지가 최초로 말씀을 받아먹고 영향을 끼쳤다고 생각했었지요. 알고 보니 선배가 있었습니다. 선배의 교리가 이만희의 교리와 똑같았던 거지요. '천상천하에 책을 펴거나 보거나 할 자가 없다.'라고 배웠습니다. 그런데 다른 사람이 먼저 받아먹었다는 꼴이 되는 거죠. 부인할 수 없었습니다. 그리고 깨달았습니다. '아! 영적 사기를 당했구

나!' 실상 부분도 마찬가지입니다. 신천지인한테 가장 매력적인 존재는 사람입니다. 실상이 허구가 아니라는 것. 실상이 실제로 존재하는 사실로 있지 않느냐는 것.

'장막성전이 있었어, 없었어? 있지 않았냐?' 있었던 사람과 있었던 것이 근거가 됩니다. 저도 그런 근거들 때문에 믿었습니다. 그런데 저는 깨달았죠. '아, 그렇구나. 존재했던 어떤 사람과 근거를 토대로 조작했구나! 신천지의 실상이라고 하는 것 자체가 성경대로 나타난 역사가 아니라 존재했던 어떤 사람들과 건물, 어떤 것에 대한 내용을 조작해서 만들어 놓았구나!' 하는 것에서 결국은 결론을 내렸습니다. 2007년 4월 17일, 그렇게 신천지를 탈퇴하게 되었습니다.

정 : 이단이 다 틀린 건 아니에요. 다 틀리면 아무도 안 속습니다. 사실을 토대로 허구를 덧붙여야만 속지요.

강 : 그렇죠. 아무것도 없는 상태에서 만들어낸 이야기 같으면 오히려 금방 확인할 수 있습니다. 진짜 뭔가 있었던 거에서 있었던 사람, 가공되었음에도 불구하고 신천지 성경공부를 통해서 마비가 되면 그렇습니다. '들어봐라, 와봐라, 들어보고 판단해라.'며 그들은 열려있는 입장에서 접근해 가요. 그런데 신천지 성경공부를 하다 보면, 그리고 신천지 교인이 되다 보면 이젠 확인하면 안 된다, 인터넷도 보면 안 된다고 합니다. 맹신과 맹목으로 바뀌는 것이 문제인 거죠. 실은 처음에는 얼마든지 확인해보라고 합니다.

"네가 교회에서 목사님께 설교도 듣고 확인해 볼 수 있지 않느냐."

이렇게 초반에 열린 입장이었다면 후에 사람들을 맹목적으로 만들기 쉽지요. 그래서 신천지인이 되면 신천지 안에서 하는 이야기만 진실이고 진리라고 생각합니다. 그리고 신천지를 벗어나 다른 곳에서 하는 이야기는 그릇되고 왜곡된 이야기라는 생각이 들도록 만들어 버립니다. 그래서 완전히 객관성을 잃어버리지요. 합리성을 잃어버리게 됩니다. '세뇌되었다'라고 이야기 하는 게 맞을 것 같아요. 세뇌의 도구는 비유입니다. 초등단계에서 세뇌가 되는 거죠. 비유 풀이를 통해서 세뇌가 되면 성경이 이렇게 보입니다. 비유 풀이는 그런 거잖아요. 성경을 있는 문자 그대로 보면 안 되고 이면적인 것을 살펴봐야 한다는. 그러한 성경관이 생기니까. 성경을 보면서도 이면적인 것을 좇아가죠.

왕같은 제사장을 꿈꾸며 수료식에 참석한 신천지 신도들

3. 신천지 교인이 정통교회로 돌아오기 어려워하는 이유

정 : 신천지에서 탈퇴한 사람들이 가장 힘들어하는 부분이 교회적인 문제거든요. 목사님은 가장 힘들었던 것이 무엇인지, 신천지 전문상담 까지 하시게 된 동기를 듣고 싶습니다.

강 : 우선은 신천지인이 된다고 하는 것에 대해 이야기하면 좋을 것 같아요. 요새는 신앙생활을 안 하다가 가는 친구도 있습니다만, 저희 때만 해도 90% 이상이 교회에서 신천지로 미혹되었습니다. 이런 방식 으로 신천지에 입교한다는 것은 교회를 완전히 부정해 버리는 것과 같 지요. 선악 구분 아시잖아요. 이원론적 사고 때문에 교회를 완전히 부 정해 버립니다. 오직 신천지만이 하나님의 역사고 진리이고 그것만이 옳다고 생각합니다. 이러한 구조와 틀이 신천지를 나올 때도 동일하게 적용이 돼요.

신천지가 아니죠? 신천지가 아니면? 여기부터 복잡해지기 시작해요. 정통교회는 이미 아니니까 돌아갈 곳이 없다고 생각해요. 그 심리 안에 서 보면 신천지가 아니라고 생각이 들어도 얼마나 헌신했느냐, 얼마나 올인 했느냐를 기준으로 '신천지는 맞을 거야'하며 자기세뇌를 합니다. 자기합리화를 하는 거죠. 계속 붙어있을 사람이 있겠죠. 그리고 신천지 가 아니라면, 신은 죽었다고 합니다. "신은 없어. 성경책은 그리스 로마 신화 같은 거지." 라고 하지요. 아예 신앙을 버리게 됩니다. 이런 사고 의 흐름으로 돌아가는 친구들이 많아요. 물론 건강하게 교회로 돌아오 는 경우들이 있기는 합니다만, 그러한 경우는 거의 없다고 봅니다.

사람의 성향에 따라서 그렇지 않은 분들도 있습니다. 허나 제가 약 10년 사역하면서 신천지에서 나왔다가 교회로 돌아가 건강하게 신앙생활하는 사람들은 거의 못 보았습니다. 저 같은 경우도 신천지가 아니라고 생각되었을 때, '신천지가 아니면? 신천지 하나님이 아니면? 하나님이 아예 안 계신 것 아닐까?' 라는 생각이 들면서 근본적으로 믿음까지 흔들리더라고요. 말씀드렸다시피 짧게 설명하기 참 힘듭니다. 이게 믿음이라고 생각했거든요. 진짜 하나님에 대한 믿음이고 말씀에 대한 확신이라고 생각했는데, 내가 믿었던 것이 아니라고 깨닫는 순간 내 확신은 잘못된 것이 돼 버리잖아요.

그러기 때문에 신앙적 측면뿐 아니라 자존감 손상이 굉장히 심각했습니다. 그래서 어떤 것도 의욕을 내서 할 수 없게 되었지요. 이 상황에서 심리적인 충격에 빠지게 되었습니다. 지금 와서 생각해 보면 무섭지만, 저한테 가장 충격적인 일이 몇 가지 있습니다. 진짜 영생을 믿었다가 이제 인생이 사십밖에 안 남았다는 것에 대한 허탈감, 허무감이 굉장히 컸습니다. 당장 내일 죽을 것 같은 느낌도 있었고요. 그리고 방금 말씀드린 것처럼 확신이 잘못되었다고 생각했고 아무것도 할 수 없는 무기력함에 빠졌었죠. 가정이 있었기 때문에 살 수 있었지만 죽고 싶다는 생각도 들었습니다. 근본적인 믿음도 흔들리는 상황이었죠. 총체적으로 다 흔들렸던 상황이었습니다. 여러 가지 생각이 들었음에도 불구하고 제가 놓지 못하고 붙들었던 이유가 있습니다. 하나님의 실존에 대한 근본적인 믿음 덕분이었습니다. 아예 버려지지는 않았기 때문입니다. 그거 딱 하나만 있었던 것 같아요. 그리고 이제 교회로 돌아가야 하는데 신천지는 교회에 대해서 센터 공부를 통해서 부정하지 않습니까?

정 : 기존교회에 대해서요.

강 : 그렇죠. 성경도 잘못 가르치지만 기존 교회의 부도덕한 부분들을 많이 부각하기도 하죠. 그랬기 때문에 교회 예배에 참석하는 것은 굉장히 어려웠습니다.

정 : 생리적으로 허락이 안 되겠어요. 용납하기가.

강 : 그래서 선택한 것이 있지요. TV는 좀 쉽지 않습니까? 방송 설교. 근데 오히려 방송설교가 더 독으로 다가오더라고요.

정 : 독으로 다가와요?

강 : 눈을 감고 3초 이상 목회자의 설교를 듣지 못했어요. 신천지가 진리가 아니라는 것을 알고 나왔음에도 불구하고요. 물론 그 안에는 여러 가지 요인들이 있었지요. 신천지가 아니라는 것을 알고도 최소한 (신천지 안에서 사명감을 가지고 있었던 처지였기 때문에) 제가 가지고 있었던 마음의 생각은 (제 마음이 추슬러지지도 않았었지만) 그럼에도 불구하고 딱 한 가지 일은 해야겠다는 생각은 했어요. 바로 '신천지가 아니라는 사실은 알려야겠다. 신천지 실체를 깨우쳐야겠다. 나처럼 속지 않게 해야겠다. 나오게 해야겠다.' 이단 상담이라고 표현해야겠지요. 이단을 상담하게 된 시발점이 바로 그거였죠. 내 몸을 추스르기도 전에, 신천지는 진리가 아니라는 것을 알려야 했어요. 그리고 상담하기 시작했습니다.

그러면서 딜레마에 빠지게 된 거예요. 신천지가 아닌 줄 알고, 하나님이 근본적으로 계시다는 걸 믿는데 그럼 어디로 가야 되느냐는 질문이 물음표로 다가오는 거죠. 이단 상담을 통해서 상담을 효과적으로 했을 때 나타나는 방향들이 있습니다. "그럼 약속한 목자는 누구예요? 그럼 우리가 가야 할 곳은 어디예요? 약속의 장소는 어디예요?"라는 궁금증이 나오는 것처럼. 그분들께 방향 제시가 되어야 하는데 해답을 가지고 있지 않은 상태였기 때문에 굉장히 고민했었죠. 성경을 좀 객관적이고 순수하게 접근하게 된 계기입니다. 또 제게는 신천지 교리가 남아 있었습니다. 그렇기 때문에 신천지 교리를 상담하는 과정에서 무엇이 잘못 되었다고 임의로 설명할 수는 없었지요. 순수하게 성경을 공부하면서, 왜곡된 신천지 성경해석을 바로 잡기 위해 접근하는 가운데 신학을 접하게 되었습니다.

정 : 학부를 다시 하시게 된 건가요?

강 : 그렇죠. 학부를 다시 했죠.

정 : 사당동 총신에서요? 그러면 3학년부터 다니셨겠어요.

강 : 네. 그래서 사당에서 2년 반 동안 배웠습니다. 저한테는 다른 목적이 없었습니다. 목회자가 되어야겠다는 생각도 없었고요.

정 : 신학할 때 주석을 보지 않나요? 주석이 선악과란 생각 때문에 어렵지 않으셨어요?

강 : 신천지에서 나오자마자 왜곡된 성경에 대한 답을 찾고 있었기 때문에 어려움은 없었습니다. 오히려 그릇된 신학 공부에 대한 관점이 철저히 바뀌는 계기가 되었죠. 보통 신천지에서는 신학교를 '목사 찍어내는 공장'이라고 표현합니다. 다른 말로 하면 '독사' 찍어내는 공장이

라고 표현하기도 하고요. 2천 년 동안 쌓여 있는 신학 자체를 굉장히 무시합니다. 어떻게 여러 가지 설들이 나타나느냐고 하지요. 개념들에 대해서 왜곡시켜 버립니다. 아주 이치적이고 보편적인 개념들이요. 신학 공부를 쭉 하면서 머리가 숙여지더라고요. '신학이 원래 이런 것이구나. 아무것도 알지 못하고 말했었구나.' 하면서요. 뭐라고 해야 되나, 겸허해진다고 해야 되나, 머리가 숙여지더라고요. 그렇구나 하면서 공부한 과정이 궁금한 영역을 알아가는 중요한 계기가 되었죠.

정 : 그러고 나서 대전 침신 목회연구원을 하셨지요?

강 : 네. 그 후 대학원 공부를 하게 되었습니다. 더 영향력 있게 활동하기 위해서였죠. 저한테 있어서 중요한 것은 신천지에서 나오고 난 다음에 참 힘들고 어려웠을 때 아까 말했던 것처럼 향방 없이 방향을 잡지 못하고 힘들어 했었지만 1년 정도 지나면서 어떤 소명을 깨닫게 되었습니다. '하나님께서 이 사역으로 부르기 위해 내가 10년이 넘는 세월을 신천지에서 보냈구나.'라는 작은 소명의식이 생겼습니다. 이때가 2008년 1월 7일 정도 되었습니다. 하나님께서 상담 사역을 위해서 나를 부르셨구나 하는 소명의식을 깨달았던 거지요. 소명의식을 깨닫고 이를 10년 동안 지켜오면서 대학원 공부하는 것이 저한테는 참 고민이 되었어요. 왜냐하면 보통 대학원 공부를 하면 집중해야 하잖아요. 다녀 보셔서 아시겠지만 우연찮게 대전의 침신대학원에서는 목회대학원 과정이 있어서 월요일만 공부하고 나머지 날들은 상담할 수 있는 여건이 허락되었습니다. 선택할 수 있는 과정이 있었죠.

정 : 10년 상담사역을 하셨어요. 지금 신천지 동향 중 주목할 만한

것이 무엇인지 체크가 되셨나요?

강 : 제게 피부로 와 닿는 것은 신천지인들이 불안감이 커졌다는 것입니다. 예전보다는 불안감이 커졌다 느껴집니다.

정 : 어떤 불안감이요?

강 : 제 개인적인 생각인지 모르겠습니다만, 신천지가 목표하는 바가 144,000명이지요. 144,000명이 되기 전까지는 목표점이 보이니까 해야지, 해야지 했는데 어느 순간에 144,000명을 넘어섰습니다. 그때부터 사람들의 생각은 자연스럽게 '어? 수가 넘었는데, 어? 이루어져야 하지 않을까?' 이런 궁금증에 사로잡혔습니다. 지금은 이십만이 넘는 상황에서 '왜 아무 일도 안 일어나느냐' 하는 생각들이 내재되어 있는 거예요. 신천지에서 쇼를 하는 거죠. 매번 집단 시위를 한다든지. 또 올해는 구OO 자매 사건이 촉발되어서 2018년도를 좋게 넘어갈 수 있었죠. 신천지인들의 시선을 빼앗은 거지요. 여기 144,000명, 여기에 집중하지 못하도록 분산시키기 위해서 어떤 사건이 필요했습니다. 올해 나타나게 된 거죠. 개종목자, 개종상담, 올해 정말 시끄럽지 않았습니까?

정 : 이벤트를 원하는군요.

강 : 시선을 분산하기 위해 하고 있다고 봅니다. 내년에는 어떤 표어가 나올지 모르겠습니다만. 그리고 최근에 시험을 많이 보지 않습니까?

정 : 네. 작년부터 인 맞는 시험도

강 : 시험도 마찬가지로 쇼가 아닌가 싶습니다. 신천지인의 시선을

분산시키려고요. 여유를 주지 않는 것이죠.

정 : 달달 볶아내죠. 굴려가지고 딴 생각하지 못하도록
강 : 다른 생각 하지 못하도록, 거기에 생각을 두지 못하도록 하는 거죠.

정 : 결국 144,000명이 넘었는데 아무 일도 안 일어나는 것에 대한 답을 줄 수 없기 때문에 계속 생각 못하도록 굴리는 거군요.
강 : 그래서 제가 최근에 느끼는 신천지 동향은 자꾸 무슨 이벤트를 만들 거라고 예상이 들고요. 시선을 분산시켜야 하니까 그럴 것 같습니다.

이만희 교주의 사망은 신천지 대처의 최대 승부처가 될 것이다
(사진 바로알자 신천지 카페)

4. 이만희 교주 사망하면 신천지 역사상 최대 사건

정 : 왜 갑자기 교회 앞에서 '한기총 탈퇴해라' 며 시위하는지 궁금했거든요. 명쾌한 답이 되었습니다. 답은 144,000명이네요. 그게 채워져도 아무런 일이 일어나지 않은 데 대한 미봉책이네요. 신천지 이만희 교주가 죽으면, 신천지 내부에 어떤 변화가 있을까요?

강 : 저희들은 5년 안에 죽었으면 좋겠다는 생각을 하는데.

정 : 5년 안이 의미가 있나요?

강 : 아뇨. 의미가 있는 것보다는 피해자가 워낙 많으니까 빨리 죽었으면 좋겠는데, 지금 당장은 준비가 너무 안 되어 있으니까. 준비할 기간이 필요하니까 5년 안에 죽었으면 좋겠다는 생각을 합니다. 우선은 신천지에 변화가 많이 나타날 것 같아요. 왜냐하면 아직도 이만희 교주의 영생을 주장하고 있는 집단이기 때문이지요. '이만희 교주의 죽음은 신천지 역사상 가장 큰 충격과 후폭풍을 일으킬 만한 사건'이다. 이렇게 봅니다. 누구라도 그렇게 판단할 것 같습니다. 그리고 그냥 탁 털고 나와 버리면 좋겠습니다만 갈 곳이 없다는 생각 때문에 고민을 그 안에서 합니다. 신천지에 엉덩이를 걸쳐놓고 '아, 왜 이러지? 왜 이렇게 되었지? 이만희는 안 죽어야 하는데 왜 죽었지?'라고 하는 거죠. 이런 고민은 나와서 하면 좋은데.

정 : 뫼비우스의 띠네요.

강 : 그렇죠. 그래서 '사망하면 붕괴될 거다.' 그런 것은 없는 거죠. 사건이 나타났을 때 이탈해 나올 사람은 소수다. 우리가 생각하는 것

보다 훨씬 더 소수일 수 있다. 그 안에서 고민하기 때문에 소수일거라고 보입니다. 그런 상황에서 신천지에서는 이만희가 임종에 가까워질수록 발 빠르게 움직여 갈 거라고 생각합니다. 어떻게 이 단체를 존속시켜 나갈 것인가 수뇌부들이 고민이 많아질 것 같습니다. 그러기 위해서는 삼만희가 나와야 되겠죠(웃음). 이만희 다음에 이어질 후계자가 나와야겠죠. 후계구도를 나름대로 각을 잡아 나가지 않을까 싶고 이미 포석은 했습니다. 교리적인 것은 포석을 해놓은 것으로 보여요. 예전에 신천지는 목자 구분을 하지 않았습니까?

정 : 목자구분이요. 시대별 구원자.

강 : 아담, 노아, 아브라함, 모세, 예수, 이만희 이렇게 해서 6명. 6천년. 7명 째는 7천년 천년 왕국. 이런 여섯 명의 목자 부분을 신천지에서 언젠가 교리를 바꾸었습니다. (제가 나오고 난 뒤라서 정확하게 기억을 못 하겠지만) 한 7~8년도 전이었던 것으로 기억합니다. 아담, 노아, 아브라함, 모세, 그 다음에 모세와 예수님 사이에 여호수아가 끼어들었어요. 시대별 목자의 구분이라고 했는데 모세와 여호수아는 같은 시대잖아요. 이런 무리수를 두면서 이미 모세 다음에 여호수아를 끼워 놓았는데 이 이야기의 흐름은 이런 겁니다. 출애굽의 시작은 모세, 가나안 땅의 입성은 여호수아!

정 : 모세는 가나안에 못 들어갔으니까.

강 : 신천지 시작은 이만희, 신천지 완성은 여호수아의 관점에서 누군가는 어떤 포석이 깔렸다고 봐요. 그럼 여기서 또 하나 해결해야 하는 문제는 이만희의 죽음을 이야기해야 하는 건데, 이것은 성경 두세

구절만 대면 이만희는 죽어도 된다는 게 만들어 지니까.

정 : 대표적인 구절 하나 소개 해 주세요.

강 : 두세 구절밖에 사용을 못해요. 다른 구절은 제시할 수가 없고. 물론 그것도 충돌이 일어나는 개념이지만 설명하기 나름이니까.

정 : 내부에서 어떤 걸 제시해도 그것이 답이라고 생각할 수 있겠네요.

강 : 그렇죠. 성경만 가지고 합리화시키면 수용해 버리는 것이 이단의 특성입니다. 이런 거죠. 핵심적인 내용이 계시록 2장 10절 이하에 나와 있는 내용입니다. 서머나 교회에 보내는 편지에 나와 있지요. 서머나 교회에 나타나는 복이 10절에서는 생명의 면류관을 주겠다는 내용이 있고, 11절에는 둘째 사망의 해를 받지 않는다는 내용이 있어요. 신천지에서는 그를 '이긴 자 이만희'로 보거든요. 이긴 자는 둘째 사망의 해를 입지 않는다. 첫째 사망이 뭐냐? 둘째 사망이 뭐냐? 첫째 사망은 육이 죽는 거고 둘째 사망은 불 못에 들어가는 것을 말한다. 이만희는 불 못에 들어가는 것에 대한 해를 받지 않는다고 했지 첫째 사망을 말한 게 아니다.

요한복음 16장 12절 "내가 아직도 너희에게 이를 것이 많으나 지금은 너희가 감당하지 못하리라."는 이런 내용들, 또 요한계시록 21장의 해석이 달라질 수도 있고요. 신천지라고 했던 것은 앞으로 천년 뒤에 나타날 신천지라고 한 것이라고 입장을 바꿀 수 있어요. 20장과 21장을 달리 보는 거죠. 20장에서 나타난 사건 후에 21장에서 "새 하늘과 새 땅을 보니 처음 하늘과 처음 땅은 없고 바다도 없더라." 이런 내용들을 연장선상에서 보고 신천지는 나중에 천년 후에 21장 새 하늘과 새 땅에서 이루어진다고 바꿀 것으로 예상합니다. 논리적인 교리들이 예상되는 거죠.

정 : 김남희가 있을 때만 해도 교리 변개 말고 후계구도는 매우 선명했거든요. 베드로 지파, 맛디아 지파, 김남희, 이렇게 분열되어질 것이라고 생각했죠.

강 : 저는 개인적으로 그리 생각하지 않았습니다. 왜냐하면 신천지는 이만희만 독재자이지 나머지는 후계에서 가장 선두주자일지라도 얼마든지 낙마되고 떨어질 가능성이 높기 때문이지요. 먼저 지재섭 씨가 꺾였고, 이번에는 김남희가 꺾였죠. 막상 죽어봐야 누구 것이 될지를 알 수 있다고 봐야 합니다.

정 : 뚜껑을 열어봐야 알 수 있겠네요. 지금은 예측이 어렵다고 보십니까?

강 : 누가 가장 유력한 실세인지 지금으로는 예측이 어렵습니다. 그렇지만 당시 실세, 얼마나 큰 세력을 가지고 있느냐에 따라서 달라질 거라 봅니다.

정 : (이만희 교주가)죽을 때 누가 가장 실권을 많이 갖고 있느냐! 물밑 작업과 암투가 어마어마하겠습니다. 조금이라도 실권을 확보하려고.

강 : 제가 나올 때부터 이미 이만희 씨의 죽음을 준비한 강사가 있었던 것으로 알고 있습니다. 왜냐하면 소수라도 데리고 나가면 먹고 살수 있으니까. 생계로요.

정 : 50명만 확보해도 어마어마하겠죠.

강 : 그렇죠. 굉장히 응집력 있는 집단이 되는 거니까. 이단의 특성 상 보편적인 교회하고는 다르죠.

정 : 일반교회 교인 10명이랑은 다르죠.

강 : 그래서 준비하는 사람들이 있을 거예요. 그래서 이만희 씨가 죽었을 때 초반에는 나눠먹기가 이루어지지 않겠나. 주체적으로 큰 덩어리를 이끌어갈 사람이 있을 것이고, 여기에 속하지 않고 나눠 먹기 식으로 제2의 신천지가 상당히 많은 이단을 발생시킬 계기가 될 것이라고 봅니다.

정 : 파생단체들이 많아지겠네요.

강 : 생각보다 많을 거라 생각됩니다.

정 : 흔들려서 신천지를 떠나는 사람보다, 그 안에서 고민하다가 또 다른 이단으로 분파되는 사람들이요.

강 : 알고 계시는 것처럼 이만희 사후를 준비하는 곳은 오히려 자칭 보혜사라는 김OO 씨나 재림주라는 구OO에서 더 잘 준비할 수 있습니다. 최근에 공개토론을 요구하기도 했고 굉장히 영향력이 있을 수 있거든요. 왜냐하면 신천지의 실상 교리는 신천지의 핵심이고 꽃이거든요. 그런데 구OO 교리가 같습니다. 실상 교리가 훨씬 더 탄탄해요. 구OO 실상 교리가 어떻게 보면 신천지의 실상 교리를 넘어섰다고 볼 수 있어요. 구OO의 실상 교리를 들이밀면, 상당히 많은 신천지인들이 영향을 받을 수 있다고 봅니다. 제가 있을 때 그런 일이 있었습니다. 지

역 이름이 잘 기억 안 나는데, OO 지파였던 것 같아요. 한꺼번에 150명이 다 구OO로 넘어간 적이 있습니다.

정 : 전무후무한 사건 아닙니까?

강 : 네, 전무후무한 쪽에 속하죠. 신현욱 배도 사건 이후로 상당히 큰 충격적인 사건이었죠.

정 : 처음 들었습니다.

강 : 네, 그때 사건의 계기가 실상 교리입니다. 그런데 지교회 자체만 알고 있는 게 아니라 소문이 나는 거죠. 갑자기 구OO 교리를 신천지 전체적으로 강력하게 교육하고 있다. 이를 테면 이런 게 그런 여파인 거죠. '이러한 무리들이 나갔다'고 말하지 않고.

정 : 이렇게 나갔다 이야기하지 않고 반증하는 거죠.

강 : 더 나아가 김OO 씨, 저는 개인적으로 그분의 신앙을 여전히 의심하고 있는데

정 : 맞아요. 바뀌지 않았습니다.

강 : 그런 곳에서 이만희 씨 죽음 이후에 비유 풀이는 거의 흡사합니다. 신천지하고 김OO 하고는 거의 흡사합니다. 같은 입맛이니까 충분히 오히려 교회로 흘러들어오기보다는 그런 쪽으로 흘러들어갈 가능성이 있는 거죠. 그렇게 준비한 이단들이 신천지인을 소화할 것이고요. 제가 우려하고 염려하는 것은 신천지에서 일이 년 있다 나온 분들은 나름대로 상처를 극복해 나갈 수 있을지 모르지만, 신천지에 20~30

년, 35년 올인 해서 살았던 사람들은 제가 알고 있는 가장 불쌍한 사람들입니다. 어떤 사람이냐 하면 신천지에서 자식을 둘 다 먼저 보낸 사람이 있어요. 신천지 안에 있으면서 신천지 안에 있는 자식 둘 먼저. 하나는 신천지 일 하다가 죽고, 또 하나는 화재 사건으로 죽고, 그 사람들은 신천지 안에 있어야 소망이 생기는 사람이에요. 왜냐하면 나중에 둘째 부활의 대상자가 될 수 있다는 소망이 있기 때문이지요. 나중에 만날 수 있다든지 하는 소망이요. 그런 사람들은 신천지가 진리가 아니라는 것을 알았을 때 정신병에 걸린다든지, 혀 깨물고 죽을 수도 있습니다.

정 : 자살로 갈 수 있고요.

강 : 그렇죠. 정말 소수이지만 충동을 넘어서 자살할 사람들이 나타날 수 있습니다. 가능성이 농후합니다. 피폐 현상들이 많이 나타나지요. 집단 움직임이 아니기 때문에 부각되어서 드러나지 않을 수 있습니다만, 소수의 사람들이 어떤 곳곳에서 굉장히 피폐한 삶을 살아갈 가능성이 아주 높다고 봅니다.

정 : 국가재난 같은 문제네요. 이들을 모아서 일정 기간 동안 의무적으로 상담을 받도록 하는 시스템이 있으면 좋겠다고 생각합니다.

강 : 사회적으로 문제가 되는 사건들도 나타날 것이라고 봐요. 이때 오히려 신앙을 완전히 포기해 버리는 사람들도 상당수 나타날 겁니다. 교회로 돌아올 사람은 드물고요. 오히려 이단에 흘러들어가는 사람보다도 더 적을 수 있다고 봐요.

5. 이만희 교주 사후 1년까지가 승부처

정 : 나올 사람은 몇 퍼센트 정도 예상하시나요?

강 : 어렵죠. 교회로 돌아올 수 있는 인원은 비관적으로 봅니다. 거의 없다고 봅니다.

정 : 목사님께서 10년 동안 보고 경험한 신천지인들은 돌아올 확률이 적다는 거죠.

강 : 오히려 신앙을 포기할 사람들이 많죠. 이것을 정확히 수치화할 수는 없을 것 같아요. 이만희 씨가 죽었다고 하면, 이만희 씨 죽음이 많은 사람들의 충격이 되는 것은 사실입니다. 하지만 그것으로 인해서 신천지를 탈퇴하고 신앙을 안 가질 사람들이 오히려 교회로 돌아올 사람보다 더 많다고 봅니다. 그렇게 신천지에서 이만희가 죽고 나면 신천지를 이탈할 사람들은 많아야 10~20%로 추정합니다.

정 : 80~90%프로는?

강 : 80~90%는 신천지가 되었든 다른 이단이 어쨌든 이단에 남아 있을 사람들이라고 봅니다. 나머지 10~20%는 이탈하는데, 오히려 신앙을 완전히 버리고 무신앙으로 살 사람들이 교회로 돌아오는 사람보다 많다는 거죠. 올해 들어 이만희 사후 준비를 적극적으로 하고 있어요. 아까 말씀드렸다시피 신천지에서 이탈하는 것 자체가 실은 매우 힘든 일이거든요. 그럼에도 불구하고 신천지 안에 있는 사람들은 이만희 죽음이 충격적일 겁니다. 굉장히 혼란에 빠질 것은 분명한 사실입니다. 그렇기 때문에 안에서 고민하고 있는 사람들을 우리가 어떤 식

으로든 연계해서 그물질 하듯이 끌어내야 한다고 생각합니다. 신천지 교리적인 문제점을 자료화한다든지, 전단지로 만든다든지 이런 것부터 시작해서 SNS나 다양한 경로를 통해서 전달하고자 하는 부분도 있습니다만, 조금 더 진솔하게 말씀드리자면 저희 상담소를 통해서 회심한 사람들의 간증이지요.

정 : 교리를 통해 회심케 하는 것보다 더 많이 어필할 수 있나요?

강 : 지금까지 들어오셨던 간증하고는 좀 달라요. 구별된 간증, 신천지인들을 향한 호소와 메시지입니다. '내가 신천지인으로 살아오면서 열심히 살았던 것은 신천지에 대한 믿음 때문이었다. 그리고 상담소에 대해서 어떻게 배워왔고 막상 이 상담소에 와보니 감금·폭행한다고 배웠던 내용과는 매우 다르다. 그리고 내가 신천지에 헌신하고 올인했었는데, 내가 근거 없이 했겠느냐. 나를 너희가 알고 있지 않느냐 이런 입장에서 했다, 확인 한번 해봐라, 그리고 이전에 이만희는 안 죽는다고 했었는데 죽지 않았느냐' 이런 거죠. 스토리 자체가 그렇습니다. 신천지 내부인들을 위한 간증을 저희들이 계속 찍고 있습니다.

정 : 일반 간증과 접근법이 다르네요.

박문조 사모 : 목적 자체가 그렇죠. 열 몇 명 되는 회심한 청년들이 간증을 찍었어요. 집사님이 작업하고 있어요. 곧 유튜브에 올릴 거예요. 그것으로 신천지를 움직여 볼 거고, 신천지를 잘 모르는 사람들한테 신천지를 정확히 알리는 작업이 이만희 사후에 그들을 상담소로 불러들일 수 있는 통로라는 생각으로 작업하고 있습니다.

강 : 네. 아울러 신천지 교리나 실상에 대한 자료를 만들 예정입니다. 역시 유튜브나 비슷한 매체를 통해 알리려고 합니다. 이만희 교주 사후, 저희들은 약 1년을 승부처로 보거든요. 1년 정도 지나면 신천지가 안정화되지 않을까 생각합니다. 1년 동안 저희들은 어떤 식으로든 그 안에 있는 사람들을 끄집어내야만 합니다. 여기서 강조하고 싶은 것은 신천지와 싸워야 될 사람들은 이미 신천지를 나온 저희가 아니라는 것입니다. 우리는 속된 말로 뒤돌아서버리면 되는 사람들이거든요. 진짜 싸워야 하는 사람은 피해자 가족이에요. 피해자 가족들이 신천지에 미혹된 사람들을 적극적으로 상담소와 연계해야 합니다. 이만희가 죽는다면 마지막 기회가 될 수 있습니다. 관심을 갖고 협력을 해야 합니다.

정 : 그렇군요. 각서는 효과가 있나요? 피해 가족 중에 이만희가 죽으면 '나 상담소로 가서 상담받기로 각서 합니다.' 이렇게 쓰는 경우.

강 : 전혀요. 효과가 없다고 봅니다. 안 죽을 거라고 생각해서 각서를 쓰는 겁니다. 그때 가서 어떻게 변할지는 모르겠지만.

정 : 한국교회가 준비해야 될 것이 따로 있을까요?

강 : 큰 문제점 중에 하나는 한국교회가 신천지로 갈 수 있도록 오히려 독려해 주는 풍토가 있다는 데서 옵니다. 옆에 있는 친구(인터뷰 시 강성호 목사의 옆에는 신천지 탈퇴자가 앉아 있었다)도 목사의 아들인데 신천지에 7년 동안 갔다 왔습니다. 이런 친구도 성경공부를 통해 미혹됐다는 말입니다. 성경을 풀어서 신앙생활을 하고 있는 사람을 미혹해 갔다는 것은 매우 중요합니다. 한국교회가 성경을 어떻게 풀었느

냐, 근본적으로 한국교회에서 성경을 제대로 가르치지 못했기 때문에 이단의 가르침에 현혹되었다고 봅니다.

신천지에서 나와서 정통교회로 돌아가지 못하는 근본적인 문제도 말씀을 들을 수 없다는 생각 때문이었습니다. 한국교회가 신천지를 비롯한 이단 문제로 인해서 경각심을 가져야만 합니다. 깨달아야만 합니다. 제대로 말씀을 가르치는 것이 제일 중요합니다. 어떤 이단이든 그들이 이야기하는 성경보다 우리가 더 말씀을 제대로 확립하는 것 그것이 제일 중요합니다. 신천지에서 가르치는 것이 이런 것이거든요. "예수님이 하나님의 아들이야. 그런데 하나님은 아니야." 우리의 삼위일체와 상반된 개념인데, 삼위일체를 정확하게 알고 있다면 "무슨 소리야." 하고 반박할 수 있습니다. 하지만 이게 안 되거든요.

이를테면 교리적인 문제뿐 아니라 제가 가장 근본적으로 보고 있는 문제가 이런 겁니다. 베드로후서, 고린도 전후서, 요한1,2서를 보더라도 '예수님을 부인하는 것은 적그리스도다. 사도들이 이리 가르치면 안 된다, 저리 가르치면 안 된다, 가만히 들어와서 성도를 미혹하는 거짓 교사들이 있다'라고 기록해 놓았습니다. 성경에 사도들이 기록해 놓고 있는 정도인데 한국교회는 이단에 대해서 너무나 소홀한 거 아닌가, 너무나 방관하는 게 아닌가 생각합니다. 보다 적극적으로 이단 문제를 놓고 같이 고민해 보면 좋겠는데 참 안타깝습니다. 우리 한국교회는 개교회 중심입니다. 신천지가 20만입니다. 그런데 한국교회 전체 숫자와 비교하면 크지 않거든요. 규모가 작아도 신천지는 통일성 있게 움직여 가는데 우리는 그렇지 않습니다. 나한테 이득 될 것이 없으면 안

하고 맙니다. 유명한 목사님들이 TV에 출연하셔서 "신천지는 와도 괜찮아. 내 설교 들으면 다 회심하게 될 거야."라고 합니다.

정 : 1%도 가능성 없죠?

강 : 1%의 가능성도 없다고 보죠. 아예 모르니까 그렇게 말씀하신다 생각합니다. 그만큼 한국교회와 목회자들이 이단에 대해 무지하다 생각합니다.

정 : 목사님, 마지막 질문입니다. 신천지 신도 20만 명 시대라고 하는데요. 한 단체에 수십만 명이 빠진 것이 한국교회로서는 굉장히 부끄러운 일이기도 해요. 한국 교회가 어떤 것을 교훈으로 삼으면 좋으시겠어요?

강 : 방금 했던 이야기와 거의 맥락이 같습니다. 한국 교회가 신천지뿐 아니라 이단으로 인해서 근본적으로 바뀌어야 할 것이 있습니다. 성경으로 돌아가야 된다는 것! 여전히 죄의 유혹 가운데 부족하고 타락하고 죄를 짓고 하는 것을 지역교회에서 용납하는 것은 충분히 이해가 됩니다. 우리가 구원받았다고는 하지만 죄성을 가지고 있는 인간이기 때문입니다. 하지만 잘못하는 것을 극복해 나가는 데 지금까지 너무 비정상적으로 해결해 왔다고 생각합니다. 저도 어렸을 때 부모님께 들었던 이야기가 있습니다. "목사님은 하나님께서 판단하실 거야. 성도인 우리는 판단해서는 안 돼."라고 하셨습니다. 목회자의 문제에 대해서 지각을 갖고 판단해야 하는데 생각하지 못하도록 바보를 만들어 버리는 거죠.

그런데 문제는 뭐냐 하면 그로 인해서 성도들이 찢어지는 것이죠. 상처가 곪아 터지기 직전까지 가죠. 그러다가 신천지에서 친절을 경험하게 되면 어떻게 될까요? 따라서, 한국교회에 나타나는 부도덕한 양상을 극복하고 해결할 수 있는 교회론 그것을 바르게 해석할 필요가 있다고 봅니다. 이런 거죠. 'A라는 사람'이 잘못한 부분이 있으면 지각을 가지고 잘못된 것이라고 판단할 수 있도록 분명히 해야 한다고 봅니다. 하지만 그 사람 역시 주님의 몸 된 교회이고 일원이라면 내가 비판하는 것보다 하나님 앞에 바로 설 수 있도록 돕고 기도하는 자세가 필요하다는 것이지요. 그리고 더 나아가서 그 사람의 연약한 부분이 죄의 결실이 되었던 것이고 나 역시 회개하는 입장에 서야 하지 않나, 똑같지 않나, 자신을 바라보면서 상대방을 이해하는 것이 중요하다는 것입니다. 힘들고 부족한 부분을 극복할 수 있도록 대안을 제시해야 합니다. "네가 신경 쓸 것 아니다"라는 태도는 한국교회를 곪게 했습니다. 요즘 신천지에 가면 OO교회, OO의교회 이야기를 많이 합니다.

정 : 진리가 없다고 하면 통하죠.

강 : 그렇죠. 오히려 신천지인은 교회로 돌아오는 길이 더 막히게 되지요. 큰 교회에서 그런 이야기를 합니다. "흔들린다고 해서 뿌리가 뽑히나. 큰 교회는 절대 뿌리가 뽑히지 않는다."고. 하지만 오히려 큰 교회가 흔들리기 때문에 한국교회 자체가 전체적으로 흔들려버리는 심각한 문제가 생깁니다.

정 : 목사님 바쁘신데 시간을 내 주시고 인상적인 말씀 들려주셔서 감사합니다.

III. '상처 & 치유' 신천지 트라우마 회복에 앞장선다 – 권남궤 실장

1993년 7월 서울 총신대 입구(이수)역, 친구를 기다리다가 지하철 의자에서 성경을 읽고 있던 권남궤 실장(당시 23세, 부산성시화운동본부 이단상담실)에게 누군가 다가왔다. "저는 안양에 있는 OO장로교회 다니는 집사예요. 젊은이가 성경 읽는 모습이 너무 아름다워요. 요즘 누가 이렇게 하나님 말씀을 갈망하며 성경을 읽을까요." 칭찬하며 다가온 집사라는 사람에게서 곧이어 질문이 나왔다. "그런데 성경 읽는 내용이 이해가 잘 가세요? 성경에 주의 말씀은 송이 꿀처럼 달다고 하는데 읽으면서 그런 감동을 느끼시는지요?" 사실 권 실장은 성경을 읽으면서도 잘 모르는 부분이 많았다.

"성경을 읽긴 하지만 사실 그런 감동을 느끼는 건 아니고, 의무적으로 볼 때도 적지 않아요."

솔직한 권 실장의 답변에 그 집사는 "제가 지금 성경공부를 하는데 너무 재미있어요."라며 마태복음 13:34을 펴며 비유풀이를 시험 삼아 보여줬다. 성경에 대해 잘 몰랐던 권 실장에게 비유풀이는 매우 흥미로웠다. 집사님인데도 성경을 잘 아는 모습, 신구약을 오가면서 짝을

부산성시화운동본부 이단상담실에서 신천지를 전문으로 상담하는 권남궤 실장

맞추는 게 참 신기해서 권 실장이 먼저 물었다. "집사님, 성경을 어디서 배우셨어요?" 집사는 명함을 내밀었다. 그 명함엔 '무료성경신학원'이라고 쓰여 있었다. 신천지가 1천 명을 겨우 넘긴 26년 전의 일이었다.

권 실장 스스로 그 집사가 건넨 명함의 전화번호로 연락을 했다. "저, 거기서 성경공부 하고 싶습니다." 서울 용산구에 있던 그 신학교에 가자마자 비유풀이를 배웠다. 2시간 30분의 강의였다. 이때부터 신천지식 성경공부에 푹 빠져들었다. 신학원 수료 후 제1기 강사교육을 받고 바로 직장에 사표를 던지고 강사생활을 시작했다. 신천지에 빠진 지 6개월 만의 일이었다. 그 후 14년 동안 권 실장은 신천지에서 요한 지파 금천교회 담임강사 생활을 했고 한때 일곱 교육장으로도 있었다.

권 실장은 신천지가 자신의 삶의 모든 것 중의 모든 것이었다고 말한다. 새 하늘 새 땅의 역사를 이루기 위해 밤낮을 가리지 않고 일했다. 하루 8시간 FULL로 강의를 뛰며 허리가 상했다. 그래도 치료를 받을 수가 없었다. 너무 바빠서였다. 2006년 10월 어느 날이었다. 신현욱 목사(당시 신천지 교육장)가 개인적으로 만나자고 요청했다. 당황스러 웠다. 매주 수요일 총회 회의가 있어서 정기적으로 보는 사이인데 따로 개인적으로 시간을 내서 만나자고 하는 건 처음 있는 일이었다. '제가 지금 너무 바쁜데요.' 라고 말하고 싶었지만 신 소장의 눈빛에선 뭔가 만나지 않으면 안 될 것 같은 어려움이 느껴졌다. 신 목사의 교회가 위치한 강동구 상일동의 한 오피스텔에서 만나 2시간을 얘기하며 요한계시록 20:4의 말씀이 신천지에서 가르치는 것처럼 하늘의 영과 이 땅의 육체가 서로 만나 합일하는 교리가 아니라는 걸 확인했다.

그때 처음으로 집으로 돌아가 권 실장은 공동번역으로 대역해보았다. 역시 한 존재를 설명한 말씀이지 두 존재가 합일한다는 말씀이 아니었다. 이 구절에 따르면 사망이 백

보좌 심판 이후가 되기 때문에 이만희 교주가 죽어야 한다. 뿐만 아니라 신천지 교인도 모두 죽음을 경험할 수밖에 없다는 결론이었다. 이런 모순된 교리를 개혁하자는 움직임은 '쿠데타'로 낙인 찍혔고 권 실장은 신천지를 탈퇴해야 했다.

신천지 교리 경력 14년…. 처음 권 실장은 하나님께 매우 불편한 마음을 갖고 있었다고 한다. 신천지에 가게 된 건 정말 순수한 동기였고, 하나님의 말씀인 성경을 순수하게 알고 싶었고, 배우고 싶었고, 그래서 정확히 알아서 자신이 원래 섬기던 교회를 더 잘 섬기고 싶었을 뿐이었는데, 왜 하나님은 자신을 14년 동안 그 사이비의 구렁텅이에 방치해 두셨을까 하는 마음 때문에 그는 "하나님이 불편했다."고 말한다.

배운 게 도둑질이라는 말도 있다. 권 실장은 신천지를 탈퇴한 후 혹시 교리를 변형해 교주가 되고 싶은 마음은 없었을까? 또, 그런 유혹은 없었을까? 권 실장은 "진심을 다해 성경을 읽으니 예수님 밖에 없었어요. 그리고 예수님께로 돌아가고 싶었어요."라고 답했다. 그리고 또 한 가지. "아류가 되고 싶진 않았어요. 내가 사기 당한 것도 억울한데 다른 사람을 또 사기 치는 사람이 되고 싶진 않았어요."

이후 그는 백석신학대에서 신학을 전공하고 부산 장신에서 M.div를 마쳤다. 현대종교의 편집인 탁지일 교수로부터도 많은 도움을 받았다는 권 실장은 자신의 신천지 14년의 경험이 피해자들을 돕는 데 매우 효과적으로 사용되고 있다고 말한다. 그는 부산성시화운동본부(최홍준 목사)에서 운영하는 이단 상담실의 실장으로서 조하나 간사, 추진욱 간사와 함께 사역하고 있다. 신천지에서 탈퇴해서 모인 피해자들과 함께 예배하는 이음 공동체에서 주일에는 30~40여명이 함께 예배를 드리고 있다. 권 실장과의 인터뷰는 2019년 4월 11일 부산성시화상담실에서 진행됐다.

1. 그녀가 준 명함엔 '무료성경신학원'이라고 적혀 있었다

정윤석 기자(이하 정) : 실장님 바쁜 가운데 시간 내주셔서 감사합니다. 먼저 실장님을 잘 모르는 사람들을 위해 처음 신천지에 들어간 동기, 신천지에 있는 동안 어떤 활동을 하셨는지 소개해 주세요.

권남궤 실장(이하 권) : 저는 고등학교를 졸업하고 장로교회에 다녔어요. 서울에서 직장을 다닐 때였죠. 지하철 역사에서 친구를 기다리다가 성경을 읽고 있었는데 한 아주머니가 다가왔어요. 경기도 안양에 있는 모 장로교회를 다니는 집사라고 하더군요. 성경을 읽고 있는 제 모습을 칭찬해 주는 거예요. "젊은 청년이 너무 보기가 아름다워요. 근데 성경 읽는 내용이 혹시 이해가 잘 되세요? 성경이 송이 꿀처럼 달다는 말씀이 있는데 읽으면서 그런 감동을 느끼시나요?" 질문을 받으니 좀 당황스러웠어요. 처음 있는 일이었거든요.

날마다 그런 감동을 느끼면서 성경을 보는 건 아니잖아요. 의무적으로 볼 때도 있죠. 그런데 그분이 "저는 성경공부를 하고 깨달았는데 말씀이 너무 재밌어요." 그러면서 그 자리에서 비유풀이를 조금 소개해 줬어요. 성경의 짝풀이도 해주고요. 매우 솔깃했어요, '집사님인데 성경을 참 많이 안다.' 이런 느낌을 받아서 "어디서 성경을 배우셨어요?"라고 물었죠. 명함을 꺼내더군요. 그 명함엔 〈무료성경신학원〉이라고 쓰여 있었어요. 그때가 1993년 7월이었습니다.

신천지가 신학원을 도입한 초기 시즌에 제가 걸린 거예요. 명함 주소지를 보니까 집과 가까운 용산에 있었어요. 그 명함에 나온 전화번호로 제가 스스로 전화해서 성경공부를 하고 싶다고 밝히고는 찾아갔어요. '비유한 불'을 주제로 2시간 강의를 했는데 정말 재미있었어요. 첫날부터 빨려들어갔죠. 그렇게 6개월을 성경공부하고 수료를 하면서 원래 섬겼던 개포동의 모 장로교회를 떠났고 바로 직장에 사직서를 던졌어요. 그 후 1기 강사교육을 받고 24세에 강사로 뛰기 시작했어요. 그 후 일곱 교육장으로도 잠시 있었고 요한 지파 금천교회 담임으로 2006년 11월 탈퇴할 때까지 지냈어요.

정 : 햇수로 15년 동안 몸 담으셨네요. 그때, 신천지는 실장님께 무엇이었나요?

권 : 이 질문(질문지는 미리 전달됐음: 편집자 주)을 보고 아침에 곰곰이 생각하며 필름을 돌려봤어요(그는 잠시 생각에 잠겼다가 나직이 말했다). 신천지는 저에게 삶의 이유였어요. 목적이었고 제 전부였죠, 신천지는! 저는 사실 가족보다 더 신천지를 좋아했어요. 거기에 모든 걸 다 쏟았고 아침부터 밤까지 일 년, 정말 365일 신천지만 생각하며 살았어요. 정말 14년을 하루같이요. 신천지가 하나님의 나라라고 생각하면서 이 땅에 신천신지를 완성하기 위해 정말 잠시라도 딴 생각을 안 하며 살았어요.

정 : 14년 동안이요? 근데 그게 가능한가요?

권 : 제 삶의 전부였으니까요. 눈만 뜨면 교회 갔고, 특전대하고 교회에서 잔적도 많고, 다른 생각을 전혀 해 본 적이 없어요.

정 : 모든 것이었군요.

권 : 네, 신천지는 저의 모든 것이었어요.

정 : 신천지를 최고의 진리로 생각하고 다니셨지만 혹시 그때 다른 신도들에게는 말할 수 없는 고민은 없으셨나요?

권 : 고민이 없진 않았어요. 저희는 매주 수요일마다 오후 2시만 되면 총회에 가서 회의를 했어요. 담임강사, 교육장이 모여서 이만희 총회장과 함께 회의를 하는 날이에요. 그래도 측근이니 이만희 씨를 가까이서 보게 되지 않습니까. 사택도 자주 드나들 수밖에 없구요. 신천지 교리가 완벽하다는데, 사실 총회장인 그의 언행을 보면 성경의 가르침하고 차이가 있어보였어요. 특히 그의 인격을 볼 수 있는···. 이만희 씨가 험한 말을 많이 했어요. 욕을 잘해요. 길거리 다니는 일반인들의 '열여덟', 뭐 이런 입에 담지 못할, 신앙을 떠나서도 함부로 말할 수 없는 표현들을 했어요. 신천지 사명자들한테 하는 건 보편적인 거고 심지어 신천지 사명자가 아닌 일반 신천지 평신도 앞에서도 정말 입에 담지 못할 욕을 했으니까요.

또 신천지 사역자로 일하다 보면 많은 사명자들을 만나게 되죠. 당연히 저도 사명자들을 데리고 일을 했구요. 지파마다 다 사명자들이 있는데 지파장들이나 사명자들 사이에 지나친 경쟁심이 있었어요. 상대를 밟고 올라서는 걸, 일말의 양심의 가책도 느끼지 않을 정도로 했어요. 이건 영적 형제가 아닌 거의 시기, 질투로밖에 해석이 안 되는···. 같은 신천지임에도 누군가의 불행이 나에게는 행복이고 기쁨이 되는 모습을 봤거든요. '이런 건 이만희가 과연 모를까?' 가끔 이게 천국인가 하는 딜레마에 빠지게 되었죠. 그런 생각은 순간순간 있었던 거죠. 그런데도 그걸 누를 수 있었죠. 어쨌든 더 큰 새 하늘 새 땅의 소망을 갖고 있었기 때문에 이런 것들을 눌러야 한다는 생각을 했어요.

정 : 대개의 신천지 신도들이 갖고 있는 심리가 그럴 거 같습니다. 나라와 제사장을 이루기 위해서 현재 갖고 있는 감정, 시기·질투·내적 갈등 이런 걸 묻어두는 모습들이요.

권 : 생각이 있는 사람이라면 그걸 느끼죠. 단지 표현을 못하고 그럴 뿐이지 생각은 다 할 거예요. 그 응어리는 신천지에 오래된 사람일수록 많이 생겨요.

정 : 삶의 모든 것을 걸었던 그 신천지를 나오게 된 가장 결정적 동기는 무엇이었나요?

권 : 교리적인 문제였어요. 신현욱, 지금은 목사님이죠. 신천지 전 교육장이었고. 늘 회의를 하고 일주일에 한 번은 보니까 가까워졌죠. 게다가 제가 1기 강사교육을 받을 때 그분이 가르쳤거든요.

정 : 강사 위의 강사였군요?

권 : 그렇죠. 교육장님이셨고 신천지에서는 거의 뭐 다 그분의 강의를 듣고 배우고 나서 강사를 하게 된 사람이 많으니까요. 강사의 매뉴얼 같은 그런 분이었죠. 본인은 제가 약간 통한다고 생각했던 거 같아요. 저도 그분을 존경했으니까요. 그런데 2006년 10월이었어요. 수요일 회의를 마치고 가려고 하는데 평일에 잠깐 개인적으로 만날 수 있냐고 묻더군요. 전 사실 되게 바빴거든요. 더구나 매주 수요일에 만나는 사이잖아요. '굳이 시간을 따로 내서 만나야 하나.' 우리는 평일에 시간을 낼 수 없다는 걸 서로 잘 알거든요. 센터 강의하고 교회 심방하고 또 교육하고 특전대 모임에, 부서별 회의하고…. 너무 바쁘기 때문에, 게다가 금천교회는 한창 치고 올라가는 교회였어요. 근데 거절을

못한 게 그분의 뉘앙스가 뭔가 어려움이 있나 꼭 만나야만 할 것 같은 분위기였어요.

그래서 개인적으로 처음 만나게 됐죠. 새빛교회가 있는 서울 상일동으로 갔는데 혼자 계시더라구요. 단둘이서 2시간을 진지하게 얘기했어요. 특히 계시록 20:4 말씀, '또 내가 보니 예수를 증언함과 하나님의 말씀 때문에 목 베임을 당한 자들의 영혼들과 또 짐승과 그의 우상에게 경배하지 아니하고 그들의 이마와 손에 그의 표를 받지 아니한 자들이 살아서 그리스도와 더불어 천 년 동안 왕 노릇 하니', (신천지는 이 말씀을 근거로 목 베임 당한 순교자의 영혼 14만 4천과 이마와 손에 표를 받지 않은 14만 4천의 육이 합일된다는 영육합일교리를 만들어냈다: 편집자 주), 이 부분에 대해서 좀 고민이 생겼다는 거였어요.

그 당시에 우리가 나눴던 이야기는 육체영생이 여기서 이루어지는 것이 아니라는 거였어요. 신천지인들은 다 죽는다는 거죠. 여기서 신인합일이 없으니까 '육체는 다 죽고 백 보좌 심판대에 가서 사망을 불 못에 보내니까 그때 가서야 육체가 영생할 수 있지 않냐. 그러니까 육체 영생은 우리 신천지 몫이 아니고 천년 후에 백 보좌 심판 이후에 오는 것이다' 이렇게 이야기를 했죠. 그래서 이만희 교주 죽음을 이야기하고 신천지의 역할은 무엇일지 쭉 이야기를 나눴어요.

정 : 그 전에는 그런 대화를 해본 적이 없었나요?

권 : 불경한 이야기죠. 그런 대화를 하는 거 자체가 신천지 입장에서는 반역이죠.

정 : 배도자가 될 수 있는 그런 대화의 시간이었군요.

권 : 저는 대화를 하면서도 '이분이 왜 이러나' 생각했어요. 그래도 만난 후 처음으로 개역성경이 아닌 공동번역으로 계 20:4을 확인했어요. 공동번역 '또 예수께서 계시하신 진리와 하나님의 말씀을 전파했다고 해서 목을 잘린 사람들의 영혼을 보았습니다. 그들은 그 짐승이나 그의 우상에게 절을 하지 않고 이마와 손에 낙인을 받지 않은 사람들입니다. 그들은 살아나서 그리스도와 함께 천년 동안 왕 노릇을 하였습니다.'에는 명확히 한 존재예요. 그런데 신천지는 하늘과 땅의 영과 육이 서로 다른 두 존재가 있고 그 둘이 합일하는 것처럼 설명하죠. 그래서 이건 뭔가 잘못됐다며 신천지를 개혁하자는 의견을 내게 된 거예요.

저희들이 이만희의 죽음을 이야기 했지만 그게 사실 신천지의 역적이 되려는 것이 아니라 신천지를 교리적으로 정립해서 완벽하게 만들자는 충정에서 시작한 거예요. 선생님이랑 우리는 죽지만 그래도 성경대로 가르치고 지금 수정을 하고 개혁을 해야지 이게 더 늦어지면 안 된다고 생각을 했거든요. 신천지가 가르쳤던 것 중 문맥을 못 봤던 유치한 교리들이 많이 있어요. 우리 강사들은 다 가르치면서 느꼈던 거죠. 기왕에 그 신인합일 교리를 수정할 거면, 이만희가 이야기했지만 이만희가 문맥을 못 보고 유치하게 펼쳤던 교리들을 이참에 다 수정하자! 그리고 거기에 하나 덧붙인 게 있어요. 유OO 사모님과 양자 이OO 씨가 인사에 개입하고 총회 일에 간섭하는 문제였어요. 사명자들이 회의를 하고 결정을 했는데 이상하게 사택에 갔다 오면 인사가 바뀌어서 나오니까요.

회의에서 자신에게 불리한 결정이 내려진 사명자들이 사택을 찾아가는 거죠. 가서 사모님을 구워삶는 거죠. 당연히 뭐 선물주고 했겠죠. 사모님이 인사의 실세였던 거예요. 그런 것을 이참에 완전히 한번 개혁하고 이참에 완전히 바꾸자, 이렇게 해서 우리가 희생을 치르더라도 시작을 하게 된 거죠. 그게 쿠데타로 받아들여진 거고 그러면서 이만희 교주의 실체를 우리가 의심하게 되었죠. 그게 계기가 되어서 나오게 되었어요.

2. 2006년 11월, 이만희 교주 관련 대화 자체가 반역이 됐던 날

정 : 신천지를 탈퇴한 사람들은 정통교회 적응을 무척 힘들어합니다. 실장님은 어떠셨나요?

권 : 모든 것을 걸었던 신천지를 탈퇴하신 후 가장 힘들었던 건 어떤 것이었는지 좀 알고 싶습니다. 신앙적인 문제로 힘들었죠. 배설물처럼 버렸다지만 근 14년을 가르쳤던 이단 교리가 제 안에 찌꺼기처럼 남아 있었죠. 신천지가 틀린 건 아는데 이거에 대한 바른 것은 무엇일까 하는 성경적인 정리가 필요했어요. 신천지의 특정 교리가 왜 틀렸는지도 증명이 되었으면 좋겠고, 바른 것은 무엇인지 답을 얻는 게 저한텐 좀 힘들었어요. 그리고 하나님은 부정하지 않았지만 하나님에 대한 불편함이 있었어요.

정 : '잘 믿어보고 싶었는데 어떻게 14년 동안 이단의 구렁텅이에 방치해 두셨을까' 하는 불편함이었나요?

권 : 저 같은 경우는 어쨌든 말씀에 대한 갈급함이 신천지에 가게 된 동기였거든요. '열심히 말씀 배워서 내가 섬기던 교회에서 헌신하고 충성해야지'라는. 이런 동기와 전혀 무관한 이단 교주 밑에서 14년 동안

종노릇했다는 거에 대한, '하나님이 이렇게까지 하셔야 되나' 하는 어떤 불편함이 있었죠. 그런 가운데도 저는 신천지를 나와서도 계속 이 교회 저 교회 안 가본 교회가 없을 거예요. 서울에 있는 대형교회, 작은 교회 뭐 정말 많이 돌아다녔어요. 예배를 드리면서도 불편함이 있었던 거죠. 심신도 피폐했고요. 자존감도 떨어졌고. '나는 이렇게 참 바보였나. 나는 이렇게 판단력이 없는 사람이었나.' 신천지에서 워낙 쉼 없이 달렸기 때문에 몸도 많이 안 좋았거든요. 허리도 망가졌어요. 치료를 제대로 안 했어요, 바빠서. 또 워낙 강의를 오래 해서요. 하루에 강의를 8시간 한 적도 있었거든요.

그런 시기를 지나고 신천지에 있다가 나오고 싶은 사람들의 접근이 있었죠. 특별히 제가 담임했던 곳에서도요. 그분들에게 또 뭔가 제시를 해야 될 입장이 되었기 때문에 말씀을 안 볼 수가 없었어요. 그러면서 계속 공부하고 책도 보고 상록교회에 신 목사님하고 같이 가서 진 목사님 말씀도 듣고요. 그러면서 저는 신학교에 가서는 정말 도움을 많이 받았어요. 학교 다니면서 책을 많이 보게 되잖아요. 교수님 추천도서도 보게 되고요. 그러면서 제가 지냈던 14년의 신천지 경험을 신천지 탈퇴자들을 돕는 데 사용해야겠다는 생각을 하게 됐어요. 상담도 계속 이어졌구요. 제가 경험한 게 신천지 피해자들에게 도움이 되더군요. 그래서 상담소의 필요성을 절감하면서 이 사역에 접어들게 된 거죠.

정 : 좀 궁금한 게 있는데요. 이단교리를 연구하다보면 시스템이 있잖아요. 대략 8가지 주요 주제만 사람에게 세뇌를 시키면 사람을 하나님으로 믿는 구조가 들어간다는 생각을 하거든요. 실장님도 역시 신천지에서 배우셨기 때문에 탈퇴하셨을 때 나도 이만희처럼 교주가 되고

자 하는 유혹은 없으셨나요?

권 : 그 질문 많이 받아요. 성경을 보니까 예수님밖에 없어요. 구원자는 예수님밖에 없어요. 신천지에서 저는 구원의 본질을 잘 이해를 못한 거죠. 구원의 본질이 죄로부터의 자유인데, 죄사함의 문제인데, 정확히 '천하 인간에 구원 얻을 다른 이름을 주신 적이 없다.'는 말씀이 제게 들어왔어요. 그리고 저는 아류가 되고 싶지는 않았어요.

예수님께 돌아가는 게 100% 맞다고 생각했어요. 그래서 교주가 되겠다는 그런 생각은 전혀 없었어요. '내가 속은 것만 해도 억울한데 내가 또 누군가를 사기 칠 것인가?' 그건 양심이 없는 거죠. 저희가 신천지를 탈퇴할 때 이만희의 실체를 하나하나 확인했거든요. 신천지가 가르치는 요한계시록 실상이 신현욱 목사님은 20년 만에, 저는 14년 만에 이단사이비 교주 밑에서 20년을 전전하면서 배운 짜깁기 모방이었음을 확인한 거죠. 그걸 우리가 눈 뜨고 확인하니까, 이거는 타협할 여지가 있는 게 아니잖아요.

우리도 유혹은 없었겠어요? 저희 나오기 전에 이만희가 이것저것 제안도 하고요. 분명 유혹도 있었지요. 그런데 그런 것들이 의미가 없어져버리는 거죠. 눈을 떠버리고 나니까. 그런 양심은 좋은 양심이죠. 그걸 주신 하나님께 감사하고 있어요. 그러니 교주가 될 수 없었던 거죠.

정 : 구원의 문제가 명백했기 때문에 그런 교주가 되려는 틈이 없었네요. 예수님께 돌아가고 싶으셨구요. 그렇다면 신천지를 나오신 이후에 가장 걱정됐던 건 뭔가요. 실제로 탈퇴를 결심했던 강사 중에 한 명은 '내가 나가면 뭐 먹고 사냐' 이러면서 신천지로 돌아간 사람도 있다고 들었습니다. 실장님께 가장 걱정되었던 건 무엇이고, 실제로 나와

서 극복하고 넘어서기 어려웠던 것은 무엇일까 궁금합니다.

권 : 먹고 사는 문제, 중요하죠. 저는 그럴 순 없었고 불의와 비진리와 타협이 안 되었던 거구요. 그래서 나왔지만 현실은 역시 어렵더군요.

정 : 냉혹하죠?

권 : 냉혹하죠! 몇 달은 거의 제정신이 아니었던 거 같아요. 일단 정말 삶의 의미를 못 느낄 정도로 힘들었어요. 그래도 신앙만은 놓을 수가 없었어요. 그래서 교회에 나갔던 것 같아요. 그리고 바른 것에 대한 갈급함이 있었어요. 아까 말씀드렸죠. 바른 것이 뭘까? 이건 왜 틀린 걸까? 이거에 대한 궁금증이 저한테는 제일 큰 문제였고 그 다음으로 중요한 게, 나와 같은 희생자를 줄여야겠다는 마음이 들었어요. 그러면서 느낀 게 진심이 진심으로 받아들여지지 않는 것에 대해서 조금 힘든 부분이 있었죠.

정 : 아, 신천지가 사이비라고 깨닫고 나오셨는데, 그 진심을 몰라주는 사람들이 있었군요?

권 : 그렇죠. 오해를 받더라구요. 오해를 해서, "진짜 전향한 거냐?"라는 말도 많이 듣고 그런 것들이 또 힘들었어요. 그리고 현실적으로는 또 가족이 있다 보니까, 아내가 있고 자녀가 있고 가장인데 그런 것도 사실은 힘이 들었죠.

정 : 실장님의 머리를 떠나지 않았던, 끝까지 실장님을 붙들고 있던 신천지 교리가 있었나요?

권 : 저는 새 언약에 대해서 참 늦게 깨달았어요. 신천지는 구원자 예

수님이 아니라 이만희 교주를 통한 새 언약을 강조해요. 예레미야 31장 31절에 '새 언약을 세우리라' 예언하고 누가복음 22장 14절에 새 언약이 세워졌으니까 요한계시록 시대에 와서 새 언약을 성취한다는 게 오랫동안 머릿속에 있었어요. 그게 신천지를 나온 지 5년이 지나서야 정리가 되었어요. 새 언약이 예수님을 통해서 이루어졌고 성취됐다는 것을요. 복음은 그걸 알리고 전하는 것이고 이걸 믿는 사람에게 효력이 나타난다는 것, 예수님 때 이미 새 언약은 완성이구나. 이게 늦게 깨달아졌어요.

정 : 이제 신천지와 관련된 질문들로 넘어가겠습니다. 실장님, 부산에서 신천지 전문 상담을 하시면서 최근 동향들 중 가장 주목할 만한 변화가 있었나요?

권 : 저희 상담소 같은 경우는 내담자들 중 비기독교인들이 많아요. 한 60% 정도 돼요. 신천지의 비기독교인을 향한 포교가 크게 확대된 것 같아요. 저희는 이제 그걸 전도로 잘 활용하죠. 이단상담은 가족들이 함께한 자리에서 진행하기 때문에 우리는 그들에게 예수님의 복음을 전하는 기회로 삼아요.

부산에서 활동하는 안드레 지파(사진 : 지파 공식 홈페이지 갈무리)

정 : 실장님이 부산에서 상담하신 지는 얼마나 되었죠?

권 : 2012년 3월부터 했으니까요. 햇수로 이제 7년 되어갑니다. 예배 모임인 이음공동체는 2017년 10월 13일에 시작해서 이제 1년 조금 지났지요.

정 : 상담하시면서 부산 야고보 지파와 안드레 지파, 대구 다대오 지파 포교법 중, 이건 좀 독특하다 이런 것 좀 있으셨어요? 기억에 남는 거 몇 가지 좀 소개해주시면 감사하겠습니다.

권 : 부산에서는 신천지가 연기학원을 운영해요. 이게 독창적이기도 하지만 꽤 전문적이에요. 그냥 학원을 열어놓은 게 아니고 제대로 된 연기학원을 운영해요. 이건 지파에서 밀어주는 것 같아요. 가보면 장소도 서면 중심가에 있고, 엄청 임대료가 비싼 그런 지역이거든요. 스튜디오하고 카메라 장비들이 진짜 고퀄리티예요. 커리큘럼도 잘 짜여 있구요. 그걸 통해서 미혹되는 친구들이 참 많아요.

길거리 포교 등을 하면서 혹시 연기에 관심 있는 사람인지를 확인한 다음에 연기학원과 연결해주는 거예요. 연기학원은 연예인 지망생뿐 아니라 자기계발에도 요긴하게 쓰이거든요. 그런 면에서 조금 특이하죠. 카메라 테스트도 하면서 전문가가 직접 하나하나 체크해주고요. 그걸 통해서 포섭하는 거죠. 내가 볼 땐 신천지 일꾼으로 신천지가 뮤지컬 공연이나 이런 다양한 문화적인 콘텐츠를 많이 활용하잖아요.

정 : 외모도 **빼어난 친구들이 많겠어요.**

권 : 괜찮죠, 실제로.

정 : 그럼 외모 때문에 매력을 느껴서 호기심도 생기고 그래서 신천지에 들어가는 신도들이 생길 수도 있겠군요.

권 : 실제 그런 효과도 있죠. 성경만 잘 가르치는 것이 아니라 외모에서 풍겨나오는 것도 일정 부분 역할을 하잖아요. 그리고 웹툰, 만화를 엄청 활용합니다. 이거는 그냥 일반적인 주제로도 하고요. 성경을 가지고도 웹툰을 만들어서 길거리에서 설문조사를 하는 거죠. 기독교인이든 비기독교인이든 이걸 보고 피드백을 좀 해달라고 해요. 현시대에 젊은이들이 관심 갖는 문화의 한 장르라는 점에서 접촉점이 좀 괜찮아 보였어요. 미술치료 중에 '만다라'(본질을 소유한 것이라는 의미의 불교 용어로써 산스크리트어다)라는 걸 활용해서 심리테스트, 심리 치료 접근법을 많이 활용해요. 카카오톡 오픈채팅도 하구요. 이런 것들이 제가 최근에 본 특이한 전도법이었습니다.

정 : 실제로 그 지파마다 효과 있는 포교법이 생기면 그것을 적극적으로 밀어주거나 많은 지파에서 활용하고 계발도 하고 그러잖아요? 그런 포교법이 될 수도 있겠는데요. 연기 학원을 직접 운영하는 것은 좀 충격적입니다. 연기학원을 운영하면서 성경을 어떤 식으로 접촉하게 되나요?

권 : 연기학원은 거쳐 가야 될 단계일 뿐이죠. 신천지가 많이 쓰는 게 영성지수란 말을 많이 써요. 연기를 하면서도 '영성이 밝아야 한다.', '심리적인 안정을 얻어야 연기 효과를 극대화할 수 있다.'고 미혹하더군요. 그러면서 성경공부로 연결하는 거예요. 언뜻 생각하면 말이 안 되는 것 같지만 이게 상호간의 신뢰죠. 연기 선생님에 대한 신뢰가 쌓이면, 자기가 실제 연기하면서 신앙적으로 영적으로 도움을 받았다고

하면 그런 간증들이 수강생들한테는 먹히죠.

3. 이젠 연기학원까지 연 신천지

정 : 지금까지 연기, 치어댄스, 모델강습은 문화를 활용하는 JMS의 주요 포교 수법이었거든요. 신천지가 JMS식 포교법을 참고한 것 같습니다.

권 : 그런 것 같습니다.

정 : 신천지 신도들은 14만 4천이 채워지면 나라와 제사장이 될 것을 기대한다고 하는데요. 나라와 제사장이 된다는 것이 어떤 의미인지. 그들은 그것을 통해 어떤 걸 기대할지 궁금합니다.

권 : 신천지 교인들이 생각하는 왕 같은 제사장은 온 세상 사람들이 신천지 말씀을 듣고 배우러 오고 그냥 오는 게 아니라 돈, 금은보화를 싸들고 온다는 거죠. 신천지교리를 진리라 생각하니까, 그것만 가르치면 만국이 와서 헌금하고 금은보화를 바쳐가면서 진리에 대해서 배우고 가르쳐달라고 요청한다는 거죠. 그렇게 되려면 결국 신인합일이 이루어져야 되지 않습니까?

순교한 영혼과 신천지인들의 만남이 이루어져야 된다는 거죠. 과거에는 1:1의 만남이었어요. 영계의 14만 4천과 육계의 14만 4천의 만남(합일)이었죠. 그런데 지금은 바뀌었어요. 요즘은 이제 1:1의 만남보다 신천지인들에게 영이 함께한다, 순교한 영혼이 내려와서 함께한다는 개념으로 수정해가고 있어요. 어쨌든 신천지는 그렇게 할지라도 결국 몸에 변화가 있어야 하거든요. 썩을 몸이 안 썩을 몸으로, 죽을 몸이 안 죽을 몸으로 변화돼야 육체영생이 이루어지니까요.

육체가 안 썩고 안 죽을 변화된 몸을 자기들이 가진다는 거죠. 영원히 사는 사람들이 영원히 다스리고 영원히 소유하는 거 아니겠습니까. 그래서 신천지인들이 자기들은 영적, 영적 그러지만 집착하는 건 실제로는 육적인 거죠.

정 : 목적은 육체영생과 금은보화네요?

권 : 금은보화, 명예, 재력, 그렇죠. 결국 그걸 꿈꾸는 거죠. 지금은 그걸 위해 모든 것을 다 희생하는 거죠. 그날을 위해서 못 먹고, 못 입고, 이단이라는 멸시와 굴레를 다 감당한다는 거죠.

정 : 지금 '영적, 영적'하지만 결국 그들이 추구하는 것은 결코 영적인 것이 아니라는 의미네요

권 : 그렇죠, 누구보다도 욕심이 많은 거죠. 로또이고 가장 강한 기복신앙을 갖고 있는 거죠.

정 : 근데 그 안에서는 이걸 전혀 보지 못하나 봐요?

권 : 못 보죠. 미혹의 영이 눈을 가려버려서.

정 : 신천지 신도들이 매년 급성장했어요. 거의 매년 2만 명씩 늘어가는 거 같은데요. 올해 20만을 넘었다고 합니다. 앞으로도 계속 성장을 예측하시나요? 그리고 성장을 예측하신다면 그 이유와 만일 하락한다고 보신다면 그 이유를 듣고 싶습니다.

권 : 저는 계속 성장할 것이라 예측해요. 가파른 성장곡선은 아니어도, 어쨌든 일만, 이만, 삼만 꾸준한 성장을 예측하고요. 교주 신변의 문제나 사후, 죽음의 문제 전까지는 성장곡선이 완만하게 올라가지 않을까 생각합니다.

신천지 구원론은 행위 구원론입니다. 그 행위 중 교리적으로 가르칠 수 있는 실력도 쌓아야 하지만 거기에 반드시 전도가 있거든요. 열매가 있어야 하구요. 열매를 기준으로 이미 정해놨기 때문에 내부 경쟁심을 유발시키고 그러다 보니 포교는 줄어들 수가 없고 그에 따른 성장이 있을 거라는 의미입니다. 교주 신변에 문제가 있기 전까지는 그럴 것이라 생각합니다.

정 : 지금 나이가 89살, 내년이면 90인데요. 그가 만일 죽는다면 신천지 내부적으로 어떤 변화가 생길 것으로 예상하시나요?
권 : 이만희 사후를 준비한 사람이 있습니다.

정 : 어떤 사람들이죠?
권 : 지파장들 중에서는 이만희의 실체를 아는 사람…. 또 강사나 총회에서 일하는 사람 중에 이만희의 실체를 아는 사람도 있거든요. 그래서 사후에는 신천지 조직을 장악하기 위한 헤게모니 게임이 만만치 않을 거예요.

정 : 볼 만하겠는데요?
권 : 그렇죠. 한 명을 대표자로 세우고, 열두 지파의 지방 권력을 인

정해주는 선에서, 즉 명목상으로는 누굴 세우고 같이 연합전선을 펼수 있어요. 그 대신에 각 지파의 지파장들이나 힘 있는 사람들의 권력을 어느 정도 인정해줘야 되겠죠. 이들을 터치하고 침범하면 감정싸움이 나죠. 만약에 상호간 인정이 안 되면 치열한 파워 게임이 펼쳐질 거예요. 파이를 많이 먹어야 되니까요. 어쨌든 많이 얻어야 되니까. 그래서 아류집단이 생길 수밖에 없죠. 아류가 생기면 그들은 독립을 선언할 거고 또 다른 아류집단들이 많이 나타나게 될 겁니다. 전국적으로 아류 집단이 독립을 선언하면 신천지라는 조직의 와해가 있을 수 있는 거죠.

정리하면 누구 하나를 공동대표로 세워서 지방분권을 인정하는 공동전선을 펼칠지, 아니면 누구하나가 많은 파이를 먹으려 하면서 이탈자, 아류가 많이 생길 것인지는 실제 그 때가 돼 봐야 알 거 같아요. 교리적으로는 이만희 교주의 죽음을 합리화하기 위한 수정을 할 거예요. 이만희가 죽은 다음이 아니라 죽기 전부터요.

정 : 가장 대표적 교리, 등장한 대표적 교리는 뭐라고 보세요?

권 : 죽음을 합리화 하는 교리는 옛날부터 사용되었던 모세와 아론, 여호수아와 갈렙이죠. 모세와 아론의 역할은 이집트에서 탈출하는 것이에요. 모세와 아론이 결국 모압 땅에서 가나안 땅을 바라보고 죽는 것처럼, 가나안 땅을 약속했지만 약속의 땅에 들어가지 못한 것처럼, 이만희 교주도 그렇게 되는 것이고, 그 뒤를 여호수아와 갈렙처럼 바통을 이어서 안식의 땅, 육체영생을 이룬다는 것이죠.

정 : 레퍼토리는 정해져있네요?

권 : 늘 그렇잖아요. 우리가 이단계보에 대해 연구하다보면 교리들은 같은데 주인공만 다르듯이요.

정 : 그 이만희 씨가 사망하면 신천지는 와해될까요? 지금보다 더 번창할까요?

권 : 내부 타격이 없을 수는 없어요. 왜냐하면 육체영생을 워낙 강조했기 때문이죠. 그걸 믿는 사람이 상당수잖아요. 그러니까 그거에 대한 충격, 특별히 오래된 사람들은 엄청난 충격을 받을 거예요. 이탈은 많이 할 텐데 어디로 빠져 나가느냐가 문제죠. 저는 변종 신천지 집단으로 빠질 가능성이 가장 크다고 봐요. 그리고 무신론자로 빠질 가능성이 크다고 봐요. 그때 상담소의 역할만이 아니라 한국교회가 역할을 해줘야 한다고 생각해요.

정 : 이어서 질문이 가능할 것 같은데요. 그렇게 이만희 교주가 사망한 이후에 한국교회가 준비해야 할 것이 있다면 무엇이 있을까요?

권 : 저는 한 십몇 년 전부터 이야기한 건데요. 결국은 치유와 회복이에요. 아류집단에 빠질 사람이 많아요. 아니면 그냥 신천지에 남아있든지요. 신천지로 넘어온 사람들은 기존 교회가 가르치는 교리가 젖, 어린아이가 먹는 우유, 어린아이가 먹는 양식이라고 생각해요. 반면 신천지 교리를 배워보니까 이게 장성한 자가 먹는 단단한 식물이라 생각하고 교회를 버리고 온 사람들이에요. 어린아이가 마시는 젖을 버리고 단단한 식물을 선택한 사람들이란 말이에요. 이만희 교주가 죽었어요. 이긴 자가 아니고 증인도 아니고 보혜사도 아닌 거예요. 그럼에도 신천지 신도들은 자신이 버린 기존교회의 어린아이 같은 신앙으로 돌

아가지는 못한다는 거죠.

　이만희 교주가 죽으면 '그럼 또 다른 보혜사는 누구냐?' 이렇게 찾아다니는 거예요. 그 교리적 틀에 갇혀 있어서예요. 그렇다 보니까 교회의 양식을 먹으러 돌아오진 않는다는 의미예요. 그건 이미 자신들이 과거에 결정하고 버린 것이기 때문이죠. 최소한 신천지 수준의 틀을 갖고 있는 곳을 가겠다는 생각을 하게 돼요. 그럼 결론은 자연스러워지죠. 신천지에 남아있든지 정통교회가 아닌, 신천지 아류단체로 가든지요. 그래서 이만희 교주가 죽는다고 한국교회로 다 돌아올 것처럼 환상을 품고 있는 건, 정말 무지한 거죠.

4. 이만희 교주 사후를 준비하는 신천지 수뇌부들

　정 : 사고구조상 돌아올 수가 없네요.
　권 : 그렇죠. 그래서 우린 자꾸 이만희 교주를 뭐라고 비판하는데, 신천지 신도들이 이만희 교주에 매여 있다고 생각하면 안 되죠. 신천지인들은 이만희 교주에 매여 있는 것이 아니에요.

　정 : 교리에 매여 있는 거군요?
　권 : 그렇죠. 그 교리의 틀에 매여 교주를 믿게 된 거죠. 그런데 우린 자꾸 착각하는 거죠. 교주한테 매인 줄 아는데 그건 결과이고, 사실은 교리의 틀 때문에 결론적으로 그 교주를 받아들이게 된 거죠. 그럼 어떻게 해야 되느냐? 교리를 깨야 되죠. 쓰레기만도 못한 교리라는 걸 깨우치도록 도우면 예수님께 돌아올 수 있는 거죠. 우린 그걸 치유와 회

복이라고 이야기하는 거예요. 지금 한국교회가 정말 부지런히 준비해야 됩니다. 아무도 준비하지 않으면서 교주의 죽음을 기다리는 생각을 하고 있는 거예요. 잃어버린 양을 찾아오고 싶은 그런 마음을 갖고 있는 건 알겠어요. 그러나 진짜 한 영혼이라도 찾으려면 한국교회가 바뀌어야죠.

정 : 명쾌하십니다. 이만희 교주에 매인 게 아니라 교리에 매여 있다, 그래서 이만희 교주가 죽어도 교리가 깨지지 않는 이상 절대로 교회로 못 돌아오는 그 사람들의 사고를 깔끔하게 정리해주셨습니다. 신천지 신도 20만 시대라고 해요. 이단 단체에 수십만의 사람이 빠져있는 현실, 한국교회가 교훈으로 삼아야 할 것이 있다면 뭘까요?

권 : 주의 임하심과 세상 끝이 가까워 오면 우후죽순처럼 거짓 그리스도들, 자칭 주라 하는 자들이 나타난다고 마태복음 24장 3~5절에 말씀하셨으니까 저는 성경적으로 나타난 문제라고 생각을 해요. 성경적으로 이미 경고했기 때문에 이걸 의아해 하거나 이상하게 여기거나 마치 없을 일이 생긴 것처럼 생각하지 않았으면 좋겠어요. 그런 일이 일어난다고 했으면 우리가 할 일은 호들갑 떨 일이 아니라 거짓 선지자를 분별하는 것이죠. 요한일서 4장 1절에 '사랑하는 자들아 영을 다 믿지 말고 영들이 하나님께 속했는지 분별하라.'고 말씀하셨으면 우리는 분별할 수 있는 그리스도인이 돼야 하는 거죠.

히브리서 5장 12절~14절의 말씀처럼 '어린아이는 분별을 못하지만 장성한 자는 지각을 사용해 선악을 분별한다.' 그랬으니까 적그리스도의 영과 진리의 영을 분별할 수 있도록 우리가 성도들을 일깨워야 한다고 생각해요. 일일이 '뭐 공부했습니까, 누구 만났습니까, 조심하세요, 만나지 마세요' 이럴 필요 없습니다. 도리어 만나서 각개전투하고 그들을 건져내고, 논쟁하고, 그래서 불쌍한 영혼을 회복시킬 수 있는 그리스도인들을 만들어야죠. 이단이 정통교회 그리스도인들을 두려워해야지 정통이 이단을 두려워하면 저는 그건 맞지 않다고 생각합니다.

정 : 이단에 있다가 나온 사람들이 적지 않습니다. 그들을 가장 마음 아프게 하는 말이 있을지요? 그리고 일반교인들이 삼가야 할 행동이나 말이 있다면 뭐가 있을지 궁금합니다.

권 : 제가 이제 경험자니까. 저희는 이음공동체가 있어요. 이단상담을 하고 나서 피해 가족들이 오고 때로는 목회자를 만나고 하는데 너무 함부로 말하는 거 같아요. 신천지에 빠지는 사람들에 대해서 어리석다 이거죠. 가장 많이 하는 말이 "어떻게 그런 말도 안 되는 비상식적 단체에 빠지게 되었냐?"는 거죠. "얼마나 무지하면, 얼마나 바보 같으면 그게 믿어지냐. 특히 이만희가 보혜사인 게 믿어지고 육체가 영생한다는 게 그게 말이 되냐." 이런 식으로 얘기들을 많이 해요. 그런데 이단에 빠질 때 처음부터 그렇게 믿으려 했던 건 아니거든요. 이게 어떻게 시작이 되었는지 모르니까, 결론만 가지고 이야기를 하잖아요. 그런 것들이 상처가 많이 돼요. 특히 피해자 가족들이 신천지에 빠져 있는 가족을 대하는 태도도 마찬가지죠.

그래서 저희가 그 부분을 먼저 건드려요. 대다수의 성도들은 이단 문제는 빠져 있는 사람만의 문제라고 생각하거든요. 물론 빠져있는 사람은 당연히 문제죠. 신천지에 빠져 있으니까. 사실 상담을 해보면 진짜 하나님의 부르심과 하나님의 섭리는 오묘하세요. 그 사람을 통해 가족을 부르시더라고요. 가족을 회복시키시더라고요, 놀랍게요. 영혼구원을 시키고 그래서 나중에 정말 깨달은 사람은 신천지에 빠진 가족한테 감사하다 그러죠. '너 때문에 내가 복음을 듣게 됐고 우리가 가족이란 이름만 있었지 정말 교감을 하지 못했는데 너 때문에 우리 가족이 같이 있으면서 대화도 하고 서로 돌보고, 서로 아픔도 알게 되고 서로 소외되었던 것도 알게 되고' 그런 깨달음의 유익이 있죠. 그래서 저는 그런 가족을 먼저 이해시켜요. 그리고 절대로 정죄하지 말라 그러죠. 어리석다고 판단하지 말고 신천지에 빠져있는 사람은 환자니까 정말 가족이 보호자라면 보호자는 환자를 정죄하기보다, 환자를 위로하고 격려하라고 해요. '누구라도 너의 입장이었다면 충분히 그런 선택을 할수 있었을' 거라고, '나도 그 입장이 되었다면 그렇게 했을 것'이라고 위로자가 돼 달라고 말해요. 색안경 끼고 함부로 말하는 건 상처가 될뿐이에요.

정 : 신천지 신도들이 탈퇴한 후에 신학을 전공해서 사역자가 되는 것을 많이 봐요. 그런데 사회화 과정을 잘 밟아서 회사생활에 잘 적응하는 분도 계신가요?

권 : 있죠, 대학생들은 이제 주로 학업의 전선으로 다시 돌아가죠. 일시적으로는 힘들어요. 공부를 다 내려놨다가 다시 공부를 해야 한다는 걸 깨달으니까요. 현실을 또 자각하게 되니까요.

정 : 현타라고 합니다. '현실 자각 타임', 현타가 왔다는 거군요.

권 : 적응이 안 되는데 그 타이밍이 딱 오는 거죠. 새 하늘 새 땅을 꿈꾸는 망상을 버리고 이제 현실의 눈을 뜨려다 보니까요. 이게 적응기간이 필요해요. 감사하게도 학교에도 다시 돌아가고 공부를 해서 의

사가 되는 친구도 있었고, 뭐 의사가 아니어도 어쨌든 직업전선에 뛰어든 친구도 있고 잘 적응을 해가요. 근데 시간은 좀 필요합니다. 가족들이 이걸 너무 조급하게 생각하면 안돼요. 저희는 푸시하지 말라고 해요. 본인이 충분히 생각하고 결정해서 할 수 있도록 시간을 주라고 이야기하죠.

정 : 사회 적응을 준비하는 탈퇴신도들에게 하고 싶은 말씀이 있다면요?

권 : 저는 좀 다르게 생각했으면 좋겠어요. 이단 신천지생활을 무익했다고 인생의 공백이라고 생각하지 않았으면 좋겠어요. 그 악한 곳에서도 내가 얻었던 유익, 그 유익이 분명히 있다고 생각합니다. 그걸 사회생활의 발판으로 삼았으면 좋겠어요. 사실 따지고 보면 신천지에서 정말 열정적으로, 그 에너지가 과연 어디서 나왔을까 했을 정도로 열정적으로 살았잖아요. 새벽부터 밤까지 그렇게 계획 짜서 움직이는 것, 신천지에선 그걸 했잖아요. 그런 열정, 습관 그걸로 사회생활을 하면 못할 일이 없습니다. 모든 게 가능합니다. 그런 유익으로 생각했으면 좋겠어요. 너무 허무하다, 무익했다, 이렇게 말 안 했으면 좋겠어요.

정 : 아무리 오랜 세월을 신천지에 몸담고 있었다 하더라도 그 열정으로 다시 살면 회복할 수 있다, 재기할 수 있다 이런 말씀이시죠. 그래서 그 시간을 무익하게만 무의미하게만 생각하고 자학과 상실감에 빠지지 않았으면 좋겠다는 말씀이신 거죠. 참 감사한 말씀입니다. 지금도 신천지에 빠져서 나오지 못하는 신도들이 많습니다. 그들에게 가장 하고 싶은 말씀은 뭔가요?

권 : 꼭 진실을 한번 확인하라는 거예요. 검증하고 심사숙고한 후에

신천지가 내 인생과 생명과 내 모든 걸 다 걸 만한 곳인지, 그걸 한번 객관적인 시각으로 확인해 봤으면 하는 거예요. 이게 제가 신천지인들에게 부탁드리고 싶은 말이에요. 마음 가운데 정말 작은 균열이라도 생겨서, 이거 한번 확인해 봐야지, 그 1%의 생각만 들어가도 반은 성공한 거라고 할 수 있죠. 그것 때문에 제가 상담하는 거죠. 그 바늘구멍 같은 틈을 내기 위해서요.

정 : 실장님의 인터뷰를 과연 신천지인들이 볼 수 있을지 모르겠지만 보는 사람이 있다면 마음에 바늘구멍 같은 그 공간이 생기는 역사가 있었으면 좋겠습니다.

권 : 아멘.

정 : 이미 나온 사람이 있다면 실장님의 인터뷰를 보고 '야, 이 열정으로 다시 살면 충분히, 얼마든지 잘 살아갈 수 있다, 행복할 수 있다.'는 희망을 가졌으면 좋겠습니다. 귀한 시간 내주셔서 감사합니다.

2부

신천지 종교 사기의 역사

I. 종교 사기

신천지는 최소 3개 사이비 교파 출신 이만희를 이 시대의 재림주로 믿게 만드는 종교 사기 집단으로서 통일교, 전도관, 장막성전, 재창조교회의 사이비교리를 혼합해서 만들었다. 종교란 '신이나 초자연적인 절대자 또는 힘에 대한 믿음을 통하여 인간 생활의 고뇌를 해결하고 삶의 궁극적인 의미를 추구하는 문화 체계'라고 정의한다. 신앙, 믿음의 대상이 '신', '초자연적 절대자'라는 게 종교의 기본이다. 그러나 신천지는 1931년에 태어나 26세인 1957년경부터 온갖 사이비 단체를 전전하며 사이비 교주들을 하나님, 영부 등으로 믿고 따르며 그 자신 이단·사이비의 피해자로 살았던 이만희 교주를 '만왕의 왕'이라며 믿는 집단이다.

6개월만 신천지 식의 교육을 받으면 그 누구든(학식, 사회적 지위, 신앙경력 아무 소용없음) 이만희를 '만왕의 왕', '이 시대의 구원자', '재림주'로 믿고 초자연적 절대자요, 육체로 영원히 사는 신적 존재로 경배하게 된다.

이런 신천지의 교리에 세뇌된 신도들은 이 땅에서 14만 4천 명만 채우면 왕 같은 제사장이 돼 세계를 통치하고 자신이 잘 믿으면 가족들도 자동으로 왕 같은 제사장이 돼 육체로 영생한다는 허황된 생각에 빠져 학업, 직장, 가정을 내팽개치고 사이비 집단에 올인 하고 있다. 대한민국 사회를 가장 어지럽히는 종교 사기집단 신천지는 한국사회가 힘을 합쳐 막아야 할 국가재난이다.

박태선이 설립한 신앙촌

1. 사이비 박태선 전도관에서 10년(1957년~1967년)

신천지예수교 증거장막성전(신천지)의 대표자인 이만희는 1931년 9월 15일 경북 청도군 풍각면에서 태어났다. 그는 1957년부터 10년간 자신을 천상천하의 유일한 하나님이라고 주장하던 전도관 박태선의 신앙촌에 머물렀다. 박태선은 기성교회 목사들을 신랄하게 비판하며 마귀 새끼라고 몰아세웠고, 심지어 예수 그리스도를 개XX라고 입에 담지 못할 말로 쌍욕을 퍼부은 사람이다.

한국기독교연합회와 대한예수교장로회는 이미 1956년 그를 이단으로 규정했다. 박태선은 교리적 문제뿐 아니라 폭행, 부정선거, 혼음, 횡령혐의로 1958년 구속된 전력도 있다(〈자칭 한국의 재림주들〉, 현대종교). 이후 자신의 나이를 5,798세가 된 하나님이라고 하거나 1조 5천억 세라고 하는 등 허황된 주장을 하며 영생불사를 외쳤으나 1990년 2월 7일 사망한다(한국의 종교단체 실태조사연구, 국제종교문제연구소간, p114). 이만희 교주가 전도관에 들어가기 이전부터 한국교회는 박태선을 이단으로 규정한 것이다. 이단 교주 밑에서 이만희 교주는 무엇을 배웠을까? 박태선으로부터 사람을 하나님으로 믿게 만드는 신격화 교리를 배웠을 뿐이다.

첫째, 동방론이다. "이사야 41장 2절에 '동방에서 사람을 일으키며 의로 불러서'라는 말에서 동방은 한국이라고 해석하는 것이다. 41장 1절의 '섬들아 잠잠하라'는 것은 극동의 섬인 일본은 잠잠하라는 것이며 41장 9절에 '내가 땅 끝에서부터 너를 붙들며 땅 모퉁이에서 너를 부르고 네게 이르기를 너는 나의 종이라'한 것을 보면 이는 동방 땅의 끝인 극동이로되 한국을 가리킨다고 해석하고 있다"(현대종교 편집국, 한국의 신흥종교 〈자칭 한국의 재림주들〉, 2002년, 국제종교문제연구소, p273). 이 동방론을 신천지 측이 그대로 활용한다.

이사야 41장 1~4절을 그대로 인용하며, "아세아의 땅 끝 작은 반도여, 이 경이롭고도 가슴 터지게 포말쳐 오르는 이 격동을 흥분이라고 짓누르지 말자. 하나님은 처음부터 역사를 동방에서 시작하셨다. …일찌기 우리의 영특한 조상들은 이 땅을 조선이라 이름하였다. '아침의 햇살이 눈부시게 비쳐 오는 나라' 이러한 뜻으로 명명된 나라가 조선이 아닌가!"(김건남 · 김병희, 〈신탄 성경의 예언과 그 실상의 증거〉, 도서출판 신천지, 1985년, pp.363~364). 이미 박태선이 써먹던 걸 그대로 사용하고 있을 뿐이다.

둘째, 14만 4천과 천년성이다. "그는 말세에 하나님의 전권대사로서 이 땅에 나타나 죄를 구분하여 심판하고 의인을 불러 모아 14만 4천의 수가 차면 예수님을 오시게 하여 그들과 더불어 천년성을 이룩한다고 했다."(현대종교 편집국, 한국의 신흥종교 〈자칭 한국의 재림주들〉, 2002년, 국제종교문제연구소, p275)

이만희 교주는 박태선에게서 배운 대로 "요한계시록 7장과 14장에서 본 이 땅의 열두 지파 14만 4천이 살아서 천 년 동안 그리스도와 함께 왕 노릇하는 일이 있으니 이것을 첫째 부활이라고 한다(계 20:4~6). 첫째 부활에 참예하는 자들은 이 땅에 창조되는 천년성에 거한다(하늘의 거룩한 성 새 예루살렘이 이 땅에 내려와 이루어지는 하나님의 나라는 첫째 부활자들이 천년 동안 왕 노릇하므로 천년성이라 부른다)."(이만희, 〈천지창조〉, 도서출판 신천지, 2007년, p120)

셋째, 이긴 자 구원론이다. 박태선은 자신을 이긴 자라고 주장하며, "그는 감추었던 만나를 맡아 주는 자요(계 2:17), 만국을 다스릴 권세를 가진 자요(계 2:26), 그리고 주님의 보혈을 먹여 주는 자로 일컫는다. 그의 이름은 야곱이 얍복강 가에서 축복으로 받은 이름, 곧 이스라엘을 번역한 것이다(창 32:24~28). …그리고 '이긴 자'는 옛 조상들이 먹고도 죽은 것과 달리 하늘에서 내려온 신령한 만나를 말세의 남종과 여종에게 물 붓듯 부어 주므로 살아서 주 맞을 자격자를 이루시는 자라고 한다."(박영관, 〈이단종파비판〉1권, 예수교문서선교회, 1994년, p424)

박태선의 이긴 자론을 이만희 교주는 그대로 가져온다.

"다음은 니골라당과 싸워 이기는 약속한 목자에게 예수님께서 주신 다고 계시록 2,3장에 약속하신 복이다. …이상과 같이 이기는 자가 천 국과 영생의 양식을 받을 진대 그에게 배우지 않으면 천국과 영생을 얻을 수 없다. 구약 39권이 예수님 한 분을 증거한 책이라면(요 5:39) 신약 27권은 이기는 자 한 사람을 알리는 말씀이라고 해도 지나친 말 이 아니다. 그러므로 오늘날 우리가 아무리 성경을 상고하여도 이기는 자를 찾지 못하면 아무 소용이 없다."(⟨요한계시록의 실상⟩, 도서출판 신천지, 2005년, p102)

"그러면 이긴 자는 누구이며 어떻게 알 수 있는가? '이긴 자'는 사단 니골라당과 싸워 이긴 자이며, 사단 니골라당은 일곱 사자가 있는 일 곱 등불의 장막에 침입해 있다. 이곳에서 싸워 이긴 자가 이스라엘이 되고 영적 새 이스라엘 열두 지파를 창설하고, 싸움에서 진 자는 이곳 에서 일곱 갈래로 쫓겨난다. 이것이 이긴 자와 진 자의 증거이다. 성도 는, 성경이 약속한 이긴 자가 새 이스라엘 열두 지파를 창설하고 심판하 는 곳(신천지)을 찾아야 구원이 있다(마 19:28)." (이만희, ⟨천지창조⟩, 도서출판 신천지, p464)

박태선의 영향을 받은 사람으로 영생교의 조희성이 있다. 그는 '사 람이 죽는 종교는 종교가 아니다'며 육체로 영원히 산다고 주장했지만 2004년 6월 신도 살해 교사 혐의로 감옥에 있다가 심장마비로 사망한 다. 조희성은 하늘이 무너져도 솟아(소사)날 구멍이 있다며 경기도 '소 사'를 천년성이라고 말장난을 하던 사이비 교주다. 자칭 재림주 구인회도 박태선의 영향을 받은 사람이다. 그는 노골적으로 자신을 '(육체를 입고 온) 재림예수'라며 "나를 따르는 사람만이 천국에서 왕이 된다." 며 육체영생을 주장했으나 상습사기혐의로 구속됐다가 1976년 2월 서울 서대문형무소에서 사망한다. 박태선의 영향을 받은 사람들의 면면이 이렇다.

이만희도 다르지 않다. 그는 박태선의 전도관에서 천년성을 쌓는다며 벽돌 굽기 등 노동을 했다고 한다. 전도관에 빠진 신도들은 당시 전국 10만여 명에 이르렀다. 이만희도 그 중 하나로서 사이비 교주를 10년 동안 믿고 따르며 '육체영생불사', '14만 4천', '동방 한국', '이긴 자', '천년성' 등 사이비 교리를 학습하게 된다.

이만희 교주는 유재열의 장막성전에서 2년 동안 천년성을 쌓는다며 지냈다

2. 어린 종이라는 유재열의 장막성전에서 2년(1967년~1969년)

박태선의 전도관에서 10년을 지낸 이만희 교주는 천년성이 이뤄지지 않자 이곳에서 어린 종이라는 유재열의 장막성전으로 옮겨 탄다. 유재열은 한국기독교역사상 가장 나이 어린 교주로 불린다. 그는 17살의 어린 나이로 '어린 종'(그냥 나이가 어리다는 의미이기보다 어린양의 실상의 개념으로 사용한 단어이다)으로 등극한다. 유재열은 사이비단체인 호생기도원에서 교주를 '아버지', '주님'으로 모시던 자였으나 교주의 여신도 간음사건을 보고 이탈, 1966년 4월 장막성전을 세운다(탁지일, 사료〈한국의 신흥종교〉, p247, p257). 이후 유재열은 자신을 "감람나무, 순, 군왕, 선지자라고 하면서 '군왕의 말에 순종하는 자는 세상의 종말이 와도 죽지 않고 영생을 얻을 수 있다'며 전국적으로 2천여 명의 신도들을 모았다. 그는 신도들의 헌금으로 '호화주택을 짓고 고급승용차를 타고 요정과 나이트클럽에서 술과 여자로 향락을 일삼았다."(동아일보 1975년 4월 3일자)

또한 그는 "우리가 새 하늘 새 땅에 살게 될 거다, 그곳에서 죽지도 않고 늙지도 않는다."며 육체영생을 강조하며 설교했다. 이곳에서 이만희 교주는 일곱 천사라는 실상의 인물들의 살림살이를 도와주고 시키는 대로 일하는 역군의 삶을 반복한다(기독교포털뉴스, 2017년 6월 12일 김대원 장로- 신천지 지재섭 베드로 지파장의 매형 인터뷰 참고). 10년 동안 박태선의 전도관에서 천년성을 쌓는다며 갖은 고생을 하고, 다시 장막성전으로 옮겨 여기서도 역군, 심부름꾼으로 온갖 고생을 한 것이다. 유재열은 1969년 9월(11월이라는 설도 있음), 세상이 끝날 것이라 했으나 예언이 불발된다. 이만희는 이때 이후로 장막성전을 떠난다.

이토록 사이비 행각을 벌인 단체를 전전했으면서도 이만희 교주는 '성령으로부터 환상과 이적과 계시에 따라 입교'했다고 포장하고 있다. 성령은 예수의 영이고, 예수를 증거 하는 영이다. 그런데 자칭 재림주에게로 이끄셨겠는가?

이만희 교주는 1969년 장막성전을 떠났지만 마음엔 교리가 남아 있었다. 육체영생 교리뿐 아니라 현재 신천지 교리의 뿌리가 되는 비유풀이, 실상 교리(요한계시록의 인물, 사건 등이 경기도 과천에서 실제로 나타났다는 사이비교리) 등을 학습한다. 이만희가 떠난 후 유재열은 상습사기 혐의 등으로 1975년 9월 구속된다. 재미있는 것은 유재열을 고소한 고소자는 이만희다. 이만희는 장막성전에 들어가 재산을 다 털리고 사기를 당했다고 주장하면서 이탈해 버렸고 1971년 9월 7일 이만희에 의해 40여 개 항목의 비행혐의로 고소를 당하여 유재열 교주 등이 법정에 서기도 했다(탁명환, 〈기독교이단연구〉, p347). 유재열이 구속된 후 장막성전은 힘을 잃어간다. 그런 점에서 장막성전을 실제 멸망시킨 자는 오평호가 아니라 이만희라고 할 수 있다. 구속됐다가 풀려난 후 유재열은 사업가로 변신했고 가수 싸이가 그의 사위가 된다.

이만희 교주가 장막성전에서 배운 건 뭘까?

첫째, 신비체험 활용이다. "1966년 3월 1일 유재열이 운동을 한 후 우물가에서 땀을 씻는데 태양빛이 강렬하게 유재열에게 비추는 것을 27명의 신도 중에서 본 사람이 있었다. 몸을 씻다 말고 방안으로 들어서던 유재열의 뒤에는 태양빛이 따라 들어왔으며 이때 갑자기 쓰러져 버린다. 이때 모인 회중은 유재열이 죽은 줄로 알았는데 그의 부친 유인구의 환상에 두루마리를 먹는 광경이 나타났으며 이 사실은 27명의 신도가 다 보았다고 주장하고 있다. 두루마리를 먹은 후 환상 중에 나타난 바에 의하면 누운 채로 종이테이프 같은 것을 자꾸 입속에서 끄집어냈다. 이것이 한 권의 성서가 되었다(이대복, 〈이단종합연구〉, 큰샘출판사, 2006년, p221)." 이만희 교주도 요한계시록 10장에 나오는 요한이 책을 받아먹는 사건을 자신에게 적용해 '책 받아먹은 자'라고 주장한다. 이는 유재열의 두루마리를 받아먹었다는 신비체험의 모방이다.

둘째, 예수께서는 비사나 비유가 아니면 말씀하지 않았는데 오늘날 말세지말을 당해서는 신령한 것을 밝히 보여 주신다는 '비유풀이'다. 유재열이 주장했던 것인데 이만희 교주의 신천지도 "비유로 기록되어 있던 하나님의 천국 비밀은, 때가 되면 하나님이 택하신 약속의 목자를 통해 비유가 아닌 실상으로 밝히 증거 하게 된다(요 16:25)."고 주장한다.

셋째, 실상이다. 유재열의 장막성전에선 요한계시록에 나오는 숫자들을 사람으로 해석했다. 예언으로 기록한 숫자가 특정 지역에 실제 인물로 나타났다는 실상이라는 교리는 이미 장막성전의 유재열이 시도했다. 일례로 계시록 15장의 "일곱 천사가 성전으로부터 나와 맑고 빛난 세마포 옷을 입고…(계 15:5~9)"라고 돼 있는데 장막성전에는 일곱 천사의 실상의 인물이 있었다. "장막성전에는 다른 신흥종교 단체와는 특이하게 일곱 천사가 있다(탁명환, 〈한국의 신흥종교〉 기독교편 3권, 국종출판사, 1992년, p60)." 일곱 천사는 첫 번째 천사는 유인구, 두 번째 천사는 유재열 이런 식으로 적용한 것이다.

이만희 교주는 요한계시록의 숫자들에 실상의 인물을 적용하는 장막성전의 방식을 그대로 이어 받았다. "일곱 천사가 일곱 육체를 택하여 하나님의 진노의 말씀을 담아 16장에서 배도자들과 짐승과 그 나라에 쏟아 심판을 베푼다(이만희, 〈천국비밀 계시〉, 도서출판 신천지, p278)." 장막성전과 약간 차이가 있다면 일곱 대접을 신천지 신도들이라고 해석한다. 첫 번째 대접은 이만희, 두 번째 대접은 홍종효, 세 번째 대접은 지재섭 이런 방식이다.

이렇듯 이만희는 유재열의 장막성전에서 2년 동안 신비체험, 비유풀이, 실상교리를 학습하고 탈퇴한다.

3. 통일교 영향 받은 목영득/ 영부라는 백만봉(1980년) 추종

이만희는 장막성전의 시한부 종말 실패 후 함께 있던 통일교 출신자 목영득을 잠시 따르다가 1970년경 낙향한다. 여기서 낙향해 성경공부에 전념하며, 성구 암송을 즐겨하고 다녔으므로 동네 사람들이 '할렐루' 라는 별명을 붙였다고 한다. 이 이야기에서 알 수 있듯이 이만희는 성경책을 받아먹고 한 번에 계시를 받아 성경을 통달한 것이 아니라, 인간을 신으로 만드는 사이비교리를 반복적인 학습을 통해 습득했다는 것을 알 수 있다. 1977년 상경, 장막성전의 7천사 중 하나였던 백만봉을 믿고 따른다. 백만봉은 '주의 이름으로 오는 보혜사', '이긴 자', '두 증인', '하나님 아버지'임을 선포하고, 1977년 1월부터 1980년 3월 13일까지 시한부 종말을 선언한다(통합 측 대전서노회 이만희 X파일 참고). 이때 지재섭, 홍종효는 일곱 사자, 이만희는 12사도 중의 하나로 임명 받는다.

그 12사도는 선착순으로 모았으나 잘 채워지지 않자 그 중에 교회도 안 가봤던 사람, 강화도 출신 깡패 등을 넣었고 그러고도 모자라 이만희가 와서 12제자의 막차를 탔다고 한다. 백만봉은 자기 자신이 영부 하나님이고 실상이기 때문에 성경도 보지 않고 잔칫집 등을 돌아다니며 먹고 마시는 떠돌이 생활을 하기도 했다(기독교포털뉴스, 2017년 6월 29일자 김대원 장로 인터뷰). 백만봉은 요한계시록 12장의 한때, 두 때, 반 때를 '삼 년 반'으로 해석, 재창조교회 설립일인 1977년 9월 14일을 기점으로 3년 6개월, 1980년 3월 14일(13일이라고도 함) 태양이 떠오를 때를 지구 종말의 때라고 했으나 불발된다. 백만봉은 그날 아침 "떠오르는 태양을 내가 멈출 테니 그러면 내가 그인 줄 알라."고 하며 "태양아, 멈춰라!"했으나 멈출 리가 없었다. 이를 믿고 따르던 이만희는 그때야 자칭 하나님이라는 백만봉과 '이놈, 저놈'하며 서로 폭언을 퍼붓고 싸우다가 그날부로 헤어지고 그날 5명의 재창조교회 탈퇴자들과 신천지를 세운다. 그중 한 명이 두 증인 중 하나라는 홍종효다(기독교포털뉴스, 김대원 장로 인터뷰 참고).

이만희는 최소 3개 사이비 교파, 통일교, 전도관, 장막성전 등의 영향을 받아 이 교리들을 혼합해 신천지 교리를 만들었음에도 마치 자신이 하나님으로부터 직접 계시를 받아 진리의 말씀을 전하는 것처럼 신도들에게 사기 치고 있는 것이다.

II. 교리 사기

교리 사기란, 성경에 나오는 특정 단어를 신천지 신도들과 그 조직에만 일어나는 매우 특수한 일로 속여 신도들을 집단 망상에 빠뜨리는 속임수를 의미한다. 신천지 교리 사기에 속으면 이만희 교주에게 올인 하는 아바타, 꼭두각시 같은 종교중독자가 돼 정상적인 사회생활과 사고가 불가능하게 된다. 대한민국 시민으로서 누려야 할 개인의 행복권은 물론 가정도 파괴하기 때문에 국가의 존립을 흔드는 재난으로 보고 대처해야 한다. 눈에 보이는 미세먼지는 모든 국민이 심각하게 느낀다. 하지만 사이비 신천지 교리는 인간의 정신과 영혼을 병들게 하므로 미세먼지보다 더 심각한 재해라 할 수 있다. 게다가 신천지에 미혹된 연령층이 20~30대에 집중됐다는 점, 교회를 다니던 사람에서 안 다니는 사람으로 포교의 대상이 확장돼가고 있다는 점에서 신천지에 대한 대처는 대한민국의 미래가 걸린 중대사라 할 수 있다. 다음 내용은 진용식 목사의 신천지 실상 교리 반증을 참고한 글입니다.

1. 십사만 사천 사기

영적 로또를 꿈꾸게 하는 망상교리로, 14만 4천이란, 요한계시록 7장과 14장 단 두 장에만 나온다. 정통교회 대다수 신학자들이 '구원을 얻는 충만한 숫자'라고 상징적으로 해석한다. 그러나 신천지는 이만희를 믿고 따르는 사람 14만 4천이라는 실제 숫자로 해석하고 이 숫자가 이 땅에서 채워지면 그 육체와 하늘나라의 순교자의 영 14만 4천이 일체가 돼 이 땅에서 천 년 동안 왕 노릇한다고 가르친다.

여기서 왕이란, 세계 만민을 다스리는 실제적 왕이 됨을 의미한다. 이 14만 4천 명이 채워지면 천지개벽이 일어나 신천지 세상이 되며 세계만국의 모든 사람들이 돈을 바리바리 싸들고 한국으로 몰려 들어와 "(신천지)진리의 말씀을 가르쳐 주세요!"라고 싹싹 빌 때가 올 것이라 믿는다. 심지어 "내가 그때가 되면 롤스로이스 10대씩 끌고 다닐 것", "세계인구가 60억 명인데 그들이 십일조만 바쳐도 얼마냐?"며 세계의 돈이 다 몰려올 것이라는 망상중 환자 같은 무서운 신념을 가지게 된다(기독교포털뉴스, 2016년 7월 15일 기사). 에버랜드는 내 것, 인천공항은 네 것이라며 한국의 주요 시설을 내 것이네, 네 것이네 하며 그날이 올 때만을 기다린다. 취업과 진로 문제에 지친 20~30대 젊은 층이 이런 사기 행각을 통해 잠시마나 현실의 고통을 잊게 된다는 점에서 이는 마약과도 같다.

N포세대(3포-연애, 결혼, 출산-와 5포-3포에 집, 인간관계 추가-를 넘어 꿈, 희망 그리고 모든 삶의 가치를 포기한 20~30대 세대를 말한다), 알 수 없는 미래에 대한 두려움과 불안의 시대를 살아가는 청춘들 속에서 신천지 신도들은 망상 같은 교리에 빠져 자신만만한 것처럼 살아가게 된다. 불안하고 희망 없는 사회와 달리 비록 잘못됐지만, 신천지는 나라와 제사장이 영원히 보장된 세계로 들어간다는 안정감을

준다고 한다. 그 영원한 보장을 믿었기 때문에, 그리고 그때가 2~3년이면 이뤄진다고 믿기 때문에 그들은 불쌍하게도 허황된 거짓 신념에 빠져 자신의 인생을 걸고 있다.

이 일은 예수님이 육적 이스라엘에서 예언하셨고, 이 예언이 복음으로 흘러 예정된 땅끝 해 돋는 동방 한반도 과천 소재 청계산하 첫 언약의 예비 장막 일곱 천사의 역사로 선천의 예언을 종결 지으셨다. 그 중에 몇 명을 남겨 이 일의 산 증인으로 삼으셨으니 이 분들이 신천지 영원한 복음의 씨다. 그러므로 이때부터 새 이스라엘 민족이 탄생하게 된 것이다.

이로부터 지금까지 걸어온 신천지 역사를 다시 돌이켜 보면 1980년 9월 하나님이 택하신 대언자 증인이 과천 소재 청계 산하에 있는 첫 장막 일곱 사자에게 편지로 증거하다가 동년 10월 27일 이방 침노자들에 의해 투옥되어 증거가 중단되었고, 첫 장막교회는 개국 14년만에 이방 침노자에게 붙인바 되었다.

1980년 10월 27일 투옥됐다면서 어떻게 장막성전을 이기고 나왔다는 건가
(신천지 발전사 4페이지 캡쳐)

2. 종말 사기

신천지는 14만 4천이 채워지는 날짜가 새 하늘 새 땅이 열리고 영생불사의 존재가 되고 왕 같은 제사장이 되는 천년왕국의 날짜를 공식 창립일 1984년의 삼 년 반이 되는, 1987년이라고 예언했다(〈신탄〉, p369). 그러나 그날 아무런 변화가 일어나지 않았다. 종말 사기를 친 것이다. 그러자 그 후부터 30여 년이 넘게 2~3년이면 역사가 이뤄진다는 말로 신도들에게 역사가 이뤄진다는 날짜를 지연시키며 종말의 때를 천천히 미뤄왔다.

2019년 신천지가 발표한 숫자는 20만여 명, 이미 14만 4천이란 숫자는 2015년도부터 진즉에 넘어섰다. 14만 4천이 넘어서자 신천지에서

일어난 일은 왕 같은 제사장이 된 게 아니다. '복음방 교사 정도는 돼야 14만 4천에 들어갈 수 있다.'는 말로 바꾼다. 심지어 2018년에는 인맞음 시험이란 것을 치러 90점이 넘어야 한다고 말을 바꿨다. 시험 날 부담감으로 뇌졸중으로 쓰러진 신도가 있을 정도다(현대종교 2018년 3월 18일 기사). 이 신도는 결국 응급실로 옮겨졌으나 사망했다.

이토록 30년이 넘게 2~3년만 기다리면 역사가 이뤄진다는 말로 신도들에게 망상에 가까운 종말론으로 정상적인 사고와 판단을 흐리는 사이비 집단이 신천지다. 그들은 지금도 '내가 14만 4천 명 안에만 들어가면 세상의 모든 똑똑하고 돈 많은 부자들이 와서 제발 신천지 성경공부를 시켜달라면서 내 앞에 무릎 꿇고 사정 할 때가 올 것이다.'라고 착각에 빠져 산다.

3. 가족 구원 사기

구원은 '혈통으로나 육정으로나 사람의 뜻으로 되는 게 아니'다(요 1:12). 구원은 예수 그리스도를 믿는 개인의 인격과 관계된 것이다. 그러나 신천지는 14만 4천 명 안에 들어가는 사람은 '왕'이 될 것인데, 그 직계가족이나 친척은 신천지가 아니라 해도 덩달아 '왕 같은 제사장'이 되는 구원을 받을 것이라 가르친다. 이런 교리 사기에 속은 세뇌자들은 가족이 아무리 "사이비 사기 집단에 속지 말아라!"고 하고 "신천지에 가면 가족의 연을 끊겠다."고 해도 속으로 이와 같이 생각하게 된다. '내가 신천지를 버리지 않고 가족들의 이 핍박을 견뎌내면 앞으로 신천지 세상이 올 때 분명히 내 손을 붙잡고 네 덕에 우리가 이 영화를 누리게 됐다며 감사하게 될 때가 온다.'고 내일 태양이 떠오를 것처럼 믿는다. 이들은 자신만이라도 신천지에 들어가면 직계가족·친척 등이 함께 왕 같은 제사장이 될 수 있다는 망상에 빠져 가족들이 아무리 반대하고 말려도 듣지 않고 인생을 신천지에만 투자하고 있다. 반대하는 사람의 말은 '사탄'의 소리로 듣고 배격한다.

4. 가족 원수 사기

이들은 가족 중에 원수가 있다는 미가서 7장 5~6절, 마태복음 10장 36절을 악용, 자신들이 진리의 길을 갈 때 가장 먼저 가족들의 핍박이 있을 것이라며 가족들을 악마의 도구처럼 여기도록 가르친다(교회와 신앙, 2007년 3월 13일 기사). 정통교회는 이 말씀을 심판과 징계의 날의 참상과 그 가운데도 인생의 우선순위를 오직 하나님을 바라보고 사랑하라는 말씀으로 받아들이지, 가족을 원수 사탄의 도구라며 버리고 미워하라고 가르치지 않는다. 이와 달리 이만희 교주는 신천지를 따르지 않는 사람들은 '바벨론(사탄의 제국을 상징하는 표현)'이라며 '부부 사이라 해도 갈라서라!'며 이혼을 지시할 정도다(교회와 신앙, 2014년 3월 2일자 기사).

이런 신천지 교리에 세뇌되면 개인의 학업, 시험, 직장, 가정 등 평범하게 보호받아야 할 개인의 모든 일상을 뺏기게 된다. 오늘도 신천지 식의 사기 종말론에 빠진 망상가들은 자신과 같은 종교 중독자들을 만들기 위해 서울 홍대입구, 강남, 부산 서면, 광주 금남로, 대구 동성로, 대전 대덕대로 등을 신발에 구멍이 나도록, 밥 먹을 시간, 잠자는 시간을 아끼고 몸과 마음을 바쳐서 돌아다닌다. 밥은 하루에 김밥 한 줄로 때우는 경우가 허다하다. 부모에게는 "도서실 가서 공부하고 늦게 들어가게 됐다."고 거리낌 없이 거짓말을 한다.

5. 비유풀이 사기

비유풀이란, 성경의 단어를 극단적인 상징적 해석으로 본뜻을 왜곡하는 이단 사이비들의 해석법을 의미한다. 신천지는 대표적으로 마태복음 13:34 '비유로 말씀하시고 비유가 아니면 아무것도 말씀하지 아니하셨으니'를 근거로 성경을 '비유'로 풀어야 한다고 강조한다. 그러나 13:53에 보면 '예수께서 비유를 마치고 거기를 떠나사'라고 돼 있다. 따라서 34절을 근거로 성경을 비유로 풀어야 한다는 것은 전혀 성경적이지 않다.

그런데도 신천지가 비유풀이를 시도하는 건 이만희 교주를 재림주로 만들기 위해서다. 정통교회는 '예수 그리스도께서 만민이 보는 가운데 영화롭게 다시 오신다(재림)'고 가르친다. 그 영화로움의 대표적 표현이 '볼지어다 그가 구름 타고 오시리라(계 1:7)'이다. 그런데 이만희 교주는 '구름 타고' 온 바가 없다. 따라서 자신이 재림주가 되기 위해 '구름'이란 단어를 왜곡 해석하도록 유도한다. 그래서 사용하는 게 비유풀이다. 영이신 하나님께서 '빽빽한 구름' 가운데 모세와 이스라엘 백성 가운데 말씀하셨다(출애굽기 19:9), 구름 속에서 소리가 났다(마태복음 17:5)를 이용해 구름=영(이 임해서 전하는 말씀)이라는 공식을 만든다.

이 공식을 따르면 '구름 타고 오시리라'는 말씀이 예수의 영, 진리의 영을 받아서 말씀을 전하는 것이라는 왜곡이 가능해진다. 따라서 진리의 영이 임했다는 이만희 교주를 믿고 따르는 게 곧 재림주, 구원자, 하나님을 가장 잘 믿고 따르는 것이라고 이들은 철썩 같이 믿고 있다. 이 모든 장치는 성경을 비유로 풀어야 한다는 공식에 담겨 있다.

권남궤 실장(부산성시화)은 이를 잘 설명했다.

"신천지는 그들만의 성경관 즉 성경을 풀이하는 공식을 가지고 있다. 수학공식에 문제를 대입하면 답이 나오듯 성경의 답을 구하는 것이다 (현대종교, "신천지 교리 패턴과 비유풀이의 허구성", 2016년 1월 13일 자 기사)."

"(신천지는) 성경의 문맥을 무시하고 자기들만의 비유공식을 만들었다. 실제로 신천지에서는 〈씨=말씀〉, 〈밭=사람의 마음 혹은 교회〉, 〈나무=사람〉, 〈가지=제자〉, 〈잎=전도자〉, 〈열매=말씀과 성도〉, 〈새=영〉, 〈양식=말씀〉, 〈누룩=교훈〉, 〈그릇=사람의 마음〉, 〈물=말씀〉, 〈샘=목자〉, 〈강=전도자〉, 〈구름=성령〉, 〈하늘=장막 혹은 목자〉, 〈땅=육체 혹은 성도〉, 〈해=목자〉, 〈달=전도자〉, 〈별=성도〉, 〈바다=세상〉, 〈어부=목자 혹은 전도자〉, 〈그물=말씀〉, 〈고기=성도〉, 〈배=교회〉, 〈산=교회〉, 〈머리=목자〉, 〈뿔=권세자〉, 〈꼬리=거짓선지자〉, 〈우상=거짓목자〉 등으로 가르친다. 단어와 성구를 중심으로 해석하여 마치 수학문제를 풀듯이 이 공식에 따라서 획일적으로 성경을 풀이한다(권남궤, 기독교포털뉴스, 2016년 6월 4일자 기사)."

이 비유풀이가 무서운 이유는 성경을 전체적인 틀에서 보지 못하게 막기 때문이다. 공식을 딸딸 외우는 방식의 신천지 성경공부를 6개월을 하면 인간을 하나님으로 믿게 만드는 공식이 머릿속에 들어가게 된다. 자연스레 이만희 교주가 마지막 때의 약속한 목자로 믿어지는 것이다. 종종 신천지에 빠진 아내를 구하겠다고 남편이 혈기만 갖고 신천지 센터에 쳐들어가는 경우가 있다. 도대체 뭐가 틀린지 알아야 아내를 설득할 수 있다는 생각에 그곳에서 성경공부를 한다. 그러면 남편도 자연스레 신천지에 빠진다. 그 이유는 신천지 성경공부가 탁월해서가 아니다. 사이비 신천지 성경공부는 '이만희'라는 답이 정해져 있는 '공식'을 외우는 방식이기 때문이다. 누구나 이 공식을 외우면 우리의 두뇌는 '이만희'라는 답을 내리게 돼 있다.

6. 육체영생 사기

신천지 말씀을 믿고 따르면 육체로 영원히 이 땅에서 살고 증거장막 성전 교적부에 이름이 기록되는 것이 곧 생명책에 녹명되는 것(〈천국비밀계시〉, p363)이라 한다. 그러나 신천지 안에서 죽는 신도들은 즐비하다. 대표적으로 바돌로매 지파장 신OO, 신천지 본부의 정OO, 신천지 법무부장 전OO, 12지파장 윤OO, 7교육장 이OO 등 신천지 주요 요직에 있던 실상의 인물들까지 줄줄이 죽어나갔는데 육체영생과 '교적부=생명책'이 무슨 말인가? 특히 바돌로매 지파의 경우 지파장 신씨가 죽자 그의 딸이 올린 신천지 실록에 따르면 신 지파장의 이름은 곧바로 사망록으로 옮겨졌고 신천지 신도들은 지파장이 말을 듣지 않아 '저주 받아 죽었다', '처음부터 믿음이 없어 죽었다.'는 등 유족들 가슴에 대못을 박는 행위를 서슴지 않았다고 한다.

육체 영생한다는 이만희 교주 또한 2010년 대수술을 받고 배도자 김남희가 끄는 휠체어를 타고 다녔다. 2017년에도 7월에 전남 광주의 한 병원에서 역시 수술을 받았다. 현재도 그의 건강 상태는 좋지 않다. 1931년생이니 이는 당연한 일 아닌가? 갈수록 건강이 더욱 악화될 것이란 건 자명하다. 심지어 2018년 신천지에서 구원을 의미하는 인 맞음 시험을 치르다가 심장마비로 쓰러져 죽은 신도는 도대체 뭔가?

신천지 내부적으로는 이미 이만희 교주의 사후를 대비하여 교리 변개 작업까지 진행하고 있다. 그중 대표적인 게 '여호수아'론이다. 이만희 교주가 죽을 경우 신천지는 "'모세 때와 같다'며 신천지 역사도 모세에서 시작했지만 모세 자신은 가나안에 들어가지 못하고 여호수아로 바통 터치되듯 신천지 역사도 그러하다"며 이만희 교주 사후를 위한 교리 변개 작업을 하고 있다. 단연코 없는 육체영생을 가르치면서도 교주 자신은 물론 수뇌부조차 육체영생을 믿지 않고 있다는 점에서 신천지는 명백한 종교사기 집단이다.

7. 실상교리 사기

실상교리란 요한계시록의 장절에 등장하는 상징들이 2천 년 동안 봉함됐다가 1966년 경기도 과천에서 시작한 장막성전의 인물, 사건에 그대로 나타났다는 교리다. 그 실상을 믿고 따르는 게 이 시대의 구원 얻는 믿음이라는 게 이들의 속임수이고 이것이 신천지 교리 사기의 핵심이라고 할 수 있다.

1) 이긴 자: 이만희 교주는 첫 장막과 1980년~1983년 장막성전에 침노한 니골라당과 싸워서 이겼다고 한다. 그러나 이만희 교주는 이미 장막성전이 1969년 11월 세상 종말을 예언하다가 실패로 돌아가자 장막성전을 떠나버렸다. 장막성전을 떠나서 그곳에 있지도 않았던 사람이 어떻게 그곳을 침노했다는 니골라당과 싸우고 이겼다는 건가?

게다가 이만희 교주는 1980년 3월 13일까지는 백만봉을 '하나님'이라고 믿고 따르는 사이비 종교인이었고 이미 탈퇴한 장막성전과 특정인을 명예훼손한 혐의로 구속돼 1980년 10월 27일~1981년 2월 2일까지 감옥에 있었다. 그런데도 자신이 진리를 위해 목숨을 걸고 싸우고 이긴 것처럼 거짓말을 하니 종교 사기다.

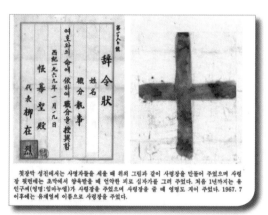

피로 십자가를 그으면 그것이 언약인가. 이 피가 사람 피가 아니라 개 피인지 돼지 피인지 알 수 없다는 얘기까지 있다 (신천지 발전사 32페이지 캡쳐)

2) 피언약: 이만희 교주는 1967년 장막성전을 첫 장막이라며 이곳의 일곱 사자가 동맥을 끊고 피로 언약하며 십자가를 그렸다고 한다. 동

맥을 끊어서 십자가를 그으면 그게 언약인가? 실제로 동맥을 끊으면 과다출혈로 사망할 수도 있다. 그런데 무슨 동맥을 끊어서 자살행위를 한 것을 피로 언약했다고 포장하는가? 그 피로 십자가를 그리고 새 언약을 했다는데 아무도 그걸 본 사람이 없으니 개 피나 돼지 피로 했다는 말까지도 나오는 지경이다. 실제로 무슨 액체인지 모를 것으로 십자가를 그려 놓은 걸 이만희 교주는 동맥을 끊어서 언약했다고 사람들을 속이는 것이다.

3) 배멸구: 성경 데살로니가후서 2:2~9의 말씀을 악용해 하나님의 구원의 역사가 배도(혹은 배교, 배신), 멸망, 구원의 노정으로 이뤄진다고 주장한다. 배도는 1966년 유재열이 피로 언약을 세우고 진리를 가르쳤다가 배신한 것, 멸망은 이 장막에 오평호가 들어와 1980년 9월 첫 장막이 막을 내린 것, 구원은 3년 6개월(한때, 두 때, 반 때)이 지난 때, 첫 장막의 멸망을 이기고 벗어났으니 이만희 교주가 구원자요, 이긴 자라는 것이 배멸구 교리다. 그런데 이만희는 자신이 고소해 유재열이 구속되는가 하면, 그 자신도 1980년 10월 구속됐다가 1981년 2월 출감돼 집 없이 산에서 예배를 드렸다는 게 실상이다(〈신천지 발전사〉, p4). 이처럼 이만희는 구속된 상황에서 자신이 멸망자라는 청지기교육원과 싸울 수도 없었고, 싸운 적이 없기 때문에 이긴 적도 없다. 그런데도 배멸구라는 공식을 만들어 놓고 마치 배도하는 세력과 그것을 멸망시키는 세력을 이기고 나온 구원자인 것처럼 거짓말을 하고 있다. 1960년대~1980년대를 직접 살아보지 못한 현대의 젊은이들에게 과거 역사를 왜곡하며 사기를 치니 사람의 영혼을 갖고 장난치는 종교 사기꾼이라 하는 것이다.

4) **편지발송**: 이만희 교주는 성경 요한계시록의 요한이 7교회에 편지를 보낸 것을 흉내 내 자신이 첫 장막 일곱 사자에게 편지로 증거 했다며 마치 자신을 이 시대에 실상으로 나타난 사도요한 격 목자요, 대언의 증인이라고 주장한다. 그런데 편지 보낸 날짜부터 오락가락하는 게 이만희 교주다. 1980년 9월(〈신천지 발전사〉, p4)이라고 했다가 1979년도(이만희, 〈천지창조〉)라고 했다가 연도가 달라질 뿐 아니라 더 중요한 건, 이미 그 당시 장막성전에 일곱 사자는 사라졌다는 점이다. 회개하라고 보냈다는 편지의 수신인 일곱 사자 중 영명 임마누엘은 1968년 이미 장막성전 탈퇴, 영명 솔로몬은 1969년 장막성전의 종말 사기 후 탈퇴하며 자칭 하나님 행세하는 교주가 된다. 영명 여호수아는 군대 갔고, 남은 사람은 삼손, 미카엘, 디라 정도였다고 한다. 이처럼 7사자가 1966년~1969년 사이 이미 첫 장막을 떠났다는 것을 신천지발전사 30페이지에 명시하고 있다. 그럼에도 일곱 사자에게 1980년에 편지를 했다니 이런 거짓말이 어디 있는가?

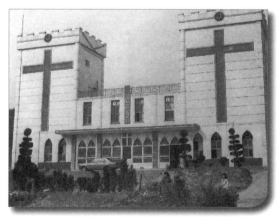

장막성전 건물에 원래 일곱 별은 없었다

5) 일곱별: 장막성전 건물에는 일곱별을 달아 놓지 않았다. 이는 동아일보 1975년 4월 3일자 현장 기사 사진과 탁지일 교수의 사료 〈한국의 신흥종교〉에서 확인된다. 심지어 〈신천지 발전사〉 36페이지를 보면 장막성전 우측 사진엔 별이 없다. 유독 좌측 사진 하나에만 거대한 별 7개가 달려 있다. 그 외 어떤 장막성전 현장 사진에도 별이 없다. 역사적 사진 자료를 통해 신천지 측이 요한계시록 1:20 '일곱 별은 일곱 교회의 사자'라는 실상을 만들어 내기 위해 장막성전 건물에 있지도 않았던 일곱 개의 별을 그려 넣는 조작을 감행했다는 지적이 나오는 것이다.

8. 기타 거짓말

▲ 이방 멸망자에게 모든 권한을 넘겨주고 미국 웨스트 민스트 신학교에서 학업을 받는 중 유재열씨의 모습
(겔44:7-8, 제12:5,13)

첫 장막성전에서 어린론, 주님, 선지자님 등으로 불리우는 유재열에는 요광호 목사에게 모든 권한을 넘겨주고 1980. 10월 발경에 미국으로 유학을 떠나게 된다. 미국의 웨스트민스트 신학교에서 신학 박사학위를 받아 2년 (?)월후인 1981년에 돌아온다. 요한계시록 12장 6절에서 13절의 말씀대로 뱀의 낯을 피하여 큰 독수리의 두날개를 받아 광야로 가서 한 때 두 때, 반 때를 양육받는 일이 현실적으로 나타난 사건이다.

유재열은 웨스트민스터 신학교와 무관한데도 〈신천지 발전사〉
44페이지에는 실상을 거짓말로 조작하고 있다

1) 신천지 측은 장막성전의 교주였던 유재열이 장막성전 신도들을 버

려두고 미국의 웨스트민스터 신학교에 입학하여 장로교 교리를 배우러 간 것이 요한계시록 12장의 해를 입은 여자가 광야로 도망가는 예언의 실상이라고 가르쳤다. 그러나 사실을 확인해본 결과 유재열은 웨스트민스터 신학교에 입학한 적이 없었고, 이에 대해 이만희 총회장은 변명하기를 "즈그가 그카니까, 그런 줄 알았지."라고 말한 사건은 유명하다. '천사와 일문일답을 했다!', '계시록의 실상을 친히 보고 증거한다.'는 이만희의 실상이 고작 남들이 얘기한 '카더라' 통신을 따라했을 뿐이란 말인가?

2) 요한계시록 6장 6절에 나오는 밀 1되 보리 3되의 실상을 밀 1되는 이만희요, 보리 석 되는 장막성전에서 나온 3명 곧 윤요O, 윤재O, 지재O이라고 한다. '계시록 완전해설'에는 네 명이라고 했다가 계시록의 진상에선 두세 명, 요한계시록의 실상에선 이를 '적은 무리', '소수의 무리'로 슬쩍 고쳤다. 수정 · 변개되는 계시는 계시가 아니라 조작일 뿐이다. 게다가 보리 석 되 밀 한 되는 절대 죽지 않는다고 했는데 보리 석 되 중 한 명인 윤OO은 사망한다. 지금까지 실상의 인물들이 사망해왔으니 앞으로도 실상의 인물들은 물론 신천지 신도들 모두가 한 번 죽을 거라는 건 자명하다.

3) 신천지 책자 〈영핵〉에는 신천지 신학교 정식 허가증이라는 게 나와 있다. 그러나 이는 주식증서 견본이다. 해당 내용의 영어 단어는 신학교 허가가 아니라 "새 하늘 새 땅 주식회사는 200 보통주를 발행할 권한을 부여 받은 법인회사다."라고 돼 있다. 이런 주식허가증을 신학교 허가증이라고 속이는 게 신천지다.

주식 허가증을 미국엠파이어스테이트 빌딩에 위치한 신천지신학원의
정식 허가증이라고 공개한 〈영핵〉(108페이지)

4) 신천지 교주 이만희는 아내가 있음에도 김남희라는 여인이랑
2010년부터 2017년까지 7년간 가평 등에서 세계평화, 동성서행을 명
분으로 세계를 함께 다녔다. 그러다가 2017년 10월 갑작스레 김남희를
배도자로 낙인을 찍었다.

그전까지만 해도 이만희 교주는 부인 유 모 씨를 제쳐두고 배도자라
는 김남희와 집회가 없는 날은 거의 살다시피 지냈다. 신도들에겐 세
계평화를 위해 동성서행, 남행을 하고 다녔다고 말했지만 장차 배도자
가 될 이 여인과 손을 잡고 서로 포용하며 다정하게 허니문 같은 시간
을 보냈다. 가장 심각한 문제는 '총회장도 그러는데 뭘'이라며 성적 문
제를 일으키고도 도덕 불감증에 빠져 버린 신도들이 신천지 내부에 적
지 않다는 것이다(신현욱, 기독교포털뉴스 인터뷰, 2016년 7월 15일).

신천지 문제로 가출했다가 성폭행을 당한 유부녀 신도, 강사의 여성 편력, 그 문제를 지적했다가 오히려 퇴출당한 신천지 전도사·강사, 신천지 전도사라는 여성의 섹스 포교까지. 이러고도 신천지가 아직도 진리의 성읍인가?

　5) 이만희는 6000년 만에 하나님으로부터 계시를 받았다고 주장하지만 그가 주장하는 주요 교리는 박태선, 문선명, 유재열, 김풍일, 정명석, 안상홍 등 자칭 재림주들 30명 이상이 주장하는 것과 매우 유사하다. 이만희 신도들이여 답해보라. 박태선, 정명석, 김풍일은 진짜 재림주인가, 가짜 재림주인가? 왜 6천 년 만에 새로운 계시라면서 그들과 교리가 유사한가? 반드시 자문해보라.

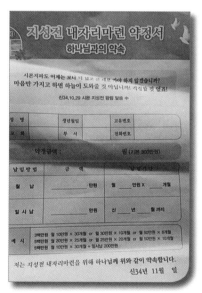

14만 4천이 들어갈 성전을 세운다며 내자리마련헌금을 거뒀는데 탈퇴자에 따르면 대학생은 200만 원 장년부는 300만 원을 냈다고 한다.

6) 성전건축헌금의 경우는 경악을 금치 못한다. 세계 신천지 신도들을 대상으로 144,000명이 예배하는 총회 성전을 과천에 건축한다고 하면서 '자기자리마련헌금'이라는 명목으로 30여 년 동안 건축헌금을 거두고 있다. 문제는 정작 과천에는 144,000명이 들어갈 예배당을 지을 땅이 없다는 사실과 지을 수도 없다는 사실이다. 돈은 걷는데 벽돌 한 장 올리지도 않았다. 이런 것을 사기라고 하는 것 아닌가? 신천지 탈퇴자에 따르면 대학생은 자기자리마련헌금을 위해 200만 원, 장년부는 300만 원을 냈다고 한다. 이 돈 외에도 신천지 신도라면 반드시 사야 하는 책들이 있다. 이만희 교주가 쓴 〈천지창조〉, 〈천국비밀 요한계시록의 실상〉, 〈예수그리스도의 행전〉 3권이다. '비매품'으로 쓰여 있지만 실제로는 45,000원 정도를 내고 구입한다고 한다. 2018년 연말 기준, 총회와 12지파 부동산이 2,370억 원, 12지파의 재정이 2,119억 원, 총회재정이 820억 원에 달한다. 모두 합치면 5,314억 원 정도가 된다. 이 돈은 도대체 어떻게 모였고, 또 집계되지 않은 오가는 현찰은 신천지 내에 얼마나 될까?

Ⅲ. 포교 사기

신천지가 이단 세미나를 연다. 이단이 웬 이단 세미나? 신천지에 빠져 고통당하는 엄마까지 미혹하기 위해 자녀들이 신천지임을 숨기고 위장교회에서 이단대처 세미나를 준비한다. 이처럼 신천지는 이만희 교주를 믿게 하기 위해, 처음부터 끝까지 포교 대상자에게 자신의 정체성을 철저하게 속이고 다가간다.

사기 포교에 당한 사람은 자신을 속이기 위해 수많은 신천지 교인들이 각본을 짜고 사기를 쳤다는 걸 알고는 극도의 배신감에 치를 떨게 된다. 이로 인해 자살한 사람이 있을 정도다. 만일 진심으로 자신들이 종교단체이고 진리의 성읍이라고 생각한다면 신천지의 사기 포교행각은 당장 중단해야 한다. 신천지의 사기 포교행각은 국내에서 이제 그 정체가 많이 드러나자 해외로 옮겨가고 있으며 그리스도인뿐 아니라 신천지 정보에 어두운 현지인들을 대상으로 진행되고 있다. 국가가 이 문제를 그대로 좌시할 경우 종교 사기범들을 방치하는 것으로써 국가적 문제

외로움을 타는 친구에게 이성을 소개해주면서 포교한다

로까지 비화될 수도 있는 중대 사항이다. 따라서 이에 대한 국가적 차원의 관리도 시급한 실정이다.

1. 대학·청년 대상 포교사기

1) 군대 간 형제를 교회 누나가 지극 정성으로 챙겨줬다. 군 생활이 힘들 때마다 교회 누나가 보내준 편지는 큰 힘이 됐다. 때로 면회까지 와서 3단 도시락을 선물했고 생일이면 잊지 않고 선물을 보내줬다. 제대했다. 누나가 축하한다며 믿음을 갖고 말씀을 보며 신앙의 확신을 키우고 사회생활을 해야 한다고 제안했다. 의심할 수도 거절할 수도 없다. 성경을 잘 가르친다는 전도사와 성경공부를 하게 됐는데 그는 신천지 측 전도사였다.

2) 고3 입시에서 해방돼 꿈에 부풀어 시작한 대학생활, 선배가 음악 동아리의 공연이 있다는 얘기를 듣고 공연에 참석한다. 화려한 무대 조명, 뛰어난 연주, 아름다운 보컬이 하모니를 이룬 공연은 가히 수준급이었다. 가슴 뛰는 경험을 하던 찰나, 공연을 진행한 리더가 "동아리 가입은 누구나 환영한다."고 소개했다. 선배 형이 적극적으로 같이 동아리에 가입하자고 했다. 매주 진행되는 보컬 연습, 악기 연주에 몰두해가던 중, 찬양을 하다가 누나가 갑작스레 물었다. "찬양 가사의 '물이 바다 덮음 같이'가 무슨 뜻인지 아니? 바다도 물이잖아"라는 궁금증 유발 멘트를 한다. 무슨 뜻인지 모르겠다고 하자 누나는 성경을 펴서 능숙하게 그 뜻은 '물은 여호와를 아는 지식(신명기 32 : 2)'이며, '바다

는 온 세상(다니엘 7 : 3, 17)'을 뜻한다고 해석하고, 말씀을 바르게 깨달아야 찬양이 하나님께 상달된다며 성경을 알아야 한다고 주장했다. 이곳에서 성경공부를 하다가 신천지에 미혹된다. 선배 형도, 누나도 모두 신천지 교인이었고 음악 동아리도 심지어 사기 포교를 위해 만들어 놓은 위장 동아리였을 뿐이다.

3) 외로움을 타는 형제나 자매에게 친구가 겉이 번드르르한 청년을 소개해 준다. 겉은 신앙 좋은 청년이나 이미 개인정보가 다 파악된 청년의 이상형 스타일에 알맞은 신천지 교인일 뿐이다. 처음엔 순수하게 교제하다가 '우리의 만남이 하나님의 말씀 안에서 이뤄지면 좋겠다.'며 QT를 시작한다. 그러다 성경 난해구절을 질문하며 풀리지 않도록 한 다음 조금 더 실력 있는 성경교사와 QT를 하는 상황으로 몰아간다. 사람을 소개해 준 친구, 이상형 스타일의 청년, 나중에 만난 성경교사 모두 포교를 위해 시나리오를 짜고 접근하는 신천지 배우들일 뿐이다.

4) 토익 990점 보장 스터디를 개설한다. 신천지 신도가 20만 명이다. 그 중에는 5개 국어를 할 정도로 능력 있는 신도도 있다. 그러니 토익 스터디 여는 것은 식은 죽 먹기다. 스터디를 열어 모두 신실한 신앙인인 것처럼 위장하고 토익에 관심 많은 신도를 미혹한다. "얘들아, 내가 토익 990점 맞는 비결을 알려 줄까? 그건 바로 영어성경 QT야." 영어실력도 UP, 신앙도 UP하자며 QT를 하다가 신천지 비유풀이를 섞어서 가르친다. 토익 스터디는 신천지 포교를 위해 가장한 동아리였을 뿐이다.

2. 사회생활 중 사기 포교

1) 신천지가 취직도 시켜준다. 신천지 교인의 회사에 '백수'로 지내는 교인들을 취업시켜 준다. 주일 성수, 음주·흡연 전무한 좋은 회사인 듯 보인다. 그러나 사장은 신천지 교인이다. 아침마다 업무 전 큐티를 시작한다. 겉으로만 봐서는 흠잡을 데 없는 기독교회사다. 그런데 큐티 내용에 신천지 말씀을 살짝살짝 섞어 놓는다. 아침마다 하나님 말씀을 묵상하고 시작한 회사, 알고 보니 사장도 직원도 모두 신천지 교인이었다.

2) 카센터를 운영하는 K씨, 그에게 누군가 찾아왔다. "안녕하세요. 제가 신학대 학생인데 신앙인 대상으로 말씀 훈련 중이에요. 제가 하는 말씀 들어보시고 평가를 해주시면 됩니다." 신학생이란 사람이 내민 평가지, 태도·내용·외모를 ABC 등급으로 나눠 체크하는 항목으로 나눠져 있다. 고되고 바쁜 일상에 지쳐 하나님의 말씀이 갈급했던 K씨, 학생의 말씀을 체크해 주다가 신학생으로 위장한 신천지 교인의 성경풀이를 듣다가 신천지에 빠지게 됐다. 신학생이란 것도 거짓말, 설교평가를 받아야 한다는 것도 위장이었다. 거짓이었다.

3) 30대 후반의 주부 K씨, 이사를 간 지역이 생소하기만 하다. 어느 날 이웃집 아주머니들이 찾아왔다. "딩동", "누구세요?" "이번에 이사 오셨죠? 저희는 같은 아파트 사는 사람들이에요." 궁금증에 문을 열어 주며 사귄 그들, 지역 정보는 물론, 특성 등을 얘기하다가 주부들의 영원한 레퍼토리인 아이 교육문제로 넘어갔다.

신천지 교인 A: "OO엄마, 애들 키우는 건 어때요?"

K씨: "힘드네요, 이렇게 키우는 게 맞는지도 궁금하고."

신천지 교인 B: "저도 고민이 많아요. 그래서 이것저것 알아보고 있어요. 좋은 정보 있으면 우리 서로 공유해요."

그러던 어느 날 신천지 교인 B가 전화를 했다. "OO엄마, 내가 아이들 교육을 위한 좋은 프로그램을 알아냈어. 유대인 학습법이라고 하는데 동네 아줌마들에게 좋다고 소문이 나고 있어요. 103호에서 모인다는데 한번 가볼래요?" 찾아간 집에서는 '유대인 학습법'이라며 5명의 주부들이 이미 모임을 갖고 있었다.

강사는 "유대인들이 왜 세계를 이끄는 민족이 됐을까 연구하다가 나온 결론은 성경을 많이 배웠다는 거예요. 우리도 유대인처럼 지혜로운 자녀들을 키우려면 성경을 배워야 해요."라고 제안했다. 나중에 알고 보니 유대인 학습법, 그리고 거기 모인 주부들, 강사들, 성경공부 내용 모두가 신천지 포교를 위해 만들어진 모략이었다.

4) 인테리어 사업을 하는 A집사, 요즘 일이 잘 풀리지 않는다. 경제 불황의 직격탄을 맞는 업종 아니던가. 교회의 다른 집사와 약속이 있어서 식당에 갔다. 그 집사가 아직 나오지 않아서 기다리던 중 옆 테이블에 앉은 사람의 대화를 엿듣게 됐다. "집사님, 제가 집 인테리어를 해야 하는데, 너무 비싸요." "맞아요, 저도 인테리어를 하려고 하는데, 참 부담스러워서 망설이고 있어요. 싸고 잘하는 데 어디 없을까요?" A집사는 명함을 만지작거리며 고민하다가 결국 명함을 들고 일어서서 옆 테이블로 다가간다. "제가 죄송하지만 사람을 기다리다가 두 분 하시는 말씀을 듣게 됐어요. 제가 인테리어 합니다. 처음 뵀지만 저도 교

회 다니는 사람입니다. 부담 갖지 마시고 견적이나 한번 받아보세요."
이렇게 해서 인테리어 공사까지 했는데 기도하자며 말씀을 알아야 한
다는 의뢰인의 말을 거절하지 못하고 성경공부를 하게 된다.

식당에서 만난 두 사람은 신천지 교인이고, 사실 식당에서 만나자고
애초에 약속하고는 일부러 늦게 나타나 인테리어 영업까지 하게 시나
리오를 짜도록 정보를 제공한 사람도 신천지 교인이다.

3. 능력자, 또는 투시 포교 사기

1) 신천지에 빠진 딸이 어느 날 엄마가 운영하는 식당에 밥을 먹으러
갔다. 밥을 잘 먹던 딸이 갑자기 배를 움켜잡고 소리를 지르며 떼굴떼
굴 구르기 시작했다. 엄마는 혼비백산했다. 갑작스런 상황에 어쩔 줄
을 모르고 '멘붕'에 빠졌다. 이때 식당의 한 좌석에서 밥을 먹던 여성이
일어났다. 딸에게 조용히 다가간 이 여성은 딸의 배에 손을 대고 방언
으로 열정적으로 기도했다. '요리다나 나무실, 바리퀄세이세이!' 방금
전만 해도 죽을 것처럼 아프다고 뒹굴던 딸이 기도를 받고는 숨을 몰
아쉬며 안정을 되찾기 시작했다. 엄마가 너무 고마워하며 "도대체 누
구시냐"고 묻자 그 여성은 자신을 "OO교회의 권사"라고 소개하며 "기
도를 많이 하는 사람인데 하나님께서 신유의 은사를 주셔서 이렇게 병
든 사람에게 손을 얹으면 낫는다."고 말했다. 기도를 같이 하자고 기도
모임을 하다가, 말씀이 없으니 기도에 힘이 없다며 말씀 한 구절을 읽
고 기도하기 시작했다. 이 말씀 한 구절이 두 구절이 되고 나중엔 신천
지 말씀을 가르치는 방식으로 바뀌게 됐다. 신천지에 빠진 딸이 신천

지 주부랑 엄마를 미혹하기 위해 모든 시나리오를 가짜로 짜고 접근한 케이스다.

2) 카페에서 한 여성이 차를 한 잔하고 있었다. 옆에 한 승려가 지속적으로 쳐다봤다. 너무 오래 쳐다봐서 의아해서 "왜 쳐다보세요?"라고 물었다. 그러자 그 남자는 "당신 등 뒤에 죽은 사람의 혼이 끼여 있다."며 "혹시 당신 가정에 먼저 돌아가신 분이 계시냐?"고 물었다. 사실 이 여성의 언니가 1년 전 별세했다. 그 아픔을 교회 기도모임에 말하고 도움을 요청하며 사별의 아픔을 이겨가려던 사람이었다. 그걸 어떻게 알았느냐며 놀라는 그녀에게 승려는 '당신이 조만간 좋은 사람을 만날 것'이라며 "그 사람을 만나면 그가 하자는 대로 다 해야 좋은 일이 생긴다."고 말해줬다.

그 후 이 여성은 중국에서 온 선교사라는 사람을 만나게 된다. 중국 선교사가 말하기를 "주의 말씀은 내 발에 등이요, 내 길에 빛이라 하셨는데 자매의 인생에 빛이 없다."며 "말씀 공부를 해야 한다."고 설득했다. 선교사의 얘기를 들었을 때 이 여성은 승려의 말이 떠올랐다. 선교사가 하자는 대로 성경공부 모임에 참석했고 결국 신천지 측 성경공부를 하게 된다. 사실 승려도 신천지(사기 포교를 위해 머리를 밀고 승복을 걸치고 목탁 두드리는 연습까지 한다), 중국 선교사도 신천지, 그리고 이미 교회 기도모임에 신천지가 추수꾼으로 잠입해 교인들의 모든 정보를 수집한 것이다. 추수꾼이 넘긴 정보를 토대로 신천지 교인 5~6명이 한 사람을 미혹하기 위해 시나리오를 짜고 사기행각을 벌이며 작전을 수행한 것이다.

신천지 측은 이외에도 직통계시 · 은사, 하나님의 음성 듣기를 사칭하며 점쟁이 수법, 타로카드 이용 등 각종 무속적 방법도 동원한다. 아니 이들은 사람을 미혹하는 방법이라면 어떤 수단과 방법도 따지지 않고 동원한다. 직장도, 학업도, 가족도 버린 신천지 교인들이 있다면 나가서 무엇을 하며 살까? 2박3일씩 합숙까지 하며 이런 사기포교법만 전문적으로 개발하는 팀이 있는데 이를 전도특전대라고도 부른다.

이단에 대한 정보가 어두운 해외에서 적극적으로 포교에 나선 신천지 신도들

해외로 포교망 넓혀가는 신천지

1984년 10여 명, 2007년 4만 5천 명, 2014년 13만 명, 2019년 20만 명, 이중 외국인 신도수 2만 2천여 명, 한국교회가 가장 주의할 이단이라고 지목해온 신천지의 성장세다. 한국교회의 대처가 지속화되면서 신천지는 자신들에 대한 정보가 어두운 일반인들, 그리고 해외, 특히 미국, 중국, 오세아니아, 무슬림 지역은 물론 유럽, 아프리카로 포교의 마수를 뻗치고 있다. 포교 방법 또한 한국에서 임상을 끝낸 사기 포교

방식을 현지인들에게도 동일하게 적용하고 있다.

신천지는 중국·일본·필리핀 등 아시아 16개국, 영국·독일·프랑스 등 유럽 9개국, 호주·뉴질랜드 등 오세아니아 2개국, 남아공 등 아프리카 5개국, 미국·캐나다를 비롯 전세계 40개국 33개교회, 109개 개척지(2019년 기준)에서 활동하고 있다. 해외에서 신천지는 현지 배경이 없이 활동하면 의심을 사기 때문에 사업을 기획한다. 대표적인 것이 K-POP, K-Beauty의 유행을 발판삼아 한국어 강좌를 열거나 한국 화장품을 브랜드별로 사서 화장품 가게를 내는 방법이었다. 2016년부터 시작한 화장품 사업은 폭망, 다음 기획한 것이 한국문화카페였는데 K-POP 붐을 타고 인기를 끌었다. 이를 기반으로 한국음식 식당, 한국식 치킨집까지 열었다는 것이다. 식당은 사업성과 함께 거점역할을 하고 실제 포교는 '문화'적인 방법을 동원한다. 한국에서 한국어 교사 자격증을 취득하고 온 인원 중심으로 한국어 수업을 진행하고, 매주 토요일은 문화모임(한국영화의 날, 한국음식 체험의 날, 한국놀이 체험 등)으로 홍보하여 지속적으로 섭외자를 모으고 있는 중이다.

신천지의 사기 포교행각이 해외로 퍼져가고 있는 만큼 국가가 이 문제를 수수방관할 경우 종교사기범들을 방치하는 것과 다를 바 없는 것으로서 국가적 문제까지도 비화될 수 있는 중대사항이다. 따라서 이에 대한 국가적 차원의 관심이 시급한 실정이다.

Ⅳ. 위장교회 사기

1. 위장교회가 궁금하다

1) 위장교회란 무엇인가?

담임, 교역자, 신도 모두 신천지 신도들로 구성됐으면서도 겉으로는 정통교회 간판을 건 신천지 소속 교회를 의미한다. 이들이 가장 많이 사용하는 교단 명칭은 '대한예수교 장로회'다. 합동 측 마크를 사용하는 경우까지 있다. 외관상 구별이 어려운 게 위장교회다.

2) 위장교회가 만들어진 이유는?

신천지는 정통교회를 바벨론이라며 악마시 한다. 그런데도 정통교회 간판을 달고 위장하는 경우가 적지 않다. 이렇게 활동하는 이유가 뭘까?

첫째, 위장교회는 신천지를 다닌다고 집안에서 핍박받는 신도들을 돕기 위해 만들어졌다. 핍박을 당할 때 "엄마(혹은 아빠가) 그렇게 막으시니 제가 신천지를 다니지 않을 게요. 대신에 제가 다닐 교회는 제가 정하게 해주세요."라고 신천지 신도들이 말한다. 그러면서 신천지가 위장해서 세운 가짜교회, 대한예수교장로회 ○○교회로 옮기는 것이다. 그러면 "아이고 우리 딸(혹은 아들) 이단에 빠졌다가 나와서 다행이다."고 가족이 안심하게 만드는 용도로 세워진 교회다.

둘째, 신천지에 다니지 않는 가족까지도 미혹하기 위해서 만들어졌다. 신천지 피해가족 중에는 '네가 신천지를 안 가는 대신 일반교회를 다닌다면 같이 따라가겠다.'는 사람들이 적지 않다. 그 사람들을 포섭하기 위해 교회를 하나 만든 것이다. 자녀는 '신천지를 가지 않고 대신 정통교회를 가겠다.'고 말하고는 신천지 위장교회로 옮긴다. 그러면 약속대로 가족들이 함께 그 교회를 가게 돼 있다. 위장교회엔 신천지 담임 강사가 '목사'로 위장해 강단에 선다. 그리고 설교할 때 신천지 말씀을 섞어서 가르친다. 그렇게 되면 자녀가 신천지에 다니지 않는 가족을 아주 자연스럽게 미혹할 수 있게 된다.

셋째, 신천지 세력 확장을 위해서다. '신천지교회'라고 하면 지역 사회의 반대 여론에 쉽게 부닥친다. 워낙 사회적 여론이 좋지 않기 때문이다. 그러나 위장교회를 하게 되면 신도들의 포교활동 · 출석은 물론 지역 사회의 질타와 비난 여론에서 자유로워질 수 있다.

3) 위장교회는 어떤 점에서 위험한가?

위장교회는 이만희 교주 사후 가장 빛을 발할 전망이다. 지금 신천지는 이만희 교주 생전에는 '신천지'라는 사이비 테두리 안에 있다. 정통교회는 이들에 대한 정체성을 어느 정도 규정할 수 있다. 그러나 이만희 교주가 죽으면 자신의 정체성을 숨기고 기존교회 안으로 들어와 진짜 정통교회인 양 행세하며 활동할 수 있다. 이만희 교주 사후 가장 이단대처를 까다롭게 할 형태가 위장교회라 할 수 있다.

4) 위장교회는 어떻게 구별이 가능한가?

위장교회는 자신들의 실체를 감추기 위해 교회 앞에 '신천지(이단) 추수꾼의 출입을 금합니다.'라는 스티커까지 붙여 놓는다. 그래도 위장교회임을 확인할 수 있는 방법에는 몇 가지가 있다. 교회 안에서 사용하는 자료에 대각선으로 외부유출금지라는 도장이 찍힌 서류나 자료가 사용된다면 신천지 위장교회다. 이들은 개역한글판 성경만 사용한다. 센터 강사들도 마찬가지지만 위장교회 담임의 경우 목사 이름을 대부분 가명으로 쓴다. 성경에 나오는 이름을 쓰는 경우가 대다수다. 예를 들면 ×시몬, ×베드로, ×마태 등이다. 자신들만의 은어를 사용하기도 한다. 신천지라는 용어 대신 '새나라', '신나라', '새천지'라고 쓴다. 전도사 사례금이 보통 20만~30만 원이다. 목사 급여는 30~50만 원이다.

설교 중 독특한 언어를 사용하기도 한다. 반드시 하는 말이 있다. '영은 육을 들어 쓴다', '계시의 전달과정', '세례요한이 지옥에 갔다', '기름을 준비해야 한다', '사람의 씨와 짐승의 씨' 등이 대표적으로 사용하는 말이다.

신천지 위장교회 신도들이 가장 싫어하는 것은 교적확인과 목회자의 신학여부다. 신천지 신도들은 많은 경우 신분을 위장하기 때문에 교적과 신학 여부가 불분명하다. 그에 대해 정확히 확인하는 자세가 기본적으로 위장교회 미혹을 방지할 수 있다. 물론 이마저도 어려운 게 요즘 신천지는 신학교에 전략적으로 신도들을 투입해서 정통 신학 과정을 마치도록 한다. 이들 명의로 교회를 세우면 외관상으로는 완벽한 교회가 세워지게 돼 있다.

위장교회를 어떻게 하면 막을 수 있을까? 첫째는 교회가 이사 갈 때 어떤 교회든 간판을 반드시 떼야 한다. 위장교회가 없는 지역이 없다.

그런데 위장교회가 생기는 데는 정통교회의 책임도 있다. 교회가 이사할 때 교회의 잔재를 남기지 않는 게 좋다. 신천지가 교회를 물려받아 위장교회로 변모시킬 수 있다. 전주의 경우 교회가 이사 간 3곳이 있는데 위장교회가 그대로 자리 잡았다는 제보가 들어온 경우도 있었다. 이런 경우 사용을 해도 제재를 못하고 있다.

교회 중심적 신앙생활의 습관화가 필요하다. 누누이 강조하고 또 강조하지만 굉장히 중요하다. 위장교회든, 성경공부 센터든 성경공부를 시키게 돼 있다. 검증되지 않은 단체와 사람에게서 하는 성경공부를 지속적으로 주의시켜야 한다. 반면 교회의 책임도 있다. 과연 성도들이 성경에 대해 궁금해 하는 것에 대한 성실한 답변을 주고 있느냐 하는 점이다. 그게 잘 안되니까 신천지에 빠지는 것 아닌가?

교리교육 강화도 병행돼야 한다. 이단과의 싸움은 사실상 교리 싸움이다. 위장교회에선 계속 신천지 교리를 가르친다. 그것도 재미있게. 목사님들과 상담해보면 그렇다. 설교 중에 신천지 조심하라고 가르치는데 교인들이 미혹된다는 고민을 말한다. 그런데 신천지를 보면 이렇다. 신천지 교리 교육 과정에 새신자교육이 있다. 여기서 성경에 대해 비록 틀렸지만 세밀하게 가르친다. 성경의 주인공은 예수님, 성경을 보는 법, 예언서 보는 법, 하나님을 아버지라 부를 수 있는 자격, 성경속의 영의 세계·육의 세계, 내 영혼의 일용할 양식은 무엇인가 이런 식으로 공부를 해나간다. 이게 성도들에게 재미를 준다는 것이다. 요즘 말씀만 갖고 성도를 양육하면 부흥이 안 된다, 너무 메말라진다고 하며 자꾸 자극적이고 현상적인 집회에 관심을 갖는 목사님들이 계신다.

그런데 신천지를 통해서 본 현실은 전혀 그렇지 않다. 틀렸지만 말씀만 가르치는데도, 어떤 기적적 현상이 일어나지 않는데도 성경공부만 갖고도 사람들이 매년 20~30%씩 늘어나고 있는 게 신천지다. 뭔가 느껴지는 게 없는가?

2. 교단·학력 의혹 분당 새○○교회에선 무슨 일이…

분당 야탑역 인근에 설립된 지 1년이 갓 넘은 새○○교회와 전 담임 박시몬 씨의 행각이 수상하다. 교인 250여 명이 모이는 교회의 담임이란 사람이 교단 명칭을 올해 2차례 변경했다. 문제는 박 씨 자신이 소속했다고 밝힌 교단에서는 박 씨와 새○○교회가 소속되지 않았다고 한다는 점이다. 주보 광고 면을 보면 의심되는 내용이 나온다. 학력도 마찬가지다. 상식을 가진 목회자나 교회에선 도저히 있을 수 없는 일이 그곳에서 벌어졌다. 더욱 수상한 것은 이에 대한 논란이 제기되자 박 씨가 돌연 새○○교회를 사임했다는 것이다.

필자는 2011년 11월 6일(주일) 새○○교회를 직접 찾아갔다. "예배를 드리러 왔다"며 교회로 들어가려 하자 교회 측은 "인도자가 누구냐?"며 예배당 안으로 못 들어가게 막았다. 인도자를 통해 소개받은 사람만 교회 안으로 들어갈 수 있다는 것이었다. 안내자는 필자를 교회 현관에서 막고 교회 내부에서는 사진기를 든 신도가 오히려 필자를 촬영했다.

이들은 교회의 주보 한 장도 필자에게 주지 않았다. 박시몬 씨가 교회를 사임했다며 그의 연락처 등 그와 관련한 일체의 일에 대해 철저히 함구했다. 교회 측 인사들은 현재 이 교회의

학력, 교단, 소속, 경력, 모든 걸 위조해서 교회 간판을 걸어놓은 신천지 가짜교회

교단 소속이 어디인지조차 제대로 말하지 않고 있다. 필자가 찾은 새 ○○교회, 정상적인 교회의 모습과는 거리가 멀어보였다.

1) 새○○교회 전 담임 박시몬 씨의 '거짓 퍼레이드'

새○○교회 담임으로 있던 박시몬 씨는 이 교회의 설립 멤버로서 2011년 2월만 해도 소속 교단을 '합동정통'으로 기재했다. 그런데 올해 7월 '합동'으로 바꿔서 주보에 소개했다. 자료상으로는 5개월 만에 합동정통에서 합동으로 교적을 옮겼다.

필자는 합동정통 측과 합동 측에 각각 박시몬 씨가 소속되어 있는지 확인해보았다. 그러나 박시몬 씨가 소속되어 있지 않다는 답변이 돌아왔다.

합동정통 측의 핵심 관계자는 최근 필자와의 전화통화에서 "박시몬이란 목사는 물론 분당에 새○○교회라는 이름으로 본 교단에 소속했던 교회는 과거도 현재도 없다."고 확인해줬다. 과거 합동정통이란 명칭을 사용했던 백석 측에서도 "'박시몬'이란 이름의 목회자는 없다"고 잘라 말했다.

박시몬 씨는 자신의 교단을 10월에는 합동 측으로 기재했다. 그러나 그마저도 의심스럽다. 합동 측 목회자·교회가 망라된 교단 홈페이지 주소록에는 새○○교회라는 이름이 50여 곳 나오기는 한다. 그러나 분당에 위치한 새○○교회는 주소록에 나오지 않는다. 목회자 박시몬이란 이름도 나오지 않는다. 물론 사무국에서도 박시몬, 분당의 새○○교회는 등록되지 않은 사람이라고 확인해줬다. 교단 측의 설명이 맞다면 박시몬 씨는 교단을 사칭한 것이 된다.

주보 광고까지 의혹거리로 떠올랐다. 2011년 10월 9일 주보 광고 5번에 "2011년 10월 17일(월) 정기노회가 인천 OO교회(김OO 목사 시무)에서 있을 예정입니다. 성도님들의 기도를 부탁드립니다."라고 나왔다. 필자가 확인한 결과 김OO 목사가 시무하는 인천 OO교회는 예장 백석 측 교단이다. 같은 주보에 자신을 합동 측 소속 목사로 소개한 박 씨가 백석 측 노회에 참석하는 것 자체가 난센스다. 인천 OO교회의 한 관계자는 11월 4일 필자와의 전화통화에서 "새OO교회가 어떻게 우리 교회를 알고 주보에 기재했는지 정말 궁금하다."며 "박시몬이란 사람은 알지 못하는 사람이고 우리 교회에서 10월 17일에 노회가 열린 바도 없다."고 말했다.

교단 소속뿐 아니라 박 씨의 학력도 의문투성이다. 교회 주보에 '총신대' 출신에 '이스라엘 히브리대학(Israel Hebrew Univ) 성서고고학 및 중동학 연구'(Biblical Archaelogy & Middle East Studies)를 했다고 나와 있다. 서울 사당동에 위치한 총신대와 히브리대학 관계자를 통해 학력을 확인해 보았다. 히브리대학은 이스라엘 총리 4명을 배출한 세계적인 명문대학이다. 각 대학 측의 답변은 'NO'다. 사실이 아니라는 말이다. 박 씨는 자신의 교단소속·학력 의혹과 관련, 무엇이라 말할 수 있을까?

2) 필자 막은 여신도 "나는 부녀회장"

필자는 교회 주보에 기재한 전화로 수차례에 걸쳐 전화를 했다. 박시몬 씨의 입장을 듣기 위해서였다. 그러나 전화를 받는 사람이 없었다. 필자는 〈기독신문〉 기자와 함께 2011년 11월 6일 새○○교회가 위치한 분당 야탑역을 직접 찾았다. 새○○교회 예배에 참석한 후 교단 · 학력 의혹에 휩싸인 담임목사라는 박시몬 씨를 만나 입장을 듣기 위해서였다.

새○○교회는 아파트 상가 건물 3 · 4층에 위치했다. 건물에는 〈기도 한국〉이란 플래카드가 걸려 있었다. 그런데 '기도 한국'의 제목과 사용하는 글씨체가 모두 합동 측에서 2006년부터 연례행사처럼 진행하는 기도 한국 운동과 동일했다. '기도 한국'을 아는 사람이라면 새○○교회는 합동 측처럼 보일 수도 있다. 그러나 예배당 입구에서부터 새○○교회는 정통교회의 모습과는 매우 큰 차이를 보였다.

필자가 4층 예배당 안으로 들어가려 하자 교회 현관에서 안내를 하던 신도 3인이 앞을 가로막았다.

안내자1: "처음 오셨습니까?"

필자: "네 처음 왔습니다."

안내자2: "인도를 받고 오셨어요?"

필자(예배당 문을 밀며): "아닙니다. 예배드리고 싶어 왔고 예배 후 담임 박시몬 목사와 인터뷰를 하고 싶습니다."

안내자2(필자를 계속 가로 막으며): "박시몬 목사 사임하셨습니다."

필자: 2일 전만 해도 박시몬 목사가 교회에 있었다는 것을 확인했는데요?

안내자2: 지금은 사임하셨습니다.

필자: 그러면 예배 후에 교회의 대표성 있는 분과 인터뷰를 하고 싶습니다.

여성 안내자: 그럼 미리 얘기를 하고 와야지.

필자: 전화를 했는데 받지 않아서 직접 왔습니다.

여성 안내자: 이렇게는 안 되지. 허락을 받고 와야지.

필자:(집회소 문을 열며)예배를 드리고 나서 얘기 하죠

여성 안내자: (예배당 출입을 거절하며)이건 아니지. 예의가 아니죠.

새ㅇㅇ교회 관계자들은 필자가 처음에는 예배를 드리고 싶다고 밝혔으나 인도자가 있냐고 확인했다. 인도자 없이는 교회 안으로 들어가는 것조차 허락하지 않는 모습이었다. 교회의 대표성 있는 사람과 인터뷰를 하고 싶다는 제의도 거절했다. 갑자기 찾아왔으니 예의가 아니라는 것이 이유였다. 안내자는 필자들을 교회 현관에서 막고 교회 내부에서는 사진기를 든 신도가 필자들을 촬영했다.

안내자들은 주보 한 장 달라는 요구에도 불응했다. 새ㅇㅇ교회 관계자들은 1년 여간 담임으로 있던 박시몬 씨의 연락처도 모른다고 했다. 논란이 되고 있는 박 씨에 대해서 "더 이상 말하고 싶지 않다, 이게 우리의 뜻이다."라고 잘라 말했다. 교회의 교단 소속이 어디인지조차 이들은 말하지 못했다.

필자의 예배 참석과 인터뷰 제의를 가장 적극적으로 막고 거절의사를 표시하는 한 여성이 있었다. 자신의 이름을 '박옥자'로 밝힌 이 여성은 놀랍게도 자신의 교회 내 직위를 '부녀회장'이라고 소개했다. 필자가 놀란 이유는 부녀회장이란 직분은 정통교회 내에서 거의 사용하지 않기 때문이다. 그러나 신천지교회의 경우 교회 내 남녀 조직으로 이 명칭을 사용한다. 신천지 측은 교회 내에 보편적으로 4부서를 둔다.

장년회, 부녀회, 청년회, 학생회가 그것이다. 예장 합동 측 교회라는 새○○교회의 한 여성이 신천지 부서명과 동일한 명칭을 말하며 그곳의 회장이라고 소개한 것이다. 합동 측 교회에 언제 교회 내 부서에 '부녀회장'이 있었나?

신천지에 1년 정도 있다가 나온 한 이탈자는 필자에게 "정통교회에서는 대부분 '여전도회'라고 하는데 신천지에서는 '부녀회' 등의 조직 명칭을 사용한다."며 "아직도 부녀회라는 단어가 입에서 떨어지지 않아 여전도회장을 '부녀회장'이라고 부르는 경우가 있다."고 말한 바 있다. 지금은 사임했다는 담임목사 박시몬 씨의 교단·학력 사칭 논란에 휩싸인 새○○교회, 게다가 이 교회의 한 여성은 자신을 신천지 조직에서 사용하는 '부녀회장'이라고 소개했다. 과연 이들의 정체는 무엇일까?

경기도에 세워진 신천지 측 가짜교회 겉은 일반교회와 동일하게 꾸몄다

3) 분당 새○○교회, 신천지 위장교회 '진한' 의혹

A 집사는 2개월간 새○○교회에서 성경공부를 했다. 그녀는 우연히 만난 한 사람과 교제를 나누다가 새○○교회를 소개받았다. 기도를 많이 하는 사람으로 자처하던 그 사람은 A 집사에게 '영적으로 매우 깨어 있는 사람'으로 영적 우위를 선점하며 다가갔다. 기도를 하면 하나님의 음성이 들리는 사람으로 자처했던 것이다. 어느 정도 신뢰가 쌓일 즈음 상대는 A 집사에게 "내가 기도해 보니 당신은 하나님이 택한 종이 있는 교회로 가야 한다."며 "그곳은 분당에 있는 새○○교회다."라고 말했다.

A 집사는 주저하지 않고 출석하던 교회를 떠나 새○○교회로 옮겼다. 하나님의 음성을 듣는다는 사람의 말이니 A 집사는 거절할 수 없었다. 새○○교회로 옮긴 A집사는 이곳에서 박시몬 씨 등으로부터 성경을 배웠다. 배운 내용은 △성경은 비유로 봐야 한다. △영은 육을 들어 사용한다. △보혜사는 은혜로 보호하는 스승이다. △성경공부 사실을 숨겨야 한다(소위 입막음교리)는 것이었다. 정통교회에 대한 비난도 들었다. 기존교회에는 성령도 안 계시고 하나님이 전혀 상관치 않는 교회이고 기존 목회자들은 하나님의 참 목자가 아니라는 것이었다.

A 집사뿐이 아니다. B 집사도 유사한 경험을 했다. 정통교회에서 수십 년간 신앙생활을 한 B 집사는 "자신이 새○○교회 같은 곳에 빠질 줄은 몰랐다"고 말한다. 신앙생활을 하며 나름대로 구원의 확신을 갖고 있다고 생각했고 이단분별도 곧잘 한다고 생각했기 때문이다. 그러

나 정말 가까운 사람 한 명이 "성경을 잘 풀어주는 신령한 목사님이 분당 새○○교회에 계신다."고 소개를 했다. B 집사는 새○○교회에서 박시몬 씨 등과 함께 성경공부를 시작했다. 그 내용은 A 집사가 배운 내용과 동일했다. 거기에 더하여 '선악구분', '성경개론', '신앙인의 3대 요소', 특강으로 '거듭나는 성장과정과 인내의 믿음'이라는 과정을 공부했다. 공부하면서 생긴 현상이 있었다. 정통교회관, 목회자관, 구원관이 송두리째 흔들리는 경험이었다.

과연 A · B 집사가 새○○교회에서 배운 교리들은 정통신앙이었을까? 신현욱 목사(전 신천지 교육장, 구리 초대교회 담임사역자)는 A 집사 등의 성경공부 교재를 확인한 뒤 "성경공부 내용이 신천지의 초등교육에 나오는 교리들"이라며 "이런 교리를 가르쳤는데 정통교회의 간판을 달고 있다면 신천지 위장교회일 가능성이 크다."고 주장했다. 신 목사는 "신천지 측이 일반교회와 똑같은 교회를 하나 만들어 놓고 설교는 신천지 말씀을 섞어서 가르치는 게 위장교회다"며 "위장교회의 교단 명칭은 대개 대한예수교 장로회를 많이 사용한다."고 설명했다. 장로교는 교단이 많아 감리교나 침례교와 달리 '교단이 어디냐?'고 할 때 둘러대기가 쉽기 때문이라는 것이다.

이덕술 목사(한국기독교이단상담소 서울 소장, 에제르상담센터)도 A 집사 등이 배운 교리들은 신천지 교리이며 그렇다면 새○○교회는 신천지 위장교회일 가능성이 크다고 주장한다. 이 목사가 분당 새○○교회를 신천지 위장교회로 보는 이유는 다음과 같았다.

먼저 이 목사는 분당 새○○교회 탈퇴자들에게 신천지 초등교육과정의 목차를 보여줬다고 한다. 반응은 한결 같았다. 탈퇴자들은 자신들이 새○○교회에서 배운 성경공부 내용이 이 목사가 보여준 신천지 초등교육과정의 목차 내용과 동일하다고 답했다. 심지어 특강 순서와 주제까지도 똑같다고 확인해준 사람도 있었다.

탈퇴자 중에는 새○○교회를 신천지 위장교회라고 의심하며 전 담임 목사인 박시몬 씨에게 따진 사람도 있었다고 한다. 이 목사는 탈퇴자와 관련 다음과 같은 일이 있었다고 필자에게 말했다. 탈퇴자가 성경공부를 하다가 "당신 신천지 아니냐?"고 박시몬 씨에게 따져 물었다는 것이다. 그러자 박 씨는 부인하지 않고 오히려 "그렇다"며 "이왕 성경공부를 한 거 더 해볼 필요가 있지 않느냐?"고 제안했다는 것이다. 새○○교회 내에서 가르친 성경공부 내용, 그리고 신천지임을 따지고 추궁했을 때 담임 박시몬 씨가 보인 태도 등을 종합하면 새○○교회가 신천지 위장교회일 가능성이 크다는 것이다.

4) 새○○교회 인사들, 신천지 명단에 나오는 이유

분당 새○○교회에 대한 취재 기사를 작성한 후 필자에게 추가적인 자료들이 입수됐다. 익명의 세보사들을 통해 신천지 내부 자료, 신천지 측 교회 조직표, 신천지 측 요한 지파 총회 보고서 등을 확보할 수 있었다. 새○○교회 관계자들의 이름을 그 자료들에서 검색해보았다. 새○○교회의 담임이었다가 갑작스레 사임했다는 박시몬 씨는 물론 김모 씨, 양 모 씨 등 교회 신도들의 이름이 신천지 측 자료에 등장했다.

이 자료들에 따르면 박시몬 씨는 2006년부터 2007년 신천지 측 동대문교회(당시 윤요한 교육장 담임)에서 전도사 생활을 했다. 이 기간은 박시몬 씨가 새ㅇㅇ교회 주보에서 이스라엘·터키·그리스 등지에서 선교사 사역을 했다고 소개한 시기이다. 박 씨는 신천지 측 전도사 생활을, 해외 선교라고 착각한 것일까?

박시몬 씨가 신천지 측 동대문교회로 오기 전 자료도 있다. 박시몬 씨의 이름은 그 전에는 '박완수'란 이름으로 검색된다. 박완수란 이름으로 전라남도 베드로 지파에서 1993년 7월경 입교, 같은 해 11월 14일 신천지 교육 16기 수료, 광주교회 청년부 문화부장을 지낸 것으로 나온다. 전화번호 등은 바꾸지 않고 이름만 바꿨기 때문에 필자가 발견할 수 있었던 내용이다.

박시몬 씨가 신천지 입교를 한 후 제적이나 탈락을 했다는 기록은 남아 있지 않다. 필자에게 제보된 자료가 사실이라면 분당 새ㅇㅇ교회의 박시몬 씨는 1993년부터 현재까지 20년 가까운 세월을 골수 신천지 신도로 살아온 것이다. 실제로 박시몬 씨를 만나본 사람들은 다음과 같이 말한다.

"박시몬 씨 스스로가 자신을 전남 광주 출신으로 소개했다. 말할 때도 박 씨는 호남 사투리를 사용했다."

신천지 측 인사임이 거의 확실한데도 새ㅇㅇ교회 주보에선 '총신대' 출신에, '예장 합동'교단 소속, '이스라엘 히브리대학'에서 공부, '선교 사역' 등을 했다고 사칭한 것이다. 필자는 박 씨의 입장을 듣기 위해 그의 연락처로 전화를 했다. 한 달 전 만해도 박 씨의 연락처로 확인된

번호였다. 그러나 상대는 전화를 받지 않았다. 필자가 인터뷰를 하자고 문자를 보냈으나 상대는 '전화 잘못 하셨네요.'라는 답장만 보냈다.

박 씨 외에도 검색되는 사람이 다수 있었다. 이 중 김 모 씨의 경우 신천지 성남 시온 지파의 한 사람으로서 2006년 신천지 측 학생회 총무를 지냈다. 양 모 씨의 경우 신천지 측 K교회 주교육전도사, 2006년 12월 성남신학원, 성남 시온 전도사, 청계신학원 교육전도사 등을 지낸 것으로 나온다. 필자가 확보한 자료상으로 본다면 분당 새○○교회는 신천지 측 신도들로 구성된 위장교회라는 주장도 가능해진다.

만일 그렇다면 신천지 측 신도들은 왜 위장교회를 운영하며 성도들을 기만해야 하는 것일까? 이에 대해 강성호 목사(전 신천지 강사)는 필자와 신천지 위장교회와 관련한 인터뷰를 하며 다음과 같이 말한 바 있다.

"'신학원 가자!' 이러면 탄로가 난다. 이미 '신학원=신천지'라는 것을 아는 사람이 늘고 있다. 이런 방법으로는 신천지 포교가 쉽지 않다. 그런데 '말씀 좋은 교회가 있으니 가자.'고 하는 것은 쉽다. 위장교회에서는 신앙의 가장 기본적인 것, '신앙인의 자세', '예수는 누구인가' 등에 대해 가르친다. 상대방이 별 거부감 없이 받아들일 수 있는 내용을 가르친다. 이런 것 아니면 신천지가 커가는 방법은 없을 것이기 때문이다."

추수꾼 포교, 무료성경신학교육 등의 방법으로 신천지가 확대되는데는 한계가 있다는 것이다. 결국 정통교회 성도들을 쉽게 미혹하기 위해 신천지 내부적으로는 위장교회가 반드시 필요한 상황이라는 분석이다. 현재도 분당의 새○○교회는 그 자리, 그 장소에서 '대한예수교장로회'란 명칭을 달고 포교하는 중이다. 위장교회를 쉽게 분별할 수 있는 방법은 없을까?

답은 '무조건 물어보라'는 것이다. 신현욱 목사(신천지 교육장 출신)는 위장교회 분별법에 대해 다음과 같이 말한다.

"분별하는 방법 중에 가장 좋은 것은 교단 소속을 정확하게 확인하는 것이다. '교단이 어딥니까?' 물어보라. 합동이냐, 통합이냐, 확인에 확인을 거듭하라. 그리고 목사님이 어디서 신학을 했는지도 확인해야 한다. 흔히 '총신'이라고 하는데 정확히 어디인지를 알아봐야 한다. 사당동 총신인지, 방배동 총신인지를. 위장교회를 할 때 제일 대답하기 어려운 게 그거다.

타 교회에서 말씀을 듣거나 세미나에 참여하는 것에 대해서는 신중하게 하고 목사님께 허락을 받아야 한다. 독은 안 먹어야 하는 것이지 자기가 맛을 보고 판단해야 하는 성질의 것이 아니다. 이단 교리는 독이다. 무조건 듣지 못하도록 근본적으로 차단하는 것이 제일 중요하다."

3. 함께○○교회, 신천지인데 아닌 척?

충청남도 천안에 세워진 신천지 측 위장교회 간판에 대한예수교장로회라고 붙여 놨다

2012년부터 신천지 복음방, 신학원은 물론 신천지 교회와 위장교회 앞에서 신천지의 실체를 알리는 시위를 지속해오던 우송균 집사(44, 빛과소금의교회)가 난관에 봉착했다. 우 집사는 충남 천안에 위치한 함께○○교회 앞에서 2016년 11월 13일 '신천지 위장교회, 3층 함께○○교회'라는 피켓을 걸고 시위를 했다. 이 과정에서 출동한 경찰에 의해 수갑이 채워져 연행되는 사건까지 발생했다. 위장교회 의혹을 받고 있는 교회 측은 '업무방해' 혐의로 우 집사를 고소했다. 대전지법 천안지원은 2017년 4월 14일 우 집사에게 업무방해혐의를 적용, 100만 원 벌금형을 내렸다. 우 집사는 이에 불복하고 정식 재판을 청구했다. 이 사건과 관련 1년 가까이 재판이 진행되고 있지만 우 집사는 천안 함께○○교회가 신천지 위장교회라는 주장을 굽히지 않고 있다. 또한 자신에게 업무

방해 혐의가 적용된 것도 전혀 납득되지 않는다고 맞서고 있다.

1) 우송균 집사 "천안 함께OO교회는 신천지 위장교회!"

기자(기독교포털뉴스 www.kportalnews.co.kr)는 2017년 9월 8일 천안에서 우 집사를 만났다. 그는 함께OO교회를 왜 신천지 위장교회로 보고 있을까? 우 집사는 피해자들의 증언을 내세웠다. 신천지에 빠진 어머니가 어느 날 딸에게 "신천지 교회가 아닌 일반 교회를 같이 다니자."고 말했다고 한다. 그곳이 '함께OO교회'였다. 딸은 어머니 말대로 교회를 다녔다. 그런데 가르치는 내용이 이상했다. 확인해보니 가르치는 내용이 신천지와 유사했다는 것이다. 비유풀이를 하는 것은 물론 교회에서 "센터에 가서 성경공부를 해야 한다."고 말했다는 주장이다.

함께OO교회를 다니는 한 여성에 대한 얘기도 있다. 이곳에 다니는 한 여성이 '다른 교회는 다 잘못됐고 함께OO교회는 진리다.'라고 자신의 남자친구에게 말했다는 것이다. 남자친구는 여성과 다툼과 갈등이 잦아지자 함께OO교회의 주보를 갖고 우 집사를 찾아왔다고 한다. 주보를 보던 우 집사는 이상한 점을 발견했다. 이미 2016년 이전에 위장교회로 의심을 받던 열O교회와 함께OO교회의 주보가 동일했다. 섬기는 이까지 똑같았다. 목사 구화O, 박종O, 전도사 남OO, 김OO, 시무장로 이OO 까지 똑같았다. 마치 열O교회가 함께OO교회로 이름만 바꾼 것처럼 보일 정도였다. 목사라고 기재된 사람이 '구화O'인데 가명을 쓴다는 점도 파악됐다. 구 씨의 실명은 구영O(남, 만 59세)다.

가장 결정적인 건 구화O의 실명 '구영O'가 세간에 회자되고 있는 신천지 교적부에서 발견된다는 점이다. 교적부뿐만 아니라 맛디아 지파(대전·충청 지역)에서 신천기 23년(2006년) 7월 16일 성경공부 과정을 수료했다는 자료까지 파악되었다. 신천지 맛디아 지파 천안교회 목사로 소개된 자료도 있다. 신천지 소속 목회자로 보이는 인사가 섬기는 교회이니 신천지 위장교회로 의심받는 건 당연한 일이다.

구영O뿐 아니라 소송 과정 중 진정서를 제출한 윤OO 신도도 구영O 씨와 마찬가지로 신천기 23년 7월 16일 맛디아 지파 수료생 명단에서 이름이 검색되었다. 이외에도 우 집사는 "함께OO교회 목사로 주보에 기재된 박종O 씨는 2012년~2013년 사이 신천지 센터 앞에서 시위를 할 때 가장 적극적으로 나를 막던 사람"이라며 "피해자를 통해 내가 알

고 있는 박종O 씨와 함께OO교회 목사로 기록된 박종O 씨가 동일인임을 확인했다."고 주장했다.

업무방해 혐의에 대해서도 우 집사는 "내가 시위하면서 찍은 동영상을 법원에 제출할 것이다."며 "아무리 돌려보고 또 돌려봐도 내가 함께OO교회 신도들에게 방해 동작을 하거나 고성을 지르거나 예배 방해를 한 행위는

위장교회 앞에 세워진 펼침막 일반교회와 다를 바 없어 보인다

눈을 씻고 찾아도 없었다."고 반박했다. 우 집사는 철저히 1인 시위를 한 것이고 △소리를 지르거나 △교회를 출입하는 신도들의 앞길을 막아서거나 △교회 출입을 방해하거나 △허위사실을 유포하고, 위력을 행사하여 업무를 방해한 사실이 없다고 주장하고 있다.

2) 신천지 위장교회 논란, 함께OO교회 측은 반론에 소극적

천안 두정동에 위치한 함께OO교회는 자신들을 향해 제기되는 의혹에 어떤 입장을 보이고 있을까? 필자(기독교포털뉴스 www.kportalnews.co.kr)는 2017년 10월 13일(금) 오후 1시경 함께OO교회를 직접 찾아가 보았다. 여느 교회처럼 간판도 있고, 건물 꼭대기엔 십자가도 달려 있었다. 그러나 다른 교회와의 차이점이 쉽게 눈에 띄었다. 대다수의 교회라면 써놓았을 교회 연락처가 전혀 나오지 않았다. 간판은 물론, 건물 입구, 교회 출입문 입구에조차 연락처는 없었다. 심지어 주보에도 그 흔한 핸드폰, 연락처 하나 기재돼 있지 않았다. 교단 소속을 인증하는 마크도 없었다.

기자가 올라간 교회 3층 출입문은 잠겨 있었다. 문을 두드리며 "계세요?"라고 하자 안에서 목소리가 들렸다.

"누구세요?"

"이 곳이 신천지 위장교회라는 의혹이 제기되고 있습니다. 입장을 듣고 싶습니다."

"목사님 안 계시니 다음에 오세요."

"목사님 언제 오세요?"

"오늘은 예배가 없는 날이에요."

"오늘 금요일인데, 저녁 예배가 없나요?"

"있어요."

"몇 시인가요?"

"이따 봐야 알 거 같아요!"

"주보 좀 주실 수 없나요?"

"죄송합니다. 다음에 오세요."

"목사님이 이따가 예배에 오시나요?"

"모르겠네요. 어떻게 될지."

"(목사님이) 예배 때 나올지 안 나올지 모르세요?"

"네!"

함께OO교회 안에 있던 신도는 혼자 있다는 이유로 문을 열어 주지 않았다. 언제 목회자가 나오는지도 알려주지 않았다. 금요 예배 시간에 나오는지 질문했으나 이마저도 모르겠다는 답변을 했다. 기자는 명함만 문틈으로 넣어 주고 연락이 오기를 기다렸으나 아직 함께OO교회 측은 반론을 하지 않고 있다.

우송균 집사를 업무방해와 명예훼손혐의로 고소하면서 함께OO교회 측 신도들은 어떤 주장을 했을까? 그들은 △예배 시간 내내 밖에서 '신천지 위장교회'라며 소리를 쳤다. △다수의 구역 식구들에게 '이곳은 신천지다'라고 소리를 질러 너무 놀라게 했다. △교인들은 무서워서 서둘러 귀가했다고 경찰에 진술했다. 신천지 위장교회 의혹을 받고 있는 함께OO교회의 목사로 기록된 구영O 씨도 "신천지 교회도 아닌데 (우 집사가) 허위 사실을 유포하고 출입구에서 교인들을 겁주고 교인들의 출입을 방해해 교회를 나오지 않는 교인들이 생겼다."며 "교인들이 놀라 교회에 대한 의심이 생겨 종교 활동과 봉사 활동까지도 침체된 분위기이고 이 일 때문에 놀라 병원에 가 진단을 받고 통원치료를 하고 있는 사람도 있다."고 경찰에 진술했다. 함께OO교회 측은 우 집사를 고소하며 자신들이 신천지 위장교회가 아니라고 반박하는 중이다.

3) 예장 개혁 측, "함께OO교회, 총회 소속 교단 아니다!"

소송이 진행되는 과정 중에 함께OO교회의 실체를 가늠할 수 있는 정보가 기자에게 입수됐다. 함께OO교회가 소속했다는 교단 총회장이 담임인 구영O 씨를 불러 조사를 한 사례가 있었던 것이다. 이 조사 자료를 보면 신천지 출신 의혹을 받고 있는 구영O 씨의 경우 교적이 예장 개혁총회(총회장 이만O 목사)에 소속한 목회자인 것으로 확인은 됐다. 그러나 구 씨가 예장 개혁 측 소속 목회자라는 것과 '함께OO교회'가 교단 소속 교회라는 것은 별개의 문제다. 실제로 개혁총회의 한 관계자는 10월 16일 기자와의 전화통화에서 "함께OO교회는 개혁 측 소속이 아니다."며 "구 목사가 개혁 총회 소속 목회자인건 맞지만 논란이 되고 있는 함께OO교회에 협동목사로 있었기 때문에 함께OO교회는 교단 소속 교회라고 할 수 없다."고 설명했다.

구 씨는 함께OO교회에 협동목사로 있었을 뿐 실제적인 설교, 목양은 박종O 씨가 했다는 것이다. 따라서 함께OO교회의 교단 소속은 개혁 측이라고 볼 수 없다는 것이다.

총회 측은 구 씨가 신천지 신도라는 논란에 대해서는 반대 의견을 보였다. 총회는 "구영O 목사는 총회 신학대학교에서 수학을 한 정통교단 목사임을 (졸업)앨범을 통하여 확인하였다."며 "신천지 추수꾼에 대하여 철저히 응징을 한 사례도 확인하였다."고 선을 그었다.

구 씨는 개혁 총회의 임원들과 만난 자리에서 박종O 씨가 어떤 곳에서 신학을 하고 교단 소속이 어디인지 모르겠다고 답했다. 또한 총회 측이 "박종O 씨가 신천지인인가?"라고 묻자 구 씨는 "이전에는 몰랐는데 사건이 전개되고 진행되는 것을 보니 신천지인 것 같다."고 답한 것으로 전해졌다.

총회 측의 입장에도 불구하고 목회자로 기록된 인물과 교인 일부가 신천지 교적부 등에서 등장하는 등 당분간 천안 두정동에 위치한 함께OO교회에 대한 신천지 위장교회 논란은 사그라지지 않을 것으로 보인다. 한편 우 집사는 위장교회와 관련한 소송에서 2018년 11월 29일 무죄로 역전 승소했다.

3부

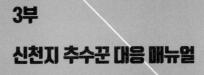

신천지 추수꾼 대응 매뉴얼

Ⅰ. 신천지 사기 포교, 추수꾼 분별과 대책

1. 신천지 추수꾼 포교법 세부전략

적을 알고 나를 알면 백전불태라는 말이 있다. 신천지예수교 증거장 막성전의 정통교회를 향한 포교는 '추수꾼' 포교가 핵심이다. 이들의 포교수법과 관련한 세부 전략들은 한국교회 성도라면 누구나 알고 있어야 할 정도로 심각하다. 다음 글은 신천지 측의 〈새신자관리시스템〉(신천지총회교육부), 제자훈련교재, 사명자 교육-추수밭 운영 DVD동영상, 추수꾼 포교를 당한 정통교회 성도의 제보 등을 토대로 구성한 것이다.

정통교회를 자신들의 밥이라고 교육 받는 신천지 신도들

1) 신천지는 왜 정통교회를 포교의 장으로 삼는가?

다음은 신천지 과천교회 김모 전도사가 신천지 측 직분자들을 대상으로 한 강의다. 이 내용 중 신천지 측이 왜 정통교회 자체를 포교의 장으로 삼는지 단서를 찾을 수 있다.

"추수밭(정통교회를 뜻한다: 편집자 주)은 결국은 우리의 밭입니다. 예수님께서 씨 뿌려 놓고 가신 밭, 그래서 마지막 때에는 추수, 밭, 씨 뿌린 곳에 가서 뭐하래요? 추수하라 그러죠? 네, 추수하라! 명령을 하셨습니다."(신임사명자 교육 – 추수밭 운영 DVD동영상, 김모 전도사 2005년 1월 25일 강의)

예수님이 씨를 뿌려 놓으신 정통교회, 그곳에서 말세가 되면 추수하라고 예수님이 명령하셨다는 것이다. 신천지 교역자의 말을 계속 들어보자.

"지금까지 우리는 추수밭에 가서 추수한 것이 아니라 길거리에 돌아다니는, 떠돌아다니는 길 거리표를 많이 잡으러 다녔습니다. 저도 생각이 그랬어요. '추수밭, 추수밭에서 어떻게 빼내지?' 전에는 그런 생각을 많이 가졌는데 이제 선생님(이만희 씨를 뜻한다: 편집자 주)께서 의도하시는 바를 너무너무 뼛속 깊이 느낍니다. 우리가 가가호호를 간다든지 설문지를 한다든지 이러한 전도방법은요 돌아다니는 고기, 움직이는 고기를 잡으러 다닌 거예요. 그런데 추수밭이란 곳은 어떤 곳이냐? 고기가 떼거리로 모여 있는 곳입니다. 밭 맞죠? 어찌 보면 양어

장, 그냥 손만 넣으면 잡힐 수 있는 곳!"(위 동영상)

신천지 측은 정통교회의 예배당을 맘대로 고기를 낚을 수 있는 양어장, 얼마든지 추수할 곡식이 즐비한 추수밭 정도로 생각한다. 신천지의 추수꾼 포교전략에 대한 경계의 끈을 놓아서는 안 되는 이유다.

이들은 불특정 다수를 대상으로 포교하는 기존의 이단단체와는 확연히 다르다. 교회 내부로 들어와 '특정의 소수'에게 집중하는 것이 이들의 특징이다. 미혹할 때 사용하는 방법은 실체를 잡아내기 어려울 정도로 교활하다. '모략'을 사용하기 때문이다. 이사야 19장 17절을 근거로 모략이 바벨론(신천지에서는 정통교회를 바벨론으로 지칭한다: 편집자 주)을 떨게 할 방법이라면서 신천지는 추수꾼 포교 시 '모략'을 써야 한다고 강조한다. 말이 좋아 모략이지 신천지 측의 모략은 한마디로 표현하면 '거짓말', '사기'와 다를 바가 없다. 정통교회 성도들을 미혹하기 위해 신천지교인들은 자신들을 외국에서 온 선교사, 정통교회에서 양성된 전문사역자 등으로 맘껏 위장한다.

신천지 측 신도들끼리 서로 아버지, 이모, 누나, 오빠 역할을 해 주기도 한다. 이사를 온 초신자인 것처럼 연기도 한다. 꼬리가 밟혀도 웬만해서는 '신천지'라고 털어 놓지 않고 잡아뗀다. 자신들의 교리를 포교하기 위해서라면 거짓말도 서슴지 않는다. 신천지에서 이탈한 한 신도는 "신천지가 진리였다고 생각했을 때조차 추수꾼 역할을 하는 것은 양심상 걸림돌이 됐다."며 "정통교회에 들어갔다가 도중에 중단하고 나온 적도 있다."고 말할 정도로 그들은 모략이란 미명 하에 거짓말을 많이 한다.

2) 추수꾼들은 정통교회 성도들에게 어떤 방법으로 접근할까?

그들은 정통교회 성도들을 미혹하기 위해 철저하게 역할을 나누고 교묘하게 접근한다. 〈동물의 왕국〉을 보면 초식동물을 사냥하는 사자들이 역할 분담을 하는 장면을 볼 수 있다. 몇 마리는 바람결에 자신의 냄새와 존재를 알려 사냥감들을 요동치게 만든다. 또 다른 사자는 사냥감들이 혼비백산한 틈을 타 가장 약한 것들을 파악해 사냥해내는 역할을 한다. 신천지의 추수꾼들도 큰 차이가 없다.

연극에서 대본을 짜듯이 각자의 역할을 배정한다. 대략적으로 3인 1조의 짝으로 나눈다고 보면 된다. 신천지신도 A는 정통교인 B에게 신천지교인 C를 소개하는 역할을 한다. A가 정통교회 앞을 어슬렁거리다가 정통교회 성도 B라는 사람이 나오면 일부러 다가가 묻는다. "제가 아는 사람 중에 신앙생활을 열심히 하다가 시험에 들었어요. 저는 이 지역에 잠깐 온 사람이니까 이 사람이 교회에 다니게 전도 좀 해주시면 고맙겠어요." 그리고는 신천지교인 C의 전화번호를 정통교인 B에게 넘긴다. 교회의 가장 중요한 사역 중 하나는 전도다. 아무것도 모르는 B는 전도의 기회로 생각하며 C에게 전화를 하게 된다. 미리 각본을 짜둔 C는 B의 권유를 받고 못 이기는 척 교회를 출석하기만 하면 된다. 추수꾼이 정통교회로 들어가는 방법 중 하나다.

그 후 신천지 추수꾼 C는 정통교인에게 전도당한 뒤 보호와 양육을 받는 척하며 정통교회에서 신앙생활을 하는 척하면 된다. 과거, 추수꾼이 직접 정통교회로 들어갔을 때와 상황이 많이 달라졌다는 얘기다.

과거에는 '내가 추수꾼인지 사람들이 알면 어떡하지?'라며 눈치를 살피며 교회 속에서 신앙생활을 한 것이 추수꾼들이었다. 그러나 이제 추수꾼들은 철저한 역할 분담으로 '정통교회' 신도들의 전도와 인도와 양육을 받아서 교회 속으로 들어간다. 그리고 그 속에서 새 신자 대우를 확실하게 받으며 눈치 보지 않고 떳떳하면서도 교묘하게 활동하고 있다. 이것을 가능하게 한 것이 '짜고 치는 포교법'이다.

양육을 받는 척하는 C는 틈틈이 다음과 같은 사항을 진행한다. 정통교인들을 미혹하는 데 필요한 모든 정보를 제3의 인물인 D에게 넘긴다. 정통교회 성도 B의 꿈, 성격, 고민, 가정적 문제, 목사와 교회에 대한 만족도, 혈액형 등 거의 모든 내용이 D에게 넘어갔다고 보면 된다. 신천지 추수꾼들이 섭외 대상 중 최상급으로 치는 상대는 심성이 착하고, 시간이 많고, 교회에 불만 있고, 성경공부에 호기심이 많은 사람이다. C는 정통교인들의 양육을 받으며 D를 추켜올리는 간증을 틈틈이 해 놓는다. D를 교역자 · 선교사 · 목회자 · 전도사 등 사역자로 위장시키고 다음과 같은 발언을 한다.

"내가 힘들었을 때 나를 많이 도와 준 분이 있어요. 그때 그분의 기도를 통해 내 모든 문제가 해결이 되었어요. 재정 문제가 풀리고, 영적인 문제까지 모두 풀렸는데 그분이 미국에 갔다가 지금 한국에 왔다고 하더군요…."

D에 대한 호기심을 자극시켜 놓고 1~2개월 정도가 지났을 때 C와 정통교인의 교제 장소에 우연을 가장한 신천지교인 D가 등장하는 것이다.

신천지교인 C : (B와 C가 차를 마시다가 D가 각본대로 나타나면) 어? 선교사님!!

　위장 선교사 D : 어? 이게 누구야! 여긴 어쩐 일이야!

　신천지교인 C : (D와 인사를 한 후 정통교인 B를 보며) 이분은 예전에 제가 얘기했던 그 선교사님이에요.

　정통교인 B : 아, 예전에 말씀했던 그분이군요. 말씀 많이 들었습니다.

　신천지교인 C : 선교사님 너무 오랜 만인데 잠깐이라도 앉았다 가세요.

　위장 선교사 D : 실례가 되지 않는다면 잠깐 앉았다 가도 될까요?

　이런 식으로 우연을 가장해 만난 다음 C는 D와 정통교인의 '교제'를 유도하는 바람잡이 역할을 한다. 정통교인은 철저히 인간관계에 매여 하릴없이 신천지 추수꾼의 '복음방' 교육에 참석하게 된다. 복음방 교육 내용은 성경에 대하여, 성경의 주인공 예수님, 신약의 의미, 성경 보는 법을 알자, 예언서를 보는 방법, 하나님을 아버지라 부를 수 있는 자격 등이다. 신학을 전공한 사람조차도 주제만 봐서는 이단인지 아닌지 분별이 불가능하다. 결국 이러한 절차를 밟으며 자연스럽게 정통교회 성도가 이만희 씨를 보혜사라 주장하는 신천지에 빠져들어가는 것이다.

　이 만남의 과정에서 '점쟁이 식 포교'를 하는 방법도 등장한다. 과거 일부 무속인들이 특정 집의 정보를 파악한 다음 '이 집에 우환이 들었네'라며 마치 용한 점쟁이인 것처럼 접근하는 방식이다. 즉 누군가에 관해 들은 정보를 최대한 활용해 D가 다가가는 방법이다.

　위장 선교사 D: 성도님을 위해 기도해 줄게요. '사랑하는 딸아, 네가 아무도 모르게 많은 눈물을 흘리고 있구나. 내가 그 아픔을 안다.' 성도님, 요즘 경제적으로 무척이나 어려우신가 봐요. 하나님이 성도님의 아픔을 알고 계시다고 하네요.

정통교인: 아니 그걸 어떻게 알고 계세요? 우리 남편도 모르는데? 사실 경제적인 문제로 골머리가 아파요. 근데 그걸 어떻게 아신 거예요?

위장 선교사 D: 수년 전에 하나님께 깊은 기도를 하는 중에 영안이 열리게 됐어요.

신천지 교인 C:(이때 C가 바람 잡는 역할을 한다) 내가 저 선교사님 때문에 기도 응답도 많이 받고 경제적 문제가 모두 풀린 적이 있어요. 정말 능력 있는 분이세요.

정통교인: 내 문제가 훤히 보이시나봐.

위장 선교사 D: 집사님 연락처를 알려 주시면 제가 집사님 위해서 기도해 드릴게요.

이렇게 연락처를 받은 후 며칠 뒤에는 D가 직접 정통교회 성도를 접촉하는 것이다. 이미 D가 뭔가 영력이 있는 사람이라고 판단했기에 이후 만남과 성경공부는 의심받지 않고 순조롭게 이뤄지게 된다.

'짜고 치는 포교 방식'이나 '점쟁이 식 포교법'은 추수꾼들이 "성경을 기가 막히게 잘 풀어 주시는 선교사님이 계세요."라면서 단순히 성경공부 장소나 인물을 소개하는 방법에서 훨씬 진화한 것이다. 이러한 신천지 추수꾼 포교에 섭외당했던 한 제보자는 "교회 초신자를 통해 사역자라는 사람을 소개 받은 적이 있는데 그가 나를 보고는 '하나님께서 너무도 크고 귀하게 쓰실 그릇', '하나님께서 참 사랑하시는 자매'라며 칭찬하는 것을 듣고 눈물을 흘렸다."며 "그 사역자라는 사람의 입에서 '성경공부'라는 말이 나온 적이 없어서 이제까지 접해보지 못한 전혀 새로운 형식의 '양육'인 줄로만 알았다"고 말했다. 그녀는 복음방(신천지 측이 정통교회 섭외자들을 대상으로 성경공부를 하는 코스: 편집자 주) 교육이라는 것을 한참동안 받은 후에야 성경공부 내용이 신천지 교육이라는 것을 알고 나왔다며 배신감에 치를 떨었다.

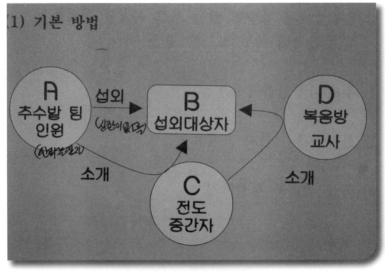

신천지 추수꾼들의 접근 경로.
역할극 짜듯이 3인 1조로 접근하는 경우도 있다

3) 신천지 측은 지금도 정통교회에 남아있는가?

신천지의 포교 대상은 성도들의 피와 땀으로 세워진 교회다. 그들은 현재 '모략'이란 이름으로 철저히 자신의 신분을 감추고 위장하며 교회 내의 정보를 제3의 신천지인에게 빼돌리는 역할을 하고 있다. 특히 신천지 측의 추수꾼 포교법은 단기적인 포교법이 아니라 장기적인 방법으로 점점 변해가고 있다. 신천지 측 내부 자료 중 추수꾼 포교법에 대해 자체적으로 평가한 자료가 있다. 그대로 인용하면 다음과 같다.

"단기적으로 활동한 후 나가게 되면 밭(정통교회를 뜻함: 편집자 주)을 버리게 됨. 즉 다른 추수밭 팀이 들어와서 활동하는 데 많은 의심을 받게 된다. 장기적 활동으로 추수밭에서 부녀회장까지 맡아 알곡 심령의 정보를 우리 추수밭팀에게 알려 주어 접근할 수 있도록 하며 추수밭팀은 모략을 베풀어 친분을 형성한 후 전도한다. 이와 같은 전도는 부녀회장의 실체가 드러나지 않으면서 전도가 된다. 그리고 부녀회장은 모략을 통해 큰 영향력을 끼칠 수 있다."

지금까지 신천지 교인들로 발각된 사람들의 면면을 보면 큰 충격을 줄 때가 많다. 한 정통교회 노회의 청년연합회 임원이자 교회 청년부 회장으로 활동하던 사람이 신천지교인으로 확인돼 퇴출당한 사건은 양반이다. 기독교동아리회장, 심지어 동아리연합회장, 기독교대학은 물론 신학대학까지, 신천지에 빠진 사람들의 면면을 보면 정통교회, 정통교회와 관련된 기관이 모두 포함돼 있다. 이는 신천지 측의 전략이 갈수록 교묘해지면서 장기화되고 있다는 것을 보여준다. 이단에는 한 번 빠지면 나오기가 어려워진다. 빠지기 전에 예방과 경계에 최선을 다하는 게 가장 중요하다.

2. 신천지 측의 '교회 통째 먹기' 새 수법

신천지 신임사명자교육 2005. 1. 25 강사:김○○전도사

게다가 그 전도사님이 사례비도 안 받고 봉사를 하겠대요.' 누구한테 얘기해요? 누구한테? 목사님한테! 접수 됐어요? [아멘]

산옮기기라는 이름으로 교회 초토화 전략을 사용하는 신천지

1) 산옮기기 전략

정통교회가 신천지예수교 증거장막성전(신천지, 총회장 이만희 씨) 측의 '추수꾼 포교전략'으로 어려움을 겪는 건 거의 20여 년 동안 지속되고 있는 현실이다. 한국교회에 이런 어려움이 지속되는 이유 중 하나는 신천지 측의 포교 전략 중 교회를 통째로 삼키는 게 핵심적 전략으로 있기 때문이다. 이는 신천지 측이 단순히 몇 사람의 추수꾼을 교회에 파송하거나 교회의 주요 요직을 차지해서 성도들을 미혹해서 빼내가는 정도가 아니다. 목회자와 성도들의 피와 땀이 서린 교회를 통째로 신천지 측으로 만들어 버리는 전략이라는 점에서 이에 대한 한국교회의 지속적 대처방안과 철저한 경계가 필요한 상황이다.

필자가 입수한 신천지 측 자료는 '신임사명자 교육 – 추수밭 운영'(김 모 전도사 2005년 1월 25일 강의, 15년도 전에 입수한 파일이지만 이 전략은 지금도 사용된다는 점에서 주의 깊게 살펴봐야 한다)이란 DVD파일이다. 이 자료에 따르면 신천지 측은 이 전략을 '산옮기기'라고 호칭한다(박스 참고). 산이란 신천지에서 '교회'를 뜻하며 정통교회를 신천지화 한다는 의미에서 붙인 명칭이다. 특강을 진행한 김 모 씨는 55분간 강연하면서 정통교회를 향한 추수꾼 전도전략을 얘기하다가 35분경부터 47분경까지 소위 '산옮기기', 즉 교회를 어떻게 통째로 삼킬 수 있을지 강연하기 시작했다. 이 강의가 고급 정보이자 비밀 전략이라는 것을 강조하려는 듯 김 모 씨는 "여러분들이 사명자이기 때문에 얘기를 하는 것"이라고 몇 번씩 반복했다.

김 모 전도사는 추수꾼 포교에서 '산옮기기'로 포교전략이 바뀌고 있는 이유에 대해 다음과 같이 말한다.

"전에는 우리가 꼬리로 들어갔어요. 성도로 들어갔죠? 그래서 구역장 자리라도 얻으려 하니까 쉬워요, 어려워요? 몇 십 년 신앙생활을 하던 사람도 구역장 못 잡는데 이제 몇 개월 다녀서 무슨 구역장이 되겠어요? 그러니 이것은 세월을 너무나 버리는 것이고, 이제 방법은 무엇이냐? 머리로 들어가는 방법! 머리! 제가 여기서 수료자 교육을 시키다보니까 전도사·신학생 출신들이 많습니다. 바벨론교회(정통교회를 의미한다: 편집자 주) 간판이 있어요. 전직이 그 활동이었기 때문에 가서도 얼마든지 익숙하게 할 수가 있습니다."

성도로 들어갔을 때 교회의 주요 요직을 차지하기가 쉽지 않아 포교에 애를 먹던 시절이 있었지만 이제 세월이 바뀌었다는 것이다. 신천지 측 교육을 수료하는 사람 중 신학생들이 많아지고 있다는 것이다. 이들을 통해 한 교회를 통째로 신천지화 하는 것이 가능해지고 있다는 설명이다.

신천지 측의 '산옮기기' 포교법은 다음과 같은 진행방식을 둔다. 강연 내용에 따르면 이 포교법의 대상은 50명 이하의 소형교회다. 소형교회라 해도 조건이 있다. 목회자가 직접 개척한 교회는 비추천이다. 교회가 세워진 후 다른 목사님이 청빙 돼서 온 경우가 적합하다는 것이다. 이 교회에 들어가는 방법은 2가지로 나뉜다. 먼저는 전도사 자격이 있는 신천지 측 신도가 정통교회의 구직 광고 등 정보를 보고 들어가서 일하겠다고 하는 경우가 있다. 두 번째는 정통교회 내부로 몰래 잠입한 집사의 추천을 받고 교회 내부로 침투하는 방법이다. 두 번째의 경우는 정통교회 내의 전도를 받은 것처럼 위장한 신천지 측 신도가 소형교회 내에 추수꾼으로 들어가 있어야만 가능하다.

두 번째 방법에서 '전도사'를 추천하는 방법은 다음과 같이 이뤄진다. 목사님에게 가서 "제가 아는 분 중에 전도사님이 있는데요, 아주 대단하신 분이에요. 그런데 요즘에 몸이 아파서 쉬다가 이제는 다 회복이 됐어요. 그래서 그 전도사님이 우리 교회 와서 일을 하시면 참 좋겠습니다. 게다가 그 전도사님이 사례비도 안 받고 봉사를 하겠대요."라고 말하라는 것이다.

일꾼·재정이 부족한 소형교회의 약점을 노린 것이다. 이렇게 해서 무사히(?) 전도사라는 신천지 측 신도가 정통교회에 침투한 다음에는 줄줄이 신천지 측 신도를 정통교회로 포교해간다. 전도사는 교육 전도사가 아닌 심방 전도사를 맡아서 성도들의 마음을 사로잡고, 이때 절대로 '신천지 식의 양육'은 금물이라고 한다. 철저하게 위장하기 위해서인 것이다. 한편으로는 이미 들어간 '집사' 직분의 신천지 측 신도는 소형교회에서 가장 믿음 좋은 신도와 절친한 사이를 형성한다. 그리고 이 절친한 신도와 함께 다니면서 신천지 측 신도가 '포교되도록' 작전을 짜는 것이다.

예를 들면 다음과 같다.

"제가요 오늘 ○○역 12번 출구를 지나갈 테니까 그쪽으로 나오세요. 몇 시에!'… 같이 걸어와. 그러면 가서 '제가요, 여기 이사 왔는데요, 혹시 말씀이 좋은 교회 없을까요?' 그러면 되겠죠? 그러면 '우리 교회 오세요.' 그러면 되잖아요. 그러면 옆에 증인도 있겠다, 우연히 전도한 게 되잖아요. 전도를 당해 가는 겁니다."

포교를 당해 들어간 신도도 신학을 했다면서 교회의 주요 요직을 차지한다는 것이다. 원래 그 교회에 부임해 있는 전도사들을 힘을 모아 하나씩 제거하자는 전략도 치밀하게 제시하고 있다. 문제를 만들어 제1 타깃으로는 그 교회의 교육 전도사 등 정식 전도사를 쫓아내고 50여 명밖에 안 되는 교회에 신천지 측 신도들이 20, 30명씩 들어와서 정통교회 신도로 위장하며 세력을 확장한 다음 마지막에는 목회자를 쫓아내라는 것이다. 이렇게 해서 교회를 통째로 집어 삼키는 전략이 '산옮기기' 전략이다.

게다가 이 전략에 대해 강의하는 신천지 측 관계자는 "이제, 있는 곳을 먹어야 돼요.", "확실하게 이리 옷을 입어라.", "전도사들 쫓아내고, 마지막에 목사를 쫓아내라.", "성도들 마음을 다 잡아 버려라.", "꼬리가 아닌 머리가 되면 빨리 먹기가 쉽다."는 등 노골적인 용어를 사용하며 신천지 측 신도들을 선동했다.

신천지 측의 추수꾼 전략은 이제 대다수 교회에 알려지면서 그들의 포교 방법에 대해 많은 교회가 경계하고 있다. 그러나 이에 따라 신천지 측의 포교방법은 이제 '산옮기기' 등 소형교회와 대형교회를 상대로 각각 독특한 포교법을 개발하고 있는 중이다. 교회 안에 들어가 암약해 정보를 빼내고 미혹하는 것은 물론 이제 성도들의 피와 땀과 눈물로 만들어가는 교회를 집어 삼키려는 이들의 치밀한 포교전략에 대해 한국교회의 관심과 대처가 필요한 현실이다.

2) 신천지 측의 신임사명자, 산옮기기란 무엇인가?

신천지교회 내의 조직은 연령에 따라 65세 이상의 자문회와 그 이하 연령층으로는 장년회, 부녀회, 청년회 등으로 나뉜다. 신천지교회의 부서에서 선출한 회장, 총무, 서기 등을 사명자라 부르고, 신임사명자라 할 때는 그해에 바뀐 임원들을 의미한다. 김 모 전도사의 '추수밭 운영' 강의는 이들을 대상으로 2005년 1월에 진행됐다.

이 강의는 매년 초 진행하는 정신교육 중 전도교육의 일환으로 김 모 전도사가 진행한 것이다. 과천교회에서 진행된 것이기에 요한 지파 등 서울, 경기권역 6개 지파의 신임사명자들이 교육대상에 해당되고 이곳의 포교방법에 대한 전략은 방법론에 있어서 신천지 전도방법의 산실이라고 할 수 있고 신천지 측의 공식적인 포교 방법의 하나라 해도 과언이 아니다.

'산옮기기'란 정통교회를 신천지 측으로 옮긴다는 개념으로 사용하는 용어다. 관계구절은 이사야 2장 2절 등이다. 한 이탈자는 신천지 측에서 이사야 2장 2절 말씀 "말일에 여호와의 전의 산이 모든 산꼭대기에 굳게 설 것이요 모든 작은 산 위에 뛰어나리니 만방이 그리로 모여들 것이라."는 말씀을 근거로 산은 여호와의 전, 즉 신천지 교회로써 다른 모든 산, 즉 교회의 꼭대기에 설 것이라는 말씀으로 받아들인다는 것이다. 결국 이들은 산을 교회로 보기 때문에 '산옮기기'라는 말을 쓸 때는 정통 교단에 속한 교회를 완전히 '신천지'로 옮기는 것을 의미한다. 이 이탈자는 중소형 교회들이 명패만 장로교회였고 신도들은 신천지화된 경우도 실제로 목격한 바가 있다고 주장했다.

신천지는 포교대상의 정보를 공유하며 접근전략을 철저히 짜서 미혹한다

3) 신임사명자 교육 – 추수밭 운영(2005년 1월 25일)

　강사: 신천지 측 김 모 전도사(과천교회) : 신천지 측의 실제적 교회 삼키기 전략 강연을 그대로 녹취한 내용입니다.

　(…중략)

　이것은 여기서 얘기를 할까 말까 고민했는데요, 산옮기기 작전입니다. 이것은 50여 명 이하의 교회를 먹을 수 있는 방법인데 여러분들이 사명자이기 때문에 얘기를 하겠습니다. 전에는 우리가 꼬리로 들어갔어요. 성도로 들어갔죠? 그래서 구역장 자리라도 얻으려 하니까 쉬워요, 어려워요? 몇 십 년 신앙생활을 하던 사람도 구역장 못 잡는데? 이제 몇 개월 다녀서 무슨 구역장이 되겠어요? 그러니 이것은 세월을 너무나 버리는 것이고, 이제 방법은 무엇이냐? 머리로 들어가는 방법! 머리! 제가 여기서 수료자 교육을 시키다 보니까 전도사 · 신학생 출신들이 많습니다. 바벨론교회(정통교회를 의미한다: 편집자 주). 간판이 있어요. 전직이 그 활동이었기 때문에 가서도 얼마든지 익숙하게 할 수가 있습니다.

　이분들을 통해서 '산옮기기 작전'(교회를 정통교회에서 신천지 측으로 옮기는 것을 의미한다: 편집자 주)에 들어가게 될 것입니다. 그래서 그분들을 먼저 교육을 할 것이고, 교회는 50명 이하 교회, 그리고 그 교회의 정보를 먼저 우리 식구 중에 나오신 분들 중에서 '우리 교회는 이런 교회인데, 이렇습니다.'라는 정보를 주시면 이 정보에 제일 합당하게 우리가 들어가서 먹을 수 있는 교회부터 1차로 선정을 할 것입니다.

그런데 절대 그 교회에 담임하고 있는 목사님이 세운 교회보다는 누군가의 추천에 의해 들어갔다든지, 자기가 세운 교회가 아닌 교회 있죠? 작은 교회는 작은 교회인데···. 그런 교회가 1차.

그 교회에 우리가 추수(전도)를 당해 가는 것인데요. 집사님들이 그 교회에 있다면 추천하면 돼요. '제가 아는 분 중에 전도사님이 있는데요, 아주 대단하신 분이에요. 그런데 요즘에 몸이 아파서 쉬었는데 이제는 다 회복이 됐어요. 그래서 그 전도사님이 우리 교회 와서 일을 하시면 참 좋겠습니다. 게다가 그 전도사님이 사례비도 안 받고 봉사를 하겠대요.' 누구에게 얘기해요? 목사님한테! 접수 됐어요? 아, 목사님한테 얘기하면 너무 좋잖아요. 돈 안 나간다는데. 맞죠? 일꾼 하나 얻는다는데 얼마나 좋아요. 그래서 그 교회에 심어질 것입니다. 이렇게 들어가는 방법이 있고, 그게 아니면 정보를 파악하고 그냥 내가 찾아가서 내가 이렇게 이렇게 하겠다고 해서 들어가는 방법이 있고, 여러 가지 방법이 있겠죠? 아니면 우리 성도가 먼저 그 교회에 전도당해 들어가고, 그 다음에 우리 성도가 추천에 의해 들어가는 방법 등이 있습니다. 여러 가지 방법이 있습니다.

그런데 하나 주의할 게 있습니다. 이제 그렇게 들어가면 들어가는 분은 어떤 전도사로 가야 하느냐? 교육 전도사가 아니고 심방 전도사! 알겠죠? 심방 전도사 하면 각 가정마다 심방을 해요, 안 해요? 뭐 몇 가정 되지도 않는데. 엉? 가정 가정마다 심방을 해야 하기 때문에 그 심령들을 내가 다 잡을 수 있습니다. 그런데 그곳에 들어가서 절대로 말씀 얘기하면 안 돼요. 이리 옷 입으라고 했죠? 확실하게 이리 옷을 입어서 내가 전직으로 그 일을 했기 때문에 그 모습 그대로 하시면 돼요. 그리고 교육 전도사를 하면 "대학 어디 나왔어요? 신학 어디서 했습니까?" 라고 물을 수도 있지만 신학교 딱지가 없어도 들어갈 수 있는 게 심방 전도사입니다. 우리 집사님 중에서 활동하도록 집어 넣으셔도 돼요. 활동을 그렇게 하셔서 그 교회를 우리 식구들로 채우기 시작해야 합니다.

전도가 안 돼요. 진짜 50명 이하 교회는 목사님이 전도에 소망이 없다 손 놓고 있어요. 사람들이 큰 교회 가지 작은 교회 안 가요. 돈 내야 되지, 힘들지. 그래서 그 교회에서 전도만 하면 튑니다. 그렇겠죠? 전도하는 방법도 어떻게 해야 하느냐? 그 교회에서 가장 믿음 좋은 사람하고 걸어가는 거예요. 사인 보내죠? 우리는! 뭘로? 모략! 안 나옵니까? 튀어서?

'제가요, 오늘 ○○역 12번 출구를 지나갈 테니까 그쪽으로 나오세요. 몇 시에!' 약속하고 미리 가서 기다리는 거예요. 보니까 우리 전도사와 교인 분이 같이 걸어와. 그러면 가서 '제가요, 여기 이사 왔는데요, 혹시 말씀이 좋은 교회 없을까요?' 그러면 되겠죠? 그러면 '우리 교회 오세요.' 그러면 되잖아요. 그러면 옆에 증인도 있겠다, 우연히 전도한 게 되잖아요. 전도를 당해 가는 겁니다. 전도를 당해 가서 뭘 해야 하느냐? 우리가 요직을 차지해야 해요.

그러려면 이렇게 해야 돼요. "저는요, 예전에 신학을 했습니다. 지금은 아이 키우느라 쉬고 있습니다." 목사님께 이 말 들어가면 어디다 세워요? 안 그래도 일꾼 없는데 부녀회장, 장년회장 세우겠죠? 그리고 교회가 전도 활동하는 날이 있어요. 그러면 "우리가 어느 날 전도활동 하니까 우리 고기(신천지 신도들을 의미한다: 편집자 주)들 어디, 어디에 갖다 놓으세요." 하면 되죠? 우리 추수꾼들! 그렇게 전도당해 가면 되요. 우리 식구에 의해 들어갈 수도 있지만 그들의 식구에 의해서 들어가면 신앙생활 하게 됩니다. 1:1 관리를 받게 되는 거죠.

그곳에 만일 전도사가 있었다, 그러면 이 전도사는 어떻게 해야 되느냐? 어떻게 해야 돼요? '이리' 쫓아내야 되겠죠? 다음에는 살려야겠지만 우선에는…. 그러죠? 그러면 우리 성도와 그 전도사와 모략으로 문제를 만들어서, 문제를 일으켜서, 목사님께 뭐해요? 집사로 들어갔으니 목사를 찾아가서, '아, 목사님, 나 이 교회에서 신앙생활 못하겠어요.' 목사님께 얘기해. 누구 때문에? 그 전도사님 때문에!(신도들 폭소 터뜨림: 편집자 주). 그런데 한 사람이 아니야, 또 다른 사람도 계속 얘기해. 그러면 '나가!' 하겠죠. 그러면 또 한 사람이, 다른 추수꾼이 추천을 하는 겁니다. 그래서 또 추수를 당해 가야겠죠?

전도사님을 하나 추천했어, 또 다른 우리 집사가. '목사님, 이러이러한 사람인데요, 정말 대단한 분인데, 목사님, 이분이 우리 교회에 오면 굉장한 발전을 하게 될 겁니다.' 그런데 저번에 들어온 전도사에 의해 눈에 띄게 발전하게 돼. 50명밖에 안 됐는데 갑자기 70명, 80명이 돼. 기분이 좋아. 그런데 또 돈도 안 받는다, 봉사를 하겠다고 하니 '들어와' 해서 또 들어갑니다. 또 봉사하러 들어가는 사람은 아무리 봉사를 한다 해도 차비는 줄 겁니다. 심방을 해야 하니까. 그걸로 우리 헌금을 하면 되겠죠?

그렇게 해서 그 교회에 하나씩 채워지고 전도사들을 쫓아내고, 다시 우리가 추천한 전도사가 또 세워져요. 이렇게 되면 요직에 우리 식구가 세워져 있어요, 안 세워져 있어요? 그러면 마지막에는 누구를 보내야 돼요? 누구를 보내야 되죠?

목사를 보낼 때는 어떻게 보내느냐? 우리는 각 성도들 마음을 다 잡아버리면 되죠? 1:1 관리 다 들어가 버렸는데요? 회장님도 우리 식구니까 어떡해요? 구역도 우리 식구니까 분배를 해서 나눠주고, 목사님을 내보낼 때도, 또 어떤 성도가 문제를 만들어서 누구에게 얘기를 해야 돼요? 장로에게! 장로에게!

장로가 최고의 목을 칠 권세가 있지 않습니까? 장로는 한 사람이 그랬으면 모르는데 장로하고 아주 절친한 사람이 그러는 거예요. 우리가 사귀어 놓으면 되죠? 장로들 마음을 싹 사로 잡아야하죠. 그 다음에는 목사님들 내보내는 겁니다. 그리고 우리 강사나 목사님들 중에서 선교사님 중에서 전직 목사님, 선교사 한 분들 많습니다. 명패까지 다 있죠? 어느 교단 신학을 한 사람들이라는 것까지 다 있잖아요. 모시고 오는 거예요. 그리고 뭐예요? 그리고 단에서 설교를 하시면 돼요.

그리고 저희들이 뭐라고 하느냐? '목사님, 저희들 말씀이 갈급한데 말씀 주세요.' 어? 그때부터 교육이 들어가. 이때부터 여기가 신학원이 되는 거예요(신도들 폭소 터뜨림: 편집자 주). 그리고 뭐라 그래요? '우와! 너무 좋다.' 먹을 수 있겠죠?(신도들 아멘!)

이전에는 우리가 바벨론 교회를 세워서 우리 식구를 넣어서 그렇게 전도를 하고 있어요, 다른 지파에서는…. 그러나 그것은 돈도 많이 들고, 인력도 많이 들고, 세월 까먹기입니다. 이제는 있는 곳을 먹어야 돼요. 이게 산옮기기 작전입니다. 이해됐죠?(아멘!) 이게 발전이 되면 70명도, 80명도, 100명도 먹을 수가 있습니다. 희망이 있어요, 없어요? 열심히 하셔야겠죠?(아멘!) 그러면 여러분은 그렇게 되면 전도활동 안 하고, 그곳에서 사람만 관리해도 뭐예요? 열매가 맺혀요. 그런데 그곳에 가서는 절대 입단속, 절대 이리 옷을 입으라는 거예요. 그리고 절대 말씀 내용 나오면 안 됩니다. 나 혼자 전도 열매 맺어야지 하는 사람들은 절대로 들어가면 안 됩니다. 자격이 안 주어져.

그래서 이제 확실하게 할 때, 신호가 떨어질 때까지는 우리가 기다려야겠죠. 헌금은 이곳에서 반쯤, 저곳에서 반쯤 내면 돼요. 반쯤 하면 되죠. 혼자 들어가는 게 아니라 우리 식구가 많이 들어가니 어때요? 힘이 됩니다. 따로 만나고, 모이고. 그렇겠죠? 그러나 이 방법들이 밖으로 새면 돼요, 안 돼요? 안 되겠죠? 비밀이죠? 절대 여러분이 길가에 가다가, 차 안에서 얘기하면 안 됩니다. 심지어 여기 들어오지 않은 구역원에게도 설명하면 안 됩니다. 알겠어요? 특별히 여러분들이 사명자니까 할까 말까 하다가 얘기해 드린 겁니다. 기분 좋죠? 박수 한 번 칩시다. 우리에겐 소망이 있습니다. 이 방법들은 과천을 중심으로 우리가 1호로 시작하고 있어요.

그렇기 때문에 우리가 12지파까지도, 형제 지파까지도 다들 본받을 수 있도록 우리 선생님의 자랑이 돼야겠죠? 다른 지파에서는 추수밭

(교회)에 손을 못 대고 예전에 하던 방법 그대로 하고 있어요.

전도사로 들어가는 방법, 여러 가지 말씀드렸는데요, 그럴 때에 장점들이 있어요. 다시 한 번 정리하면, 머리로 들어가면, 꼬리가 아닌 머리가 되면 빨리 먹기가 쉽다는 것, 그리고 교회의 정보를 빨리 파악할수 있다. 바로 답 나와 버리죠. 그 다음에 성도 파악이 쉽습니다. 얼마든지, 상담 및 심방으로 접근하기가 좋고 그 마음을 사로잡기가 쉽습니다. …

할 수 있습니다. 그리고 헌금 문제 같은 것도. 아예 묻혀서 그냥 전도하는 사람은 '여기는 6개월 동안 진행을 할 겁니다.' 하면 6개월을 합니다. '여기는 1년짜리다.' 하면 1년 동안 진행할 겁니다. 그 대신 그 교회에 다닐 때는 그 교회가 진짜 내 교회라는 생각으로 다니셔야 합니다. 이제 교육이 여러 가지로 주어지게 되면 교육을 하고 나서 항상 활동에 들어가야 해요. 교육하고 끝나버리면 결과가 없습니다. 교육 후에는 항상 활동, 점검 등이 이어질 것이고, 그리고 그 내용에 대해서 토론을 통해서 많은 모략들이 쏟아져 나올 것입니다.

추수밭 전도가 일반적으로 떠돌아다니는 것보다 엄청나게 큰 밭이라는 거 기억하시고 여기에서 우리가 성공이 좌우된다는 것, 우리는 승리밖에 없어요. 결국은 이겨놓고 싸우는 사람 아닙니까? 추수밭 전도를 위해서는 전 부서가 하나 돼야 합니다.

(…중략)

3. 신천지 추수꾼인지 어떻게 알 수 있나

인천의 한 교회 P목사는 믿을 만한 동료 목사로부터 경악할 만한 내용을 전해 들었다. 자신의 교회에 전도왕으로 이름을 올린 A신도가 사실은 신천지 추수꾼(신천지 측에서 포교를 목적으로 정통교회에 보낸 신도: 편집자 주)이라는 정보였다. 당장 A신도를 불렀다. '신천지'인지를 확인하는 질문을 던졌다. 그러나 A신도는 "목사님이 순수하게 교회에 다니는 나를 의심하다니 너무 서운하다."며 눈물을 흘렸다. 자신은 절대 신천지 추수꾼이 아니라고 잡아뗐다. P목사는 마음이 흔들렸다. 그러나 조건을 내세웠다. 경기도 안산에 있는 이단상담소에서 몇 가지 기초적인 상담에 응해만 준다면 믿고 받아주겠다는 것이었다. 그러나 A신도는 여러 가지 사정을 얘기하면서 이단상담을 받을 이유가 없다고 거절했다.

며칠이 지난 후 이 신도는 교회에 나오지 않았다. 그리고 이 신도는 P목사가 자신을 신천지 추수꾼으로 매도했다며 명예훼손으로 고소하겠다는 등 황당한 발언을 하고 다니기 시작했다. P목사는 "이젠 추수꾼들이 교회 전도왕까지 차지하는 현실이 개탄스럽다."고 말했다.

신천지 추수꾼에 대한 경험은 P목사만이 아니다. 이는 거의 전국적인 현상이 되고 있다고 해도 과언이 아니다. 상황이 이렇다 보니 근래들어 한국교회 목회자들의 관심은 어떻게 하면 교회에 들어온 신천지 추수꾼들을 색출하느냐에 집중되고 있다. 그들로부터 건전하고 순수한 교인들을 보호해야 하기 때문이다. 교회에 들어온 신천지 추수꾼들을 분별하고 대처하기 위해선 그들이 어떤 방법으로 교회에 들어오고 어떤 활동을 펼치는지 정확히 파악해야 한다. 추수꾼들을 파송해본 신천지 측 전직 지도자와 정통교회에서 직접 신천지 추수꾼으로 뛰었던 신천지신도들을 만나 접근법에 대해 들어보았다.

1) 추수꾼은 교회 안으로 어떻게 들어오나?

추수꾼이 처음 교회에 발을 들여놓는 방법은 다양했다. 신천지에 8년 동안 다니다가 정통교회로 개종한 최필립 씨(가명, 27)는 추수꾼들이 의심을 사지 않고 교회에 들어갈 수 있는 방법으로 원래 다니던 교회에 그대로 눌러앉는 방법을 많이 선택한다고 설명했다. 정통교회에 다니던 신도가 신천지에 미혹됐다고 해도 교회를 신천지 측으로 옮기지 않는 경우다. 정통교회에서 평소와 다름없이 신앙생활을 하는 척하면서 자연스레 신천지 추수꾼 노릇을 하는 방법이다. 최 씨는 "새신자로 다른 교회에 등록해서 들어가면 의심을 사는 경우가 많아 열매를 맺는데 애를 먹었다."며 "그러나 자신이 다니던 교회에 그대로 다니면 의심을 사지 않기 때문에 포교 효과가 훨씬 좋았다."고 회상했다.

신천지 전도특공대출신의 박현진 씨(가명, 25)의 경우 의심을 사지 않고 들어가는 방법으로 '전도당하기'가 가장 좋았다고 꼽았다.
"전도대성회 등 교회의 특별 행사 기간에 교회를 어슬렁거린다. 그러면 장로ㆍ권사님들, 심지어 목사님에게도 전도를 받아서 교회로 들어간다. 콘셉트를 생각해 놓기도 한다. 주로 '이사를 왔는데 다닐 교회를 정하지 못했다.'고 말한다. 초신자라고는 말하지 않는다. 왜냐하면 교회에 들어가 주요 요직을 차지하는 전략을 쓰는 경우도 있기 때문이다. 초신자라고 하면 포교에 지장을 받는다."

의심을 사지 않고 교회로 들어가는 방법을 연구하고 그대로 실행하는 신천지의 추수꾼들이 많다. 순수하게 교회에 들어오는 구도자들과 추수꾼을 구분하기 어려워지는 이유다. 게다가 이 추수꾼이 교회에 들어와서 하는 일은 직접적인 포교가 아니다. 한 교회에 추수꾼이 들어가서 단기적으로 목표달성을 할 것이냐, 아니면 장기적으로 이뤄갈 것이냐에 따라 이들의 활동성격은 조금씩 달라진다.

2) 단기 침투조 – 정보원 역할

단기포교계획의 경우 추수꾼은 정통교회에 들어가 '안테나' 역할을 주로 해낸다. 신천지에 20여 년간 주요 요직에 있다가 최근 탈퇴한 D 씨는 필자와의 인터뷰에서 "교회에 들어간 추수꾼은 절대로 직접 전도를 하지 않는다."며 "그가 하는 역할은 할 수 있는 한 교회의 모든 정보, 즉 신도들의 이메일, 주소, 연락처, 현재 처한 상황 등을 정리해 또 다른 신천지 신도에게 제공하는 것이다."라고 밝혔다. 추수꾼은 '정보제공자'의 역할만 하고 직접 포교 등은 교회 밖에 있는 또 다른 신천지인에게 맡긴다는 얘기다. 이것이 교회 안의 추수꾼 색출을 더 어렵게 하고 있다. 교회는 추수꾼에 의해 교회 정보뿐만 아니라 교인들까지 신천지 측에 무방비 상태로 노출당하고 있는 셈이다.

사전 정보의 제공으로 신천지 측의 포교는 무서운 탄력을 받게 된다.

이에 대해 D씨는 "추수꾼으로부터 사전 정보를 받은 신천지 측 신도는 섭외 대상자에게 '꿈, 기도 등을 통해 성령님이 당신에게로 인도하셨다.'는 식으로 접근한다."며 "상대방의 사정을 알고 접근하니까 더욱 설득하기가 쉬워진다."고 말한다.

3) 장기침투조 – 교회 주요 요직 차지한 후 포교

장기포교계획의 경우 추수꾼이 교회 내부에서 주요 요직을 차지하는 방향으로 가닥을 잡는다. 박현진 씨는 다음과 같이 말한다.

"추수밭(추수꾼의 활동 대상이 되는 정통교회)에 들어가면 1년 정도는 신천지 측에 정보만 주는 활동을 한다. 그 외에 신천지와 관련한 활동은 교회 안에서 전혀 하지 않고 교회 담임목사님과 신뢰를 쌓는 데 주력한다. 청년의 경우 리더, 장년의 경우 남전도회나 여전도회장을 맡는 것을 목표로 한다. 내가 양육할 교회식구들이 생기고 신뢰가 구축되면 은밀하게 신천지 말씀을 가르친다. 정통교회 구역장으로 추수활동을 하던 여자는 자신의 구역원 17명을 신천지로 미혹하기도 했다. 문제는 신천지에 미혹된 정통교회의 구역원들이 또다시 그 교회에 눌러앉아 그대로 추수꾼으로 활동한다는 점이다. 그 교회의 상황은 심각했다." 박 씨는 "추수꾼은 절대로 교회에 혼자 들어가지 않고 팀을 짜서 들어간다."며 "이들은 매일 어디에선가 모여 서로 얻은 자료를 공유하고 포교전략회의를 한다."고 말했다.

그렇다면 이렇게 교묘하게 교회로 들어온 추수꾼들의 가장 쉬운 먹잇감은 누구이며 반대로 가장 어려운 사람은 누구일까? D씨는 가장 포교하기 쉬운 사람으로 △교회에 적대감이 있고 △담임 목회자나 사역자들과 트러블이 있으며 △목사님의 말씀에 은혜를 받지 못하고 만족하지 못하는 사람들이라고 꼽았다. 교회생활에 적응하지 못하고 겉도는 사람도 주요 타깃이 된다. 반면 △목사님을 신뢰하고 △설교에 은혜를 받고 △교회에서 맡은 직분에 충성하고 △구원의 확신이 강한 사람은 상대적으로 미혹하기 어렵다고 전했다.

신천지총회 교육부에서 2006년 발행한 〈새신자관리시스템〉이라는 소책자에는 어떤 교회에 들어가는 것이 좋은지 지침도 제시했다. 이 책자에서는 △목사 및 교회가 문제 있는 곳(목사의 비리, 교회의 채무가 많은 곳) △교인 수는 많으나 말씀이 없는 곳 △노회나 총회에 많이 연결되지 않은 교회 △유월(신천지에 미혹돼 정통교회를 떠나겠다고 결심한 신도: 편집자 주)된 새신자와 연결된 교회를 꼽았다. 결국 문제 많은 교회의 성도들은 추수꾼들의 주요 타깃이 된다는 의미다.

그렇다면 그들을 순수한 구도자들과 구분하는 방법은 없을까? D씨는 "중요한 것은 신천지 측의 포교는 어떤 과정을 거치든 '성경공부'로 귀착된다는 점을 잘 봐야 한다."고 주장했다. 해외에서 성경을 잘 아는 선교사·목사·전도사가 오셨다고 하든가, 구역장이나 성경공부 리더들이 교회에서 진행하는 성경공부가 아니라 그 외에 검증되지 않은 내용의 성경공부를 인도하는 경우 신천지일 가능성이 크다는 지적이다. 추수꾼들이 초기에 진행하는 주제들은 '선악구분(성령세계, 악령세계)', '예언은 반드시 실상으로 나타난다', '성경을 보는 눈', '비유', '의인과 악인' 등이다.

4) 이단대처 세미나를 열면 추수꾼 활동 위축

추수꾼이 교회에 들어왔다 해도 이들에게 미혹되지 않는 방법도 있다. 박현진 씨는 "교회에서 성도들이 자주 보는 게시판에 이단경계에 대한 광고를 올리고 추수꾼 포교전략을 공개하는 등 교인들에게 자주 정보를 줘야 한다."며 "이런 교회에서는 추수꾼들이 설 자리를 잃게 된다."고 말한다. 주일에 설교시간, 그것도 안 된다면 광고 시간을 이용해 이단들의 종류와 그들의 최근 포교법에 대해 경계하고 문제의식을 심어 주는 것만으로도 큰 효과가 있다. D씨는 "정통교회에 추수꾼을 보냈는데 그 교회가 이단대처 세미나와 신천지 이탈자의 간증을 진행하며 이단경계를 강화했다."며 "그 후로 추수 전략에 실패한 적이 있다."고 말했다. 신천지 대처를 위한 특별세미나를 여는 등 추수꾼 대처에 온 교회가 관심을 갖고 나서는 게 상당한 효과가 있다는 얘기다.

그렇다면 이렇게 해서 발각되거나 드러난 추수꾼들은 어떻게 처리하고 내보낼 것인가? 섣부른 접근은 금물이다. 추수꾼들은 절대로 자신을 '신천지'라고 인정하지 않는다. 모 교단 총회장까지 지낸 서울의 J교회에 한 신천지 추수꾼이 행정 전도사로 부임했다. 이 정보가 담임목사의 귀에 들어갔다. 담임목사는 행정 전도사를 불러 "당장 교회를 떠나라."고 호통을 쳤다. 행정 전도사의 눈물의 하소연이 시작됐다. '누구에게 들었는지 모르겠지만 음해하고 있는 것'이라며 "목사님이 절대 속아서는 안 된다."고 말했다. 자신은 결코 신천지가 아니라고 잡아뗐다. 눈물의 하소연이 이어지자 Y목사의 마음은 흔들렸다. 결국 행정 전도사는 교회에 그대로 남게 됐다.

이렇게 목회자의 재신임을 받은 사람은 교회 안에서 암약하게 된다. 행정전도사이기에 그 교회의 비리나 문제점, 또는 교인들의 정보가 더욱더 구체적으로 신천지 측에 넘어가게 되리라는 것은 불문가지다.

이런 점에서 추수꾼에 대한 지혜롭고도 철저한 교회 측의 치리가 필요하다. 임웅기 목사(한국기독교이단상담소협회 광주 상담소장)는 "신천지 추수꾼이 교회에 들어왔을 때는 반드시 출교를 시켜야 하며 그 사람의 사진과 그가 남긴 문서 등의 자료가 있다면 남겨놓고, 교회 측에서도 그 사람과 관련한 사건 파일을 하나 만들어 둬야 한다."고 말한다. 또한 그는 "이렇듯 추수꾼에 미혹된 교회 성도가 있다는 게 파악되면 가족과 상의하여 반드시 상담을 통해 회심을 시키도록 권유하는 것이 좋다."고 말한다. 또한 임 목사는 "교회 추수꾼 및 신천지에 미혹된 신도들은 출교를 당할 때 전화 및 핸드폰 문자를 통해 '담임목사님이 나를 신천지 신도라고 음해한다.', '교회에서 너무나 많은 일을 시켜서 힘들어 나간다.', '교회에서 나를 아무런 이유없이 쫓아낸다.'는 등의 유언비어를 퍼뜨려 교회분열을 조장한다."며 "이럴 때일수록 당회를 비롯한 교회 기관장 및 임역원 그리고 성도들은 유언비어에 속지 말고 더욱 담임목사님과 당회 중심으로 하나가 돼야 한다."고 강조했다.

4. 신천지 추수꾼 분별·처리 이렇게 하라 ①

경기도 광명에서 목회하는 K 목사는 요즘 자다가도 벌떡벌떡 깬다. 신천지 추수꾼들에게 당했다는 동기 목사들의 교회 소식을 들으며 자신이 담임하는 교회도 예외가 될 수 없다는 생각에서다. 최근에는 옆의 교회가 신천지에 접수됐다는 소문도 들었다. 말로만 듣던 일이 점점 가까이 오고 있는 느낌이다. '우리 교회에도 추수꾼들이 들어와 있는 것 같은데 증거는 없고…. 이 일을 어떻게 해야 하나.' 걱정이 앞서는 K 목사의 잠자리는 지금도 불편하다.

서울 서초구의 한 목사는 필자를 만나 자신의 교회에서 '설문조사'를 했다고 밝혔다. 추수꾼으로 의심되는 사람들을 성도들에게 써내라는 고육책을 썼다. 성도들은 의심된다는 사람 수십 명의 이름을 써냈고 목회자들은 이 중에서 다시 추리고 추려 10여 명의 대상자를 선별했다. 교회 안에서 서로를 의심하는 이런 일을 해야 하나 하는 회의감이 들었지만 추수꾼이 결코 교회 안에 있어서는 안 되겠다는 생각에 강행한 것이다.

한국교회가 신천지 추수꾼으로 인해 지속적으로 몸살을 앓고 있다. 추수꾼으로 추정되는 신도들에게 쫓겨났다는 목사도 등장하고 있다. 추수꾼이 중심이 된 신천지 측 신도와 목사 간에 분쟁으로 고통당하는 교회도 나오는 현실이다. 교회 안에서 '추수꾼으로 추정되는 사람을 써내라'는 설문조사도 실행할 정도다. 신천지 추수꾼과 신실한 신앙인을 구별해 교회를 건강하게 하는 것은 한국교회 모든 목회자들의 의무이

자 바람이 되어가고 있는 것이다. 그렇다면 어떻게 추수꾼을 선별하고 그들에게 대처해야 할까? 이미 많은 기사와 정보들이 유튜브는 물론 인터넷 사이트에도 올라가 있지만 아직 목회 현장에서는 추수꾼 색출이 힘겹기만 하다는 소리가 들려온다.

지금까지의 정보들을 축약해서 신천지 추수꾼들의 특성과 그들의 포교법과 대처법을 간단명료하게 볼 수 있는 자료가 필요한 이유다. 목회자들은 신천지 추수꾼들이 제일 부담스러워하는 교회가 어떤 교회인지를 잊지 말아야 한다. 추수꾼들은 이단에 대한 경계심이 많은 교회, 이단 세미나를 정기적으로 여는 교회, 주보·설교·광고를 통해 이단에 대해 주의를 주는 교회를 활동하기 어려운 대상으로 꼽는다. 교회 안에서 신천지인을 색출하는 절대적인 방법은 없다. 신천지 추수꾼을 찾아내다가 자칫 의도하지 않게 교회에 혼란이 올 수 있고 애꿎은 피해자가 생길 수도 있다. 사실상 신천지 추수꾼을 색출하는 것보다 좋은 방법은 추수꾼들이 도저히 발붙일 수 없는 토양의 교회를 만드는 것이다.

1) 신천지란 무엇인가?

(1) 신천지예수교 증거장막성전(총회장 이만희 씨)은 이만희 씨를 중심으로 1980년 3월 14일 세워진 단체로써 교주인 이만희 씨를 보혜사, 이긴 자, 구원자라고 주장하는 단체다.
(2) 비유풀이 방식의 성경공부로 신도들을 미혹한 후 요한계시록 공부를 통해 정통교회 성도들이 가지고 있는 성경관과 구원관을 파괴하

여 이만희 씨를 재림주로 믿게 만들어 버린다.

(3) 정통교회는 구원이 없는 '바벨론'이고, 신천지에만 구원이 있다고 보기 때문에 정통교회를 자신들이 포교할 추수밭으로 여겨, 훈련된 추수꾼(위장교인)을 잠입시켜 성도들을 미혹하여 빼내어 가고 있다.

2) 추수꾼들이 교회로 들어가는 방법은 무엇인가?

이들은 교회 안으로 들어가는 방법에 대해 가장 많은 신경을 쓴다. 의심받지 않고 교회에 들어가야 교회 안에서 많은 정보를 빼내고 많은 사람을 미혹할 수 있기 때문이다.

(1) **전도당하기식** – 교회 인근 지역에 이사 온 지 얼마 안 된 사람인데 교회를 찾고 있다며 전도를 당해 교회 안으로 들어온다. 교회 행사(총동원 전도주일이나 새생명축제)에 즈음하여 교회 앞을 기웃거리다가 목사·장로처럼 교회 안에서 입지가 분명한 사람들에게 '다닐 만한 교회를 찾고 있는데 도와 달라'며 접근한다. 이렇게 되면 추수꾼들은 목사나 장로의 전도와 소개로 교회로 들어왔다고 말할 수 있게 된다.

(2) **눌러앉기식** – 기존 교인이 신천지에 포섭됐을 때 신천지로 가지 않고 원래 출석하던 교회에 그대로 눌러앉아 생활하는 방식이다(이 수법을 쓰는 추수꾼을 가장 찾아내기 어렵다).

(3) **낙하산식** – 이미 들어간 추수꾼이 자신이 마치 전도한 것처럼 다른 신천지 신도를 정통교회로 데려가는 방법이다.

(4) **역할극 방식** – 신천지 신도 A:(교회 앞을 거닐다 집사님 등 교회

직분자처럼 생긴 사람에게 접근해 신천지 신도 B를 소개해주는 역할을 한다) "저는 이곳에 살지 않는데 우연히 교회 앞을 지나가게 됐어요. 그런데 내가 아는 사람이 이 근처로 이사를 왔는데 시험에 빠져 교회를 다니지 않고 있습니다. 도와주세요."

이렇게 말하며 신천지 신도 B를 정통교회 신도에게 소개한다.

신천지 신도 B(교회에 다니다가 시험에 든 신도로 위장하는 역할)는 정통교인의 안내를 받아 편하게 양육 받으며 교회에 출석하게 된다. B는 신천지에 속한 제3의 인물에게 정통교회 특정 교인의 나이, 키, 생김새, 직장, 경제정도, 교회 만족도, 목사님 설교에 은혜 받는지의 여부, 장래희망, 성격, 고민 등 신상과 관련한 모든 정보를 제공한다.

3) 어떤 교회가 대상인가?

대한민국에 있는 모든 정통교회가 신천지 측 추수꾼들의 포교 대상이다. 이들은 말세는 추수의 때이기에 초림 때 예수님이 씨를 뿌려 놓은 교회, 즉 기독교회에 가서 추수(포교)를 해야 한다고 가르친다. 따라서 교리적으로 이들은 정통교회를 포교의 장으로 삼을 수밖에 없다.

(1) **중대형교회** : 주로 장기 침투조가 들어간다(교회에 조용히 들어와, 교사, 구역장, 청년회장 등 주요 요직을 차지한다. 들어와서 신천지 성경공부를 인도하는 게 아니라 조용히 정보만 빼내간다. 포교는 외부에서 또 다른 사람이 접근한다).

(2) 소형교회 : 통째로 먹어버린다. –소위 '산옮기기' 전략. 교회 안에
들어간 신천지 교인이 전도한 척 또 다른 신천지 교인을 데리고 간
다. 그래서 교회 안에서 세력을 형성하고 없는 죄를 만들어 처음에
는 전도사를 쫓아내고, 그 다음 목사를 쫓아내서 교회를 신천지화
하는 방법이다.

(3) 분쟁교회 : 분쟁 있는 교회에 조직적으로 들어가 담임목사파, 장로
파, 중도파 등 모든 파벌에 속해 사람들을 조정하고 부추기고 충동
질하며 절대로 화합하지 못하도록 분열을 극대화한다.

4) 이들은 교회로 들어가 어떤 일을 하는가?

(1) 요직 차지하기 – 청년회장, 남녀전도회장, 구역장, 성경공부 리더,
목장 리더, 새가족반 리더 등 교회 안의 요직은 그들이 차지하려는
대상이다. 그래야 신뢰를 쌓을 수 있고 정보를 더 많이 캐낼 수 있
기 때문이다.

(2) 교역자로 들어가기 – 인천의 한 교회에는 부목사가 추수꾼인 경우
도 있었다.

(3) 행정실로 들어오기 – 서울 강동구의 한 교회에는 행정 전도사로
부임한 적도 있다.

(4) 목사님 비서실로 들어오기 – 추수꾼들이 교회 안으로 들어와 요직
을 차지하려는 이유는 교회 안의 신도들의 모든 정보를 쉽게 얻을 수
있는 자리이기 때문이다. 또한 타인을 미혹하기 위해서는 어느 정도
직위가 있어야 가능하기 때문이다. 요직을 차지한 후 하는 일은 포섭
대상 신도들의 정보를 신천지 측 제3의 인물에게 넘기는 것이다.

5) 신천지 추수꾼들은 어떻게 포교하는가?

신천지 추수꾼들은 교회 안에서 직접 포교를 하지 않는다. 포섭대상이 되는 정통교회 신도의 정보만 신천지 제3의 인물에게 넘기고 포교는 그 사람이 담당한다. 그들은 다음과 같은 방법으로 다가온다.

(1) **점쟁이형** : 한 교회의 교적부, 요람 등 정보를 넘겨받은 신천지 측 제3의 인물이 신도가 혼자 있을 만한 시간에 전화를 한다. "저는 ○○○이라고 하는데 새벽기도를 하는 중에 이 번호가 보여서 전화를 했습니다. 혹시 교회 다니시는 집사님이십니까?"하고 말한다. 그러면서 이미 들었던 그 집안의 문제를 들먹이기도 하고 하나님께서 환상 중에 보여주신 것이라고도 한다. 이런 방법도 쓴다. "꿈을 꿨는데 다른 집에는 다 빛이 들어가는데 꼭 이 집만 빛이 들어가지 않았습니다. 빛은 말씀이니 말씀을 공부해야 그 집의 문제가 해결된다는 하나님의 뜻입니다."라는 것이다. 이렇게 접근하면 포섭대상이 된 사람은 특별한 일이 있지 않는 한 미혹된다.

(2) **아르바이트형** : 대학생이나 청년들 사이에서 많이 사용하는 방법이다. 교회 선배나 학교 선배가 다가와 "내가 어떤 강의를 듣는데 시간이 너무 없어서 갈 수가 없다. 대신 들어줄 사람이 필요하다. 1시간당 1만 원을 줄 테니 대신 들어다오. 듣고 노트에 필기해서 나에게 되돌려 주기만 하면 된다."고 말한다. 이것을 거절하지 못한 후배가 그곳에 가서 강의를 듣는데 그곳은 신천지 강의를 하는 곳이었다. 일주일 듣고 빠진 사람도 있다.

(3) 숙제형 : 아르바이트식과 마찬가지로 청년들 사이에 통하는 수법이다. A씨는 친분 있는 누나의 숙제 부탁을 거절하지 못하다가 신천지에 포섭됐다. A씨는 다음과 같이 말한다. "내가 편하게 생각하는 누나가 있었다. 그런데 그 누나는 자신이 성경공부를 하는데 워낙 열심히 들어서 담당 선교사님으로부터 칭찬과 함께 강의 내용을 정리해 달라는 요청을 받았다고 했다. 교재로 만드는 작업을 하는데 내게 도와달라는 부탁을 했다. 바쁘고 힘들었지만 그 누나가 방학 때만 하면 된다고 부탁해 거절할 수 없었다. 방학이 되자 두 달 내내, 학교 친구들과 함께 산으로 놀러간 날 3일과 수련회 일주일, 토요일과 주일을 제외하고 하루도 빼놓지 않고 3시간 정도씩 공부를 하기 시작했고 어떤 때는 6~7시간 정도도 함께하게 되었다."

A씨는 숙제를 돕다가 신천지 교리에 세뇌된다.

(4) 설문조사형 : 대학생인 B씨는 학교 도서관에 가는 길목에서 설문조사를 하고 있는 2명의 여자들을 만난다. 그들은 B씨에게 "교회를 다니냐?"고 물었고 "그렇다."고 답하자 설문지를 내밀었다. 자신들도 같은 크리스천이라는 것이었다. 그 내용에는 신상을 파악하는 질문들, 성경을 일주일에 얼마나 읽는지 등 몇 가지 질문이 있었다. 망설임 없이 설문에 응했는데 이 설문 응답이 신천지에 빠지는 첫걸음이 될 줄 B씨는 꿈에도 생각하지 못했다. 이 설문에 응한 후 B씨는 QT모임 등 크리스천 모임에 참석하자는 제의를 받고 갔다가 신천지에 포섭된다.

설문조사형은 대학가, 특히 대입 수능 이후 고3 학생들을 대상으로 많이 이뤄진다. 신천지의 한 탈퇴자는 "수능 이후 고3 학생들은 이단에 대한 정보가 취약하다는 점에서 섭외대상 1순위로 꼽힌다."고 말한다. 이들이 설문조사를 하는 목적은 상대의 신상을 파악해 메일과 문자 등으로 성경공부 내용을 전달해 포섭하는 데 있다. 부모님과 떨어져서 생활하는 대학교 신입생들 중에도 이런 신천지인의 접근을 받고 미혹되는 경우가 적지 않다.

(5) 사역자형 : 해외에서 사역하다가 들어온 선교사·전도사·목사라고 위장해 접근한다. '성경을 잘 아는 선교사가 있으니 공부하자'는 '선교사·사역자 빙자형'은 여전히 잘 사용하고 있는 신천지의 포교방법이다. 기독교인들의 '선교사'들에 대한 경외감 등의 심리를 잘 이용한 포교전략이다. 이문수 씨(27, 가명)는 "교회 소그룹원인 자매가 '성경을 잘 가르치는 선교사님이 있으니 함께 공부해보자.'고 권유해 며칠 성경공부를 한 적이 있다."며 "내용이 이상해서 알아보니 성경을 비유로 가르치는 단체여서 중단한 적이 있다."고 말한다. 사역자라고 하는 경우 반드시 어떤 학교에서 공부하고 어느 교단에서 사역했는지를 확인한다. 신천지 추수꾼들은 사역자를 사칭하는 경우가 많기 때문에 구체적인 질문을 하면 당황하거나 얼버무리는 경우가 많다.

(6) 동아리 활동형 : C씨는 과 선배가 기독동아리에서 활동을 같이 하자는 권유를 받고 활동을 시작했다. 그런데 어느 날 동아리 회장인 친구가 선교사 훈련생을 만나려고 하는데 같이 가자고 했다. C씨는 선교사라는 사람이 영적인 갈급함을 채워주고 마음에 편안함을

가져다주지는 않을까 하는 기대감에 만나게 되었다. 그 후 선교사라는 사람과 가끔씩 시간을 정해 빈 강의실에서 성경공부를 했는데 나중에 알게 된 사실은 그가 신천지 교인이라는 것이었다. C씨는 신천지교회를 다니면서 신천지 측이 대학생들을 미혹하기 위해 여러 기독교 동아리 같은 것을 만들어 운영하고 있다는 사실을 알게 된다. C씨는 자신이 다니던 신천지 측은 '기독교문화센터'라는 간판을 내걸고 활동한 적도 있다고 회상했다.

6) 신천지 추수꾼을 어떻게 파악할 수 있는가?

(아래 특징들은 추수꾼들이 교회 안에서 보이는 모습을 모두 종합한 결과일 뿐이지 아래와 같은 특징을 가진 사람들이 모두 추수꾼이라는 의미가 아닙니다. 따라서 아래의 한두 가지 사례를 갖고 교인을 추수꾼으로 모는 일은 절대로 있어서는 안 됩니다.)

(1) 장기간 교회생활을 하면서도 정상적인 헌금생활을 하지 않는 경우: 추수꾼들 대부분이 경제사정이 좋지 않다. 가출한 사람, 직장생활을 하지 않는 사람, 종일무료봉사 사역자들이 교회에 있기 때문이다. 단, 사정이 안 좋거나 믿음이 안 좋아 헌금을 드리지 않는 가정 형편이 어려운 정통교회 성도가 상처받는 일이 생기지 않도록 주의해야 한다.
(2) 교회에 오래 몸담았지만 가정의 생활상이 담당교역자에게 투명하게 확인되지 않는 사람. 즉 정체가 불투명한 사람
(3) 심방을 극도로 거부하는 사람

(4) 신도들의 정보를 다른 데로 빼돌리거나 신도들에게 교회 밖에서 성경공부를 하자고 권유하는 사람

(5) 목사님의 설교나 교회 정책에 불평불만을 털어놓고, 목사님의 비리가 있다는 식으로 허위사실을 암암리에 유포하는 사람

(6) 성경의 난해구절을 질문으로 던지며 궁금증을 유발하는 사람

(7) 큰 교회에서 제자 · 양육 훈련을 받고 왔다는 식으로 과거에 교회 활동 경험이 많은 것처럼 위장하는 사람. 구체적으로 물어보면 아는 게 없다.

(8) 6개월 정도의 정탐기간과 입지선정 기간을 두고 교회 안에서 리더 자리를 차지하려는 목표를 두고 열심히 활동한다.

(9) 전도당해서 들어간다(특히 목사, 장로, 전도사 등을 선호한다. 이들을 이용해 총동원 전도주일에 교회 안으로 아무 문제없이 들어가는 방법을 택한다).

(10) 처음 들어와서 교회 사정을 잘 아는 사람들에게 의도적으로 접근한다. 그리고 교회 비리나 목회자 비리에 많은 관심을 갖고 정보를 캐내려 한다.

(11) 교회 스케줄, 요람 등을 수집한다.

(12) 찬양인도를 할 때 앞에 서서 방언으로 기도한다.

(13) 혼자 있을 때는 성경을 보다가 누가 들어오면 방언으로 기도하는 등 외식을 한다.

(14) 교회 외의 성경공부, 기도원 등을 자꾸 소개한다.

(15) 성경은 비유다, 성경은 다 짝이 있다, 동방 땅 끝이 한국이다, 지금은 말세로서 추수 때의 말씀이 필요하다, 계시록을 알아야 구원을 받는다는 등의 말을 한다.

7) 신천지 측 추수꾼이 포교대상에서 제외하는 사람은 누구인가?

(1) 이성교제에 깊이 걸려 있는 사람(환경파)
(2) 목사와 지나칠 정도로 친밀한 사람(친목사파)
(3) 성경에 전혀 관심이 없는 사람(무지파)
(4) 이단에 대한 경계심이 너무 높은 사람(경계파) – 이단 경계를 게을리 하지 않으면 추수꾼들은 자진해서 교회를 떠난다.
(5) 자기 신앙에 너무 취해 있는 사람(취한파)
(6) 교회에 너무 많은 것을 투자하는 사람(헌금왕, 전도왕) – 교회에 충성 봉사하는 사람들을 직접 타깃으로 하기 어렵다.

8) 신천지 측은 어떤 교회를 특별히 조심하나?

(1) 이단에 대한 경계심이 특별히 높은 교회
(2) 주보를 통해 신천지 문제를 게재하는 교회
(3) 이단대처 세미나를 정기적으로 하는 교회

9) 교회에서 추수꾼을 막으려면 어떻게 해야 하나?

(1) 새신자들이 들어오면 사진을 찍어서 신상카드를 확실하게 작성해 둔다(추수꾼들은 사진 찍는 것을 좋아하지 않는다).
(2) 담당교역자들이 심방 권유를 통해 새신자에 대해 검증해 둔다(그들은 심방을 받지 않으려 한다. 신상카드를 거짓으로 기재하는 경우도 있기 때문이다).

(3) 초신자가 아니라 해도 새가족반 교육을 반드시 이수하도록 조치한다(이 과정을 통해 새로 들어온 신자가 추수를 목적으로 들어온 것인지, 진실한 신자로 들어온 것인지 가려낼 필요가 있다).

(4) 설교 시간 또는 광고 시간을 통해 이단, 추수꾼들의 존재를 알리고 경계하도록 주의를 촉구한다.

(5) 이단대처 세미나를 1년에 1~2차례 진행하고 성도들이 스스로 경계한다.

(6) 추수꾼은 목사님이 아니라 성도들이 찾아내는 것이다. 성도들은 '타 교회에 기도원이나 성경공부, 양육, 교제를 권유하는 사람'이 교회 안에 있다면 반드시 담당교역자에게 보고한다. 교역자들은 그런 교인이 있을 때 1차 권면, 2차 경고에도 시정되지 않으면 3차 발견 시 퇴출한다.

퇴출당한 추수꾼들은 담임 목회자에 대해 온갖 유언비어를 퍼뜨릴 가능성이 있다. 따라서 퇴출할 때도 당회와 교인들 간에 공감을 사도록 노력한다.

(7) 구원의 확신을 갖고 교회생활에 만족하는 삶을 살도록 돕는다.
 – '구원받았습니까? 거듭났습니까? 하나님의 인을 맞았습니까? 영생을 얻었습니까?'라는 질문에 대해 확신 있게 성경적으로 답할 수 있는 성도로 훈련한다.

(8) 성도들이 철저하게 교회 중심, 목회자 중심의 신앙생활을 한다.

10) 이미 들어와 있는 추수꾼에 대해서는 어떻게 해야 하나?

추수꾼에 대처하는 가장 기본적인 방법은 '신천지 추수꾼대처 특

강'을 여는 것이다. 이러한 특강이나 세미나가 추수꾼의 활동을 가장 위축시킨다. 특강과 세미나를 진행하기만 해도 스스로 추수꾼들이 교회를 떠나기도 한다.

신천지 추수꾼과 관련해 비판한 서적을 교인들에게 배포하거나, 전단지, 주보 등에 신천지와 관련한 경계를 강화하는 글을 싣는 것도 좋은 방법이다. 설문조사의 경우 위와 같은 일련의 과정을 실행했는데도 추수꾼들이 남아 있다고 판단될 경우 실행하는 좀 더 적극적인 방법이다.

(1) 교회 전체적으로 설문조사를 실시해 추수꾼으로 의심되는 사람들에 대해 색출하는 작업을 한다. ─설문조사 시 무고한 사람이 추수꾼으로 몰릴 가능성이 있으니 주의해야 한다. 추수꾼에 해당하는 여러 가지 증거가 정확해야 한다. 또한 신천지 추수꾼들이 설문조사에 참여해 신실한 성도를 추수꾼이라고 지목하는 경우도 있으니 각별한 주의가 필요하다.

(2) 여러 정황을 파악해 실제로 추수꾼일 가능성이 큰 사람 몇 명을 다시 압축해서 리스트를 만든다.

(3) 담당교역자들이 추수꾼 의심자들을 1명씩 호출해서 면담 시간을 갖는다.

(4) 왜 그를 추수꾼으로 보고 있는지 근거를 제시한다.

(5) 그를 예의 주시하고 있음을 그에게 알리고 추수꾼으로 보는 근거가 되는 행위를 다시 할 때는 경고와 제명의 과정을 거치게 됨을 알린다. ─ 그는 자동적으로 교회 안에서의 활동이 위축되고 교회에서 남아나기 힘들어진다.

(6) 교회에서 추수꾼으로 의심되는 사람에게는 어떤 직분도 맡기지 않는다.

(7) 그들의 눈물 연기에 속지 않는다. - 만일 이 과정에서 신천지였지만 다니지 않는다고 말하는 사람에 대해서는 반드시 한국기독교이단상담소(소장 진용식 목사, www.jesus114.net)에서 이단 상담과정을 거칠 것을 권유하고 만일 그렇게 하겠다고 하면 사람을 붙여 상담소로 보낸다. 만일 그렇게 하지 않겠다고 하면 신천지일 가능성이 큰 사람임으로 경고 ―〉 퇴출의 절차를 밟는다.

(8) 추수꾼을 퇴출하면 그가 교회와 목회자에 대해 온갖 유언비어를 퍼뜨릴 가능성이 있기 때문에 미리 성도들에게 추수꾼에 대한 예방교육을 철저히 해둔다.

5. 신천지 추수꾼 분별·처리 이렇게 하라②

필자는 얼마 전 서울 강남에 있는 대형교회의 목회자를 만났다. 그 교회에도 추수꾼은 있었다. 신천지 측 교적부를 자신의 교회 교인들과 대조한 결과 40여 명이 검색됐다. 그 중 2명은 교회의 주요 요직에서 전방위적으로 활동하는 신도였다.

신천지 추수꾼들이 정통교회에 들어와 있다는 것은 이미 잘 알려진 사실이다. 그들은 대형교회, 소형교회를 가리지 않고 들어간다. 그렇지만 추수꾼들을 무턱대고 퇴출할 수도 없고, 그렇다고 마냥 내버려 둘 수도 없다. 교회 안의 '딜레마'인 셈이다. 과연 신천지 추수꾼들의 색출부터 퇴출까지 어떻게 해야 할까? 지혜로운 방법은 없을까?

먼저 추수꾼을 어떻게 색출할 것인가가 문제다. 이는 정확한 자료를 기초로 해야 한다. 여전히 교계에서 자주 사용하는 자료는 '신천지 측 교적부'로 알려져 있다. 이 자료에 대해 신천지 측의 한 탈퇴자는 "지금까지 통용된다는 교적부는 신천지 측 6개월의 성경공부 과정을 이수한 정식 교인들의 리스트다."며 "현재까지 신천지 신도들을 파악할 수 있는 가장 신뢰도 높은 자료다."라고 말한다. 한두 번 신천지 측 성경공부를 했다고 이름이 올라가는 교적부가 아니라는 의미다. 그러나 이 자료는 교회를 보호하기 위한 극히 제한적인 목적으로 사용해야 한다. 그리고 제공을 받더라도 공신력 있는 단체를 통해 받아야 할 것이다. 그렇지 않으면 신천지 측의 역정보에 휘둘릴 가능성도 있다. 게다가 이 자료는 13년 전에 나온 자료다. 따라서 그 이후에 들어간 신천지 신도에 대한 정보는 전무하다고 봐야 한다.

　수도권의 A교회는 추수꾼의 전방위적 '산옮기기 작업'에 교인이 반 토막이 났다. 이 교회도 누가 추수꾼이냐 하는 문제로 골머리를 앓았 다. 이 교회에서 활용한 방법은 신천지 교적부 외에 '주일예배 모니터 링'이었다. 주일 예배 때 돌아가는 3대의 카메라를 이용했다. 부교역자 한명이 모니터링을 전담했다. 카메라에 잡히는 신도들 중 추수꾼들은 뭔가 독특한 데가 있었다.

　예를 들면 예배 시간에 사도신경을 전혀 따라하지 않는 신도가 있 었다. 목회자가 '신천지를 주의하라'고 설교하는데 '피식'하며 비웃는 신도들도 눈에 띄었다. 통성기도 시간인데 기도는 하지 않고 목을 길 게 빼고 이리저리 두리번거리며 동태를 살피는 교인도 물망에 올렸 다. 이렇게 몇 가지 특성을 체크한 뒤 한국기독교이단상담소(www. jesus114.net) 등에 연락을 취해 조언을 구하고 도움을 얻었던 것이다.

　신천지 이탈자의 제보를 받는 것도 좋다. 특히 교회와 동일한 지역 에 살던 신천지 교인이 탈퇴했다면 더욱 좋다. 서울의 B교회는 추수꾼 때문에 어려움을 당할 때 이단상담소로부터 같은 지역에 위치한 신천 지 탈퇴자를 소개받았다. B교회는 이 교인을 교회로 초빙해서 신천지 탈퇴 간증을 시켰다. 그러자 신천지 추수꾼들이 하나둘 자연히 교회를 떠나는 모습을 발견하기도 했다.

　이외에도 교회 교인 중 자꾸 타 교회의 선교사나 전도사를 소개하고 교회 밖의 성경공부를 권유하는 사람이 있는지 촉각을 곤두세우고 있어야 한다.

추수꾼들을 색출하는 데 있어서 목회자들의 고민이 없지 않다. C교회의 한 목사는 "추수꾼들은 교회 안의 성도들을 미혹하는 데 그치지 않고 성도들 간에 불신을 심는 전략을 활용한다."며 "추수꾼을 경계하다보니 새가족이 찾아와도 반갑지가 않고 부담이 되는 경우가 있었다."고 말한다. 추수꾼에 대해 경계심이 지나치다보니 교회 분위기는 경직됐다. 새가족이 교회를 찾아 왔다가 그런 분위기를 견디지 못하고 "뭐 이런 교회가 있느냐"며 떠나는 경우도 있어서 힘들었다고 말하기도 한다.

그러나 이것은 피할 수 없는 부작용이라는 견해다. 신천지 측 탈퇴자는 "현재의 교회 상황을 새가족들에게 솔직하게 밝히고 양해와 협조를 구하는 것이 필수적이다."라며 "새신자들을 받는 것도 중요하지만 교회 내의 추수꾼을 막는 것이 더 급선무다."고 말한다. 새가족이 왔을 때 실명을 확인하고 가명인지 아닌지의 여부와 주소도 정확하게 기재할 것을 요구하는 등 더 큰 파장과 문제를 막기 위해 양해를 구하고 지속적이고 세심한 관리를 해야 한다는 주장이다.

추수꾼으로 추정되는 신도들과 관련한 물증이 발견될 경우 문제의 신도들을 어떻게 퇴출시키느냐도 관건이다. 추수꾼에게 큰 피해를 경험했던 A교회는 올 초 공동의회를 열고 교회의 정관을 개정했다. 내용 중에 △교회에 교적을 둔 사람이 다른 단체에서 활동을 한다든가 성경공부를 할 경우 사전에 교회 측의 허락을 받아야 한다. △만일 이를 어겼다가 문제가 생길 경우 교회를 떠나야 한다는 항목을 추가했다. A교회의 한 관계자는 "교회는 교인이 모여서 만든 조직이기 때문에 공동의회를 통해 신천지 추수꾼들에 대처할 수 있는 정관을 교회 사정에 맞게 만들어 놓는 것이 매우 중요하다."며 "추수꾼으로 의심되는 사람이 발견될 경우 정관에 저촉되는 행위를 기준으로 삼아 퇴출시킬 수 있게 된다."고 조언한다.

추수꾼 추정 인물들을 내보내려고 할 때 가장 어려운 문제가 있다. '명예훼손으로 고소하겠다.'는 엄포성 발언이다. 고소·고발에 이골이 나지 않은 다음에야 이런 발언만으로도 위축되는 게 사실이다. 고소를 당해 경찰서를 오가며 조사를 받는 것은 목회에 큰 지장이 되기도 한다. 실제로 진행될 고소에 대비하기 위해 퇴출의 절차를 공론화하는 것은 지양해야 한다. 한 사람을 매장하는 분위기로 가는 것도 좋지 않다. 설령 상대가 신천지 추수꾼이라는 명확한 물증이 있다 해도 그들을 퇴출하는 방법은 '목회적 권면'의 차원에서 진행돼야 한다. 결국 정통교회는 정통교회다운 매너와 깔끔함으로, '선으로 악을 이기는 방식'으로 그러나 단호하게 해야 한다는 것이다.

신천지의 한 탈퇴자는 "추수꾼으로 추정되는 인물이 있으면 당회, 또는 부교역자들 차원에서 조용히 불러서 정확한 물증을 대며 목회적 권면을 하고 교회를 떠나도록 하는 게 좋다."며 "이것을 공개적으로 공표를 한다든가 광고를 하면 추수꾼은 교회의 갈등을 부추기기 위해 목사님에 대한 유언비어를 퍼뜨린다든가, 험담으로 대처하는 등 극단적으로 나올 가능성이 있다."고 지적한다. 무리 없이 진행해야 법적 시비도 줄이고 갈등도 표면화시키지 않을 수 있다는 조언이다. 특히 추수꾼 퇴출은 담임목회자보다는 부교역자나 책임성 있는 인적 구성을 통해 진행하는 게 필수적이다. 추수꾼으로 인한 목회적 피해를 줄이기 위한 최소한의 조치다.

앞서 말한 강남의 대형교회는 신천지 추정인물에 대해 다음과 같은 방법을 시도했다. 교회의 부교역자들이 신천지 추정 신도를 개별적으로 호출한 다음 신천지 측 명단에 이름이 기재가 되어있음을 발견했다고 솔직하게 말했다.

개별적으로 호출했지만 신천지 추정 교인들은 "한두 번 성경공부 하러 다녔을 뿐 신천지 신도가 아닙니다."라고 동일하게 답변했다. 이에 대해 부교역자들은 "좋습니다. 집사님의 말을 신뢰합니다. 그러나 저희들이 집사님의 말을 신뢰하는 것처럼 저희 교역자들의 말에 따라 주십시오."라며 조건을 내세웠다. 첫째, 모든 공직을 내려놓고 1년 동안 공예배만 참석할 것, 둘째, 이단상담소를 통해 신천지에 대한 비판 세미나에 참석할 것 등이었다. 이 집사들은 교역자들의 조건을 묵묵히 수용하며 목회적 권면을 이행한 케이스다.

그러나 실제적으로 신천지 추정 교인들이 이런 조건을 수용하는 경우는 매우 드물다. 이런 조건을 내세우면 대다수의 신천지 추정 교인들은 '밭을 버린다(추수밭으로 여기던 교회를 떠난다는 의미: 편집자 주).' 왜냐하면 소정의 목적을 달성해야 하는데 그게 어려운 상황이 됐기 때문이다. 자신이 의심을 받는 상황, 교인들이 아무도 미혹되지 않고 견고히 서가는 상황, 목회자를 신뢰하는 분위기가 견고한 상황은 추수꾼들을 교회에서 견디지 못하게 한다.

이런 식으로 퇴출시킨 추수꾼들에 대한 정보는 기독교연합회 차원에서 긴밀하게 공유해야 한다. 추수꾼의 문제는 개교회의 문제가 아니라 지역 교회의 문제이며 나아가 한국교회의 문제이기 때문이다.

6. 신천지 추수꾼 대처 4개월 프로젝트

다음 사례들이 가짜 같은가? 한 대형교회의 새벽기도 시간에 검은 양복을 입은 신천지 신도 200여 명이 쳐들어 간 일. 강단에서 목회자가 "신천지 신도들은 다 나가달라"고 하자 우루루 일어나더니 한 명이 "불쌍한 것들"하면서 쏘아보면서 나갔다고 한다. 신도시의 한 교회에 매년 평균, 성도들이 300%씩 급성장했다. 담임목사는 기뻤다. 셀 리더들이 "성경을 아주 잘 아는 집사가 있다."며 또 다른 집사를 셀 리더로 추천하면서 세워져갔다. 어느 날 셀 교육 교재를 봤는데 신천지 비유풀이 교육내용이랑 동일했다. 인천의 한 교회, 400여 명 모이는 교회의 부목사가 신천지여서 반 토막 난 경우까지 있었다. 이 모두 실화다.

신천지 추수꾼들의 활동이 갈수록 심해지고 있다. 새신자 등으로 가장하여 교회에 침투 · 암약하고 있는 정도가 상상 그 이상이다. 대형 · 소형교회를 막론하고 어느 교회도 그들의 손길에서 자유롭지 못하다. 따라서 그 대처를 위한 비상체제가 한국교회에 가동돼야 하는 상황이다. 이미 신천지 추수꾼으로 골머리를 앓고 있는 교회든, 지금 그러한 상황에 놓여 있지 않은 교회든 모두 마찬가지다.

문제는 곳곳에서 터지고 있는데 어떻게 대처해야 할지 모르는 교회가 적지 않다. 재정비 해보자. 구멍 난 항아리에 아무리 물을 부어 봐야 소용이 없지 않은가. 추수꾼이 암약하고 있는 상태에서는 새신자가 아무리 들어와도 교회 부흥과 성장의 꿈은 요원하기만 하다. 그 새신자도 신천지일 가능성이 크기 때문이다. 따라서 신천지 추수꾼부터 교회에서 몰아내는 게 급선무다.

교회 안의 신천지 추수꾼을 몰아내기 위한 4개월 프로젝트를 준비해 보았다. 혹시라도 신천지 추수꾼들의 미혹으로 어려움을 당하고 있는 교회라면 더욱 과감히 실행해볼 것을 제안한다. 지금 당장 어려움은 없더라도 예방을 위해 프로젝트를 가동한다면 훨씬 더 좋은 결과를 얻을 수 있다.

1. 1개월

이 때 키워드는 '공감대 형성하기'다. 목회자와 당회 그리고 온 성도들 간에 '신천지 추수꾼 대처'를 위한 공감대 형성이 최우선이다. 목회자가 독단적으로 결정하면 잡음이 나올 수 있다. 이를 위해 목회자는 신천지로 인해 한국교회가 겪고 있는 어려움에 대해 기존의 자료들을 통해 성도들과 허심탄회하게 나눠야 한다. 신천지 대처를 위한 비상체제가 교회에 필요함을 잘 설득해야 한다.

1개월 차 실행 과제

1) 신천지 추수꾼들에게 어려움을 겪는 한국교회의 상황을 솔직하게 알리기(신천지 비판 동영상 상영, 신천지 추수꾼 포교전략 동영상 상영으로 교인들의 공감대 끌어내기). 신천지 대처 프로젝트의 실행을 당회·제직회의에서 통과시키고 교회 내 이단사이비대책 위원회 신설하기. 신천지 대처 플래카드 달기. 신천지 대처 전단지 배포(주보에 끼워서 배포).
2) 교역자 과제

신천지 교리 비판 공부를 집중적으로 한다. 추천도서 〈한 권으로 끝내는 신천지 비판〉(한창덕, 새물결플러스), 〈신천지 요한계시록의 실상 대해부〉(장운철, 기독교포털뉴스), 신천지 거짓 교리 박살내는 〈이만희 실상 교리의 허구〉(진용식, 기독교포털뉴스).

3) 신고 체계 확립하기

신천지에는 입막음 교리라는 게 있다. 진리를 가르치면 마귀가 날아와 빼앗아 간다고 절대 목사님이나 가족에겐 알리지 말라는 교리다. 이 내용을 가르치는 성경공부, 외부에서 성경을 잘 아는 선교사가 있다는 접근 등이 있을 때는 무엇보다 빠르게 담당 교역자에게 신고하여 알리는 시스템을 구축한다.

교인 수 400여 명에 이르는 인천의 한 교회는 신천지 추수꾼의 암약으로 인해 결국 반 토막이 났다. 파산직전이다. 이때 문제 해결을 위해 당회가 똘똘 뭉쳤다. 비록 늦었지만 신천지 추수꾼인지 건전한 교인인지를 철저하게 분리했다. 올바른 신앙인 200여 명으로 다시 일어서기로 한 것이다.

담임목사의 조카가 신천지에 빠진 한 교회는 지금 새신자를 받지 않고 있다. 새신자를 받지 않는다는 게 교회에서 있을 수 없는 일이지만 신천지 추수꾼을 몰아내기 위한 어쩔 수 없는 자구책이다. '전도'라는 미명 아래 신천지 추수꾼이 신천지 교인들을 새신자로 위장하여 교회로 들여오는 것을 차단하기 위해서다. 이런 특단의 조치를 취하고 있다는 현실을 교인들에게 모두 알려주었다. 교인들도 충분히 공감했다. 담임목사는 신천지에 빠진 피해 가족들의 가슴 찢어지듯 아픈 현실을 교인들도 잘 알아야 한다며 관련 동영상 자료들을 상영해 주기도 했다.

신천지 추수꾼이 교회 안에 들어오는 가장 큰 목적 중 하나는 목회자와 교인 간의 불화다. 교회를 '불신'의 장소로 만들려고 한다. 목회자와 교인, 교인과 교인 사이에 서로 믿지 못하도록 하는 불화의 씨앗을 심어놓으려는 것이다. 그래야 성도들을 미혹시키든 심지어 목회자를 떠나게 하든 모든 것이 가능하기 때문이다. 그들은 교회 안에서 포교의 대상이 없어서 철수를 한다 하더라도 불화라는 씨앗을 남겨놓고 가려 한다.

따라서 어느 곳에서부터 흘러나오는 목회자의 험담에 대해 대비해야 한다. 가장 많은 험담은 '목사님 말씀에 은혜가 없다.', '계시록을 풀지 못한다.', '교회를 팔고 떠나려고 한다.' 등이다. 사모에 대해서는 '사치·낭비벽이 심하다.'는 등의 말들을 흘린다. 목회자·사모에 대한 신뢰가 견고할 경우 오른팔·왼팔 정도 되는 최측근 사역자 제거하기가 실행된다.

사역자를 제거하는 건 간단하다. 추수꾼 교인들이 돌아가면서 담임목사를 찾아간다. 그리고 부교역자·부목사에 대한 험담을 반복한다. "목사님, OO부목사 때문에 교회 못 다니겠어요." 이 말을 한 명이 하면 소용이 없다. 두 명, 안 되면 서로 다른 사람들이 찾아가 타깃을 정해 놓고 험담한다. 이게 목사의 최측근 잘라내기 시도이다.

목회자가 철저하게 신학적, 윤리적으로 준비되어 있어야 하는 게 기본적인 대처 방법이다. 그리고 험담에 대한 우려에 대해 온 성도들과 역시 공감대를 형성해야 한다.

목회자가 어떠한 비윤리적 행동의 결과가 있다면 본 프로젝트는 아무런 소용이 없게 된다. 실제로 여신도를 성폭행한 의혹을 받았던 한 목회자는 자신의 비리를 감추기 위해 신천지 대처 특강을 이용하려 한 바가 있다. 마치 성폭행 의혹이 신천지에 의해 일어난 일인 양 꾸미려 한 예다.

다시 한 번 강조한다. 1개월 차 프로젝트에선 교인들과의 단합, 신천지 추수꾼 포교의 위험성에 대한 공감대 형성이 최우선이다. 이때 당회와 제직회 등을 통해 목회자는 신천지 대처를 위한 4개월 프로젝트의 실천에 관한 부분을 통과시키고 될 수 있는 대로 교회 안에 이단사이비대책위원회를 신설하고 가장 신망 있는 장로나 신임 받는 교역자를 위원장으로 세우는 게 좋다.

2. 2~3개월

이때는 '신천지 대처를 위한 실제적 정보 공유하기'를 위한 기간이다. 신천지 대처를 위한 동영상을 예배 후에 매주 1회씩 상영한다(참고: 요즘 가장 효과가 좋은 영상으로는 CBS의 '신천지에 빠진 사람들', GOODTV의 '이단 사이렌', 유튜브 'JONJONTV', 등이다). 교회 게시판에는 신천지의 이단성과 그들의 거짓된 포교전략의 간악함을 구체적으로 알리는 내용을 올린다. 신천지 대처 자료(문서, 카탈로그) 등을 인쇄해 주보에 끼워 배포한다. 신천지 추수꾼의 출입을 금한다고 명시해 놓은 플래카드도 붙여 놓는다.

2~3개월 차 실행과제

새가족이 들어올 때 사진 촬영, 신분증 확인(새가족에게 확실한 양해가 선행되어야 함, 영혼이 달린 문제임), 신천지 대처를 위한 교회 정관 개정, 신천지 대처를 위한 설문조사, 한국기독교이단상담소협회(진용식 목사)와 연계해 신천지 탈퇴자 색출, 교회 자체 내 추수꾼 색출(새신자인데 비정상적으로 교회 봉사 열심, 교회 밖에서 우연히 많이 만나는 신도, 꿈·환상·예언을 많이 얘기하는 신도, 대형교회에서 제자훈련을 받고 왔다고 거짓말 하는 신도, 교회 밖 멘토관계·교제·QT·중보기도 모임 등 모든 가능성 있는 모임 금지), 새가족 심방(신천지 추수꾼들은 거짓말로 이사 왔다고 하는 경우가 많음), 신천지 대처를 위한 전교인 대상 강좌, 추수꾼으로 지목된 신도가 나올 경우 교회에서 모든 직분을 내려놓게 하고 이단상담 과정을 진행토록 할 것. 만일 거부 시 정관에 따라 조치.

2개월 차에 접어드는 첫 주에는 설문조사를 실시한다. 교인 전체를 대상으로 설문조사를 해서 누가 신천지인으로 지목할 대상인지, 누가 의심받을 행동을 했는지 정보를 수집해야 한다(참고 자료: 신천지 추수꾼을 찾기 위한 설문조사지). 둘째 주에는 신천지 대처를 위한 교회 정관 개정을 하고 통과시키자. 유비무환이라는 말이 있다. 1만 명 교회를 내다보던 한 교회는 교회 분쟁과 신천지 문제를 겪으며 현재 2천여 명으로 줄었다. 어느 교회도 예외일 수 없는 일이다. 이런 어처구니없는 일을 당하기 전에 철저하게 재정비해보자.

교인들에게는 신천지 대처 책자 중 1~2권을 읽고 독후감 쓰기 등을 과제로 내주고 상품을 걸어도 좋다. 이 중에는 쉬운 책도 있지만 교인들이 쉽게 이해하기 어려운 책도 있다. 따라서 목회자가 신천지 비판 서적을 철저하게 습득하고 교인들에게 친절하게 이단의 교리와 미혹성과 정통신학적 비판을 가하는 것이 가장 효과적이다. 기독교포털뉴스에서 발행한 책자 중 추천도서로는 〈우리주변의 이단 · 사이비 · 문제단체들〉, 〈신천지 요한계시록의 실상 대해부〉 및 〈신천지, 왜 종교 사기인가〉 등이 있다.

신천지의 교리를 비판하되 정통신학에선 어떻게 주장하는지 알려줘야 한다. 그러면 신도들은 정통신학의 탁월함과 아름다움에 눈을 뜨게될 것이다. 정통신학을 공부하면서 교인들과 하나님의 섬세한 인도와 가슴 벅찬 감동을 경험하도록 이끌도록 한다.

3. 3개월

신천지 교리 비판서 및 관련 서적을 읽고 독후감을 발표하고 시상식을 한다. 더불어 신천지 탈퇴자의 간증을 듣고 그곳에서 어떤 비인간적, 비윤리적, 반사회적 행각을 하는지 폭로하는 간증 집회를 기획한다.

4. 4개월

3개월 차 프로젝트까지 마친 다음에는 교회에서 가까운 신천지의 신학원 위치를 공개해서 이단에 대한 경계심을 더욱 강화하도록 작업한다. 이 역시 한국기독교이단상담소협회를 통해 제공받는 게 좋다.

4개월 차 실행과제

4개월 차에 이단대처 특강이 지속되면 좋다. 이쯤 되면 예방차원의 교육은 물론 신천지에 대한 심층 비판 세미나도 소화할 수 있는 분위기가 된다(한국기독교 이단상담소협회 및 지역별 신천지 전문 강사로는 서울·경기권 진용식 목사, 신현욱 목사, 이덕술 목사, 충청권 정운기 목사, 강성호 목사, 호남권 김종한·강신유·임웅기 목사, 신외식 목사, 유일한 목사, 영남권 황의종 목사·권남궤 실장 등이 있다).

신천지 추수꾼 대처 4개월 프로젝트의 1차 목표는 신천지 추수꾼의 타깃이 안 되는 교회의 모습을 만드는 데 있다. 신천지 추수꾼들은 문제 많은 교회, 노회나 총회와 연결이 약한 교회를 노린다. 반대로 '이단에 대한 경계심이 많은 교회', '이단에 대한 경계심이 많은 사람'에 대해서는 일단 포교 타깃으로 삼는 데 주저한다. 신현욱 목사는 "분열된 교회에는 반드시 신천지가 있다고 봐야 한다."며 "모 교회의 경우 담임목사 찬성파, 반대파, 중립파 3계파에 모두 신천지가 들어가 정보를 공유하고 분쟁을 극대화하고 있다"고 전했다. 교회의 화합으로 신천지 대처는 물론 이단 경계의 발판을 삼아야 한다.

지금 신천지가 '있다, 없다'는 내용으로 공방 중인 교회가 적지 않다. 큰 교회는 큰 교회대로 작은 교회는 작은 교회대로 신천지가 들어왔을 때 어떻게 해야 할지 몰라 쩔쩔 매고 있다. 소 잃고 외양간 고칠 게 아니라 미리 이단들의 활동에 대비해 이런 비상체제를 가동한다면 교인들을 정통신앙으로 보호하고 신천지뿐 아니라 다양한 이단에 대한 훌륭한 대비책이 될 것이다.

2004년 1만 명이던 신천지가 2008년에는 5만여 명, 2012년 8만여 명, 2109년 20여만 명으로 늘었다고 한다. 신천지에 빠진 사람들 대다수는 정통교회 교인이었던 사람들이다. 요즘은 신천지에 대한 정보가 어두운 일반인으로 포교대상이 옮겨가고 있다. 해외에서의 포교도 활발하다. 먼저 신천지는 현지 배경이 없이 활동하면 의심을 사기 때문에 사업을 기획한다. 대표적인 것이 K-POP, K-Beauty의 유행을 발판삼아 한국어 강좌를 열거나 한국 화장품을 브랜드별로 사서 화장품 가게를 내는 방법이었다. 2016년부터 시작한 화장품 사업은 폭망, 다음 기획한 것이 한국문화카페였는데 K-POP 붐을 타고 인기를 끌었다. 이를 기반으로 한국음식 식당, 한국식 치킨집까지 열었다는 것이다. 식당은 사업성과 함께 거점 역할을 하고 실제 포교는 '문화'적인 방법을 동원한다. 한국에서 한국어 교사 자격증을 취득하고 온 인원 중심으로 한국어 수업을 진행하고, 매주 토요일은 문화모임(한국영화의 날, 한국음식 체험의 날, 한국놀이 체험 등)으로 홍보하여 지속적으로 섭외자를 모으고 있는 중이다.

신천지 측의 추수꾼 포교, 산옮기기 전략, 위장교회, 사기포교 등은 그 현장이 어디든 사람들에게 끊임없이 통하고 있다는 증거다.

7. 신천지 숨통 조인 한수 앞선 '공개토론전'

지역 기독교연합회와 종교사기집단으로 비판받는 신천지와의 한판 승부가 충남 천안에서 벌어졌다. 이는 신천지 대처의 새로운 사례로 부각되고 있다.

그동안 한국교회는 이단대처를 위해 많은 노력을 기울여 왔다. 신천지 추수꾼을 주의하라며 10년 이상을 경계령을 발효 중이다. 때로 신천지와의 공개토론을 촉구하며 그들을 압박하기도 했다. 그들과 공개토론도 성사되며 그들의 부정직이 만천하에 드러나기도 했다.

〈교회와신앙〉 주최 진용식 목사 vs 이만희 교주가 2000년 1월 19일 합의서를 쓰고 10회에 걸쳐 끝장 토론을 진행키로 한 적도 있다. 당시 지상 공개토론을 하던 중 이만희 교주는 4회 차까지 하다가 갑자기 술 취한 사람처럼 "나는 이 나라 왕손이요, 사회에서도 내가 선배요, 신앙에서도 내가 선배요, 군대에서도 내가 선배요."라며 주제에 맞지도 않는 발언을 던지고 진 목사를 비난한 후 일방적으로 지상토론을 중단하고 줄행랑친 전력이 있다. 이후 2008년, 2014년 최삼경 · 진용식 · 신현욱 목사 등이 줄기차게 공개토론을 하자고 했지만 이만희 교주는 응하지 않았다.

그럼에도 이만희 교주는 줄기차게 "공개토론을 대중 앞에서 하자고 수차 전했고, 집회 때마다 제가 증거한 말에 잘못이 있으면 손을 들어 성경으로 말해 달라 하였으나 지금까지 단 한 사람도 없었습니다."며

'한국교회가 자신과의 공개토론을 거부한다.'고 일관되게 주장해 왔다.

지속적인 허위 선전이 한 지역 기독교연합회의 심기를 건드렸다. 천안기독교총연합회(회장 임종원 목사)였다. 천기총 소속 목회자들은 2019년 3월 24일 신천지 천안교회 앞으로 달려갔다. 가서 공개토론을 하자고 촉구했다. 그것도 기자들을 모아놓고 공개적으로 선포했다. 신천지 측이 줄곧 '자신들의 공개토론 요청에 정통교회가 응하지 않는다.'며 '진리와 교리, 성경해석에 자신이 있으면 왜 응하지 않겠느냐?'며 정통교회를 공격해 왔기 때문에, 그렇다면 진짜 끝장토론을 해보자는 것이었다.

천안기독교총연합회가 신천지 본부 앞에서 2019년 6월 22일 공개토론을 요청했다

천기총 vs 신천지 공개토론의 경과

기자회견을 한 이후 신천지에서는 실제로 협상에 나섰다. 양측이 2차례 만난 결과는 '협상결렬'이었다. 엉뚱하게도 이유는 주제 선정과

토론방식에서 발생했다. 신천지 측이 '성경을 덮고 아는 것 내에서 토론하자.'고 주장했다. 성경을 덮어놓고 하자는 희한한 논리였다. 천기총 측은 "공개토론은 성경암송 대회가 아니다. 누가 진리이고 참인지를 확인시키기 위해서는 성경책뿐만 아니라 다른 자료들도 가지고 나와 진위여부를 확인시켜 주어야 한다."고 반박했다. 성경을 덮고 하느냐, 안 덮고 하느냐로 공방이 오가다가 결국 결렬되었다.

신천지 천안교회가 공개토론에 응할 마음이 없다고 판단한 천기총은 신천지 과천 본부 앞으로 6월 22일 기습 출동한다. 신천지 천안교회와의 공개토론이 결렬되니 신천지 총회 본부로 가서 '이만희 교주를 향해 공개토론'을 촉구하는 초강수를 둔 것이다. 천기총 이단대책위원장 유영권 목사(천안 빛과소금의교회)는 이미 6월 20일 이만희 총회장을 상대로 공개토론을 요청하는 서한을 보냈다. 이틀 후 직접 천기총 소속 목회자 8명과 6월 22일 토요일 오전 11시 30분 경기도 과천 신천지 본부를 방문, 내용증명을 전달했음을 알리고 이만희 총회장이 천기총과의 공개토론에 직접 나설 것을 촉구했다. 이렇듯 신천지 지교회뿐 아니라 본부에까지 가서 집요하고도 치밀하게 공개토론을 요구하고 나선 것은 신천지 대처 사역 20년 동안 없었던 일이다.

신천지, 집단 시위로 실력행사

여기서부터 신천지 측은 상식을 벗어난 비신사적 본색을 드러내기 시작한다. 세상 누가 와도 말씀 하나로 승리할 수 있다고 자부하는 그들이라면 해서는 안 되는, 납득되지 않는 일들을 하기 시작한다. 7월 21일, 28일 주일에 150명~200여 명씩 천기총 주요 임원들의 교회를 하나하나 찾아다니며 집단시위를 하기 시작했다. 회장 임종원 목사의 명문교회, 이대위원장 유영권 목사의 빛과소금의교회, 이대위 서기 남기총 목사의 순복음천안교회가 집중 타깃이 됐다.

7월 28일에는 재미있는 사건도 벌어진다. 천안 빛과소금교회(유영권 목사) 앞으로 200여 명이 몰려가 시위를 했다. 이때 유 목사가 직접 밖으로 나갔다. 비를 맞으며 집단 시위에 나선 그들을 향해 "여러분들 중에 자신 있는 분 있으십니까? 지금 나와서 토론을 해봅시다!"고 외쳤으나 신천지 신도들 중, 나서는 사람은 단 한 사람도 없었다! 우글우글 모여서 "허위 사실 유포하는 천기총은 회개하라, 회개하라!"는 집단 구호만 외쳤을 뿐이다.

힘으로, 집단으로, 숫자로 밀어붙일 뿐 성경을 놓고 진지하게 '이만희 교주가 과연 이 시대의 이긴 자요, 구원자인지' 토론하고 대결해보겠다는 자신도, 마음도, 의지도, 실력도 안 된다는 걸 만방에 확인시켜 준 사건인 것이다.

8월 6일 천기총은 다시 이만희 교주 앞으로 내용증명을 보낸다. 공개토론에 나올 것을 재차 촉구했고 설령 나오지 않더라도 8월 22일 천기총은 이를 그대로 진행키로 결정했음을 통보했다.

천기총과 공개토론 될까봐 벌벌 떤 신천지

2019년 8월 22일은 두 곳에서 공개토론회가 열렸다. 천안기독교총연합회(대표회장 임종원 목사)는 오후 2시부터 6시까지 천안 나사렛대학교 나사렛관 6층 패치 홀에서 신천지(이만희)의 거짓됨을 밝히기 위한 공개토론회를 열었다. 신천지 측에선 이 공개토론회에 위임을 받아서든, 아니면 개인적으로든 그 누구도 당당하게 말씀으로 승리하겠다고 나선 사람이 정말 아무도 없었다!! '이긴 자'가 아니라 '패배자!'라는 말이 어울리는 순간이었다.

천기총 주최의 공개토론이 나사렛대학교에서 열리는 시간, 신천지 측 주최로 천안 아이비웨딩홀에서 오후 2시에 천기총과의 공개토론회를 개최했다. 재미있는 건, 천기총 이단사이비대책위원장 유영권 목사가 이곳을 급습했다는 것이다. 신천지 측의 예상에 없었던 일이었을 것이다. 즉석 공개토론을 하자고 쳐들어간 것이다. 그러나 막아선 건 신천지 측이었다. 변명도, 구실도 많았다. "천기총 회장만이 들어올 수 있다."고 저지했다. 유 목사가 "그럴 줄 알고 위임장도 써왔다."고 공개토론장 출입을 요구했다. 그러나 신천지 측의 입장은 바뀌지 않았다.

기자들도 같이 쳐들어갔다. '울림'의 윤지숙 기자는 직접 공개토론장 안으로 들어가 입장을 요구했다. 그러자 "초대 받지 않은 사람은 들어갈 수 없다."고 막았다. "이게 무슨 공개토론이냐?"고 항의해도 소용없었다. '공개'라는 단어가 뭔지도 모르는 신천지인가? 공개토론이 아니라 '신천지만을 위한 비공개 토론회'였던 셈이다.

이번 공개토론회에서 천기총이 보여준 모습은 "끝까지 붙어 보자!"는 자세였다. 반면 진리의 성읍 아름다운 신천지를 내세우는 그들은 어떻게든 구실과 변명거리를 만들어 끝까지 회피하는 모습이었다. 다수의 신천지 신도들을 동원해 '천기총은 공개토론에 응하라'는 피켓을 들고 구호만 외칠 뿐 실제적으로는 공개토론을 끝까지, 어떻게든 피하려는 모습이었다.

천기총, 종교 사기 조직과의 '공개토론전'에서 한판승

5개월여의 천기총의 활발하고 적극적인 '대 신천지'를 향한 공개토론전에 대해 긍정적 평가도 이어졌다. 전국신천지피해자연대(홍연호 대표)의 한 인사는 "지역 교회 목회자들이 신천지를 부담스러워하는 경우가 많다."며 "그러나 신천지를 향한 천기총의 담대한 대응에 존경을 표한다."고 말했다.

신현욱 목사는 한국기독교이단상담소협회(대표회장 진용식 목사)가 8월 30일 주최한 기자회견에서 "신천지가 수료생 10만 명을 목표로 뛰는 때, 신천지 위장교회나 센터 등 신천지 비밀교육 장소에 대해 지역 교회가 정보공유를 하고 연합 시위를 하는 등 협력 대응이 중요하다."며 "천안기독교총연합회의 대응은 훌륭한 사례가 될 것이다."고 치하했다.

천기총 이대위원장 유영권 목사는 기자와의 전화통화에서 "한국교회가 이단문제에 있어서만큼은 연합해서 발 벗고 나서야 한다."며 "이번 천기총의 대처 활동이 성도들에게 널리 알려졌으면 좋겠다."고 바람을 전했다. 유 목사는 신천지인들을 향해서는 "내가 나서서 공개토론을 하자는 순간에도 '천기총은 공개토론에 응하라!'고 외치는 모습을 보면서 신천지가 너무 비겁하다고 생각했다."며 "우리가 공개토론을 열었을 때는 오지도 않았고, 우리가 신천지 측 공개토론장에 들어가려 할 때는 못 들어오게 해놓고는 공개토론에 천기총이 불참했다고 거짓말을 하는 건 신천지의 부정직을 자인하는 행위였다."고 비판했다.

신천지 천안교회와의 공개토론전에서 천기총은 한수 앞선 전략으로 신천지를 곤혹스럽게 했다. 그만큼 몇 가지 수확이 있었다. 첫째, 종교사기 조직으로 비판받는 신천지를 상대로 '공개토론전'을 벌이며 화끈한 한판승을 거뒀다. 향후 공개토론을 요구했는데 한국교회가 나서지 않았다는 거짓말은 다시는 못할 정도로 중요한 근거 자료들을 확보하게 됐다.

둘째, 신천지가 아무리 집단행동을 해도 지역 기독교연합회가 힘을 합치면 상대도 되지 않는 사이비 조직이라는 것도 확인됐다. 천기총은 지역 교회 목회자와 이단대처 사역자가 힘을 합쳐 일사불란하게 움직이며 처음부터 끝까지 신천지의 숨통을 조였다.

마지막으로, 신천지 측이 상당히 많은 언론과 유착 내지 친분관계를 유지하고 있는 상태라는 것을 확인했다. 천기총 vs 신천지 공개토론에서 팩트보다 신천지 측 입장을 그대로 보도해 줄 정도의 언론사들이 이번에 수면 위로 확실히 드러났다. 신천지 입장을 충실히 실어 준 언론 중 천기총 이대위원장 유영권 목사에게 입장을 물어본 기자는 단 한 사람도 없었다고 한다. 한국교회가 예의주시해야 할 언론들 리스트가 만들어진 셈이다.

II. 신천지의 가나안 정복 7단계 전략

1. '가나안 정복 7단계 추수 전략'- "정통교회는 우리의 밥"①

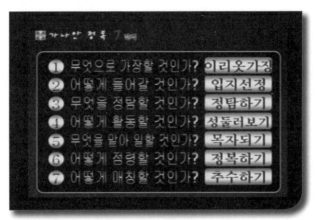

신천지의 교회 침투 방법은 체계적으로 진화하고 있다

"저들은 우리의 밥이다, 저들은 우리의 밥이다, 저들은 우리의 밥이다!!!" 이 외침은 가나안 땅을 정탐한 후 여호수아와 갈렙이 이스라엘 백성들에게 고한 정탐 보고가 아니다. 정통교회를 정복의 대상, 가나안으로 설정하고 '밥' 정도로 여기며 정복하자고 결의를 다지는 신천지 측 400여 명 교역자들의 함성이다. 정통교회가 이단에 대한 관심의 끈을 놓고 있을 때, '설마 우리교회에 추수꾼이?'라며 안심하고 있을 때, 신도들끼리 갈려 분쟁을 일삼고 있을 때 그들은 어느새 정통교인을 가장해 빈틈을 노리고 있다.

신천지 측 추수꾼 교육과 관련한 동영상을 필자가 입수한 건 2008년 경이었다. 2006년 7월말 신천지 맛디아 지파 제3회 전국 전도사 하계 수련회에서 박OO 교관이란 사람이 '가나안 정복 7단계 추수 전략'이란 주제로 강연한 내용이었다. 이 동영상은 '산옮기기'보다 좀 더 디테일한 자료다. 산옮기기 동영상이 교회를 통째로 먹어버리는 신천지 측의 새 수법으로써 큰 충격을 안겨줬다면 이 동영상은 신천지 측이 정통교회 안으로 들어가는 추수꾼 포교전략을 구체적으로 어떻게 하는지 보여주는 최초의 자료였다는 점에서 당시 큰 충격을 줬다. 특히 '저들은 우리의 밥이다'라며 정통교회를 향해 외치는 부분에 이르면 아연실색하게 된다.

이 동영상은 이미 10여 년이 지났지만 신천지 포교의 핵심이라는 점에서 여전히 가치를 지닌다. 이 동영상에 따르면 그들은 정통교회를 밥이라고 여기며 추수꾼 포교법을 7단계로 나눠 전개한다. 7단계의 방법은 이리 옷 가장하기, 정탐하기, 성 돌기, 알곡 선정하기, 목자 되기, 정복하기, 추수하기로 나눈다. 이리 옷 가장·정탐·성 돌기 단계는 정통교인으로 가장해 교회로 들어가 정보를 캐내는 단계다. 이 과정에서 의심을 사지 않기 위해 그들은 온갖 모략을 동원한다. 주로 대형교회에서 철저히 제자훈련을 받은 사람이라는 콘셉트를 갖는다. 또한 이 과정에서 교회 내에서 각종 정보와 교회 측 문제점들을 알려 줄 정보원을 선정한다. 알곡 선정하기에서는 포교할 대상을 물색하고 목자 되기에서는 주로 교회 안의 양육 리더 자리를 꿰차는 단계다. 그 이외의 단계에도 그에 맞는 시나리오를 갖고 있다.

이들이 가장 먼저 신경을 쓰는 부분은 처음 교회 안으로 들어가는 단계다. 여기서 가장 첫손 꼽히는 방법은 '전도당하기'다. 총동원 전도 주일 등을 이용해 전도당해서 교회 안으로 들어간다. 이때 교회 안에서 입김이 센 사람들을 선호한다. 즉, 목회자나 장로, 안수집사 등이 그 대상이다.

교회 안에 들어가기 전에는 미리 그 교회에 대해 분석하고 기본적인 정통교회의 분위기에 대해 숙지하고 있어야 한다. 특히 이 동영상에서 강연자는 정통교회 목회자들 중 하용조 목사, 옥한흠 목사, 오정현 목사, 오정호 목사 등을 거론하며 기본적으로 그들에 대해서는 알고 있어야 한다고 제언한다.

정통교회의 사정을 파악하고 그 안에서 새신자 양육 등 정통교회의 리더급 인사가 되는 것에 주력하라고 이들은 강조한다. 이 과정에서 강연자는 신천지 추수꾼들이 과거와 달라져야 한다고 촉구하기도 했다.

"지금까지의 전도는 …치고 빠지는 어떤 그런 식의 전도를 많이 했습니다. 그렇게 하다보니까 어떻게 돼요? …밭(정통교회를 뜻한다: 녹취자 주)을 버리는 상황이 발생했습니다. 그러다 보니 한두 명은 빼내고 출회를 당하게 됩니다. 그런데 제가 더 강조 드리고 싶은 것은 독수리와 같이 전체를 볼 수 있는 눈이 필요해요. 단순히 내 욕심으로 한두 명을 빼내고, 예를 들어 신도가 천 명인데 한두 명을 빼내고 밭을 버리게 되면 굉장히 아깝잖아요. 전체를 생각하시고 산을 넘기기 위한 믿음을 갖고 이렇게 뛰셔야 합니다. 아시겠습니까?(아멘!)"

과거에는 한두 명을 신천지화하는 데 주력했다면 이제는 한두 명이 아니라 교회의 전체를 조망하는 안목을 갖는 가운데 포교전략을 써야 함을 역설한 것이다. 그리고 아예 그 교회 신도처럼 되라는 주문이다.

이를 위해 찬양도 열심히 하고 설교 시간에 얼굴 찌푸리지 말고 열심히 듣고, 먹는 데도 어울리고, 새벽기도도 나가고 등등 그들은 추수꾼 포교를 위해 기꺼이 '겉은 바벨틱(정통교회 교인인 척: 편집자 주)하게, 속은 신천지 정신으로!'하겠다고 다짐한다.

방언이 이용되기도 한다. 그것이 영적인 권위를 높이는 수단이라고 생각해서다. 박 교관은 '요리다라 나무실'이라는 엉터리 방언을 선뵈기도 했다. '라라라라' 방언을 하면 무시당한다는 것이다.

이러한 동영상을 본 목회자들의 반응은 한마디로 충격이라는 것이다. 예장 합동 측의 한 목회자는 "너무도 충격적이어서 말이 나오지 않는다."며 "그들이 악마처럼 보였다."고 몸서리를 쳤다. 또 다른 신도는 "이건 해도 너무한다."며 "피와 땀으로 세워진 교회를 유린하는 세력을 한국교회가 가만히 보고 있어서는 안 된다."고 목소리를 높였다.

한때 한국교회 일각에서는 교회에서 추수꾼들이 '밭을 버리고 떠났다(정통교회에 대한 포교전략을 거두고 떠난다는 신천지 측의 관용어: 녹취자 주)'는 말이 나오기도 했다. 또 한편에서는 말씀 충만한 교회에는 추수꾼이 남아날 수 없고, 혹여 있더라도 은혜를 받고 회개하게 된다고 말하기도 했다. 이 모두 낭설이다.

추수꾼 포교는 결코 중단되기 어렵다는 지적이다. 신천지에서 20여 년간 생활하다가 이탈한 신현욱 목사(신천지 전 교육장)은 "신천지 측은 교리적으로 추수꾼 포교를 할 수밖에 없다."며 "추수 때가 되면 밭으로 가서 열매를 거둬들이듯이 예수님이 씨를 뿌린 교회라는 밭에 가서 신천지로 올 알곡을 거둬들여야 한다고 생각하기 때문이다."고 설명했다. 신 목사는 "정통교회가 신천지에 대한 대처를 더욱 강화하면 할수록 그들은 더욱 새로운 포교법으로 진화해 갈 것"이라며 "결코 마음을 놓아서는 안 된다."고 강조했다.

이들이 정통교회로 들어와 회심할 가능성에 대해서는 거의 없다는 것이 신 목사의 주장이다. 그 이유는 추수꾼으로 보내는 사람은 이미 초신자 수준을 벗어나 신천지교리로 철저히 무장한 사람이기 때문이라는 것이다.

이러한 신천지 추수꾼들에 대해 사법처리를 해야 한다는 주장도 제기되고 있다. 법조계의 한 인사는 "신천지 측 교적을 가진 사람이 교회 안에 들어와 신도들을 빼내가고 있음을 정확하게 입증할 수 있다면 이것은 업무방해 등의 혐의로 고소할 수 있는 사안"이라며 "신천지인이라는 정황이 포착되면 무조건 쫓아낼 것이 아니라 정확한 증거 자료를 수집해서 법적으로 처리하는 것도 대처 방안 중의 하나가 될 것이다."고 조언했다.

2. '가나안 정복 7단계 추수 전략' - "정통교회는 우리의 밥"②

대전 맛디아 지파 신도들에게 교회 침투 전략을 강연하는 박모 교관

나이 40대 중반 쯤으로 보이는 박○○ 교관이 강단에 섰다. 그의 뒤에는 커다란 화환이 눈에 띈다. 화환의 띠에 '신천지예수교 맛디아 지파, 경축 제 3회 전국 전도사 하계수련회'라고 쓰여 있다. 이 자리에는 'BE THE DEVILS'라고 쓰여 있는 빨간색 옷을 입은 400여 명의 신천지인들이 가지런히 앉았다. 교관이 추수밭에 들어간 '사명자'들은 손을 들어보라고 말하자 반수 이상이 손을 든다.

박 교관은 '가나안정복 7단계'라는 파워포인트 자료를 이용해 강의를 진행한다. 박 교관은 "우리가 정복해야 할 밭이 있다."며 "다 점령해서 하나님께 바치자."고 참석자들을 선동했다.

이 가나안 정복 7단계의 원리는 이스라엘 백성이 이집트를 탈출해서 가나안 땅으로 들어갈 때의 상황을 모델로 한다. 가나안에 정탐꾼을 보냈으니 신천지도 교회로 정탐꾼을 보내고, 여리고에는 2명을 보냈으니 추수꾼을 2명씩 정통교회로 보낸다. 그리고 여리고에서도 정보원 역할을 할 기생 라합을 만났으니 교회 안에서 신천지에 유익을 줄 정보원을 만나라고 한다.

이런 식으로 정통교회 안으로 들어가 활동하는 기간은 적어도 6개월, 정탐 기간 1개월, 리더 등 목자가 되기까지 3개월, 교회 시스템을 마스터하고 추수할 일꾼을 빼내기까지 2개월, 적어도 6개월의 시간을 투자하는 것이다.

주의사항도 잊지 않는다. △기도할 때 안경을 벗지 말라 △보안 의식을 가져라 △신천지가를 흥얼거리지 말라 △신천지 명찰을 떨어뜨리지 말라 △신천지에서 시험 본 내용을 떨어뜨리지 말라 △신천지 애용 구절이 밑줄 그어진 성경도 조심하라고 주장한다. 교회 안에 들어갈 때 애용하는 방법은 큰 교회에서 헌신하다가 왔다고 하는 것이다. 그런 말을 하면 목사들이 어디서든 붙잡는다는 것이다.

이런 식으로 진행한 동영상은 1시간 30여 분간 이어졌다. 이 중 주요 부분만 녹취해 보았다. 박 교관은 강연을 마칠 때도 어김없이 신도들을 선동했다. "저들은 우리의 밥이다!!!" 그들은 이렇게 3번을 힘차게 외쳤다. 그런 강의를 한 박 교관에게 힘찬 박수를 치고 교육이 끝났다.

신천지예수교 맛디아 지파 제 3회 전도사 하계수련회

가나안 정복 7단계 녹취록 / 박OO 교관

12지파 사명자 여러분 안녕하십니까?(신도들: 안녕하십니까?) 네, 반갑습니다(전도사 대표: 전체 차렷. 00님께 대하여 경례!) 충진!!! (신도들: 충진!! 이들은 군대식으로 강사에게 경례를 붙였다).

혹시 추수밭에 들어가신 사명자 계시면 손들어 주시겠습니까?(반수 이상의 참여자가 손을 든다: 녹취자 주). 네, 내려주시구요. 이제 저희 대전교회도 추수밭 시스템이 갖춰진 지가 얼마 되지 않았습니다. 그런데 여러 가지 노하우가 분산되어 있다가, 이번에 새로운 시스템이, 조직이 마련이 되면서 추수밭에 대한 부분들을 체계를 잡아가고 있습니다. 솔직히 말씀드리면 지금까지의 전도는, 추수밭 전도가, 하나의 알곡을 선정해서 치고 빠지는 그런 식의 전도를 많이 했습니다. 그렇게 하다보니까 어떻게 돼요? 소문이 많이 나게 됩니다. 소문이 많이 나게 되고, 밭(정통교회를 뜻한다: 녹취자 주)을 버리는 상황이 발생했습니다. 그래서 이러면 안 되겠다 싶어서, 그리고 대전 지역이 큰 지역이 아니기 때문에 보다 체계적이고 조직적으로 할 필요가 있는 시점에 와 있구요. 좀 더 체계를 잡아가야 할 상황에 와 있어서 이렇게 교재를 만든 것도 최근에 만들었습니다.

그래서 이 내용들을 대전지역의 교인들에게 교육을 시키는 상황에 와 있습니다. 그런 와중에 이렇게 앞에 서서 지혜를 나누게 돼 굉장히 영광스럽게 생각합니다. 이 시간 생각을 여시고 수동적으로 듣는 것이 아니라 어떻게 하면 추수밭 전도를 효과적으로 할 수 있을까 고민하는 마음으로 들었으면 좋겠습니다. 이제 제목을 같이 읽어보겠습니다(신도들: 가나안정복 7단계!!). 가나안 정복 7단계라는 제목을 갖고 시작을 하겠습니다.

첫째 정탐, 둘째 정복, 셋째 추수

그래서 우리가 정복해야 할 밭은 첫 번째는 정탐! 지금 추수밭 활동을 하는 분들이 계시겠지만 대부분 처음 활동하게 되면 전체를 못 보게 되요. 교회 전체를! 전체를 보지 못하고 누구만 봐요? 딱 들어가서. 알곡만 딱 보고, 목사 설교할 때 째려보고 찬양할 때 찬양 안 하고 박수 안치고 거의 이렇게 하잖아요. 그리고 말씀 전하게 되면 찌푸리고, '저게 아닌데' 하면서. 그런 식으로 하다 보니 한두 명은 빼내올지 몰라도, 금방 출회를 당한다는 겁니다. 저희도 지금까지 그렇게 했어요. 그러다 보니 한두 명은 빼내고 출회를 당하게 됩니다. 그런데 제가 더 강조 드리고 싶은 것은 독수리와 같이 전체를 볼 수 있는 눈이 필요해요. 단순히 내 욕심으로 한두 명을 빼내고, 예를 들어 신도가 천 명인데 한두 명을 빼내고 밭을 버리게 되면 굉장히 아깝잖아요. 전체를 생각하시고 산을 넘기기 위한 믿음을 갖고 이렇게 뛰셔야 합니다. 아시겠습니까?(아멘!).

첫 번째 정탐, 정탐이 또 3가지로 나눠지고요, 그 다음에 두 번째, 정복! 정복이라는 마인드를 가지셔야 돼요. 자, 저들은 우리들의 밥이다, 세 번 외치겠습니다. 시작!!!(신도들: 저들은 우리의 밥이다, 저들은 우리의 밥이다, 저들은 우리의 밥이다!!) 정복의 마인드를 가지셔야 합니다. 첫 번째는 정탐, 그 다음에는 정복, 정복한 다음에는 세 번째, 추수, 이렇게 개념을 잡으셔야 합니다. 여기까지 이해가 가시죠?

교회로는 목사 · 전도사 · 장로 등에게 전도당해 들어가는 게 최고

자, 그래서 들어가는 방법을 몇 가지 소개하면…. 여기 지금 뭐하고 있어요? 머리하고 있죠. 교회를 찾고 있는데? 하니까 저 사람이 할렐루야 하면서 '저희 교회로 오세요.' 하잖아요? 그러니까 제일 좋은 것은 뭐 당해서 들어가는 거? 전도당해서 들어가는 것이 제일 좋은데 전도당해서 들어갈 때도 거기에서 입지를 갖고 있는 사람들, 목사나, 전도사나, 장로나, 권사들, 이런 사람들을 통해서 들어가면 굉장히 유리합니다. 자, 이해가시죠? 행사할 때 들어가면 냄비도 주고, 비누도 주고, 여러 가지 좋은 점이 있습니다. 그런 것은 찾아내구요. 행사를 예를 들어, 전도, 총력 전도주일에 들어가면 굉장히 환영을 합니다. 행사 때 들어가면 굉장히 좋구요, 자연스럽게 들어가시구요. 그 다음에 이게 중요합니다. 처음에 만나서 면담을 하게 돼요, 누구랑? 거기 있는 뱀이랑, 이리랑! 거기 있는 사역자랑 얘기할 때 이때가 중요해요. 이때 준비를 많이 하고 가셔야 해요.

기본적으로 물어보는 것에 어떤 질문이 있어요? 저희 교회는 어떻게 오셨나요? 그 다음에 신앙의 경험, 그 다음에 또 뭘 물어보겠어요? 과거에 교회에서 어떤 사역을 하였는가 물어보게 됩니다. 이런 것들을 면담을 할 때가 굉장히 중요하다는 거죠. 계속 면담을 하는 게 아니잖아요. 초반에 하잖아요. 초반에. 초반에 면담에 성공해야만 거기서 추수밭 전도에 성공할 수 있다는 것, 무슨 얘기인지 아시겠죠? 어디에, 뭐에 성공하라? 면담에 성공하라!

교회로 들어가기 전 분석하라

전체적인 틀을 보시구요. 그 다음에 이리 옷 가장, 이리 옷 가장부터 천천히 살펴보겠습니다. 자 누구같이 지혜롭게? 뱀같이. 그들이 이리이기 때문에 이리 옷을 입어야 하는데요, 내가 들어가는 바벨 탐구가 좀 있어야 합니다. 그래서 뭐가 들어가야 해요? 내가 들어가는 교단에 대해서는 분석을 하고 들어가야 해요. 대전 교회도 보니까 1,840개가 있어요. 이 중 예장이 제일 많습니다. 그래서 기본적으로 바벨에 대한 분석, 여기 보면 그 안에 있는 지뢰밭(신천지에 다니다가 이탈한 사람을 뜻함: 녹취자 주)이라든지, 목회자라든지 이런 게 미리 분석이 돼서 들어가면 좋구요.

그 다음에 양육 시스템을 보겠습니다. 자, 양육 시스템, 어차피 그 안에 시스템으로 돌리기 때문에 많이 쓰는 시스템이 있어요. D12 들어보셨나요? D12라는 시스템을 많이 쓰고 있구요. 그 다음에 G12, 들어보셨습니까? 자, G12도 있고, 야구장 시스템도 있고, 셀장 시스템도 있고, 여러 가지 시스템이 있습니다. 그런데 내가 들어가면서 "큰 교회에서 내가 그런 시스템에서 사역을 해 봤다. 돌려 봤다." 이런 식으로 들어가는 사람이 있고, 어떤 사람은 "내가 신앙을 쉬다가 이제 시작하려 한다."면서 이렇게 들어가려는 사람이 계셔요. 거 누가 빠르겠어요. 신앙을 쉬다가 1년이 지나도 거기서 입지 선정을 하기가 힘듭니다. 그런데 내가 큰 교회에서, 온누리교회에서, 하도 그 교회 사람이 많아서 누가 어떻게 돌리는지를 몰라요.

그런데 내가 그 교회에서 시스템을 돌려봤다고 하면 목사가 다리를 잡아요, 실제! 좀 부실한 교회들은. 그러니까 이리 옷을 입는다는 것이 그만큼 중요합니다. 경험이 풍부하게 있다는 설정을 하고 들어가셔야 하고, 만약에 경험이 없으면요, 그래서 우리가 다 공부를 해야 하는 겁니다. D12가 뭐고, G12가 뭐고, 〈목적이 이끄는 삶〉이 뭐고. 이게 그 사람들을 잡기 위해서는 그 사람들 색깔을 띠어야 하잖아요. 그래서 이런 것들을 미리 공부하셔야 합니다. 〈목적이 이끄는 삶〉 이거 한 권밖에 안 돼요. 여러분들 숙지하셔서 이것을 가르쳐본 사역으로 들어가시는 겁니다. 그러면 〈목적이 이끄는 삶〉을 (그 교회에서)하고 있었다면 그 사람을 잡아낼 수 있겠죠. 내가 과거에 경험이 있었다면 경험을 살리시고 경험이 없었다면 경험을 한 것처럼 하셔서 이리 옷을 입고 들어가셔야 한다는 것. 입지 선정을 할 때는 절대적으로 신앙의 우위를 차지할 수 있게 들어가셔야 하지 '신앙생활을 안 했다' 이런 사람이 있어요. 그러면 무시당합니다. 이런 사람들 꽤 많습니다. 이렇게 들어가면 꽤 불리하다는 거. 여기까지 이해가 가시죠?

목자의 성향을 파악하라

그 다음에 네트워크 시스템, 그 다음에 목자의 무엇? 목자의 성향을 아셔야 합니다. 그래서 지금 이제 대전지역에도 한 밭에서 굉장히 많이 나왔어요. 목사들이 굉장히 교훈적으로 갑니다. 말씀 중심이고 교훈적이에요. 그래서 밭이 많이 갈려있는 거예요. 사람들이 많이 갈려있어요. 말씀 중심으로 하는 밭일수록 우리가 요리하기가 좋습니다. 교훈 중심적인 밭은 굉장히 유리하고.

어떤 밭은? 막 사랑이나, 은혜나, 봉사를 강조하는 데, 우리가 그 사람들을 잡기 위해서 봉사 활동에 참석을 해야 하구요. 그 다음에는 어떤 기도나, 은사를 강조하는 데가 있어요. 만날 기도도 방언으로 하고, 그러면 우리가 어떻게 해야 돼요? 방언을 같이 터뜨려 줘야 합니다. 그 사람들에 맞춰줘야 해요. 대표적으로 뭐가 있어요? 요리다라 나무실!!! 이런 거 터뜨려줘야 합니다(신도들 깔깔대고 웃음: 녹취자 주). '라라라라' 이런 거 하면 안 쳐줘요. 굉장히 수준 높은 방언을 터뜨려야 합니다. 그래서 작년에 어떤 집사님도 교회에 제일 먼저 가서 성경을 딱 보고 있다가 누가 들어오잖아요? 막 방언을 해요. 그리고 나가면 성경보고, 그 목사가 들어오면 막 방언하고, 이런 분이 계세요. 이렇게 해서 마음을 많이 사났습니다. 그러한 전략들이 필요하구요.

그리고 대표적인 목사를 알아야 합니다. 옥한흠 목사, 어느 교회였죠? 누구에게 물려 줬어요? 오정현, 오정현 형제가 여기 새로남의 오정호입니다. 이 사람들은 사랑의교회 제자훈련 시스템으로 교육을 받은 사람들, 그 다음에 조용기 목사, 아시구요. 그 다음에 하용조 목사, 하용조 목사는 온누리교회. 그 다음에 청년들 쪽에서 많이 붐이 일어나고 있는 삼일교회 전병욱 목사 같은 경우 교회가 꽉 차니까 교회 건물을 짓는 것이 아니라 숙대 대강당을 빌려서 예배를 보잖아요. 청년들이 많이 좋아하잖아요. 기본적으로 이런 내용을 아셔야 합니다. 목사들, 목사들의 세계도 아셔야 하구요.

그 다음에 그 밭 안에서 양육 형태를 보셔야 합니다. 그래서 첫 번째는 목사가 잘난 맛에 자기가 양육교재를 만들고, 자기가 나름대로 진행하는 사람들이 있고, 두 번째는 어떤 시스템은 없는데 양육교재만 도입한 곳이 있어요. 시스템 없이, 〈목적이 이끄는 삶〉이라든지, 이런 거 좋은 거만 끌어다 쓰는 곳이 있고, 세 번째는 시스템도 있고, 양육교재도 있는 곳이에요. 이런 곳은 교회가 큽니다. 자, 이런 데도 있구요.

자, 그 다음에 두 번째 뭐요? 정탐하기 옆에 보겠습니다. 적을 알고, 시작!(신도들: 적을 알고 나를 알면 백전불패!) 적을 알고, 나를 알아야 한다. 그래서 정탐이라고 하는 것은 먼저 누구를 발견해야 하고? 라합을 발견해야 되구요. 그 다음에 기본적인 정보, 그 다음에 어떤 시스템? 양육 시스템, 그 다음에 지뢰밭, 지뢰밭이 뭘까요? 탈락자들입니다. 그 다음에 상세 정보원 이렇게 되어 있는데 라합 발견은, 밭에 대한 모든 것을 알고 있는 자, 모든 정보를 제공하는 자, 이 사람이 이제 라합이 됩니다.

집사들과 수다 떨다 보면 목자비리까지 다 파악된다

이 사람들과 친해져서 어떤 사람들은 몇 개월 동안 파악할 것을 우리 OOO 집사님 같은 경우는 낮에 한 번 찾아가서 5시간 수다 떠시면 다 파악이 돼요. 목자 비리까지. 재정적인 비리까지 다 파악이 됩니다. 왜? OO 집사님들은 입이 무거우시니까 다 얘기를 한다는 거예요. 그래서 굉장히 유리합니다. 수다를 떠는 분들을 통해서 파악을 하시고, 그리고 기본적인 정보는 주보를 보시고, 주보를 정탐을 하시면 흐름이 나오고요, 그 다음에 뭐가 필요하냐 하면 교회 요람을 잘 보셔야 합니다. 교회 요람을 보면 연락처도 있고, 사업체도 있고, 사진도 있습니다.

그 다음에 기본적으로 찬양 사역자도 아셔야 되고, 저 오른쪽에 머리 하얀 사람, 하스데반, 저 사람 누구예요? 하용조 목사 동생입니다.

동생! 경배와 찬양, 온누리교회 성가대 지휘자가 누구고, 박종호 씨고, 거기는 문화로 다 잡아가는 거예요. 온누리는. 요즘 뜨고 있는, 밑에 디사이플스, 천관웅도 있고, 그 다음에 예수전도단, 누가 있어요? 고형원 씨. '부흥'이란 찬양 만든 사람, 이 사람은 주로 말씀을 갖고 찬양을 만들어요. 이렇게 기본적으로 찬양사역자를 알고 있어야 하구요.

자, 그 다음에 성 돌기 보겠습니다. 자, '성 돌기'라는 것은 실제적인, 시작!(신도들: 실제적인 활동을 통해 내부 사정을 구체적으로 들여다봄), 실제적인 활동을 통해 내부사정을 들여다보는 거예요. 그래서 첫째, 예배, 예배도 다, 적극적으로 참석을 하셔야 돼요. 특히 알곡들은 어떤 예배에 나올까요? 새벽예배. 새벽예배를 가셔야 합니다. 잡으시려면. 그 다음에 모임, 여러 가지 소모임이 있을 수 있구요. 그 다음에 GBS는 뭐예요? 성경공부 모임, 새신자 반도 있고, 큐티반도 있고, 양육반도 있고, 제자반도 있고, 사역반, 이러한 모임들을 내가 열심히 하다가 왔기 때문에 두루두루 다 살펴보시고, 알곡이 어디 숨어 있는가. 그러니까 거기 가서도 굉장히 열심히 하셔야 합니다. 만약 활동을 하게 되시면.

그렇게 하셔야 하구요, 그 다음에 특별활동을 하는 데가 있어요. 특별활동, 그 중에서도 남자들 같은 경우 축구하는 데가 있어요. 축구. 그런데 예를 들어 내가 축구를 싫어해. 안 가는 겁니다. 그래서 "왜 안 갔어?", "나 축구 싫어해!" 그렇게 되면 안 된다는 거죠. 축구를 싫어해도, 공 찰 때 개발에 맞더라도, 친분을 다지시기 위해서 거기 가셔야 해요. 어떤 사람이 안 갔어요. 개 잡으러 갔다는 거예요. 개 잡으러.

"나 개고기 못 먹어서 안 갔다."는 거예요. 그렇게 되면 안 되고, 자기에게 맞추는 것이 아니라 그 사람들에게 맞춰서 그 모임들에 다 하나하나 참석을 해서 성을 두루두루 도셔야 합니다. 자, 성 돌기 개념 아시겠죠? 모든 모임들에 참석을 하는 겁니다.

함께 먹을 때 역사가 일어난다

참석을 하다보면 알곡이 보이겠죠. 친분도 다져지고. 그런데 주로 언제 친해져요? 먹을 때, 복음방 터질 때도 보면 먹을 때 복음방이 터지고, 신학원 인도할 때도 보면 먹이고 신학원 인도하고 모략 풀 때도 먹이잖아요. 그러니까 먹는 걸로 시작해서 먹는 걸로 끝납니다. 그래서 먹을 때 모든 역사들이 이뤄지기 때문에 먹는 자리에 다 가셔야 해요. 그리고 그들이 비밀리에 양식을 내오잖아요. 이렇게. 구역예배 할 때 말도 안 되는 소리 하잖아요. 먹을 거 내올 때, 맛있게 먹어줘야 해요. 속으로는 비진리고 화 나겠지만 겉으로는 은혜 받은 척해야 한다는 거죠. 먹을 때, 그래야 마음을 삽니다. 아무튼 봉사하는 모습을 보여줘야 마음을 산다는 것.

그 다음에 네 번째, 알곡선정 읽어보겠습니다. 시작, 그래서 알곡에 대한 기본 정보와 신앙의 수준과 신앙의 환경과 상태들을 쭉 파악을 하셔야 합니다. 그래서 기본 정보에서는 기본 신상, 어떤 프로필, 연락처, 주소, 이런 것은 기본적으로 아셔야 하구요, 그 다음에 신앙수준, 그 다음에 양육한 경험이 있는가? 그 다음에 성경의 지식수준이라든지, 은사체험 여부, 신앙의 열심도, 이런 것을 두루두루, 파악을 하셔야 하는데 내가 열심히 섭외하다가 왔다 했는데 신앙적인 부분들이 하나도 파악이 안 된 거예요. 그렇게 되면 안 됩니다.

그 다음에 그 사람의 신앙 환경, 경계심이나 주위에 목회자가 있는가, 아니면 가족 환경이나 지인 환경, 그 다음에 그 사람의 어떤 성격이나 비전, 이런 알곡에 대한 전반적인 상황들을 쭉 파악을 하셔야 합니다. 자, 아시겠죠? 너무 강화되면 안 되구요, 기준 자체가.

양육권을 획득하라

그 다음은 다섯 번째 목자 되기입니다. 목자가 되어 주도적으로 조직을 이끌어가는 단계, 친교 부분에서 그렇게 될 수도 있고, 어떤 관리 부분에서도 그렇게 될 수 있고, 그 다음에 양육권을 가질 수도 있고, 그 다음에 다른 부분에서 리더십을 발휘할 수도 있습니다. 그런데 여기서 양육권 있잖아요. 양육권을 갖게 되면 굉장히 좋아요. 양육권, 구역 강사라든지, 그러니까 양육권을 내가 쥐게 되면 요리를 할 수 있습니다. 포장은 이리 옷으로 하고 그 안에서 바벨 교재를 갖고도 충분히 이 사람의 마음 밭을 갈 수 있기 때문에 양육권을 가지셔야 해요. 양육권이 아니더라도 리더가 되는 방법이 있지만, 뭐를 잡을 수 있도록? 양육권을 잡을 수 있도록 그렇게 하셔야 합니다. 목자가 된 다음에 이제 추수를 해야 하는데 거기 보니까 바벨 리더의 조건이 있습니다.

첫 번째 시작, 겉은 바벨틱(정통교회 교인인 척: 녹취자 주)하게, 속은 신천지 정신으로! 기도회를 이끌 때는 될 수 있으면 방언으로 하시고, 두 번째, 찬양인도를 할 때 친한 척하라. 찬양이 '나 구원 받았네, 너 구원 받았네'가 나왔어요. 어처구니없는 찬양이잖아요. 이거. 그런데 이런 게 나오더라도 여기에 어울려 줘야 합니다. 그 안에서. 그런데 우리 식구들 이 시간에 꼭 팔짱 끼고 있잖아요. '나 구원 받았네' 이거 해도 어처구니가 없어도 같이 웃으면서 친한 척 해야 하고, 양육할 때 바벨 언어를 쓰셔야 하고, 그리고 이 안에서도 아마, 사도신경 못하시는 분들 계실 거예요. 이 사람이 전도사 배경으로 들어갔는데 앞에 섰는데 사도신경이 안 나오는 거예요. 사도신경을 하도 한 지 오래 돼가지고. 그리고 주기도문 할 때도 꼭 '대개'(신천지에서는 주기도문할 때 '대개'를 뺀다: 녹취자 주)빼고, 안경 벗고 막, 방언도 안 하고 이렇게 하면 티가 딱 난다는 거죠. 사도신경 어떻게 시작해요. 네, 아시네요. 하하하. 기분 나쁘셔도 이런 것 해주셔야 하구요.

그리고 굉장히 바벨틱하게 보이셔야 합니다. 그렇게 보이시고 하나의 비결을 말씀드리자면 목사가 설교하면 굉장히, 진짜 듣기 싫잖아요. 엉? 노하우가 있습니다. 어떻게 생각하면 돼요? 그 사람이 우리 남편이라고 생각하시면 됩니다. 더 찌푸려지세요? 나를 사랑하는 사람을 생각하면서 목사를 그렇게 보시면 표정이 밝아져요. 이게 3년 동안 활동한 자매의 노하우입니다. 목사만 보면 하도 찌푸려지니까 내가 사랑하는 사람이라 생각하고, 표정을 밝게 하셔야 하구요.

자, 한 분 한 분 연습해 보실까요. 자, 밝은 표정, 좋습니다. 첫날이 중요해요. 첫날에 들어가서 은혜 받은 표정을 하고 박수 열심히 치면 목사가 다 좋아합니다. 목사님 마음을 딱 사게 되요. 끝나면 끝나자마자 쫓아가서 등록하라고 합니다. 첫인상은 두 번이 없기 때문에 첫날이 굉장히 중요하죠. 목사한테 잘 보여야 한다는 거.

자, 그 다음에 정복하기 옆에 보겠습니다. 시작(신도들: 조직에 시스템을 정비하여 포위망을 형성한다). 좋은 게 새신자 사역 부분이 있어요. 거의 바벨교회(정통교회를 의미한다: 녹취자 주)는 새신자가 부실해요. 적극적으로 활동을 안 합니다. 우리가 들어가서 새신자 양육권을 갖게 되면 오는 새신자들을 효과적으로 우리가 우리 편으로 만들수가 있구요. 그 다음에 리더 사역에 있어서는 셀 장이나 임원이나 간사, 양육사역에서는 새신자반이나 큐티반이나 제자반이나 훈련반, 문화사역에서는 자신의 문화적 달란트를 활용하셔서 점령을 하셔야 합니다. 새신자사역도 있구요, 리더사역, 양육사역, 문화사역, 이런 다양한 부분에서 우리들이 다 정복을 해 나가야 해요. 여러분의 재능을 살려서, 금달란트도 무엇을 살려서? 여러분의 재능을 최대한 살려서 내가 그 밭에서 어떤 부분을 점령해야 할 건가. 그 콘셉트를 갖고 활동을 하셔야 겠습니다. 아시겠죠?

그 다음에 추수하기, 도적같이, 시작. 교사선정이 있고, 그 다음에 매칭 모략, 복음방 연결, 학원 인도가 있습니다. 교사를 선정하실 때는 아시다시피 알곡과 코드가 맞는 사람을 교사로 입지를 선정하셔서 매칭을 하시고 매칭 모략을 짜 가지고 복음방 연결하는 부분들은 다 아실 겁니다. 이런 부분에서 학원으로 인도될 수 있도록 신경을 써 주시구요. 몇 단계까지 했어요? 7단계 추수하기까지 말씀을 드렸고, 이제 주의사항 몇 가지 말씀드리고 마무리를 하겠습니다.

밖으로 뺄 때는 첫 번째 보니까, 1번 한번 볼까요? 이 사람의 고민이나 관심사로 딱 걸어야 해요. 그러면 잘 걸립니다. 그렇게 해서 직접 매칭하는 방법을 쓰지 말구요. 나는 직접 연결이 되면 안 됩니다. 한 번 패스를 해야 하죠. 그리고 셋째 코드에 맞게 이리 옷을 입혀 교사를 매칭하고 관리자를 붙여라. 어찌 됐든 간에 삼자 매칭은 나랑 직접적인 관련이 있으면 안 된다는 거. 다시 한 번 말씀 드리면 내가 그 안에서 비유로 씨를 뿌리면 안 된다는 거. 매칭이 되도 나랑 연결돼서 매칭이 되면 안 된다는 거. 한 다리 건너야 한다는 거. 꼭 지켜주시고 마무리 하구요.

마지막으로 제가 좋아하는, 저들은 우리의 밥이다, 세 번 외치고 마치도록 하겠습니다. 저들은 우리의 밥이다! 저들은 우리의 밥이다!! 저들은 우리의 밥이다!!!

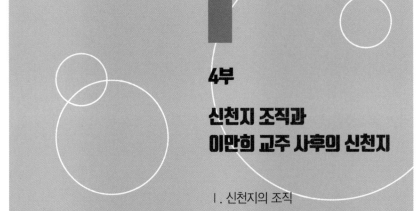

4부

신천지 조직과
이만희 교주 사후의 신천지

Ⅰ. 신천지의 조직

1. 신천지의 전위부대들

1) 신천지 전위부대들

HWPL은 신천지의 종교색을 감추고 전쟁종식 세계평화를 내세우며
활동하는 신천지 전위부대다

　신천지에는 매년 거대한 생일 파티가 열린다. 이만희 교주가 태어난 1931년 9월 15일을 기리며 온 신도들이 축하해주는 날이다. 이게 처음엔 동네 웨딩홀에서 하는 돌잔치나 회갑잔치 정도였다. 15년 전까지만 해도 그랬다. 신도들이 온갖 주접을 다 떨었다. 남신도들이 여장을 하고 나타났다. 사회자가 여장 남신도들을 보며 "가슴들이 다 크시네요."

같은 시답잖은 농담을 하며 생일잔치를 하는 게 그날이었다.

그러다 전국체전으로 조금 발전한다. 전국 지파에서 모여 축구대회를 열며 카드섹션을 했고 '선생님, 사랑해요'라고 썼다. 아이돌 그룹처럼 신도들이 예쁘게 차려 입고 '해피버스데이 투유'라고 축하했던 날이다.

이날이 2010년을 기점으로 변화의 조짐을 보이다가 2012년부터 대형 행사로 완전히 탈바꿈하게 된다. 행사는 대규모로 바뀌었지만 주접은 여전했다. 2012년 9월 18일 이만희 교주가 본부인 유 모 씨를 제쳐놓고 김남희라는 여성과 임금들이 쓰는 왕관을 쓰고 손을 맞잡고 천국 혼인잔치라는 걸 했다. 이때부터 전국체전은 세계인들을 초청하며 치르는 행사로 변모하게 된다. 세계인들을 초청하는데, 신천지라는 종교 단체의 이름으로는 뭔가 부적절하니 전위부대격 명칭을 가진 기관이 필요했던 것이다.

그래서 사단법인 '만남'의 김남희 전 대표가 2012년, 이만희 교주에게 압도적인 신임을 얻으면서 만든 게 세계여성평화그룹 IWPG(International Women's Peace Group)이다. IWPG가 신천지 부녀부들이 중심이 됐다면 청년 중심으로 구성된 조직도 2013년 5월에 만들어진다. 국제청년평화그룹 IPYG(International Peace Youth Group 전대표 김OO은 김남희 씨의 사위)이다. 더불어 이들을 관리하는 상위 기구로 2013년 이만희 교주가 중심이 된 HWPL(하늘문화세계평화광복)이 출범한다.

신천지 신도들이 2013년 연말을 기준으로 122,826명을 넘어섰을 때다. 2014년은 어쩌면 그들이 그토록 고대하던 꿈의 숫자 14만 4천 명에 도달할 수도 있는 해로 여겨졌을 것이다. 이때, 신천지는 대형 이벤트를 기획한다. 신천지가 대한민국 최대 규모의 운동장인 잠실 메인스타디움을 빌려 2014년 9월17일(수)~19일(금) '종교대통합만국회의'를 연다. 배도자로 내몰려 지금은 어디서 뭐하는지 오리무중이 된 김남희 씨를 당시엔 '만민의 어머니'로 추앙하는 카드섹션을 펼치는 주접을 떨었다. 신천지 이만희 교주 기준으로 배도자로 내몰린 김남희 씨 추앙 쇼를 벌였던 게 2014년 HWPL의 종교대통합만국회의다.

2) 신천지 전위부대가 하는 일

2)-1. 만국회의 등 위장 평화행사 앞장서는 HWPL

HWPL(Heavenly Culture World Peace Restoration of Light, 하늘문화세계평화광복 대표 이만희)은 사이비교 신천지의 이만희 교주를 대표로 2013년 신천지 전위부대를 관리 감독하는 상위기구로써 만들어졌다. 현재 활동이 가장 활발한 신천지 전위부대다. 신천지는 HWPL을 앞세워 각종 평화운동 명목의 행사를 한다. 특히 2014년 9월, 종교대통합만국회의 행사에 해외 유명인사와 평화운동가들을 초청하는 데 일등공신이었다. 아시아 최대 분쟁지역인 필리핀 민다나오 섬에서 가톨릭-이슬람 간의 분쟁을 중재해 평화협약을 맺었다고 홍보한 적도 있다. 지구촌전쟁종식평화선언문(DPCW)이라는 것도 내세우고 있다. "DPCW는 이만희 교주가 신천지의 실체를 감추고 마치 평화를 추구하는 것처럼 포장하기 위해 만든 일종의 선언문이다. 이씨는 'DPCW에만 동의하면 세계의 모든 갈등이 종식된다.'고 주장한다. 신

천지의 위장 평화단체인 ㈜하늘문화평화광복(HWPL)과 국제청년평화
그룹(IYPG), 세계여성평화그룹(IWPG)이 이 선언문 지지운동을 펴고
있다"(황윤태, 신천지, 청와대에 수만 통 '민원편지 폭탄' 움직임, 국민
일보, 2019년 3월 12일자 . http://news.kmib.co.kr/article/view.as
p?arcid=0924066670&code=23111111).

2)-2. 신천지의 자금줄이자 부녀부 중심의 IWPG

IWPG는 2012년 김남희 씨를 대표로 해 만들어졌다. 이 단체의 적나
라한 실체는 2018년 12월 26일 전피연 주최로 열린 '신천지 종교사기
처벌촉구 및 피해자 [청춘반환소송] 기자회견에서 드러났다. 당시 발
제한 이지은(가명) 씨에 따르면 IWPG는 신천지인들이 운영·관리한
다. 이들은 겉으로는 신천지와 무관하다고 하면서도 △(대다수가)신천
지 부녀회에 소속해 있고 △신천지 전도현황 보고서를 총회에 제출해
야 하며 △언어자제교육, 정신교육 등 전국 신천지 교회에서 주관하는
만국회의의 준비 및 브리핑을 하고 있다고 지적한다.

이 조직에서 발생하는 자금도 신천지로 흘러들어간다고 한다.

"IWPG의 DVD 판매수익과 CMS계좌(외부후원금 자동이체 시스템)
의 자금은 이만희 교주의 동성서행과 이만희 교주의 세계종교지도자
방문과 각국 중요단체를 탐방하는 데 여행 자금으로 쓰이고 있습니다.
신천지 교회 부녀부의 월 정기헌금 중 일정금액은 무조건 IWPG 지원
금으로 책정이 되고 있습니다. IWPG는 신천지 만국회의에 초대된 해
외인사들의 항공비를 지원합니다."(이지은, 2018년 12월 26일 전피연

주최, 발제문 참고).

 IWPG의 이름으로 하는 신천지의 활동은 매우 다양하다. 시·도 지
자체 관할 각종 공식 행사 지원, 지자체 '밥차' 사업권 관여, 지역사회
의 고유한 행사 축제 개입, 평화교육 명목으로 '방과 후 학교' 진행, 문
화센터의 강좌와 세미나 개설, 전국평화그림그리기 대회 등 지역사회
의 주요 행사에 전방위적으로 개입해서 활동한다.

 한때 IWPG(International Women's Peace Group) 산하에 '쉬캔
(SHE CAN)'이라는 신천지 유관 조직이 있었다. 당시 김남희 씨는 김
마리아라는 이름으로 활동하며 2014년 6.4지방선거에서는 지방선거
에 출마한 한 후보의 캠프에 선거를 도와주겠다며 접근했던 것으로도
알려졌다.

3) 신천지의 힘, 청년 조직 국제청년평화그룹
IPYG(International Peace Youth Group)
 신천지 전위부대를 만들고 세계평화나 전쟁종식이라는 거창한 구호
를 내세우게 된 배경에는 김남희 씨와 그의 사위 김OO 씨의 역할을 빼
놓을 수 없다. 2012년, IWPG는 신천지 부녀부를 중심으로 만들어졌
다는 주장이 신천지 탈퇴자들을 중심으로 제기됐다. 반면 국제청년평
화그룹 IPYG(International Peace Youth Group)은 청년들이 중심
이 돼서 청년들을 포교하기 위해 만들어졌다는 지적이다. 김남희 씨는
배도자로 몰려 신천지에서 퇴출됐지만 이들이 만든 조직은 여전히 신
천지 전위부대로써의 역할을 다하고 있다. 내부적으로는 신천지 청년

들이 중심이지만 전 세계 청년들을 대상으로 한다는 명분에 맞게 회원 중에는 신천지 교인이 아닌 사람들도 있다. 그러나 이들이 진행하는 행사를 보면 신천지와 발을 착착 맞춰서 진행한다는 걸 볼 수 있다.

2019년 2월 9일, IPYG는 한반도 평화통일 캠페인, '통일아, 남북해!'를 개최하며 실제적 통일운동을 발전시킨다고 발표했다. 이날 행사에는 이만희 교주가 자리를 함께했다(천지일보 2019년 2월 9일자).

특히 신천지 내부적으로 지구촌전쟁종식평화선언문(DPCW)을 지지한다는 손 편지를 써서 청와대에 전달하라는 지령이 2019년 3월 초순경 내려지자 실제로 IPYG는 HWPL, IWPG와 함께 '한반도 평화통일을 지지하는 평화의 손 편지 17만 명 대표서신'을 문재인 대통령에게 전달했다 (홍수영, "HWPL, 청와대에 '평화의 손 편지' 전달", 천지일보 2019년 3월 14일자, https://www.newscj.com/news/articleView.html?idxno=611336).

2018년 9월에 열린 신천지 측의 제 4회 만국회의에도 국제청년평화그룹(IPYG) 정OO 부장이 나서 환영사를 전했다.

김남희 씨의 사위가 대표였던 시절, IWPG는 2016년 제 2회 만국회의에 회원 1만 1,440명이 동원돼 카드섹션을 연출했다(박요셉, "신천지 교인 15만 잠실운동장 집결", 뉴스앤조이 2016년 9월 19일, http://www.newsnjoy.or.kr/news/articleView.html?idxno=205860).

IPYG행사에 신천지의 이만희 교주가 참석했을 뿐 아니라 신천지 측의 만국회의에서 IPYG는 카드섹션을 하는 등 신천지 전위부대로써의 역할을 적잖이 감당하고 있음을 알 수 있다.

4) 교회 앞 시위 주도하는 여성평화인권위원회

여성평화인권위원회는 주로 한국의 주요 교회 앞에서 '인권 유린하는 한기총 탈퇴 촉구 궐기대회' 등 집단행동으로 위력행사를 하는 경우가 많은 단체다. 이미 CBS 등에서 신천지 유관단체 의혹이 제기됐다 (송주열, "세계여성인권위원회는 신천지 위장단체?" 2018년 12월 2일자 기사 참고, CBS). 여성평화인권위원회는 2018년 12월 2일 서울 창천교회, 신촌장로교회, 여의도침례교회 앞에서 200~300여 명의 여성들이 모여 한기총을 규탄하는 대회를 열었다

5) 평화세상 만든다는 대학생 동아리 UNPO

'새로운 문화로 분쟁 없는 평화로운 세상을 만들자'는 취지로 2016년, 갑작스레 대학가에서 모습을 드러낸 동아리가 있다. UNPO(United New University Peace One)다. 서울, 경기, 전남 지역 대학의 연합 동아리로 구성되어 있는데 이들이 내세우는 구호는 이만희 교주의 "전쟁 없는 평화", 신천지 방송인 HMBC의 "새로운 문화"라는 단어들과 일치한다. 게다가 UNPO 활동은 S(신천지를 의미하는 영문 첫 글자) 내에서도 보안을 유지해야 한다는 문자가 발견되기도 했다.

이외에도 김남희 씨가 활동하던 시절 자원봉사 단체 등으로 만들어

진 '만남', '쉬캔' 등은 현재 활동이 미미해져 분석을 하지 않았다.

• **전위부대의 목표**

신천지는 전위부대의 활동으로 많은 유익을 얻는다. 그것은 바로 종교색을 띠지 않고 대외 협력자들을 구할 수 있는 채널이 된다는 점이다. 신천지는 기독교계에선 이단 사이비, 신천지 피해자들로부터는 종교 사기단체, 반사회적 집단이라는 오명을 쓰고 있다. '신천지'와의 관계성으로 보수 · 진보를 막론하고 많은 유명 인사들이 비판의 도마 위에 올랐다.

신천지 측 청년회장 차 모 씨의 주례를 섰던 서청원 한나라당 전 대표

서청원 전 한나라당 대표가 2003년 9월 24일, 신천지 청년회장 출신 차OO 씨의 결혼식 주례를 섰다(전정희, 교회와 신앙 2012년 12월 18일자 기사 http://www.amennews.com/news/articleView.html?idxno=12474).

강기갑 전 민주노동당 의원은 2008년 10월 5일 신천지 전국 대회에서 축사를 했다가 사과했다(이인창, 뉴스파워 2008년 10월 7일, http://m.newspower.co.kr/a.html?uid=12578).

전 새누리당 대표 이정현 의원실에 2014년부터 2016년 11월까지 신천지 전력을 가진 인사가 9급 정책 비서관으로 근무해 정치권이 발칵 뒤집혔다(송주열, "신천지, 이정현 새누리당 대표실 침투", 노컷뉴스 2016년 11월 22일자, https://www.nocutnews.co.kr/news/468943 7#csidx48ec0238376d7608e6c922f17c2ff40).

CBS는 사교집단 신천지가 국민의당(당시 대표 박지원 의원)에 침투한 정황들을 추적 보도했고 심지어 대통령 후보로 거론되던 반기문 유엔 사무총장이 신천지 관련 단체 홍보 영상에 등장해 파문이 일었다(2016년 12월 29일, http://news.chosun.com/site/data/html_dir/2016/12/29/2016122901545.html).

이처럼 신천지와 관련됐을 때마다 논란이 되고 있는 상황에서 유명 인사들은 신천지와 관계하는 게 여간 부담스런 일이 아니게 된다. 신천지 또한 외부인사 섭외에 어려움을 겪는 건 마찬가지다. 이럴 때 전위부대의 역할이 뚜렷해진다. 신천지라는 종교적 색채를 띠지 않고 NGO단체인 것처럼 위장할 경우 유명 인사들과의 관계, 대외 활동 등이 훨씬 수월해질 수 있다.

신천지 탈퇴자인 이지은 씨는 천만서명캠페인과 여성평화인권위원회, 전국평화그림그리기 대회 등 HWPL, IWPG, IPYG 등과 관계된 모든 행사의 목적은 신천지 내부 결속력 다지기와 이단 사이비라는 대외적 이미지 개선을 위한 것이라고 지적한 바 있다.

또 다른 탈퇴자는 "IPYG, IWPG는 가입하고 활동하는 회원들 중 일부 외국인이나 신천지가 아닌 일반인들이 있을 수 있는 건, 회원 모집할 때 '국제봉사단체'를 내세우기 때문이다."라며 "그러나 신천지 입장에서 신천지인이 아닌 모든 회원들은 섭외자인 거다."고 지적했다. 결국 HWPL, IPYG, IWPG의 주요 책임자는 신천지인들로 구성돼 있고, 혹여 일반인 회원들이 있다해도 그들은 신천지 입장에서 볼 때 '섭외대상자', 즉 포교 대상자에 불과하다는 지적이다. 순수한 의미의 국제봉사단체가 될 수 없다는 지적이다.

6) 어떻게 신천지 전위부대를 구별할 것인가?

신천지 측은 신천지 신도들의 사기진작과, 내부결속 그리고 헌금을 걷기 위해 끊임없이 대형 퍼포먼스를 기획한다. 2014년 제 1회 만국회의가 열릴 때 임웅기 소장(한국기독교이단상담소협회 광주 상담소)은 "신천지 신도들을 단합시키고 결속시키기 위한 목적에서 행사가 기획된 것이다."며 "신천지 신도들의 사기진작과, 내부결속 그리고 헌금을 걷기 위한 목적이다."고 지적했다(기독교포털뉴스, 2014년 9월 19일자 기사 참고). 임 소장은 실례로 만국회의 행사를 위해 신천지가 신도들을 대상으로 2만 원에서 10만 원 정도를 갹출했다고 비판했다. 거짓된 신천지의 역사가 마치 완성되어가기 위한 형태를 신도들에게 보여주는 것뿐 아니라 대형 퍼포먼스를 진행하기 위해 돈도 거뒀다는 것이다.

쉴 틈을 주면 신도들이 딴 생각을 할 수도 있다. 이를 원천적으로 막기 위해 대형 이벤트가 끊임없이 이어진다. 이때 중요한 포인트는 신천지의 내부 SNS를 통해 행동 지침이 전달되는데 이를 따라 똑같은 내용으로 움직이는 조직이 있다. 전위부대는 그렇게 구별이 가능하다.

실제로 이만희 교주는 2014년, 평화를 추구하는 것처럼 포장하기 위해 지구촌전쟁종식평화선언문(DPCW)을 내세웠다. 2019년엔 신천지 내부적으로 전쟁종식, 세계평화를 이슈로 손 편지를 써서 제출하라는 지령을 내린다. 그러자 IWPG, IPYG는 한 몸처럼 움직였고, 이들은 자신들이 직접 써서 모은 손 편지라며 청와대에 전쟁종식·세계평화를 원하며 DPCW를 지지한다는 뜻을 전달했다. 이만희 교주의 구호를 따라 한 팀으로 움직인 것이다.

앞으로 이만희 교주가 어떤 식으로 구호를 바꿔가며 움직일지 모르겠다. 그러나 분명한 건, 그가 아무리 '지구촌 전쟁종식', '세계평화'를 내세운다고 해도 실제로는 개인의 인생을 파괴하고 가정의 평화를 깨뜨리는 사이비 교주라는 점이다. 그가 자신의 실체를 감추고 이미지를 개선하기 위해 거짓 평화를 내세울 때, 그 구호에 장단을 맞추는 기관이나 단체가 있다면, 더욱이 그곳이 NGO단체라면, 게다가 유명하지도, 들어본 이름도 아닌데, 이미 전국 조직망을 갖고 있다면 그리고 이만희 교주 행사에 들러리로 나온다면, 그런 곳은 영락없는 신천지의 전위부대라 할 수 있다. 끝까지 그들은 순수한 국제자원봉사단체라며 신천지와의 연관성을 부인하겠지만 한국교회는 신천지뿐 아니라 그 전위부대들의 명칭과 활동을 예의주시하며 그들로 인해 신천지에 미혹되는 사람이 생기지 않도록 늘 살펴야 한다.

II. 이만희 교주 사후의 신천지

1. 이만희 교주 사후, 신천지는 어떻게 될까?

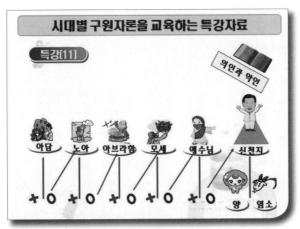

시대별 구원자론을 가르치는
신천지 측 자료. 이 자료가 이만희 교주 사후 독이 될 수도 있다

　한국 최대 이단으로 급부상하고 있는 신천지예수교 증거장막성전(신천지)의 이만희 교주는 1931년생이다. 5년 안에 그의 인생이 끝날 가능성도 있다. 2010년엔 7시간에 걸친 수술, 2017년에도 재수술을 받지 않았는가. 영생불사의 존재이자 만왕의 왕으로 추앙받는 이만희 교주의 사후, 신천지는 어떤 분화 과정을 거쳐 갈까? 이는 신천지의 내부에서 교주의 죽음을 기다리는 일부 지방 호족 세력들은 물론 한국교회의 관심사라 할 수 있다.

1) 교리 변개

 이만희 교주가 죽을 경우 신천지는 자체 모순에 빠져버리고 만다. 이만희 교주의 육체 영생을 내일 지구의 태양이 떠오를 것처럼 믿어온 사람들이기 때문이다. 그러나 죽음이 오더라도 이를 교리적으로 합리화시켜야 하는 건 살아남은 사람들의 몫이다. 조직이 와해되지 않고 유지돼야 그들도 생업이 중단되지 않는다. 필사적으로 그들은 이만희의 죽음을 합리화할 수 있는 교리들을 만들어야 한다. 이미 몇 가지 성경 구절도 벌써 거론되고 있다.

 "첫째 부활에 참여하는 자들은 복이 있고 거룩하도다 둘째 사망이 그들을 다스리는 권세가 없고 도리어 그들이 하나님과 그리스도의 제사장이 되어 천년 동안 그리스도와 더불어 왕 노릇 하리라(요한계시록 20장 6절)."는 구절을 만지작거린다는 정보가 들어오고 있다. 말인즉슨, 둘째 사망이 다스리는 권세가 없다고 했지, 첫째 사망은 이만희 교주도 거스를 수 없었다고 합리화할 수 있다는 것이다. 여기에 더해 문자적 천년왕국론의 대입이다. 계시록 20장 4절에 '천년 동안 왕 노릇 한다'는 말씀과 21장 1절에 '새 하늘과 새 땅을 보니'라고 돼 있는 말씀 사이에 실제적인 천년 왕국을 거쳐야 한다는 이론이다. 그렇다면 신천기부터 2~3년 내에 뭔가 이뤄진다는 급박한 주장에서 물러설 수 있게 된다. 실제적 새 하늘과 새 땅은 천년 왕국 이후로 유보되기 때문에 이만희의 육체적 죽음을 정당화할 수 있게 된다.

 이외에도 대두되는 구절은 '시대별 구원자론' 또는 노정순리의 변개

다. 신천지의 노정순리는 하나님이 한 목자를 선택해서 새로운 세계를 창조하신 후에 배도자와 멸망자가 나와서 그 세계를 멸망시키면 다시 하나님이 새 목자를 구원자로 택하여 새로운 세계를 창조하신다는 교리다. 그러한 노정(과정)을 통해 아담 세계 → 노아의 세계 → 아브라함의 세계 → 모세의 세계 → 예수님의 '영적 이스라엘' 세계 → 약속의 목자 이만희의 '영적 새 이스라엘'인 신천지 시대가 창조되었다는 것이다. 이만희 교주가 사망하면 모세 → 예수님 사이에 그동안 거론하지 않았던 '여호수아'를 집어넣는 방법이다. 모세는 출애굽을 시켰으나 가나안으로는 들어갈 수 없었다. 이만희도 모세처럼 우리를 진리로 이끌었지만 실제 새 하늘과 새 땅으로는 갈 수 없었다는 것이다. 그래서 이제 실상의 인물 '여호수아'를 내세워, 그가 신천지 교인을 영적인 가나안으로 입성시킬 인물이라고 이만희 교주를 지워가는 교리 변개 작업을 할 가능성이 높다는 것이다.

2) 지방 호족과 아류들의 급부상

신천지의 이만희 교주 사망 후 지방 호족 급부상도 예견되고 있다. 가장 유력한 지방 호족은 베드로 지파의 지OO 지파장과 맛디아 지파의 장OO 지파장이다. 두 사람은 신천기 1984년부터 지금까지 바뀌지 않은, 명맥을 지속하고 있는 막강한 호족들이다. 2019년 신천지 신도 표에 따르면 베드로 지파는 신천지 본부인 요한 지파보다 훨씬 많은 숫자를 보유하고 있다. 신도수 34,865명으로서 전국 최대, 최고 규모의 지파다. 맛디아 지파는 21,155 명에 이른다. 일설에 의하면 거의 모든 지역의 지파장들이 교회 측 재산을 신천지 측 명의로 변경했으나 유독 두 지파에 대해서는 본부에서도 터치하지 않고 있다는 의혹이 나오고 있다. 이 의혹이 사실이라면 결국 교주 사후 지방 호족으로 막강한 권력을 구축해갈 가능성이 큰 지파로 베드로, 맛디아 두 지파를 꼽지 않을 수 없다.

이중, 독립의 가능성이 높은 지파는 베드로 지파다. 이미 거론되는 성경 구절도 있다. "또 내가 네게 이르노니 너는 베드로라 내가 이 반석 위에 내 교회를 세우리니 음부의 권세가 이기지 못하리라(마 16:18)." 베드로가 '천국의 열쇠'를 쥔 지파이자 제자 중의 수제자, 신천지의 맏형 격이라는 것이다. 독립적이면서도 강력한 지방 호족 세력으로서 다른 세력을 규합해 갈 가능성이 가장 높은 지파로 분류되는 이유다. 즉, 이만희 사후 본부 세력을 빠져 나가 독자적으로 독립해 갈 가능성이 가장 높은 지파다.

자칭 재림주, 신장개업파들의 난립도 예상된다. 신천지의 교리상 진리의 영을 받은 인물을 이 시대의 목자로 보게 된다. 이 교리를 근거로 스스로 재림주를 자처할 인물들이 우후죽순으로 생기게 될 것이다. 이만희 교주의 사후 그에게선 진리의 영이 떠났고 '내가 그 영을 받았다'며 교주들이 난립할 수 있다는 의미다. 특히 이 부분에서 자칭 재림주들은 이만희 교주의 죽음을 놓고 그를 '배도자', '세례요한'으로 만들 가능성도 적지 않다. 그래야 그의 죽음이 해석되고 신천지 조직에서 이탈한 사람들을 자칭 재림주가 거둬들일 수 있기 때문이다.

신천지 교인들이 이만희 사후에도 정통교회로 돌아오지 못하는 이유

중의 하나는 교리적 문제 때문이다. 신천지 신도들은 이미 정통교회의 구원론과 교리들에 대해 '젖을 먹는 단계'의 신앙으로 배워왔다. 그래서 이만희가 죽더라도 젖을 먹는 단계로는 내려가고 싶어 하지 않는다. 신천지 신앙이 '단단한 음식', '장성한 신앙'으로 배워왔기 때문에 그와 유사한 아류들이라 할지라도 그들을 따르게 되는 게 교리적 순리다.

3) 거대조직 신천지의 균열

마지막으로 조직의 분화다. 이만희 교주 사후 벌어질 내부 세력 다툼이다. 이는 신천지라는 거대 권력화한 이단 조직의 헤게모니를 장악하기 위한 치열한 다툼이 될 것이다. 통일교는 이미 문선명 교주의 사후 한학자 씨와 문형진 씨가 내부 분열 조짐을 보여 왔다. 아들 문형진 씨는 한 씨를 향해 '사탄의 주관권을 받고 있다', 한 씨는 문형진 씨의 통일교 세계회장 직무권한을 정지시키는 등 극단적 대립으로 치닫지 않았는가. 가족도 이렇다면 신천지의 헤게모니 싸움은 통일교보다 심하면 심했지 덜하지 않을 것이란 전망이다.

신천지 조직 분화에서 무시할 수 없는 존재 중 하나가 김남희 씨다. 이미 김 씨는 이만희 교주가 2010년부터 7년여 이상을 한껏 띄워준 대표적 인물이다. 경기도 가평군 고성리에서 둘은 은밀한 시간을 보내왔다. 심지어 해와 달 속에 양자의 얼굴을 새기는가 하면 영적인 신랑 신부라며 천국 혼인잔치를 빙자한 행사까지 치렀다. 김남희가 2017년 11월, 배도자로 내몰렸다 해도 김남희와 신천지의 역학 관계는 지속된다. 경기도 가평의 고성리 연수원 건물과 땅은 공히 1/2씩 김남희와 신천지가 공유하고 있다. 신천지의 성지로 불리는 경북 청도의 만남의 광장은 김남희 명의로 돼 있다.

이만희와 가장 가까운 여인으로서 함께 했던 김남희가 배도자로 몰리고 양자 간에 횡령 등 공방이 오고 가는 데다 전국신천지피해자연대(홍연호 대표)가 신천지와 이만희를 횡령 혐의로 고발한 건 등이 복잡하게 얽히며 이 소송 건은 신천지를 뒤흔들 수 있는 핵폭탄이 될 수도 있다. 게다가 이만희 교주까지 사망한다면 국내 최대 이단 조직 신천지는 심각한 균열로 치달을 것이고 이후 김남희가 어떤 역할을 하게 될지는 이만희 교주 사후의 중요한 관전 포인트가 될 것으로 보인다.

2. 교주 사후 '아류의 전성시대'가 올 수밖에 없는 이유

이만희 교주가 죽으면 신천지는 어떻게 될 것인가. 전술했듯이 교리 변개와 지방호족의 급부상과 신천지의 극렬한 내분이 예상된다. 이중 강사급 이상에서 이만희를 대신할 새로운 이긴 자, 또 다른 보혜사, 이 시대의 목자가 출현하게 되는 게 이쪽 동네의 순리다. 그 이유는 다음과 같다.

먼저 교리적 특수성 때문이다. 신천지는 늘 '영은 육을 들어 쓴다.'고 가르쳐 왔다. 영은 육을 들어 쓴다는 게 무슨 뜻일까?

"'영은 반드시 육을 들어서 역사한다.'는 말이 듣기에 어색하거나 이상하지 않을 수도 있을 것이다. 하지만 정통교회에서 사용하는 '영이신 하나님께서는 육체인 우리를 통해서 일하신다.'는 말과는 사뭇 다른 의미이다. 정통교회에서 말하는 하나님과 우리와의 관계는 '인격적'이란 말이 배제될 수 없다. 하지만 신천지에서는 영과 육의 관계를 '기계적'인 측면에서 다룬다. 영은 운전기사로, 육은 자동차로 설명하여 운전기사가 자동차에 올라타 핸들을 오른쪽으로 돌리면 우회전을 하고 왼쪽으로 돌리면 좌회전 하듯이 영이 육체 속에 들어가 영이 주관하는 대로 육체는 움직인다는 것이다. 신천지의 '영은 반드시 육을 들어서 역사한다.'는 말은 마치 무당이 접신하는 것과 같다고 볼 수 있다. '영은 반드시 육을 들어 역사한다.'는 말의 종착역은 영이신 예수님께서 육체 이만희 속에 들어갔다는 말이다."(강성호, 기독교포털뉴스, "초등에서 신천지식 성경 구조 주입된다", 2014. 6.30. 기사)

영이신 하나님께서 마치 운전기사(영)가 차(육)를 운전하듯 이 땅에서 역사하기 위해 사용하는 육이 있다. 이만희가 죽는다고 해도 해법은 어렵지 않다. 육은 이 땅에 넘치고 넘쳐 있다. "하나님이 들어 쓰는 육이 바로 나다!"라고 주장하기만 하면 된다. 영은 육을 들어 쓴다는 교리에 세뇌된 신천지 신도들은 이만희 교주 사후 엄청난 충격에 빠질 게 분명하다. 그러나 '영은 육을 사용한다.'는 교리에 제대로 세뇌됐다면 하나님이 들어가서 사용하는 또 다른 육을 찾는 게 순리다.

다음으로 권력욕 때문이다. 강사급 이상 되면 성경을 4천 구절 이상을 암송한다. 강사들은 성경만 인용해서 이만희를 재림주로 믿게 만들었던 기술자들인 셈이다. 6개월 세뇌만 시키면 인간을 하나님으로 믿게 만드는 시스템을 머리에 주입시켜봤고, 실제로 주요 교리만 주입시키면 사람을 하나님으로 믿는 아바타가 만들어지는 것도 목격했고, 아바타가 된 인간들이 교주를 위해 자신의 인생을 헌신짝처럼 내던지는 것도 목도한 사람들이 신천지 강사들이다. 만일 나를 위해 인생을 바치는 신도가 50명 정도가 된다면? 이것처럼 강사들을 잡아끄는 유혹도 없을 것이다. 정치를 해도 국민들의 눈치를 봐야 한다. 대통령도 마찬가지다. 과거 '의자왕' 같은 최고 권력자는 21세기에 나올 수가 없다.

그런데 이게 종교적 영역, 특히 사이비들의 세계로 들어오게 되면 달라진다. 종교성을 가진 인간의 마음을 사로잡아 내가 최고 권력자가 되고 그 권력의 시녀처럼 수십, 수백, 아니 수십만 명의 신도들을 부릴 수 있는 세계가 종교의 영역이다. 그것도 대통령처럼 눈치 보지 않으면서.

강사급 중에도 양심이 있는 사람들은 '내가 사기당한 것도 억울한데 또 다른 사람을 사기 치겠는가?'라며 조용히 신천지를 떠나는 사람이 있을 게 분명하다. 반면 이만희 자신이 사이비의 피해자에서 가해자가 된 것처럼, 강사급 중에 이만희와 동일한 전철을 밟아 자신이 스스로 최고 교주의 반열에 올라가는 사람도 반드시 생기게 된다. 최고 권력자가 된다는 욕망, 이만희를 믿도록 만들던 사람에서, 자신 스스로가 신이 돼서 사람들의 온 영혼 위에 군림하는 의자왕이 되고 싶은 권력욕을 가진 사람들이 있는 이상 이만희 사후 신천지의 아류는 우후죽순처럼 일어나게 된다.

　마지막으로 생계 때문이다. 신현욱 목사가 신천지를 탈퇴하던 2006년의 일이다. 당초 나오기로 했던 담임 강사급 중 A씨가 갑작스레 마음을 바꿨다. 신천지를 떠나지 않겠다는 것이었다. 신 목사가 물었다. "왜 변심했느냐?"고. 돌아온 답변에 신 목사는 경악을 금치 못했다고 한다. A 씨는 "내가 지금 이 나이에 나가면 뭐 먹고 살겠냐?"고 답했다고 한다. 뭐, 먹고, 살겠느냐! 이 한마디로 우리는 많은 걸 읽어낼 수 있다. 신천지를 진리라고 믿고 인생을 바치는 사람들도 있는 반면, 실제로 신천지를, 자신이 먹고 살기 위한 생계유지의 장으로 생각하는 사람도 적지 않다. 신도들에게는 이만희 교주의 육체 영생을 믿도록 가르치면서 정작 자신은 이만희 교주 사후를 대비하고 준비하는 이중 플레이어들. 그들이 이만희 교주 사후에 대거 신천지 대혼전의 시대에 무대 위로 등장하게 될 것이다. 이들이야 말로 신천지는 하나의 비즈니스 영역이고 초 · 중 · 고등 신천지 교육과정은 인간을 신으로 만드는 기술일 뿐이다. 이미 십여 년 전부터 이만희의 죽음을 준비해온 종교

사기꾼 강사급 신도들이 있었다는 게 중론이다. 이들은 이만희가 죽으면 소수라도 데리고 나가서 자신의 생계를 해결하려 할 것이다. 신천지 신도들의 응집력은 대단하다. 단 10명만 데리고 나가도, 생계가 가능하기 때문에 이들은 전혀 기반이 없는 정통교회보다 신천지 교리 사기 시스템을 갖고 새롭게 창업을 꿈꾸게 될 것이다.

이만희 교주 사후의 신천지는 어쩌면 한국교회 최고의 골칫덩이가 될 수도 있다. 그나마 지금은 이만희라는 교주 아래, 신천지라는 종교 사기 집단이라는 카테고리 안에 넣어 놓고 대응할 수 있는 시대다. 이만희가 죽으면 얘기가 달라진다. 전술한 교리적 특성, 권력욕, 생계유지 때문에 신천지의 아류가 무수히 많아질 것이고, 이미 추수꾼 포교와 가나안 정복 7단계 전략으로 사기 포교에 익숙한 신천지 신도들이 교주 사후엔 이름도 족보도 없이 각 지역에서 게릴라전을 펼치듯 세력을 확장해 갈 것으로 전망된다. 가장 염려되는 것 중 하나는 이런 강사급 신도들이 교주 사후에 한국교회 군소교단에 물밀 듯이 들어와 정통교회의 간판을 다는 것에 그치지 않고 교단 하나를 장악하게 되는 것이다. 신천지 사상을 갖고 있으면서 '대한예수교장로회' 간판을 달고 있는 이들의 한국교회를 향한 공격이 암암리에 진행된다면, 이는 이만희 교주가 살아 있을 때의 신천지보다 더 경계하고 분별하는 게 어려운 시대가 열리게 된다. 한국교회의 신천지 대응전략은 또 다른 차원으로 중단되지 않고 지속적으로 개발돼야 한다.

3. 위장교회의 급부상과 대처

(다음은 신현욱 목사의 글이다)

1) 위장교회의 태동

1980년에 시작된 이래 신천지의 포교전략은 변화무쌍하다. 1988년 이후에는 '요한계시록을 모르면 천국 못 간다!'는 공격적이고 노골적인 구호와 함께 전국을 순회하며 '요한계시록 공개집회'를 개최했다. 1990년대 들어 '무료신학원'이 설립되어 성경공부를 통한 포교전략이 시작되었지만, 점차 소문이 나면서 무료신학원 수강생 모집에 어려움을 겪게 되었다. 이러한 문제 타개책으로 등장한 것이 소위 '모략전도'였다. 철저히 신천지 신도임을 감추고 접근하여 친분을 쌓은 후에 제3자를 소개하고 성경공부로 유도하는 속임수 포교전략이 '추수밭전도', '산옮기기' 등으로 진화되면서 위장교회에까지 이르게 되었다.

처음에 위장교회는 신천지 신도들이 신앙의 갈등을 해소하고 가족을 신천지로 인도할 목적으로 시작되었다. 신천지 신도임이 가족들에게 발각된 경우에는 가족 간 갈등이 시작되고, 신천지로 인도하기가 어렵게 된다. 이때 신천지 신도들이 '나도 신천지 안 갈 테니까 당신도 그 교회에서 나와서 제3의 교회로 나가자'고 하면서 안내하는 곳이 바로 신천지 위장교회였다. 이러던 것이 점차 진화되어 최근에는 신천지의 주 포교수단으로 자리 잡고 있다. 그래서 신천지는 우리가 일컫는 위장교회를 '선교교회'라고 칭하는 것이다.

2) 위장교회 현황

현재 약 130여 곳 정도로 추정되고 있다. 연초 신천지 총회 시에 300 곳의 위장교회(선교교회)를 세우겠다고 계획을 밝혔지만, 계획에는 미치지 못하고 있는 것으로 보여진다. 2013년 7월 말을 기준으로 '신천지 대책전국연합'과 '기독신문'이 공동조사한 곳이 약 80여 곳, 확인 중인 곳이 30여 곳, 미처 파악하고 있지 못한 곳을 약 20여 곳 예상할 때 도합 130여 곳 정도로 추정하고 있다. 정통교회와 성도들이 신천지의 '복음방'이나 '센터' 등에 대한 경계와 주의가 점차 강화되고 있는 상황에서 저들이 집중할 수밖에 없는 포교 수단은 역시 위장교회일 것이다. 그리고 점차 간교하게 기존의 제도권으로의 진입을 시도할 것이다.

전에는 위장교회의 담임목사가 대부분 신천지 강사들로서 목사를 사칭하는 경우가 많았다. 그런데 점차 신천지로 넘어간 기존의 목회자들과 불법적으로 목사가 된 자들이 일선에 위장교회 담임으로 세워지거나 명목상 담임으로 세우고 강사들이 부교역자로 세워져 실질적인 교육을 담당하는 경우가 늘어나는 추세이다. 이러한 목사 충원을 위해 개인적으로 또는 노회를 결성하여 정통 교단(노회)에 가입하거나 심지어 위장 교단 설립까지도 예상되고 있다.

저들이 선택할 수 있는 포교의 수단이 늘 지금과 같지 않다. 점차 포교의 문은 좁아질 것이고 포교 방법도 한계에 달하게 될 것이다. 결국 저들은 정통교회와 점차 닮아갈 수밖에 없는 방법을 택할 것이고, 그것은 위장교회밖에 없을 것이다. 교회를 신설하는 경우와 기존 교회를 인수받아서 리모델링하는 경우가 있다. 매물이나 경매로 나온 대형교회 예배당은 안상홍 장길자 하나님의교회가, 작은 예배당의 경우는 신천지에서 매입하고 있는 안타까운 현실이다. 장기적으로 저들이 의도하는 바는 다수의 위장교회, 위장노회, 위장총회를 설립하여 마치 정통교회와 노회, 총회가 신천지를 지지하고 신천지에 가입을 선언하는 것처럼 자작극을 연출할 가능성이 농후하다.

3) 위장교회 특징

① 교회가 있던 건물의 경우, 전에 있던 교회 간판을 그대로 사용하는 경우가 많다. 센터나 복음방의 경우도 마찬가지다.
② 밖에서 볼 때 간판의 이름과 안에서 볼 때 간판의 이름이 다른 경우와(남양주 금곡 밖:하늘샘교회/안:예닮교회, 의정부 밖:아름다운교회/안:호산나선교원, 부천원미구중동 밖:부천충성교회/안:아트윌링센타), 앞과 뒤의 교회 간판 이름이 다른 경우가 있다(고양덕양 앞 화정은혜교회/뒤 소망교회).
③ 신천지라는 사실이 드러났다고 판단될 시에는 수시로 교회 명을 바꾼다. 이번에 공개된 위장교회의 경우 대부분 조만간에 이름을 바꿀 가능성이 높다.
④ 대부분 대한예수교장로회 교단 명을 도용하지만 점차 타 교단에 소속되어 교단 명이 다양화될 것으로 예상된다. 정통교회 성도들이 지금까지 신천지 위장교회는 주로 대한예수교장로회를 사칭한다고 알고 있는 점을 이용하여 성도들이 안심하고 신뢰할 수 있도록 하기 위함이다.

⑤ 교단 사칭의 경우 예장합동 교단의 마크를 도용하는 경우가 많았지만, 법적인 문제에 부담을 느꼈기 때문인지 대부분 십자가만으로 대체하거나 로고를 생략하고 있다. 반면에 점차 기존 정통교단 소속의 목회자를 담임으로 세워 노회에 가입하거나 위장교회가 연합하여 한 노회를 설립 군소 교단에 가입한 사례도 있다. 앞으로 이런 식의 제도권 진입을 위한 시도가 계속될 것으로 예상된다.

⑥ 대체적으로 사도신경을 하지 않고, 주기도문의 '대개'를 하지 않는 것이 일반이나 지역에 따라서는 주기도문의 '대개'와 사도신경을 하기도 한다.

⑦ 자연스럽게 개역 한글 성경을 보도록 유도한다.

⑧ 센터는 2개월 지나면 신천지를 알게 되고 5개월 지나면 결론이 나지만, 위장교회는 1년 이상 출석을 하고도 신천지임을 모르는 경우가 있다. 신천지 교리를 희석시켜서 가르치고 핵심교리를 천천히 드러내기 때문이다.

⑨ 센터 강사들도 마찬가지지만 특히 위장교회 담임의 경우에 목사 이름이 대부분 가명으로서, 성경에 나오는 인물의 이름을 즐겨 쓴다 (예: O요한, O요셉, O시몬, O베드로, O바울 등).

⑩ 정보 유출을 염려해서 대부분 주보를 제작하지 않고, 새벽기도회가 없는 경우가 많다.

4) 위장교회 포교 방법

타 교회 집회나 말씀 세미나, 성경 세미나, 건강 세미나, 문화강좌, 찬양 콘서트, 바자회, 일일찻집, 각종 상담, 간증집회, 전도 축제, 특별

기도회 등에 참석을 권유하는 사람에 대해 주의하고, 꼭 참석을 원할 시에는 담임 교역자에게 꼭 허락을 받고 참석하도록 교육한다.

또한 아트 월링센터, 힐링센터 자기계발, 재능기부 등, 각종 동아리 운영(이침, 중창단이나 찬양단원 모집, 오카리나·하모니카·드럼 등 각종 악기, 일어·중국어·영어 등 어학, 봉사활동, 탁구·축구·배드민턴 등 각종 스포츠, 꽃꽂이, 종이접기, 마사지 등 다양한 취미활동을 매개로 접근하여 친분과 신뢰를 쌓은 후 자연스레 성경공부로 유도한다. 위장교회에서 일정기간 성경공부를 한 후에는 반드시 타 장소를 소개하여 성경공부를 계속 하게 한다. 그 곳이 바로 센터이다.

5) 위장교회 대책

① 성도들을 철저히 교육시켜야 한다. 모르는 사람이었는데 최근 우연히 알게 되어 친분을 쌓게 된 지인이나, 오래 전부터 잘 알고 있던 교우라도 타 교회에 같이 가보자고 바람을 잡을 경우에는 단호히 거절해야 한다. 그리고 즉시 담임 목사에게 신고하고 보고하도록 교육해야 한다. 나아가 지혜롭게 "목사님께 허락받고 오겠다." 또는 "목사님께 말씀드려보겠다."고 하면서 반응을 살피면 쉽게 확인할 수 있다. 믿을 만한 성도의 경우에는 응하는 척하고 한 번 참석해서 위장교회 위치와 장소를 확인해 볼 필요가 있다.

② 그곳이 위장교회인지 여부를 확인하는 방법은 공부했던 노트에 기록된 교육내용을 가지고 판단하는 것이 가장 확실하다. 교회 이름이나 담임목사 이름은 계속 바꾸고, 가명을 쓰기 때문에 확인하는 데 어려움이 있을 수 있지만, 교육 내용은 감추기가 어렵기 때문이

다. 그러나 위치나 담임목사 이름도 판단의 근거가 될 때가 있으니 가능한 모든 증거들을 확보해야 한다. 교인 중에 위장교회에 갔다 온 성도가 있는 경우 가능한 인근 이단 상담소의 도움을 받아 진술의 진위여부 등을 판단하는 것이 필요하다.

③ 위장교회에서 로고를 가장 많이 도용해서 사용한 예장 합동교단을 비롯해서 정통교단의 단호한 법적 조치가 뒤따라야 한다. 이와 함께 성도들에게 소속 교단과 교단 로고에 대해 교육하고, 주요 정통교단을 로고나 교단명으로 식별하는 요령을 교육할 필요가 있다.

④ 교회에서 위장교회에 대한 제보나 경험자의 증언이 있을 시, 인근 상담소에 제보하고 확인이 필요할 시에는 협조를 구해야 한다. 반드시 확실한 증거를 확보한 후에 공개하도록 한다. 위장교회라는 것이 사실로 판단되었을 때는 그 지역 모든 교회에 공개적으로 널리 알려야 한다. 사진을 찍어 주일 예배 시에 광고하고, 게시판에 크게 게시해 놓아야 한다. 만일 심증은 확실한데 물증이 없을 경우에는 공개적으로 하지 말고, 믿을 만한 사람들의 입소문을 통해 전파되도록 한다. 위장교회로 의혹이 있거나 제보가 있어서 신중히 알아보는 중이라고 하면 된다.

⑤ 복음방이나 센터를 위장교회로 사용하거나 위장교회를 복음방과 센터를 겸해서 복합적으로 운영하는 경우도 많다. 또한 지방 소도시의 경우 위장교회를 신천지 교회와 함께 사용하는 경우도 있다. 그러므로 신천지가 한 번 입주한 건물의 경우는 쉽게 자리를 옮기기가 어렵기 때문에 몇 년간은 주시해서 살펴보아야 한다. 위장교회의 경우에는 이름을 계속 바꾸기 때문에 수시로 돌아보아 정보를 계속해서 업데이트해야 한다.

⑥ 위장교회를 전단지나 교회 예배시간 광고를 통해서 주변 지역 교회와 성도들에게 알리는 것은 물론이거니와 나아가 위장교회 앞에서 '이 교회는 신천지 위장교회입니다'라는 피켓을 들고 1인 시위를 통해 그곳이 위장교회인 줄을 모르고 출입하던 성도들에게 알릴 필요가 있다. 이는 가장 공격적이고 적극적인 대책이 될 것이다.

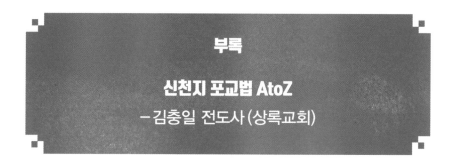

신천지 포교법 AtoZ
─김충일 전도사 (상록교회)

I. 들어가는 말 : 한국교회 이단문제의 심각성

2015년 통계청에서 발표한 자료에 따르면 개신교 인구는 2005년 이후 10년간 약 100만 명 증가한 9,675,761명이다. 그러나 이는 마냥 좋게만 바라볼 문제가 아니다. 왜냐하면 인구주택 총 조사 지침서에 따

르면 종교가 있는 사람이란 "종교행사에 정기적으로 참여하고 있지는 않지만 믿음을 갖고 종교 사상을 실천하는 사람도 해당 된다."고 명시되어 있기 때문이다. 즉, 교회를 다니지 않는 소위 '가나안'성도들도 포함되어 있다는 것인데 CBS 기사에 따르면 이 숫자만 해도 기독교 인구의 20%에 달한다.

호주에서 간증집회를 인도하는 김충일 전도사
(사진 크리스찬리뷰)

더욱 큰 문제는 '가나안'성도 20%를 제외한 숫자마저도 실제 개신교 숫자로 보기 어렵다는 것이다. 왜냐하면 개신교 인구에는 가나안 성도 뿐 아니라 이단들의 숫자도 포함되어 있기 때문이다. 실제로 인구주택 총 조사 지침서에는 "여호와의증인, 안식교, 모르몬교, 통일교, 성공회, 영생교, 천부교를 개신교로 분류한다."고 명시돼 있다. 현대종교 탁지일 편집장은 "종교인구 조사결과 의문: 교회성장인가, 이단확장인가?"라는 기사를 통해 이미 이 문제를 지적하였다. 탁지일은 불교와 천주교에서 주로 감소한 20-39세의 연령대에서는 개신교도 감소하였으므로 개신교 인구의 증가를 타종교에서의 유입으로 보기는 어렵고, 2005-2015년이 이단들이 가장 활발히 활동했던 시기와 일치한다는 점을 근거로 개신교 인구의 증가는 이단들의 성장으로 비롯되었을 가능성이 높음을 지적하였다. 청장년이 35만 명 줄어든 상황에서 100만 명의 성장은 비현실적인 수치이다.

실제로 신천지는 자신들의 언론사인 천지일보를 통해 2005-2015년 이 기간 중 최소 10만 명 이상 성장하였음을 밝혔는데 이는 2019년 현재 전체 신천지 인구의 절반에 달한다. 다시 말해 전체 신천지 인구의 절반 이상은 최근 10년 동안 미혹된 숫자라는 것이다. 국내에 이단으로 결의된 단체만 100여 개에 달한다는 것을 고려하였을 때, 이는 심각한 문제가 아닐 수 없다. 또한 현재 사이비 종교의 인구 숫자는 200만 명에 달하는 것으로 추정되는데 이를 감안하면 실제 교회 인구는 700만에 그친다. 여기에 앞서 말한 가나안 성도까지 감안한다면 가까운 수십 년 이내에 이단의 규모가 정통교회를 넘어서는 일이 발생할 수도 있다. 이제는 모두가 이 심각성을 인지하여야 할 때이다.

필자는 과거 6년 동안 최근 가장 폭발적으로 성장한 이단단체인 신천지를 경험한 바 있다. 그 기간 동안 신천지는 3배 이상 성장하였고, 필자는 자연스레 신천지가 폭발적으로 성장하는 현장을 경험하게 되었다. 본고에서는 신천지가 그동안 폭발적으로 성장할 수 있었던 이유를 필자의 경험을 바탕으로 살필 것이다. 결론부터 말하자면, 필자가 파악한 신천지의 성장 이유는 다른 이단들과 차별화된 그들의 포교 전략에 있다. 따라서 본고는 신천지의 포교전략을 소개하는 것에 중점을 두었다. 한국 교회가 그들의 포교 전략을 알고 적절히 대처함으로 더 이상 신천지로 인해 피해를 입는 일이 없기를 소망한다. 그리고 졸렬한 글이지만 본고가 한국교회의 신천지 대처에 조금이나마 도움이 되기를 바라며 글을 시작한다.

II 신천지의 포교 전략

1. 신천지의 현주소

일반적으로 '신천지'라고 하면 무시무시한 집단이라며 혀를 내두르면서도 "설마 내가 빠지겠어?" 라는 생각으로 안심하고 경계하지 않는 경우가 많다. 그러나 그렇게 안심하던 사람들이 매년 2만 명씩 신천지로 미혹되고 있다. 그리고 앞서 말한 것처럼 한국교회에 이단인구 200만이라는 숫자는 한국 전체 기독교 숫자의 20%에 육박하는 숫자다. 이는 한국에서 신앙생활을 하는 이상 이단의 접근으로부터 자유로울 수 있는 사람은 아무도 없다는 것을 말해준다.

요즘 신천지 문제는 최근 수년간 정치권에서도 이슈로 등장하였기에 모르는 사람은 거의 없다. 교회에서도 따로 이단 전문가를 초청하여 이단 예방을 위한 특강시간을 가지지 않았더라도 신천지가 이단이며 조심해야 한다는 이야기 정도는 들어보았을 것이다. 그럼에도 여전히 신천지는 성장하고 있다. 이단이라는 것을 알면서도 왜 아직도 사람들이 신천지에 빠지고 있는 것일까? 가장 큰 이유는 이단문제가 직접 경험해 보기 전에는 그 심각성을 실제로 느끼기 어렵기 때문이다. 누군가에게 아무리 들어도 나의 문제로 여기지 않는 것이다. 그리고 필자는 그 원인이 "이단들은 터무니없는 교리를 가르치기에 쉽게 분별할 수 있다."고 여기는 신화에 있다고 생각한다. 터무니없는 이상한 교리들이라서 내가 빠질 위험은 전혀 없다고 생각하고, 조심할 필요를 느끼지 못하는 것이다. 그러나 그렇게 생각하는 사람들 중 실제로 이단들이 가르치는 교리교육을 제대로 들어본 경우는 없을 것이다.

필자는 과거 신천지에서 활동하는 동안 신천지의 전도활동을 위해 1,000명 이상의 사람들과 대화를 나누어 보았고, 수백 명에게 가르쳐 보았으며 수십 명을 실제로 미혹해 보았다. 2005년 필자가 활동했던 신천지 포항교회는 전교인이 69명으로 작은 규모였다. 그러나 2010년 이탈할 때에는 400여 명으로 성장하였고, 신천지 포항교회가 소속된 다대오 지파(대구 · 경북지역)가 2010년 이후 4배 이상 성장한 것을 고려하였을 때, 현재는 2,000여 명에 이를 것으로 추정된다. 필자가 과거 69명에서 400명에 이르기까지 수백 명이 미혹되는 과정을 지켜본 경험에 의하면 신천지의 성경공부를 접하고 나서 스스로 교리를 분별하여 거절한 경우는 단 한 번도 없었다. 또한 그들의 6개월 과정 성경공부를 끝까지 듣고 수료한 사람은 한 명도 빠짐없이 신천지로 미혹되었다. 신천지교리를 가르치는 교육기관의 등록 대비 수료 비율은 당시 기준으로 전국평균 70%에 달했는데, 이것은 신천지 공부를 '시작'한 사람이 신천지로 완전히 '미혹'될 확률이 70%라는 의미이다. 끝까지 듣고 수료했다는 것은 이미 미혹되었다는 의미이기 때문이다. 이미 언급한 것처럼 미혹되지 않은 30%도 스스로 분별하여 나온 것은 아니다. 대부분 미혹되기 전에 이단이라는 것을 알게 되어 성경공부를 그만두었을 뿐이다.

마태복음 7장 15절에서는 거짓 선지자들에 대해 "양의 옷을 입고 너희에게 나아오나 속에는 노략질 하는 이리라" 라고 말한다. 양의 옷을 입고 나아온다는 말은 쉽게 분별할 수 있다는 말이 아니다. 오히려 그들은 양의 옷을 입고 있기에 쉽게 분별하기 어려울 것이라는 말씀이다. 이단은 성경에서도, 현실에서도 분별하기 어려운 것이 맞다. 그렇다면 이제 나도 미혹될 수 있다는 경계심을 가지고 조심해야 한다.

2. 급격히 성장하는 신천지 그 원인은?

2.1. 독특한 미혹 방법 개발

그러나 신천지가 처음부터 이렇게 급격히 성장해왔던 것은 아니다. 신천지는 오히려 2000년대 초반만 하더라도 전체 교인 숫자가 수천 명에 불과한 작은 단체였다. 1980년부터 포교를 시작했던 것을 생각하면 20년 넘게 만 명도 미혹하지 못했던 것이다. 그러나 그 이후 또 다른 20년이 채 지나지 않아 20만 명에 가까운 숫자를 미혹하였다. 2000년대 초반에 그들에게 무슨 일이 있었던 것일까? 현재 한국교회에 많은 사람들은 도대체 왜 신천지에 미혹되고 있는 것인가?

먼저 사람들이 신천지에 미혹되기 위해서는 반드시 그들이 가르치는 성경공부 과정을 이수해야 한다. 그리고 앞서 설명한 것처럼 그 성경공부를 끝까지 이수한 사람은 거의 100%에 가까운 확률로 신천지에 미혹이 된다. 언뜻 보기에 높은 성공률을 자랑하고 있지만 사실 이단들이 그렇게 쉽게 미혹할 수 있는 것은 아니다. 그 이유는 이단이라는 이름을 가지고 있기 때문이다. 이단이라고 하는데도 그들의 말을 듣고 순순히 공부할 순진한 사람들은 거의 없다. 애초에 그들의 교리를 공부하려고 하는 사람이 없기에 이단들은 미혹하기가 어렵다. 그래서 어느 정도의 규모가 생겨 이름이 알려진 이단단체들은 매일같이 가가호호를 다니고 전단지를 뿌려도 신도들을 모으기가 쉽지 않은 것이다. 그리고 신천지의 초기 미혹방법은 다른 이단들과 크게 다르지 않았다. 이만희가 계시를 받아 기록했다고 주장하는 책자들을 각 학교 도서관에 기증하는 방식으로 퍼뜨리고, 대대적으로 홍보하여 요한계시록 집회를 열었다. 그리고 무턱대고 성경공부 한번 배워보지 않겠느냐고 권유하였다. 이런 방식은 성과가 없던 것은 아니나 지금과 같은 극적인 효과를 본 것은 아니었다. 때문에 그들은 어떻게 하면 사람들이 쉽게 자신들의 성경공부를 배우게 할 수 있을지를 고민하였고 신분을 위장하여 성경공부를 시키는 방법을 고안하게 되었다. 자신들이 정통교회에 속한 성도들인 것처럼 위장하고, 신천지의 성경공부도 정통교회나 선교단체에서 배우게 되는 정상적인 과정으로 위장하는 것이다. 그리고 지금까지도 신천지에서 미혹 과정에 가장 많은 에너지를 쏟는 부분이 위장하고 신뢰관계를 형성하는 것이다.

이러한 측면에서 우리는 자연스럽게 신천지가 지금까지 이러한 성장세를 보일 수 있었던 이유를 이해할 수 있다. 그것은 자신들의 신분을 위장하는데 효과적인 '추수밭 전도'라고 하는 새로운 미혹 방식이다. 지금까지 있어왔던 많은 이단들은 대부분 자기들끼리 모여서 활동을 해왔다. 따라서 정통교회의 집단과 확연하게 구분되어 있었다. 때문에 사람들은 설마 이단이 자신의 신분을 속인 채 나와 같은 장소에서 함께 예배드리고 교제할 것이라고 생각하지 못했다. 우리 교회, 우리 공동체에 속해 있으며 함께 신앙생활 하는 사람들은 이단일 것이라고 의심하지 않았고 따라서 자연스럽게 그들이 권유하는 성경공부에도 쉽게 참여하게 되었던 것이다. 더욱이 정통교회에 침투되는 신천지인들은 사전에 교회에 대한 철저한 분석을 하고 그 교회에 맞는 철저한 훈련을 받은 후 침투한다. 제자훈련을 하는 교회면 제자훈련을 공부하고 제자훈련 경력이 있는 것처럼 침투한다. 은사를 강조하는 교회는 은사가 있는 것으로 위장하고 방언을 외워서 침투한다. 그리고 훈련 받은 모습으로 교회 내에서 믿을 만한 모습을 보이며 인정을 받을 때까지 기다리는 것이다. 인정을 받으면 그들은 직분을 얻게 되고, 교회에서 더욱 영향력 있는 사람이 되며 이를 바탕으로 사람들에게 접근하여 손쉬운 승리를 얻어낸다.

실제로 지금 신천지가 추수밭 전략를 활용하기 시작한지 20년도 채 지나지 않아서 신천지는 한국교회에서 가장 유명한 이단들 중 하나가 되었다. 그리고 이제는 이단상담소에서 사역하다 보면 JMS, 안상홍 등 다른 이단들도 신천지와 유사한 방식으로 신분을 위장하여 접근해 왔다는 제보를 쉽게 접하게 된다. 신천지의 미혹 방식이 다른 이단들에게도 영향을 주어 현재 한국에서 활동하는 이단들의 공통된 방법으로 자리잡아가는 모습이다.

2.2. 포교시스템 구축 및 지속적인 연구

여기에서 그치지 않고 지난 30년이 넘는 기간 동안 계속해서 미혹전략을 개발하고 있다. 또한 특정 지역에서 개발하여 성공한 방법이 있다고 하면 모든 지역에 있는 전도책임자들이 그 지역에 방문하여 배워오기를 주저하지 않는다. 필자도 포항지역의 청년전도책임자로 있으며 인천, 부산 등 당시 좋은 실적이 나왔던 신천지 교회들에 방문하여 전략을 배워와 실행한 경험이 있다. 추수밭 전략이라는 것도 이런 과정을 통해 신천지의 특징적인 미혹전략으로 확립된 방법이다.

본래 2000년경 베드로 지파(광주 · 전남 지역)에서 개발한 방법인데 이 전략이 효과를 보자 전국에서 배워서 활용하였고, 2005년 이후에는 교주의 명령으로 전 신도들을 교회에 침투시키기에 이르렀던 것이다. 그리고 2007년경에는 수십 년간 축적된 미혹 전략을 통합 · 체계화 하여 씨를 뿌리고 추수하는 과정에 빗댄 찾기-맺기-따기-복음방-센터-입교라는 그들의 미혹체계를 확립하였다. 이에 따라 신천지 신도들은 자신의 생각과 전략대로 사람들을 미혹하려고 시도하는 것이 아니라 정해진 체계에 따라 행동하며, 전도 교관의 승인에 따라 다음 단계로 진행하는 방식으로 모든 과정이 그들이 정한 최선의 길을 따라 진행되도록 하였다. 이 방식은 한 사람이 미혹되는 과정이 신천지 전체의 판단에 따라 진행되게 함으로 개인의 판단과 실수로 실패하는 사례를 극도로 줄여주었고 지금까지도 실행되고 있는 방식이다. 그들은 아무리 초신자라 하더라도 수십 년간 축적된 방법으로 교육받고 나면, 이후에 기계의 나사와 같이 전체의 한 부분으로 역할 하게 되기에 미숙한 자의 실수를 최소화 하게 된다. 앞으로 필자가 전도 교관으로 6년간 일하며 경험했던 그들의 미혹체계를 소개하고자 한다.

3. 신천지의 미혹 시스템

신천지에서 체계화시킨 미혹 단계는 다음과 같은 명칭을 가지고 있다. 각각의 단계에는 세분화된 단계와 달성 목표, 그리고 필수적으로 작성해야 할 보고서들이 있다. 먼저 찾기에서 센터인도까지 각각의 단계가 무엇인지 간략히 소개한 뒤 이어서 각각의 단계에 대한 자세한 설명을 하고자 한다.

찾기: 전도 대상자를 만나는 단계(추수밭, 동아리, 동호회, 노방, 인터넷, 집회, 세미나 등등) 로써 합당한 자 선정 기준표를 작성하여 기준 점수 이상일 때 케어노트 작성

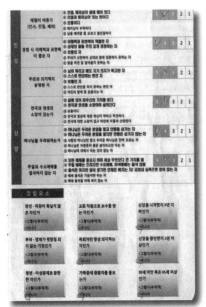

신천지 신도들이 찾기 단계에서 활용하는 합자 기준표 여기에서 통과한 대상에게만 포교한다

맺기: 케어노트(개인에 대한 철저한 사전조사 및 계획 수립) 작성 후 5단계의 결제라인을 거친 후 전도승인 받기까지의 단계로 3가지 단계로 세분화

따기: 수립된 계획대로 실행하여 성경공부로 유도하는 단계로 4가지 단계로 세분화되어 있음. 교사노트 작성 시작.

복음방: 따기의 안정화 단계로써 교사노트 작성과 함께 6가지 단계

로 세분화됨. 각각의 단계별로 수십 가지의 세분화된 목표가 있고 모든 목표 달성 시, 교관의 피드백과 함께 다음단계로 이동. 일반적으로 복음방 단계에서부터 센터로 인도하여 본격적인 성경공부 시작.

센터: 복음방 단계에 있는 사람들을 교사 면접, 수강생 면접을 거친 후 6개월 동안 주 4회 일 2시간 성경공부 약속을 받고 초등, 중등, 고등 과정을 통해 본격적인 미혹에 들어가는 단계

3.1 찾기 : 섭외자 찾기 및 신뢰관계 형성

3.1.1 찾기 단계에 진행하는 내용

찾기 단계는 신천지에서 "섭외자"라고 불리는 미혹대상자를 확보하는 단계이다. 추수밭 전략 역시 이 단계의 전략 중 하나이다. 이때 가장 중요한 것은 인간적인 신뢰관계를 형성하는 것이다. 신천지에서는 수십 년간의 통계를 통해 지인을 미혹하는 것이 가장 성공률이 높으며 효과적이라는 것을 발견하였다. 일반적으로 신천지에 미혹된 후 초기에는 주로 이미 알고 있는 사람들을 시도하여 신천지로 미혹한다.

이미 알고 있는 사람들은 인간적인 산뢰관계가 이미 형성되어 있기에 비교적 쉽게 성경공부로 인도하여 미혹할 수 있었다. 그러나 1년 정도가 지나면 지인들을 모두 소모하게 되어 새로운 사람들을 대상으로 해야 하는데 이때 미혹하기가 급격히 어려워진다. 신천지에서는 그 이유를 관계의 차이에서 찾았고 이때부터 모든 사람들을 지인화 시키도록 하였다.

때문에 이 단계에서는 절대 자신들의 흑심이 드러나지 않는다. 일단 새로운 사람을 찾았다면 그저 많이 만나고 대화하면서 친교하는 것이 전부이다. 심지어 자신의 교회도 다니지 않는다고 말하는 경우도 있다. 종교적 색채를 드러내지 않아 의심할 만한 모습을 절대 보이지 않으려는 것이다. 이 단계는 보통 짧은 시간 동안 깊게 친해지는 것을 선호하지만 경우에 따라서는 수년간 친분을 이어가는 경우도 있다. 그렇다고 그들이 모든 사람들을 대상으로 하는 것은 아니다. 먼저는 섭외자가 신천지로 데려오기에 합당한 사람인가 판단하는 과정이 요구된다. 이는 마태복음 13장 24~43절에서 알곡만 추수한다는 말씀에 근거한 것으로, 신천지에서는 예수님께서 씨를 뿌리신 밭을 "기독교 세상" 곧 교회로 해석하고 다시 오시는 예수님께서 이만희와 함께 하며 추수의 일을 하고 있다고 가르친다. 그들에 따르면 추수꾼 천사들이 지금 "신천지 신도"들을 통해 기독교 세상에서 알곡을 추수하는 일을 하고 있는 것이다. 이때 추수되어가는 곳간은 "신천지 교회"가 된다. 다시 말해 추수꾼인 "신천지 신도"들은 정통 교회 안에서 알곡된 성도들을 신천지 교회로 추수해가는 사명을 가지고 있는 것이며, 그들에게 알곡과 가라지를 판단하는 권리가 있다. 그리고 그들은 알곡을 판별하는 기준을 정해두었는데 그것이 "합당한 자 기준표"라는 것이다.

이 표에 따라 신천지에서는 대상자가 신천지에 데려올 만한 사람인지를 판가름하게 되는데 모든 항목에서 우측에 표시된 평가점수에 표시된 기준 점수 이상을 획득하면 알곡이라고 판단하게 된다. 합당한 자 기준표는 크게 환경, 인성, 신성의 세 가지 범주로 구성되어 있고 여기서 환경은 시간, 환경, 경제, 건강으로 세분화된다. 환경은 신천지 성경공부를 꾸준히 배울 수 있는 상황인지를 살피는 것으로 빚이 많거나 건강이 좋지 않은 사람은 꾸준히 공부하는데 방해요소를 가지고 있다고 판단하여 제외된다. 그러나 경제적으로 외부에 의존하거나 수입이 없다고 실제적으로 성경공부를 못하는 것은 아니기에 진의가 매우 의심스러운 것이 사실이다. 인성에서는 개인의 성품과 신앙심을 보는데, 똑똑하고 예절바르며 약속을 잘 지키고 주관과 의지력이 분명한 사람을 판별하고, 신앙에서는 예배참석을 잘하며, 하나님을 두려워하고 기본적인 신앙심이 있는 사람을 판별한다. 결과적으로 신천지에서는 경제적으로 부유하고, 정신적 육체적으로 건강하며, 바른 성품과 인격을 갖추고 신앙심이 좋은 사람을 신천지에 합당한 사람으로 여긴다. 이는 가난하고 병들고 소외된 자들을 사랑하셨던 예수님의 방식과 다른 매우 비성경적인 기준이라는 비판을 피할 수 없다.

또한 맨 아래에 걸림 요소 중 하나라도 가지고 있는 사람은 애초에 평가대상에도 들 수 없는 탈락자를 의미하는데 여기서도 직장이 불분명한 자, 초신자, 노약자, 가족 병수발을 들고 있는 자 등을 제외시키는 것을 보면 신천지는 자신들에게 유익한 사람들만 선별하며 미혹하려 한다는 것이 분명히 나타난다.

3.1.2. 찾기 단계에 사용되는 대표적인 전략들

① 추수밭
추수밭은 신천지에서 가장 즐겨 사용하는 대표적인 전략이다. 추수꾼은 섭외자를 찾는 과정 뿐 아니라 정보파악을 통해 전략을 수립한 후 성경공부로 인도하기 까지 과정에 모두 관여하기에 엄밀히 찾기 단계에만 한정된 전략은 아니다. 다만 대상자를 찾고 선정하는 일이 가장 중요하기에 찾기 단계에서 다루려고 한다. 신천지에서는 정통교회를 무너뜨리는 일을 가나안 정복으로 비유하며 자신들의 추수밭 활동을 가나안 정복 7단계라는 순서로 만들어 교육하였다. 그 방법은 이리옷 가장하기 – 정탐하기 – 성 돌기 – 알곡선정하기 – 목자 되기 – 정복하기 – 추수하기로 나뉜다.

1단계-3단계까지는 대상 교회를 선정하고 그 교회에 맞는 침투 전략을 선정하여 침투한 뒤, 교회의 정보를 조사하고 캐내는 단계이다. 이때 교회 조사 결과에 따라 교회 전체를 흡수하는 것이 가능할 것이라 판단되면 "산옮기기"라고 명명되는 전략도 자주 사용한 바 있다. 추수꾼으로 위장하기 위해 기본적으로 방언을 외우고, 한국 교회 교단별 특징을 공부하고, 한국 교회에 대표적인 목회자 이름과 양력을 숙지한다. 그리고 교회에서 선호하는 모습을 갖추고 침투하게 되는데 제자훈련을 하고 있는 경우라면 대형교회에서 제자훈련을 받은 사람으로 위장하고, 은사를 좋아하는 교회라면 은사가 있는 사람으로 위장한다.

여기서 은사가 없는데 어떻게 은사가 있는 것으로 위장하는 것이 가능하냐고 생각할 수 있는데 이는 생각 외로 쉬운 일이다. 만일 예언의 은사가 있다고 가정해 보자. 그렇다면 예언을 하고 그 예언을 이루어 주면 될 일이다. 신천지 추수꾼이 어느 날 꿈이나 기도를 통해 교회 성도 중 누군가 다칠 일을 알게 되었다고 예언하고 나면 실제로 그 사람은 몇 날이 못 되어 교통사고를 당하게 된다. 그 교통사고는 누가 내었을까? 신천지에는 20만 명의 신도들이 조직적으로 움직이고 있다는 사실을 기억하면 그 답을 쉽게 알 수 있을 것이다. 게다가 신천지 신도들은 대부분이 과거 정통교회 성도들이었기에 신천지 신도가 된 이후에도 그동안 수십 년간 다녀왔던 교회에 계속 남아 추수꾼으로 활동하고 있으면 쉽게 들통 나지 않는다. 그리고 시간이 지나며 서서히 교회 안에서 믿을 만한 사람으로 인정받게 된다.

교회 안에서 어느 정도 기간을 안정적으로 활동을 하게 되면 자연스럽게 교회 사람들에 대한 파악이 이루어진다. 그중에 추수꾼은 미혹할 만한 사람을 선정하여 섭외자 목록을 만들어 관리한다. 정보를 계속 파악하며 상황을 업데이트하며 신천지교회에 보고하는 것이다. 이것이 4단계 알곡 선정하기이다. 이때 추수꾼은 섭외자로 등록하기 위해서는 대상자의 기본 신상정보를 기록하여야 한다. 기본적으로 이름, 성별, 나이, 혈액형, 신앙연수, 출석교회, 신앙수준 및 환경, 가족환경 등이다. 여기에서 합당한 자 선정 기준표를 작성하게 되고 이것이 통과되면 다음단계인 맺기 단계가 진행된다.

신천지는 합당한 자 기준표를 두고 철저히 점수 계산을 한 후 포교에 나선다

5단계, 6단계는 맺기 단계에 해당하는 단계이다. 교회에서 인정받아 구역장 이상의 직분을 받고 사람들을 관리할 수 있는 위치에 오

르는 단계이다. 교회에서 직분을 얻으면 직분의 이름으로 자연스럽게 사람들에게 다가갈 수 있고 교회 성도들에게 끼칠 수 있는 영향력도 더 많아진다. 이렇게 확보한 교회 내의 권력으로 섭외자에 대한 더 많은 정보를 파악하고 자주 심방하여 더 친해지고 더 많은 내용들을 파악해 낸다. 이 단계에서는 성장배경, 이단에 대한 경계심, 말씀에 대한 관심도, 현재 상황과 관심사 등 개인의 구체적인 정보를 파악하여 이를 토대로 SWOT분석을 통해 성경공부로 유도하기 위한 전략을 수립한다. 전략을 수립하고 허가받게 되면 마지막 단계로 진행된다.

마지막 7단계 추수하기는 파악한 정보들을 바탕으로 전략을 짜고 실제로 성경공부로 인도하는 과정이다. 이 단계는 신천지 포교시스템에서 따기에 해당하며 실질적으로 전략을 실행하여 성경공부를 시작하게 된다. 신천지 추수꾼은 직접적으로 드러내놓고 활동하지 않지만 이 단계까지 협조하며 활동하게 된다.

더하여 정통교회에 침투한 추수꾼들 역시 항상 같은 모습과 역할을 하게 되는 것은 아니다. 신천지에서는 추수꾼의 역할과 활동 정도에 따라 추수꾼의 등급을 A~D등급으로 나누었다. A등급: 고정 정보원 활동자, B등급: 산 옮기기 활동자, C등급: 일반 활동자, D등급: 활동 부진자가 그것이다.

필자는 2007년 신천지 포항교회 추수밭 활동 총괄서기를 하며 당시 추수밭 활동 현황을 종합하여 보고한 바 있고, 포항의 한 교회에서 1년 간 교육전도사로 추수밭 활동을 한 경험이 있다. 크지 않았던 교회라

부교역자가 혼자밖에 없었고, 교회에서는 주일학교, 중고등부, 청년부 등 모든 교육부서와 예배찬양인도, 성가대 지휘를 맡았다. 신천지 추수꾼이었던 사람이 교회의 모든 교육부서에서 주일날 설교를 하고 모든 예배의 찬양을 담당했던 것이다. 자연히 설교 중에도 신천지 방식의 성경해석 방법론을 섞어 설교하기도 하고, 교회에서 하는 성경공부로 위장하여 고등학생들을 개별적으로 성경공부를 시키기도 했다. 누가 목회자 후보생 고시를 치른 교회의 전도사를 이단이라고 의심했겠는가? 그러나 그런 일이 일어날 수 있는 것이 지금 한국교회의 현실이다.

② 동아리 및 동호회 침투

이 전략은 사실상 추수밭 전략과 같은 전략이다. 침투하는 대상만 교회에서 동아리나 동호회 혹은 선교단체 등으로 이동된 것이다. 실제로 신천지 내부에서는 이 전략 역시 추수밭 전략으로 통칭한다. 다만 필자는 침투 대상이 교회가 아니라는 점과, 비기독교 단체에도 침투한다는 것에서 따로 구분하여 다루었다. 그들은 어느 곳이든 기독교인이 포함되어 있기만 하면 추수밭으로 보고 침투한다. 그리고 오히려 기독교 단체가 아닌 경우 이단에 대한 경계가 더 적기에 신천지인 입장에서 활동하기 수월한 부분도 있다. 선교단체나 대학의 기독교 동아리 같은 경우에는 교회에서와 동일하게 활동하고, 탁구 동호회, 낚시 동호회, 자전거 동호회, 등산 동호회 같이 종교적 성격이 없고 단순한 취미생활을 공유하는 단체인 경우에는 사전에 기독교인 비율을 조사한 뒤 대상자가 있다고 판단되면 자연스럽게 가입하여 활동하게 된다. 이 경우 동호회 내에서 교회 다니는 사람과 의도적으로 친해진 뒤 정보를 캐내는 방식의 활동을 하게 된다.

일 년 이상 활동한 신천지인들은 지인들이 이미 소모 되었기에 지속적인 포교활동을 위해서는 새로운 기독교인들을 꾸준히 사귈 수 있는 방법이 필요하다. 그런데 취미활동을 공유하는 동호회에 가입하여 활동하면 새로운 사람을 자연스럽게 사귈 수 있기에 이를 적극적으로 이용하는 것이다. 그리고 탁구 동호회 같이 기독교인 비율이 평균보다 높은 동호회들이 존재한다. 이런 단체들은 신천지인들의 좋은 먹잇감이 된다.

③ 가가호호

가가호호는 전통적으로 이단들이 많이 사용해왔던 방법이며, 안상홍 증인회가 많이 사용하는 것으로 알려져 있다. 다만 신천지에서도 이를 사용하지 않는 것은 아니다. 안상홍 증인회에서는 "어머니 하나님을 아십니까?"등의 멘트로 자신들이 누구인지가 자연스럽게 드러나게 되는데 신천지의 경우는 철저히 자신들의 정체를 숨기고 다가간다. 가가호호의 목적 역시 기독교인들을 새롭게 사귀는 것인데 이를 위해 신천지인들은 문 앞에 교회 표찰이 붙어있는 집에 일단 벨을 누른다. 그리고 무언가를 하러 왔다는 인상을 주지 않고 "화장실이 너무 급해서 그런데 화장실 좀 사용할 수 있겠냐" 등의 멘트로 문을 열어줄 것을 부탁한다. 그리고 연락처가 적힌 자신의 물건을 흘려 놓는 방식으로 먼저 연락을 해오도록 하는데, 이때 연락이 오면 감사하다는 핑계로 식사나 차 등을 대접하고 싶다며 만남을 유도하게 된다. 이때 두고 온 물건은 물욕이 생기지 않고 주인을 찾아줄 만큼 비싸지는 않으면서 찾아준 당사자에게 고마움을 느낄 만큼 중요한 물건이어야 한다.

실제로 필자가 사용했던 방법 중 하나는 다수의 다이어리를 구매하여 빼곡하게 일기와 메모, 스케줄 등을 작성해 두어 분실하면 주인이 곤란할 것 같은 느낌의 물건으로 만들고 화장실을 사용하게 해주는 집의 화장실에 두고 오는 것이었다. 다이어리는 두고 오더라도 물욕이 생길만큼 값비싼 물건은 아니면서 분실한 입장에서는 곤란할 만한 물건이기에 적당하다고 판단했던 기억이 있다. 실제로 몇 번 연락이 와서 만남이 성사되기도 하였다. 다만 이 방법은 낯선 사람의 집에 방문하는 것부터 경계심을 불러오기에 성공률이 높지는 않은 방법이다.

④ 심리검사

신천지에서 전통적으로 지금까지 가장 흔하게 사용하는 방법 중 하나이며, 노방포교 아이템으로 활용되는 경우도 흔하다. 노방에서 중요한 것이 관심을 끌고 차후 만남 약속을 확보하는 것인데, 심리검사는 사람들이 보편적으로 관심을 많이 가지는 아이템이며, 대화를 나누기에도 적당하고 심리검사에 대한 결과를 설명해 주겠다는 구실로 다음번 만남을 계획하기도 쉽기에 비교적 성공률이 높다. 특히 이 방법은 대학생들에게 효과적인데 주로 심리학과 학생으로 위장하여 과제를 도와달라고 하거나 리서치 단체를 사칭하여 설문에 응해준 분들에게 무료로 전문가를 통한 심리검사를 해준다는 식의 방법을 사용한다. 실제로 심리학과 대학생들이 과제로 자신의 상담녹취록을 제출해야 하는 경우도 있기에 자연스러울 수 있다. 물론 이때도 신천지인의 목적은 기독교인 친구를 사귀는 것이기에 아무에게나 접근하지 않고 설문하는 과정에서 자연스러운 대화를 통해 종교를 확인한 뒤 실시하거나, 십자가 목걸이나 귀걸이 등을 확인한 후 접근하기도 하고, 기독교 서점이나 백화점을 출입하는 사람들을 대상으로 접근하는 방식으로 종교 확인 절차를 은밀히 가진다. 그리고 심리검사에 대한 결과를 설명해준다며 다시 만나 친분을 쌓는다.

⑤ 자원봉사

자원봉사활동을 하는 사람 중에는 기독교인 비율이 높다. 때문에 고정적으로 자원봉사활동을 하면 기독교인들을 자연스럽게 만나고 사귀기 용이하다. 혹은 자원봉사단체를 사칭하기도 하는데 이때 대상자는 자연스럽게 신천지 사람들로 가득 찬 자원봉사 현장으로 인도된다. 실제 사용했던 사례로 자원봉사 활동에 관심이 많은 사회복지학과 학생에게 포항종합사회복지관의 사회복지사를 사칭하여 접근한 적이 있다. 이후 실제로 자원봉사활동을 연결시켜주겠다며 복지관 앞에서 만나 자원봉사 활동에 대한 기본교육을 실시하였다. 그리고 편부모 가정에 방문하여 아이를 돌보고 학습지도를 해주는 봉사활동을 소개해 주었다. 섭외자는 자원봉사활동의 일환으로 정해진 날 집에 방문하여 학습지도를 하던 중, 자주 방문하는 아이의 이모를 자연스럽게 만나 대화하게 되고 친분을 쌓게 되었다. 그러나 사실 사회복지사, 방문가정, 아이의 이모, 심지어 아이까지 모두 신천지인이었다. 위장된 봉사활동을 통해 자연스럽게 포교대상자와 친분을 쌓을 수 있는 환경을 만들어 낸 것이다.

⑥ 노방 및 설문지

가장 전통적이며 성공률은 낮지만 새로운 사람들을 가장 쉽게 만날 수 있는 방식이라 지금까지도 사용되고 있는 방법이다. 길거리에서 낯선 사람들한테 접근하는 방식이기에 외모에 강점이 있는 사람이 성공률이 높다. 노방에는 각종 설문지나, 말을 걸 아이템을 가지고 만나는 경우가 많은데 이때 가장 중요한 것은 연락처 확보와 차후 만남을 위한 약속을 잡는 것이다.

필자가 가장 많이 사용했던 방법은 길을 물어보는 것이다. 모든 방식이 마찬가지이듯 이 방법도 기독교인 여부를 확인해야 하는데 이를 위해 길을 물어볼 때, 기독교서점이나 특정 교회 등 기독교인이 알법한 장소를 물어본다. 그리고 가는 길을 설명해주면 자연스럽게 너무 감사하다고 하면서 혹시 그곳에 가보신 적이 있는지 묻는다. 가보았다고 대답한다면 높은 확률로 기독교인일 것이다. 이 경우에는 다른 것을 구실로 대화를 몇 마디 이어나간다. 많은 경우 잠깐의 대화를 통해 단기선교에 필요하다며 안 쓰는 책이나 안 입는 옷 등을 기증해 줄 것을 부탁하고 선한 마음으로 승낙할 경우 자연스럽게 연락처를 확보하여 다음 만남 약속을 잡게 된다. 이후 카페 같은 곳을 다음 약속장소로 잡고 만날 때에는 감사해서 음료를 주문해 두었다는 핑계로 음료를 미리 주문해 두어 커피 한 잔을 마시고 가도록 유도한다. 그리고 커피 한 잔 마시는 시간 동안 자연스럽게 대화를 이끌며 간단히 친분을 쌓는다. 이후 이미 연락처는 확보되었으니 차후 만남을 유도할 전략을 세워 다양한 방법으로 친분을 이어나가게 된다.

⑦ **도서관 및 스터디 모집**
시립 도서관 등에 고정적으로 공부하러 나오는 사람 역시 좋은 타겟이 된다. 먼저 도서관 열람실에서 자리를 찾는 것처럼 한 바퀴를 돌며

자리에 성경책을 가지고 있는 사람을 찾는다. 성경책을 가지고 있다면 당연히 교회를 다니는 사람이다. 특히 시험공부 전에 성경책을 잠깐 보고 기도하며 시험을 준비하는 사람들도 많다. 의도적으로 그 사람 옆자리에 앉은 뒤, 자연스럽게 지우개나 연필 등을 빌리기도 하고, 가끔은 너무 읽고 싶은데 가져오지 않았다며 성경책도 빌린다. 하루 종일 시험 공부하는 사람들은 몇 시간 정도 집중해서 공부를 하고나면 휴게실 등에서 잠깐 쉬게 되는데 이때 자연스럽게 따라 나가 우연히 마주친 척 음료수를 하나 뽑아주고 아까 너무 감사했다며 인사를 건넨다.

자연스러운 대화를 통해 매일 공부하는 사람이라는 것을 알아냈으면 서두르지 않고 매일같이 도서관에 들르며 얼굴 도장을 찍고 간단한 인사를 건넨다. 그리고 가끔씩은 휴게실에서 만나 말을 건네기도 한다. 몇 주 동안 얼굴을 익히고 간단히 친교를 쌓다보면 자연스럽게 친해져 있다. 그리고 지금 공부하고 계신 것에 대해 관심이 많은데 혹시 정보를 공유할 수 있겠냐며 연락처를 교환하고, 실제로 정보를 공유하고 앞으로도 자주 만나며 친분을 쌓아간다. 이후 공부 이후 쉬는 시간에 대화를 나누고 자연스럽게 신앙이야기도 하며 정보를 파악해 나간다.

혹은 도서관 내에서 스터디를 만들어 진행하기도 하는데 스터디 모집을 통해 사람들을 모은 후, 기독교인이 있으면 그대로 위장 스터디를 진행하고, 없다면 스터디를 기획한 사람이 잠수를 탔다는 핑계 등으로 스터디 모임을 중단하고 진행하지 않는다.

⑧ 아르바이트 모집

너무 듣고 싶은데 시간이 없다며 선교단체 등으로 위장한 신천지 센터에서 강의를 듣고 필기해주면 강의 당 일정한 비용을 주겠다고 하여 아르바이트로 신천지 성경공부를 하게 하는 방법이다. 혹은 신학생이나 선교사 준비생인데 말씀을 가르치는 연습을 하고 싶다며 듣고 평가해주면 돈을 주겠다고 아르바이트를 모집하기도 한다. 이렇게 노골적으로 성경공부로 유도하는 방식은 요즘에는 거의 사용하지 않는 방식이지만, 손쉬운 아르바이트는 청년 대학생들에게 매우 매력적인 요소이기에 여러 가지 내용의 아르바이트를 통해 사람들을 유인하는 방법은 지금도 계속 발전되어 사용될 만한 방식이다. 아르바이트 내용은 무엇이든 가능하기에 청년들은 아르바이트를 구할 때에도 조심할 필요가 있다.

⑨ 위장집회

위장 선교단체를 통하여 정통교회의 이름 있는 강사를 초빙하고, 방문자 방명록에 연락처를 적도록 유도한 뒤, 집회 이후 후속 프로그램을 진행한다는 구실로 사람들을 유인하는 방식이다. 이때 신천지의 위장 선교단체에서 집회 장소로 정통교회를 대여하기는 어렵기 때문에 장소 선정이 그들에게는 가장 큰 걸림돌이 된다. 그래서 보통은 종교색채가 없는 수련관 등을 대여하는 경우가 많았다. 강사 초청이 잦은 유명 강사들은 매번 초빙하는 단체를 자세히 살피기는 어렵다. 때문에 이름만 듣고 문제가 없으면 초빙에 응하기도 하는데 이럴 때에 이단들의 위장 집회에 활용될 수도 있기에 장소가 교회가 아니라면 필수적으로 주최하는 단체를 확인해 보아야 한다. 이때 이름 있는 강사들을 초빙함으로 신천지에서는 쉽게 사람을 모을 수 있고, 유명 강사의 이름을 등에 업어 자신들에 대한 의심을 경감시키는 효과를 얻는다.

⑩ 위장교회

신천지의 위장교회는 점점 더 많아지는 추세이다. 신천지에는 2010년 기준으로 목회자 출신 신천지 사람이 약 350명가량 되었다. 물론 대부분 군소교단 출신이지만 장로교 합동이나 통합 등 규모 있는 출신의 목회자들도 있다. 또한 전략적으로 꾸준히 신천지 사람들을 신학교로 침투시켜 목사안수를 받게 하는데 신학교를 다니는 기간 동안 들키지 않고 무사히 졸업하게 되면 그 사람을 통해 신천지 위장교회를 개척하게 되는 것이다. 그리고 가끔은 목사안수도 받지 않은 신천지 사람이 정통교단 이름으로 교회를 만들어 놓고 목사행세를 하는 경우도 존재한다. 간판만 보고 속아서 위장교회에 출석한 사람이 교회에 정착하게 되면, 교회 모임과 성경공부를 통해 자연스럽게 신천지 성경공부를 배우게 되고 신천지로 쉽게 인도되는 것이다.

이외에도 신천지의 포교 전략은 다 설명하기 어려울 만큼 많으며, 지금도 신천지의 전략팀은 매일같이 새로운 전략을 구상하고 만들어 내고 있다. 때문에 이런 방법으로 접근한다고 알리는 방법으로는 신천지를 예방하기에 한계가 있다. 다만 찾기 단계는 새로운 기독교인들을 찾아서 친분을 쌓는 과정이라는 것에는 변화가 없다. 모든 전략은 이를 위한 방법에 불과한 것이다. 때문에 새로운 사람을 만나서 친교를 맺는 과정 자체에 대해 경계하고 있는 것이 필요하다. 그리고 위에서 소개한 방식은 신천지에서 오랫동안 사용하였으며 실제로 새로운 사람들을 만나는 손쉬운 방법들이다. 성공률이 높지 않더라도 손쉬운 전통적인 방식은 언제나 활용되기 마련이니 위의 전략들을 잘 숙지하는 것도 신천지를 대처할 때에 도움이 되리라 생각한다. 어쨌든 신천지에서는 위와 같은 방식들로 새로운 사람들을 만나 인간관계를 맺고 빠른 시간 동안 친해져 신뢰관계를 형성하며 기본적인 신상정보를 파악한 후, 합당한 자 선정 기준표를 통해 미혹할 수 있는 자를 선별한다. 그리고 이렇게 선별된 자는 다음 단계인 맺기 단계로 돌입하게 된다,

3.2. 맺기 : 본격적인 뒷조사 및 전략수립

맺기 단계는 이미 형성된 관계를 바탕으로 섭외자의 개인적인 정보를 파악하고, 파악된 정보를 바탕으로 성경공부로 인도하기 위해 필요한 구체적인 전략을 수립하는 단계이다. 이 과정에서는 대상자에 대한 노트 한 권을 작성하게 되는데 노트의 명칭은 '플랜지', '아람노트', '케어노트' 등 지역마다 다양한 이름으로 불리고 있다. 노트는 섭외자의 거의 모든 신상정보와 뒷조사 결과를 일목요연하게 작성하게 된다. 이 노트는 섭외자를 전혀 모르는 교관이 이 노트를 보게 되었을 때 그 사람에 대해 거의 완벽하게 파악할 수 있는 수준까지 작성하여야 한다.

이 노트에 파악하는 정보는 크게 육적 환경, 영적 환경으로 나누어 조사하게 되고, 신앙의 동기, 삶의 목적, 현재 고민과 관심사 등 친밀한 관계가 전제되지 않으면 알기 힘든 내용들까지 필수적으로 조사하도록 한다.

육적 환경에는 가족구성, 가정환경 및 분위기, 가족들의 신앙유무,

경제상황, 섭외자의 직업과 출·퇴근 시간, 성장과정, 성격 유형 등을 파악하는데 섭외자의 가정환경이나 경제상황 등 민감한 부분들까지 모두 파악하여야 한다. 영적 환경으로는 교회정보, 교회교단, 교회 직분, 신앙 관심분야, 신앙적으로 가까운 사람이 누구인가, 성경공부 경험, 성경지식 정도, 신앙 공동체 활동경험, 교회에서 이단세미나 실시 여부 등 신앙생활과 관련된 정보들을 파악하게 된다. 그리고 신천지에서 만든 도구인 "신앙유형"을 파악하게 되는데 이는 차후 성경공부 과정에 있어 대상자 맞춤 교육을 위해 필요하다.

이 단계는 기본적인 신상정보를 파악하는 것이 아니라 섭외자의 민감한 부분까지 조사해야 하기 때문에 섭외자가 이를 잘 드러내지 않을 시에는 정보 수집을 위한 다양한 전략을 시도하게 된다. 대상자를 미행하는 일도 있고, 새벽예배에 나오게 되면 뒷자리에 슬며시 앉아 기도하는 내용을 듣고 가기도 한다. 기도할 때에는 사람들에게 잘 털어놓지 못하는 개인의 민감한 사정들도 들을 수 있기 때문이다.

일반적인 경우 교회에서 사람들이 교제할 때에는 성도간의 교제 자체에 그 목적이 있을 것이다. 그러나 신천지 사람들은 교제를 통해 정보를 파악하는 것이 목적이 된다. 때문에 교제하기 전에 항상 오늘 파악해낼 정보가 무엇인지 목표를 세우고, 그 정보를 어떻게 유도해 낼 것인지 전략을 수립한다. 그리고 그 결과 섭외자가 어떤 말을 했는지, 그날 파악해낼 정보가 무엇인지 등을 노트에 빼곡히 적는다.

위의 과정을 통해 섭외자의 정보를 파악하고 나면 남은 과정은

SWOT분석을 통해 전략을 수립하는 것이다. 파악한 정보를 바탕으로 섭외자를 성경공부로 인도하려고 할 때에 내부적으로 강점이 되는 것과 약점이 되는 것을 분류하고, 외부적인 기회가 되는 상황과 위협이 되는 상황을 분류한다.

예를 들어 내부적인 강점은 섭외자가 이단에 대한 경계심이 전혀 없다거나 성경공부를 하고 싶어 하는 상황이다 정도가 될 수 있고, 약점은 이단에 대한 경계심이 많다거나, 교회의 신천지 측에서 섭외자와 교역자 사이의 신뢰관계를 깨뜨리지 못했다 같은 내용들이 될 수 있다. 외부적인 기회는 교회에서 건축문제 등 다양한 문제로 목회자가 신뢰를 잃었다거나 교회가 분열된 상황이 있을 수 있고, 위협이 되는 상황은 교회에서 이단세미나를 집중적으로 하여 경계심을 높이고 있다거나 교회에서 이미 성경공부를 하고 있다는 정도를 들 수 있다. 그리고 기회와 강점은 살리고 이를 통해 위협과 단점은 최소화 시키는 방향으로 전략을 마련하게 된다.

전략을 수립할 때에는 주로 신천지 내부에 전문 전략팀을 운용하는 경우가 많다. 전략팀은 신천지 내에서 포교경험이 풍부한 사람들과 실력이 출중한 사람들을 위주로 운영하며, 이들은 매일 장시간의 회의를 통해 파악된 정보를 바탕으로 전략을 짜낸다. 이렇게 수립된 전략을 다시 노트에 기록한다.

전략은 위에서 보는 바와 같이 누구와 어디서 어떤 전략으로 우연한 만남을 유도하게 될 것인지를 적고, 연결시키게 될 교사의 위장 콘셉트와 간증을 만든다. 그리고 섭외자의 상황에 적절한 멘트와 예상되는 위협상황에 대한 대비책까지 마련해 둔다.

노트를 모두 작성하였으면 이제 이 노트는 그 내용이 적절히 기록되었는지, 전략대로 진행해도 되겠는지 여부를 확인받는 결제과정을 거치게 된다. 보통 3~5단계의 결제선을 지나면서 모두에게 승인을 받게 되면 이제 비로소 그 사람을 미혹해도 된다는 허가가 떨어지게 되는 것이다. 이제 신천지 사람들은 수립된 전략에 따라 작전을 수립한다. 그리고 작전이 성공하여 성경공부가 시작되었으면 이때부터를 "따기" 단계라고 부르게 된다.

3.3. 따기 : 전략 이행 및 신천지 교리교육의 시작

3.3.1. 새로운 신뢰관계의 형성

따기 단계는 맺기 단계를 통해 수립한 전략을 시행하여 실제 성경공부가 시작된 단계이다. 이때 신천지에서는 아직 성경공부가 안정화 되지 않았다고 판단하며, 몇 가지 기준을 달성하게 되면 비로소 안정적인 성경공부를 시킬 수 있는 상태에 이르렀다고 보고 복음방 명단에 등록하게 된다. 따라서 복음방에 등록하기 위해 달성해야 하는 몇 가지 기준이 따기 단계의 목표가 된다. 이 기준은 교사와의 신뢰관계 형성, 잎사귀와의 신뢰관계 형성, 입막음이다. 여기서 잎사귀는 성경공부를 시작할 때 본인 역시 처음 듣는 것처럼 위장하여, 섭외자의 성경공부에 대한 반응과 심리상태를 확인하는 역할을 하게 된다. 이때 보통 잎사귀와 교사는 우연한 만남을 가장한 신천지의 전략을 통해 새롭게 연결되었으므로 새롭게 신뢰관계를 형성하는 것이 필요하다. 그래야 신천지의 성경공부를 경계심 없이 안정적으로 들을 수 있고, 신천지에서는 잎사귀를 통해 섭외자의 상태를 면밀히 파악할 수 있다.

신뢰관계 형성을 위해 신천지에서는 의도적으로 정통교회와 다른 내용의 성경공부는 지양하고, 성경 상식이나 교회에서도 가르칠 만한 내용을 다루게 되며, 신천지의 교리가 포함되더라도 잘 드러나지 않을 만큼 은연중에 가르친다. 그리고 자신들이 정한 콘셉트에 대한 믿음을 주기 위해 콘셉트와 일치하는 상황을 자주 보여준다. 만약 교사가 신학생이라고 하였다면 신학교의 신분증을 위조하여 은연중에 보여주기도 하고, 잎사귀와 함께 교사가 다니는 신학교에 놀러 간 상황을 만들어, 신학교 캠퍼스에서 교사와 신학교 학생들이 아는 척하는 모습을 연출하는 등, 믿을 만한 경험들을 하게 만든다.

3.3.2. 입막음 : 은밀한 포교 전략

그리고 이 단계에서 빠질 수 없는 것이 입막음이다. 입막음은 현재 성경공부를 하고 있다는 사실을 주변 사람들에게 숨기도록 하는 가르침이다. 사실상 입막음이 되지 않으면 신천지의 성경공부는 안정적으로 지속될 수 없다. 성경공부를 하고 있다는 사실을 교회의 교역자나 가족들에게 말하면 거의 대부분 교회 밖에서 성경공부를 하고 있다는 사실 만으로 우려를 표하며 중단할 것을 권할 것이기 때문이다.

때문에 신천지에서는 입막음에 많은 에너지를 투자하고 있으며, 단일 주제를 위한 교재들 중 입막음을 위한 교재가 가장 다양하고 많다. 일반적으로 '성경공부 하는 것이 나쁜 것도 아니고 왜 다른 사람들에게 알려서는 안 되는 거지?'라고 생각하겠지만 훈련 받은 그들이 나름대로의 논리와 성경에서 발췌한 근거들로 설득한다면 '아~이래서 성경공부하는 것을 다른 사람들에게 말해서는 안 되는구나.' 라고 받아들이게 된다.

하지만 어떠한 논리와 근거를 들어 이야기 한다고 할지라도 숨기며 은밀하게 진행되는 성경공부는 떳떳하지 못하며 숨겨야 할 만한 다른 이유가 있다는 것을 인지하고 은밀하게 진행되는 성경공부 과정에는 참석하지 않아야 한다. 아래에는 실제로 필자가 입막음을 위해 자주 사용했던 내용을 간략히 소개하였다. 평범한 성도가 이미 신뢰관계가 형성된 교사를 통해 이런 교육을 받는다면 이상함을 눈치 챌 수 있을지를 생각하며 읽어보면 좋을 것이다.

다음은 신천지 강사들이 주장하는 입막음교리와 관련한 설교 예시이다. 오늘은 마태복음 6장1-18절을 함께 묵상하도록 하겠습니다. 마태복음 6장은 사람들에게 보이기 위해 행하는 것을 경계하며 사람이 아니라 하나님 앞에서 행할 것을 강조하고 있습니다. 그리고 구체적으로 구제할 때, 기도할 때, 금식할 때 사람들에게 보이지 않고 하나님 앞에서 행하기 위해 어떻게 해야 하는지를 설명해 줍니다.

먼저 본문에서는 구제할 때 외식하는 자가 하는 것처럼 회당과 거리에서 나팔 불지 말라고 말합니다. 그리고 그렇게 하는 자들은 이미 자기의 상을 받은 것이라고 합니다. 이것은 매우 무서운 말씀입니다. 여러분 우리가 신앙인으로서 이 땅에 살아가며 행하는 모든 것은 하나님의 영광을 위해서입니다. 그런데 만약 우리가 행하는 일에 대해 하나님께서 이미 자기의 상을 받았다고 말씀하신다면 우리가 행하는 모든 일은 아무 의미가 없는 일이 되고 말 것입니다. 그리고 그럴 것 같으면 차라리 구제하는 일을 하지 않는 것이 피곤하지도 않고 시간도 빼앗기지 않으니 더 나을 것입니다. 때문에 우리는 본문의 말씀처럼 구제할 때에 회당과 거리에서 나팔을 불어서는 안 될 것입니다.

그렇다면 본문에서 구제할 때에 회당과 거리에서 나팔을 분다는 말은 어떤 의미일까요? 나팔을 분다는 것은 드러내는 것을 의미합니다. 나팔을 불어 메시지를 전달하듯 다른 사람들에게 구제하는 행위를 드러내는 것입니다. 즉 나팔을 불지 말라는 것은 다른 사람들에게 드러내고 다니지 말라는 뜻입니다. 그럼 누구에게까지 드러내지 말아야 할까요? 본문에서는 이어서 오른손이 하는 일을 왼손이 모르게 하라고 말하고 있습니다. 교회는 그리스도의 몸과 같습니다. 교회 공동체의 구성원 모두가 한 몸의 오른손이나 왼손 같은 지체인 것입니다. 따라서 본문은 가장 가까운 지체에게라도 구제하는 것을 알리지 말라는 말씀입니다. 그러면 형제님은 구제하는 일을 그렇게 하고 계십니까?

예를 들어 형제님이 목사님 말씀을 듣다가 은혜를 받아 앞으로 구제하는 일에 힘써야겠다고 결단하게 되었다 합시다. 그리고 봉사활동을 시작하게 되었습니다. 그러던 어느 날 친한 교회 친구가 기가 막힌 맛집을 알아두었다며 함께 가자고 합니다. 그런데 마침 그날이 형제님이

봉사활동을 하러 가는 날입니다. 그러면 그때 뭐라고 대답하시겠습니까? 아마도 그날 이런 내용의 봉사활동을 하게 되어 못 갈 것 같다고 대답하시겠죠? 그러면 나는 나를 드러내려는 의도가 없었다 할지라도 그 말을 꺼냄으로 이미 나팔이 불어지고 만 것입니다. 그 말을 들은 친구는 어쩌면 조금 놀라면서 "올~ 너 사람됐다?"라며 장난스레 칭찬을 하게 될 수도 있습니다. 그리고 그런 말을 들으면 나도 모르게 어깨가 으쓱해질 수도 있습니다. 혹여 그렇지 않더라도 칭찬을 들으므로 이미 나팔은 불어지고 만 것입니다. 성경에서는 "이미 자기의 상을 받았다."고 말하고 있습니다. 그렇다면 우리는 이런 상황에서 어떻게 해야 하겠습니까? 그냥 약속이 있다고 말하며 다 말하여 사람에게 드러나는 일이 없도록 하는 것이 지혜로울 것입니다. 본문에서는 이렇게 말합니다. "네 구제함을 은밀하게 하라 은밀한 중에 보시는 너의 아버지께서 갚으시리라." 오늘 이후로는 구제하는 일에 본문의 말씀처럼 은밀하게 하여 하나님께서 주시는 상을 받아 누리는 저와 형제님이 되시기 바랍니다.

두 번째로 말하고 있는 것은 기도할 때에 대한 이야기입니다. 본문에서는 기도할 때 역시 골방에 들어가 문을 닫고 은밀한 중에 보시는 아버지께 기도하라고 말합니다. 그러나 외식하는 자들은 기도할 때에도 회당과 큰 거리 어귀에서 서서 사람들에게 보이기를 즐겨합니다. 그리고 하나님께서는 그들에게 동일하게 말씀하십니다. "그들은 자기의 상을 이미 받았느니라." 라고 말입니다. 형제님 한번 생각해 봅시다. 기도는 누구와 하는 것입니까? 맞습니다. 기도는 하나님과 하는 것이기에 굳이 다른 사람들이 알 필요가 전혀 없습니다. 그러나 우리는 흔히 기도할 때에 사람을 의식하는 실수를 범하곤 합니다. 예를 들어 우리가 새벽기도회에서 갔다고 합시다. 그러면 예배가 끝나고 20~30분 정도면 보통 할 말 다 하고 기도가 끝납니다.

그리고 집에 가려는데 아직 아무도 나가지 않고 모두 기도에 열중하고 있습니다. 그러면 어떻습니까? 1등으로 나가는 건 왠지 모르게 지는 것 같고 찝찝한 기분이 듭니다. 그래서 나도 모르게 다시 앉아 했던 기도를 한 번 더 중얼거리기 시작합니다. 그러나 본문에서는 분명히 말합니다. "또 기도할 때에 이방인과 같이 중언부언하지 말라 그들은 말을 많이 하여야 들으실 줄 생각하느니라." 그러다가 눈을 떴을 때, 한두 명이 나갔다 그러면 어떻게 됩니까? 갑자기 반절 이상이 우르르 빠져나가기 시작합니다. 물론 우스갯소리로 약간의 과장을 하였지만 이런 경우가 실제로 발생합니다. 그러면 이때는 사람을 보고 기도한 것입니까 아니면 하나님을 보고 기도한 것입니까? 만약 사람을 보고 기도한 것이라면 본문에서는 이렇게 말합니다. "그들은 자기의 상을 이미 받았느니라." 라고 말입니다. 형제님, 기도는 특히 하나님과 나와의 일대일 관계 속에서 먼저 이루어져야 합니다. 때문에 더더욱 다른 사람들에게 드러내고 알릴 필요가 없습니다. 만약 무언가 작정하고 매일 기도하는 시간을 가지기로 결단하였다면 그 결단과 기도하는 과정을 가족에게라도 알릴 필요가 없습니다. 그저 골방과 같이 다른 사람들에게 드러나지 않을 곳에서 하나님만 바라보고 기도하시기 바랍니다.

마지막으로 금식할 때에도 본문은 동일하게 말합니다. 이때에도 외식하는 자와 같이 슬픈 기색을 보이고 얼굴을 흉하게 하여 다른 사람들에게 드러내지 말라고 합니다. 오히려 머리에 기름을 바르고 얼굴을 씻을 것을 명령합니다. 그리고 그렇게 하면 은밀한 중에 보시는 하나님께서 갚아주실 것이라고 말합니다. 과거에는 율법을 지키는 것의 일환으로 금식하기도 하였지만 지금 우리가 금식할 때에는 아무 때나 하지 않습니다. 무언가 하나님 앞에 큰 결단을 가지고 구할 때에 주로 하게 됩니다. 그러나 굶어가면서까지 기도했는데 "자기의 상을 이미 받았느니라."라고 하신다면 어떻겠습니까? 굶은 것이 너무 억울하지 않겠습니까? 그렇다면 우리는 금식할 때에도 우리가 금식 중이라는 사실을 다른 사람들에게 말하는 것을 경계해야 할 것입니다. 오히려 본문이 말하는 것처럼 머리에 기름을 바르고 몸을 단정히 하여 가능한 티를 내지 말고 은밀한 중에 금식해야 합니다. 그렇게 할 때에 은밀한 중에 보시는 하나님께서 갚아주시리라 믿습니다.

오늘 본문은 구제, 기도, 금식에 대해 말하고 있지만 오히려 우리 신앙생활 전반에 걸친 태도를 말하고 있습니다. 우리는 항상 자신이 드러나는 일을 조심하고 하나님 앞에서 은밀히 행하도록 노력해야 합니다. 우리가 이렇게 성경공부를 시작하게 된 것도 마찬가지입니다. 성경공부는 그 과정에서 하나님께서 주시는 깨달음을 구해야 합니다. 성경공부는 세상 공부처럼 내가 혼자 공부면서 지식을 쌓아가는 과정이 아니기 때문입니다. 그렇다면 이때도 우리는 은밀한 중에 행하는 지혜가 필요합니다. 왜냐하면 사람들에게 드러내었다가 하나님께서 "이미 자기의 상을 받았느니라."라고 선언하신다면, 우리는 지식만 키우고 교만해 질뿐 하나님께서 주시는 깨달음과 신앙의 유익을 얻을 수 없기 때문입니다. 오늘 말씀을 우리의 삶에 적용하여 우리 성경 공부하는 과정을 하나님 앞에서 은밀하게 하여 우리의 상을 빼앗기는 일이 없도록 합시다.

3.3.3. 교육유도 멘트 : 신천지 교육 유도 및 접근 질문

신천지에서는 섭외자를 성경공부로 유도할 때에는 다양한 전략을 사용한다. 이 전략은 대상마다 다르기에 몇 개로 요약하여 소개하기에는 어려움이 있다. 그러나 성경공부를 하도록 유도하는 과정에서 성경에 대한 관심과 흥미를 불러일으키는 멘트들을 사용할 때가 있는데, 이때 주로 사용하는 내용들을 여기에서 소개하고자 한다(신천지의 호기심 유발 멘트 다운로드 바로가기).

3.4. 복음방 : 본격적인 교리교육을 위한 준비

위와 같은 방법을 통해 개설된 성경공부가 입막음과 신뢰관계까지 형성이 되면 신천지에서는 이제 성경공부 과정이 안정화되었다고 판단하고 복음방 단계로 등록을 하게 된다. 복음방 단계는 센터로 인도하기 위한 준비를 하는 단계로 센터에서 6개월 이상 본격적인 신천지 교리교육을 할 수 있는 환경과 심리상태를 만들기 위해 주력한다. 그리고 이때부터 교사노트를 작성하여 보고하며, 매번 교육 전·후에 준비된 강의안과 강의한 결과를 가지고 교관에게 피드백을 받고 점검받게 된다.

복음방에서는 주로 센터에서의 교육을 준비시키기 위해 성경공부를 해야 한다는 당위성을 지나치리만큼 강조하고, 구원의 확신을 흔들어 구원받지 못했다는 마음을 가지게 하며, 입막음을 지속적으로 교육하고 확인하는 특징이 있다. 그리고 신천지의 교리를 받아들일 준비가 되도록 신천지 방식의 성경 해석방법론을 조금씩 교육하기 시작한다. 상황에 따라서는 신천지 센터로의 이동 없이 복음방 단계에서 신천지의 주요교리까지 교육하여 신천지로 바로 미혹하는 경우도 있다.

일반적으로 신천지 성경공부를 접할 때에 잘 분별하지 못하지만 누구나 조금은 갸우뚱하며 이상하게 생각할 만한 부분이 복음방에서부터 등장한다. 왜냐하면 복음방 단계에서 신천지는 성도들의 구원의 확신을 흔들어 놓기 때문이다. 이때 그동안 정통교회에서 들어왔던 구원론과 다른 내용을 배우게 되기 때문에 누구나 이상하다는 생각을 갖는다. 그러나 안타깝게도 대부분의 경우, 그들이 제시하는 나름대로의 논리와 성경적 근거에 답변할 말을 생각하지 못하고 '내가 잘못 알고 있었구나.'라며 그냥 넘기고 받아들이게 된다.

우리는 교회에서 구원은 예수그리스도를 믿음으로 말미암아 은혜로 값없이 주어진다고 배웠다. 그러나 이단들은 각자 다른 구원자와 다른 구원의 방법들을 가르친다. 물론 그들이 처음부터 다른 구원자를 믿도록 설득하려 들지는 않는다. 하지만 자신들이 말하고자 하는 다른 구원자와 구원의 방법을 믿게 하기 위해서는 기존에 교회에서 배워온 올바른 구원관을 깨뜨려 놓아야 하는 필요가 생기는 것이다. 따라서 성경공부를 하는 초기 과정 중에 이러한 내용들이 포함되고 이때 이상하다는 의구심을 가지게 된다. 어떠한 논리적인 말과 근거를 제시하며 말한다 할지라도, 그리고 그 말들이 나에게 은혜가 되고 유익한 말씀들로 여겨질지라도 그것이 내가 가진 구원에 대한 믿음을 흔들어 놓는다면 정상적인 성경공부가 아님을 인지하고 과감히 그만둘 수 있는 결단이 필요하다.

복음방에서 진행하는 교육 과정은 대상에 따라 다르며, 교사와 교관과의 피드백 과정을 통해 맞춤식으로 짜이고 진행되지만 표준화된 교재와 제목들은 존재한다. 아래에 기록한 복음방에서 진행되는 교육의 제목들을 참고하여 교회에서 잘 보이는 곳에 공지해 둔다면 속아서 복음방 과정에 있는 성도님들이 분별하고 공부를 중단하는 일에 도움이 될 것이다.

1. 씨뿌리기 과정(총 8과)
제 1과―성경의 일반 상식
제 2과―성경 역사와 주요 용어
제 3과―성경과 예수님
제 4과―구약과 신약
제 5과―성경의 내용 구분과 참된 신학
제 6과―선과 악의 구분
제 7과―신앙과 지식
제 8과―신앙의 완성

2. 가꾸기 (총 15과)
제 1과―예수님의 언어
제 2과―하나님의 농사와 천국
제 3과―좋은 땅과 천국
제 4과―일용할 양식과 천국 누룩
제 5과―귀히 쓰는 그릇
제 6과―공평한 저울과 하나님의 지팡이

제 7과-불 세례와 불 심판

제 8과-상달되는 기도와 금향로

제 9과-예수님과 빛의 자녀

제 10과-눈 등대와 소경 귀머거리

제 11과-보물과 천국

제 12과-부자와 노래

제 13과-생명수의 강

제 14과-바다와 하늘 어부

제 15과-짐승에 대하여

3. 열매담기 (총 15과)

제 1과-어린양의 살과 피

제 2과-포도주와 감람유

제 3과-산

제 4과-인

제 5과-나팔

제 6과-돌

제 7과-우상

제 8과-생물 바람

제 9과-죽음 부활

제 10과-신랑 신부 과부 고아

제 11과-예루살렘 바벨론 전쟁

제 12과-하늘 땅 해 달 별

제 13과-이스라엘

제 14과—시온

제 15과—천국 열쇠와 비밀

3.5. 센터인도 : 본격적인 교리교육

복음방을 통해 센터로 데려와서 교육할 수 있겠다는 판단이 들면 면접 과정을 통해 센터로 이동하여 교육을 하게 된다. 센터에서 배우게 되는 내용들은 신천지의 주요 교리들에 해당하고 6개월 이상 배우게 되는 교리를 다루기에는 내용이 너무 방대하기에 본고에서는 다루지 않도록 한다. 다만 분별에 도움이 되었으면 하는 마음으로 센터의 분위기와 특징들을 소개하겠다.

앞서 말한 대로 센터에 등록되면 이미 70%가량은 신천지로 미혹되게 된다. 때문에 최대한 빨리 이곳이 위장된 신천지 교육장임을 알게 하여 이탈하게 만드는 것이 필요하다. 초기에 이곳은 "무료성경신학원"이라는 명칭으로 불렸으나 "신학원"이라는 명칭이 학원법에 저촉되고, "무료성경신학원"이 신천지라고 소문나기 시작하면서 명칭을 그냥 "센터"로 통칭하였고, 신천지 센터마다 각각 다른 위장이름을 사용해 오고 있다. 따라서 이름만 가지고 그들을 분별하기는 어렵다. 또한 과거에는 무료로 진행하였으나 무료로 성경을 가르치는 곳은 신천지라는 인식이 생기자 교재비 등의 이름으로 5만 원에서 7만 원 정도의 돈을 받는 것이 일반적이다.

신천지 센터를 가장 쉽게 인지할 수 있게 하는 특징은 마치 학원과 같이 칠판과 책걸상을 구비한 교육 장소에서 이루어진다는 것이다. 그리고 대부분의 경우 밖에는 간판이 없다. 상식적으로 신천지 센터와 같이 여러 개의 큰 강의실을 갖춘 학원시설은 간판이 없을 수 없다. 그러나 규모는 있으면서 간판도 없는 곳이라면 필히 의심해 보아야 한다.

또한 센터에서 공부 중인 사람들은 모두 처음 온 사람인 양 행동한다. 그러나 실제로 반 이상은 신천지 사람들로 이루어져 있기에 혹여 감이 좋은 사람은 여기에서 오는 이상한 분위기를 감지할 수도 있다, 실제로 피해자 중에서는 "모두 처음이라고 하는데 왠지 서로 친밀한 관계인 것 같은 느낌이 들어 위화감이 있었다."고 말하는 경우도 있다. 신천지의 전략에 속아서 온 사람들 옆에는 보통 따기 단계부터 함께하며 신뢰관계를 형성해온 잎사귀도 함께 앉아 처음 듣는 척 행동을 한다. 그리고 잎사귀는 수업이 끝나면 자연스럽게 배운 내용이 어떠했는지를 나누며 그 과목을 통해 주입시켜야 할 내용들을 섭외자가 잘 이해하였는지를 확인한다. 그리고 보충할 내용이 있으면 자연스럽게 잎사귀가 센터의 사역자에게 질문하는 형식으로 보충설명을 듣게 한다. 때문에 같이 간 친구가 적극적으로 공부한 것을 나누고 본인이 이해한 바를 확인하려 한다는 느낌을 받을 수 있다.

더하여 교육 장소에 모여 있는 신천지 사람들끼리는 보통 서로를 알고 있으면서 모르는 척을 하고 있기 때문에 신천지 사람들이 가끔 자기도 모르게 아는 척을 하거나, 화장실에서 아무도 없는 줄 알고 농담을 하거나 아는 척을 하여 들통 나는 경우가 있었다. 그래서 신천지에서는 센터에서 잎사귀 역할을 하는 사람들을 철저히 교육하는데 그 내용은 아래와 같다.

[센터 안에서의 주의점]

1. 우리 성도들과 아는 척을 하지 않는다.
*그러나 너무 굳은 표정은 도리어 의심을 살 수 있으니 주의할 것

2. 본인이 다니는 교회를 하나씩 정하여 언제 어디서나 질문에 답
   할 수 있어야 한다.

3. 옆 사람과 눈을 맞추면서 하는 우리끼리 인사는 하지 않는다.

4. 화장실에서 농담 금물

5. 지하철에서 수강생에 대한 말 금할 것

6. 강사를 목사님으로 부를 것

7. 사교성이 뛰어난 수강생이 이 사람 저 사람 묻고 다니면 우리
   성도들이 붙어서 먼저 친해질 것

[수업 중에 주의할 사항]

1. 수강생이 말씀을 잘 깨닫나 고개를 돌려 확인하지 말 것

2. 아멘은 적당한 소리로 하고 처음부터 너무 크게 하지 말 것

3. 항상 밝은 얼굴로 고개를 끄덕이며 긍정적인 표현을 할 것

4. 강사가 질문 했을 때 정답을 말하지 말고 조금 엉뚱한 답을 할 것

5. 쉬는 시간에 휴대폰을 걸기 위해 나갔다가 늦게 들어오지 말 것

6. 교회와 관계된 이야기는 하지 말 것

7. 목사님께 전화 왔다고 전화를 받고, 공부 잘하고 오겠다고 모략을 쓸 것. 그리고 우리 목사님이 소개시켜 주어서 왔는데 전에 다니던 교회 목사님은 너무 반대가 심해서 지난 기수에 공부를 못했다는 멘트로 모든 목사님들이 거의 같은 입장이기에 굳이 목사님한테 말하면 괜한 노파심에 공부를 못하게 할 수도 있으니 말하지 않는 것이 더 좋다고 말하며 입막음을 할 것

8. 찬송은 기쁜 마음으로 옆 사람과 목소리를 맞추어서 할 것

9. 수업시간에 집중하는 모습을 보여줄 것

10. 쉬는 시간에 필기하는 모습을 보여줄 것

11. 항상 부드러운 표정을 할 것

12. 수강생에게 "말씀에 은혜 받고 참 잘 깨닫는 것 같다." 하며 칭찬하고 부러워할 것

13. 수업 중 휴대폰은 꺼둘 것

14. 휴식시간 중간에 퇴근하지 말 것

15. 수강생이 얼마나 왔나 수업 중에 고개 돌려 확인하지 말 것

수업을 마친 후의 주의사항

1. 너무 오래 자리에 앉아 있지 말고 바쁜 모습을 보여줄 것
   "시간을 어렵게 내서 왔다. 계속 들을 수 있도록 기도 많이 해
   야겠다."

2. 수강생과 동행하여 귀가하며 1층에 미혹자가 있는가 확인할 것

3. 만약 수상한 자가 있다면 먼저 다가가서 새 신자처럼 보여서
   접근하여 소속을 알아내고 신고할 것

4. 버스 타는 곳까지 자연스럽게 따라가서 집으로 귀가 시킬 것

5. 항상 밝은 얼굴 표정을 유지할 것

6. 말씀을 받고 나니 마음이 즐겁고 평안하다고 할 것

7. 먼저 집으로 초대하고 다음에 수강생의 집으로 초대 받아 위치
   를 파악할 것

4. 모략 : 거짓말의 정당화 전략

위에서 언급한 신천지의 전략들은 처음부터 끝까지 모두 거짓말을 바탕으로 한다. 신천지 사람들은 속아서 미혹되었고, 현재도 속고 있으며, 또한 속이는 자가 되어있다. 사실 이것만 보아도 이 단체가 얼마나 잘못된 곳인지를 알 수 있어야 한다. 그러나 한번 이만희를 '계시 받은 자'라고 믿고 한번 미혹되면 눈과 귀가 가려져 이를 인지하지 못한다.

또한 신천지에서는 거짓말을 정당화하는 교리를 만들어 자신들의 포교에 대한 정당화를 시켰다. 이것은 거짓말을 통해 미혹할 때 가지게 될 반감을 없애고, 양심의 가책 없이 거짓말 포교를 하게 함으로 거짓말을 잘하게 만드는 효과를 가져왔다. 거짓말이 힘들고 들통나는 가장 큰 이유는 양심의 가책 때문인데, 양심의 가책을 교리적으로 없애주고 뻔뻔하게 거짓말을 하게 만들어 신천지 사람들은 모두 거짓말을 잘하는 것이다.

실제로 신천지에 미혹된 자녀를 둔 부모들이 알고 보니 모두 거짓이었다고 자녀들의 거짓말에 속았던 것을 한탄하는 모습을 많이 보게 된다. 그리고 한 피해자 부모는 이렇게 말하기도 했다. "숨 쉬는 것 빼고 전부다 거짓말이에요!" 이것은 지나친 과장이 아니다. 실제로 신천지의 포교 전략은 시작부터 끝까지 숨 쉬는 것 빼고 모두다 거짓말이다. 때문에 필자는 아래에 간단히 신천지에서 거짓말을 정당화 시킨 논리를 소개하고 이에 대한 반론을 제시하고자 한다. 주요 교리라기보다는 거짓말을 정당화시키기 위해 만들어낸 교리이기에 허술하게 느껴지고 반론 자체가 불필요하게 느껴질 수도 있다. 그러나 신천지의 잘못된 주장을 교회에서 미리 알려주는 것 자체에도 예방의 효과가 있으니 참고하면 유익이 있으리라 생각한다.

4.1. 거짓말이 정당하다는 신천지의 주장

4.1.1. 하나님은 모략의 신이기 때문에 거짓말을 사용하신다.
(사11:2, 사28:29, 사46:10)

① 예수님도 거짓말로 전도했다(마16:20).

② 사도바울도 거짓말로 전도했다(고전9:20-22).

③ 야곱도 거짓말을 통해 장자의 명분을 사고 아버지에게 복을 받아 12지파의 조상이 되었다.

④ 기생 라합은 거짓말을 통해 정탐꾼을 숨겨 생명을 구원했다(수 2:5).

4.1.2. 거짓말을 통해 하나님께 영광을 돌린다면 죄가 아니다(롬3:7).

4.1.3. 성경에서 말하는 거짓말은 영적인 거짓말이다(잠30:6).

거짓말에는 영적인 거짓말과 육적인 거짓말이 있다. 하나님께서 싫어하시는 거짓말은 하나님의 말씀을 변개시키는 영적인 거짓말이며, 육적인 거짓말은 하나님께서도 사용하실 수 있다.

4.1.4. 계시록 22장의 거짓말하는 자는 7머리+10뿔 가진 짐승을 의미한다.

"계시록 성취 때에 거짓말하는 자는 하늘 장막(계 13:6)에 들어온 용에게 권세 받은 일곱 머리와 열 뿔 가진 짐승(계 13장) 곧 거짓 목자들이며, 음행의 포도주인 거짓말로 만국을 미혹시킨 자들이다(계 17, 18장)."

4.2. 신천지 주장에 대한 반론

4.2.1. 모략은 거짓말이라는 의미가 아니며, 그 누구도 거짓말로 전도한 적이 없다.

① 모략(히 הצע 에짜 6098)은 계획, 조언, 충고라는 뜻이다.(다른 번역서 참고)

② 오히려 성경은 하나님을 거짓말 하실 수 없는 분이라고 말한다(히 6:18, 삼상15:29).

③ 마16:20은 거짓말을 하신 것이 아니며, 부활 전까지 잠시 전도를 금지하신 것이다(마17:9).

④ 바울은 거짓말로 전도한 적이 없다 오히려 거짓을 버리고 참된 것

을 말하라고 했다(엡4:25).

⑤ 야곱은 거짓말해서 장자명분을 얻고 복을 받은 것이 아니라 태중에 이미 하나님께서 택하셨다(창25:23).

⑥ 라합은 거짓말을 통해 구원받은 것이 아니라 믿음을 통해 받았다 (히11:31).

4.2.2. 거짓말로는 하나님께 영광을 돌릴 수 없다. 로마서 3장 전체를 자세히 읽어보라. 로마서 3장의 말씀은 오히려 거짓말을 하지 말라는 말씀이다.

4.2.3. 성경의 거짓말을 육적인 것, 영적인 것으로 구분 짓는 것은 성경적 근거가 없다.

① 사람에 대한 것이든 하나님에 대한 것이든 사실이 아닌 것을 말하는 것이 거짓말이다.

② 하나님께서는 모든 거짓말을 싫어하신다(시5:6, 레19:11, 출20:16, 출23:7, 마19:18 등).

③ 모든 거짓말의 아비는 사단이다(요8:44).

4.2.4. 계22:15절은 구원 못 받은 자에 대한 표현이지 특정 인물을 지칭

하는 것이 아니다.

① 이미 구원 얻은 144,000을 거짓이 없고 흠이 없는 자들로 표현하였다(계14:5).

② 특정 인물을 지칭하는 것이라면 개들, 점술가, 음행자, 살인자, 우상숭배자들은 누구를 지칭하는 것인가?

Ⅳ 나가는 말

한국 교회가 정체되어 있는 기간 동안 도리어 이단들은 성장하였고, 그중에 특히 신천지의 활동이 두드러진다. 그리고 본고에서는 필자의 경험을 통해 알게 된 신천지가 성장할 수 있었던 이유를 소개하였다. 신천지가 다른 이단에 비해 급격한 성장을 할 수 있었던 배경에는 그들만의 독특한 포교전략과, 포교 시스템의 체계화, 포교 과정의 은밀성, 그리고 지속적인 연구 개발이 있었다.

신천지의 전략에 의해 많은 성도들을 빼앗겼다는 것은 한국 교회가 매우 아파하며 반성해야 할 일이다. 그리고 우리는 이제라도 그들의 방식을 숙지하고 적절한 대응책을 마련함으로 더 이상의 피해를 막아야 한다. 그리고 본고가 그 일에 조금이나마 도움이 되기를 바란다.

그들의 포교 전략은 거짓말을 기본으로 한 속이는 일이다. 때문에 절대 정당화 할 수 없다. 그러나 그렇다고 마냥 필요 없는 쓰레기로 치부할 문제만은 아니다. 그들의 전략에서 거짓말이라는 불합리한 부분을 제거하면 정통교회에서의 전도전략에도 적용시킬 수 있는 부분이 분명히 존재한다. 필자가 생각하는 적용점은 신뢰를 주는 인간관계 형성, 맞춤식 교육 교재 개발, 끊임없는 전략 개발이다.

신천지에서 거짓된 인간관계를 형성하고 신뢰를 얻으려 한다는 것은 분명 잘못된 일이다. 그러나 거기서 거짓만 제거하면 참된 일이 된다.

신천지에서는 한 사람의 마음을 얻기 위해 오랜 기간 동안 공들이며, 결국 좋은 친구로 여김을 받는다. 우리는 여기에서 거짓을 빼고, 한 영혼을 얻기 위해 한 사람의 진정한 친구가 되어주며 신뢰하는 모습으로 관계를 형성해야 한다. 그렇게 한다면 그 관계 때문이라도 복음에 귀를 기울일 것이다. 바울은 모든 사람에게 자유하나 더 많은 사람을 얻기 위해 스스로 모든 사람에게 종이 되었다고 말한 바 있다. 바울이 유대인에게는 유대인처럼, 헬라인에게는 헬라인처럼, 상대를 이해하고 상대에게 맞추어 행동한 것처럼 우리도 우리가 아니라 전도 대상자를 먼저 이해하고 그들에게 맞추어 행동하며 전도를 위한 관계를 쌓아가야 한다.

두 번째로는 맞춤식 교육 교재의 개발이다. 오늘날 사람들의 삶은 훨씬 더 다양해졌다. 관심사가 다르고 생각하는 방식이 다르다. 그러나 교회에서 초신자들에게 가르치는 교재는 그만큼 대상자 친화적으로 제작되지 않는 것 같다. 물론 복음의 내용이 달라져서는 안 된다. 그러나 그것을 전달하고 설명하는 방식에 있어서는 대상자의 특성을 이해하고 배려하며 전달할 필요가 있다.

마지막으로 끊임없는 전략 개발이다. 신천지에서는 계속해서 새로운 방법을 시도하고 잘 되는 방법이 발견되면 이를 공유하여 활용한다. 그러나 교회에서는 방법을 개발하고 시도하는 일에 적극적이지 않다. 오히려 열정을 가진 한 개인이 다양한 방법으로 전도를 시도하다가 많은 성과를 얻게 되면 그 방법에 대한 책을 집필하거나 집회에 초청하여 전달하는 식이다. 교회에서 전도는 하나님께서 하시는 것이라는 생각 때문인지 복음전파 전략에 대해서 깊게 고민하는 것 같지 않다. 그러나 아무리 좋은 내용이라도 그것을 효과적으로 전달하기 위해서는 분명 전략이 필요하다. 그리고 하나님께서 하시는 일이기 때문에 더더욱 최선의 노력을 다 할 필요가 있다.

안타까운 것은 신천지가 그만큼 많은 피해를 주었음에도 아직 직접적인 피해를 보지 않았다는 이유로 무관심한 교회들이 여전히 존재한다는 것이다. 이는 이단에 대한 지속적인 피해로 이어질 수밖에 없다. 때문에 필자는 여전히 이단의 심각성을 알리고 홍보할 필요를 느낀다. 그리고 이단에 속아 우상숭배하고 있는 불쌍한 영혼들 중 하나님께서 택하신 자들을 다시 빼앗아 와야 한다. 필자는 이것이 하나님께서 교회에 주신 사명임을 확신한다.

참고문헌

1. 단행본

· 강경호, 〈바로알자! 종교 중독의 정체와 상담〉, 한사랑가족상담연구소, 2018년.

· 김건남 · 김병희, 〈신탄(성경의 예언과 그 실상의 증거)〉, 도서출판 신천지, 1985년.

· 박영관, 이단종파비판1권, 예수교문서선교회, 1994년.

· 신천지 문화부, 신천지 발전사, 도서출판 신천지, 1997년.

· 이대복, 이단종합연구, 큰샘출판사, 2006년.

· 이만희, 〈요한계시록의 실상〉, 도서출판 신천지, 2005년.

· 이만희, 〈천국비밀 계시〉, 도서출판 신천지, 1998년.

· 이만희, 〈천지창조〉, 도서출판신천지, 2007년.

· 조민음, 〈이단백서〉, 바른미디어, 2019년.

· 진용식, 〈무료성경신학원 이만희의 실체는〉, 백승프린팅, 2010년.

· 진용식 · 장운철 · 정윤석, 〈신천지 포교전략과 이만희 신격화 교리〉, 교회와신앙, 2007년.

· 장운철, 〈신천지, 요한계시록의 실상 대해부〉, 기독교포털뉴스, 2019년.

· 최삼경 · 정윤석, 〈신천지 교리와 포교전략〉, 교회와신앙, 2012년.

· 탁지일, 〈사료 한국의 신흥종교〉, 현대종교사, 2009년.

· 탁명환, 〈기독교이단연구〉, 현대종교, 1998년.

· 탁명환, 〈한국의 신흥종교 – 기독교편 3권–〉, 국종출판사, 1992년.

· 한국기독교이단상담소협회 광주상담소(강신유 · 임웅기) · 예다원, 〈만화로 보는 신천지 사기 포교법〉, 기독교포털뉴스, 2013년.

· 한국의 종교단체 실태조사연구, 국제종교문제연구소간, 2000년.

· 한창덕, 〈한권으로 끝내는 신천지 비판〉, 새물결플러스, 2013년.

· 허호익, 〈한국의 이단 기독교〉, 동연, 2016년.

· 현대종교 편집국, 〈한국의 신흥종교– 자칭 한국의 재림주들〉, 국제종교문제연구소, 2002년.

2. 미간행물

· 강신유, 〈신천지 교도의 이단경험과 탈퇴과정에 관한 연구〉, 박사학위논문, 평택대학교 신학전문대학원, 2010.

· 김종한, 〈이단 교주의 '인간 보혜사' 주장에 대한 비판적 고찰 : 신천지를 중심으로〉, 박사학위논문, 평택대학교 신학전문대학원, 2011년.

· 김주원, 〈이단 신천지 미혹에 대한 교회의 효과적인 대처법 연구: 주원침례교회를 중심으로〉, 박사학위

논문, 미드웨스턴침례신학대학원, 2016년.
· 유영권, 〈기독교 이단의 요한계시록 해석에 대한 개혁주의 선교신학적 분석 및 반증〉, 석사학위 논문, 총신대학교, 2018년.
· 이덕술, 〈선교학적 시각으로 조망한 한국교회 이단운동(異端運動)에 대한 분석적 비판과 개혁주의 신학적 준거(準據)에 의한 전략적 접근 – 신천지 교주 이만희를 중심으로–〉, 박사학위 논문, Grace Theological Seminary, 2011년.
· 임웅기, 〈한국 개신교계 신종교의 윤리성에 대한 비판적 접근 : 신천지 증거 장막성전을 중심으로〉, 석사학위 논문, 전남대학교 2008년.

기타(자료 및 인터넷 사이트)
· 〈교회와신앙〉(www.amennews.co.kr)
· 바로알자 신천지 카페(cafe.naver.com/soscj)
· 신천지총회교육부, 새신자관리시스템.
· 신임사명자교육 – 추수밭운영 DVD동영상, 김모 전도사 2005년 1월 25일 강의.
· 신천지 맛디아지파 제 3회 전국 전도사 하계수련회 박OO교관 강연, 2006년 7월.
· 유튜브 'JONJONTV'.
· 전국신천지피해자연대 주최 기자회견 자료, 2018년 12월 26일.
· 현대종교(www.hdjongkyo.co.kr)
· CBS의 신천지에 빠진 사람들.